PONS

Bildwörterbuch
Russisch
Deutsch

Mit Premium-App

PONS GmbH
Stuttgart

INHALT

СОДЕРЖАНИЕ

LEICHTER LERNEN MIT BILDERN – WARUM IST DAS SO?

Liebe Leserin, lieber Leser,

wie wichtig die Bedeutung von Bildern ist, wenn es um das Merken von Begriffen geht, wissen wir seit Jahren aus der Lernpsychologie. Kennen Sie das? Wenn Sie ein Bild zu einem Wort sehen, bleibt das Wort viel schneller im Gedächtnis haften, als wenn es nur geschrieben dasteht. Und wenn es darum geht, in einer fremden Sprache Wortschatz nicht nur nachzuschlagen, sondern auch zu verstehen und ihn sich zu merken, unterstützen die Bilder Sie dabei, sich die Wörter schneller und besser einzuprägen. Das hat ganz einfache Gründe:

→ ***Bilder wirken schneller und direkter als reiner Text.*** *Schon als kleine Kinder denken wir in Bildern und können sie ganz intuitiv entschlüsseln, interpretieren und aufnehmen. Sind Bilder mit Wörtern verknüpft, bilden sie eine Einheit, die unser Gehirn mit hoher Effizienz verarbeitet und abspeichert.*

→ ***Bilder erleichtern und unterstützen das Verständnis.*** *Sie vermitteln Zusammenhänge und liefern uns deutlich mehr Informationen als nur Text alleine.*

→ ***Bilder sind emotional.*** *Sie wecken unser Interesse, steigern unsere Motivation und bleiben besser im Gedächtnis haften als einzelne Wörter.*

→ ***Bilder machen Freude.*** *Wo viel Text abschreckt, sorgen Bilder dafür, dass uns das Lernen Spaß macht, und wir bleiben länger bei der Sache.*

Gesehen, verstanden und schon gemerkt – so leicht kann das visuelle Lernen sein. Überzeugen Sie sich selbst!

Ihre

PONS-Redaktion

ПОЧЕМУ ИЛЛЮСТРАЦИИ ПОМОГАЮТ УЧИТЬСЯ?

Дорогая читательница, дорогой читатель!

Психологам давно известно, что зрительные образы помогают запоминать понятия. Наверняка Вам это знакомо и по себе. Когда слово сопровождается картинкой, оно запоминается намного лучше, чем сухой текст. Если Вам нужен словарь, который станет не только справочником, но и учебником, который научит Вас запоминать и понимать новый язык, иллюстрации помогут Вам легче и быстрее выучить слова. Причины просты:

→ **Иллюстрации воздействуют быстрее и непосредственнее, чем текст.** С детства мы мыслим образами и интуитивно понимаем, интерпретируем и запоминаем их. Если образ связан со словом, он создает общую смысловую единицу, которую наиболее эффективно обрабатывает и запоминает мозг.

→ **Иллюстрации облегчают понимание.** Они создают контекст и предоставляют значительно больше информации, чем просто текст.

→ **Иллюстрации вызывают эмоции.** Они будят интерес, повышают мотивацию и запоминаются намного лучше, чем отдельные слова.

→ **Иллюстрации радуют глаз.** Читать обычный словарь скучно, а рассматривать картинки с подписями интересно и увлекательно.

Увидел, понял и запомнил – визуально учиться так просто... Убедитесь сами!

Ваша

Редакция PONS

SO ARBEITEN SIE EFFIZIENT MIT DEM BILDWÖRTERBUCH

die Erdbeere
клубника f
[klʊbnʲˈikə]

die Himbeere
малина f
[mɐlʲˈinə]

die Brombeere
ежевика f
[jɪʐɨvʲˈikə]

die Heidelbeere
черника f
[t͡ɕɪrnʲˈikə]

Ganz gleich, ob Sie erst anfangen, eine Fremdsprache zu erlernen, oder ob Sie bereits über gute Sprachkenntnisse verfügen: Dieses Wörterbuch ist Ihr idealer Begleiter. Für jede Sprache decken rund 8.000 Begriffe alle Bereiche des Alltags ab und die Kombination von Wort und Bild ermöglicht Ihnen, Wörter schnell nachzuschlagen, zu übersetzen und sich mühelos einzuprägen. Hier die wichtigsten Tipps, wie Sie den größten Nutzen aus diesem Wörterbuch ziehen:

И для начинающих и для тех, кто уже давно учит язык, визуальный словарь – идеальный помощник. Около 8.000 понятий на каждом языке охватывают все темы повседневной жизни, а сочетание слова и иллюстрации позволяет легко и быстро найти, перевести и запомнить нужное слово. Вот несколько советов по эффективной работе со словарем:

1. Wörter im Zusammenhang lernen

Wörter werden schneller gemerkt, wenn man sie im Kontext lernt. Aus diesem Grund ist dieses Wörterbuch nach Themenfeldern aus dem Alltagsleben gegliedert. Ganz gleich, in welches Thema Sie eintauchen – ob Einkaufen, Kleidung, Lebensmittel oder Familie – betrachten Sie beim Lernen das Thema als Ganzes und versuchen Sie, möglichst viele Wörter aus dem Themenbereich aufzunehmen. Sie werden erstaunt sein, wie viel Wortschatz Sie sich in kürzester Zeit merken können.

1. Учите слова в контексте

Слова лучше запоминаются в контексте. Поэтому словарь разбит на тематические разделы. Погрузитесь в тему – будь это магазины, одежда, кулинария или семья, воспринимайте ее как единое целое, думайте о ней. Теперь постарайтесь запомнить как можно больше слов выбранной темы. Вы будете приятно удивлены результатом!

КАК ЭФФЕКТИВНО РАБОТАТЬ С ВИЗУАЛЬНЫМ СЛОВАРЕМ?

Herzlichen Glückwunsch!	**Поздравляю!** [pəzdrevlʲˈæjʊ]
Alles Gute zum Geburtstag!	**С днём рождения!** [z_dnʲˈɵm rezdʲˈenʲjə]
Wie viel Uhr ist es?	**Который час?** [ketˈorɪj t͡ɕˈæs]
Es ist zwei Uhr.	**Два часа.** [dvˈa t͡ɕɪsˈa]
Guten Appetit!	**Приятного аппетита!** [prʲɪjˈætnəvə ɐpʲɪtʲˈitə]
Zum Wohl!	**Ваше здоровье!** [vˈaʂɨ zderˈovʲjə]

① ②

2. Die wichtigsten Schlüsselsätze auf einen Blick

Ob in der Fremdsprache nach der Uhrzeit fragen, oder zum Geburtstag gratulieren: In den 13 thematisch sortierten Kapiteln finden Sie neben der reinen Wort-Bild-Zuordnung die wichtigsten Sätze für die häufigsten Situationen ①. Prägen Sie sich diese Schlüsselsätze gut ein und schon haben Sie den Grundstein für eine erfolgreiche Kommunikation gelegt.

2. Пользуйтесь ключевыми фразами

С помощью этого словаря Вы сможете, например, узнать время или поздравить с днем рождения: в 13 тематических разделах кроме слов и иллюстраций Вы найдете и наиболее употребляемые выражения для распространенных ситуаций ①. Запомните их, и они станут основой успешной коммуникации.

3. Richtig aussprechen

Damit Sie jedes Wort richtig aussprechen, haben wir allen Wörtern und Sätzen eine Lautschrift beigefügt ②. Eine Übersicht über die verwendeten phonetischen Zeichen finden Sie bequem auf der letzten Seite des Buches.

3. Обращайте внимание на произношение

Чтобы помочь Вам правильно произносить каждое слово, мы снабдили каждое слово и каждую фразу фонетической транскрипцией ②. Обзор фонетического алфавита Вы найдете на последней странице книги.

③

glutenfrei
без глютена
[bʲɪz_glʲʉtʲenə]

laktosefrei
без лактозы
[bʲɪz_lɐktʲozʲɪ]

④

4. *Schnell übersetzen*

Wenn es einfach schnell gehen muss, schlagen Sie im Anhang im Stichwortverzeichnis die richtige Übersetzung nach ③. Dort ist jedes Stichwort in Deutsch und Russisch in alphabetischer Reihenfolge aufgeführt und im Nu gefunden.

4. Пользуйтесь алфавитным указателем

Если Вам надо быстро перевести слово, воспользуйтесь алфавитным указателем в приложении ③. Так Вам проще всего будет найти любое немецкое или русское слово.

5. *Für den Notfall*

Bilder sind eine universelle Sprache, die von allen Kulturen verstanden werden. Sollten Ihnen doch mal die Worte fehlen, zeigen Sie einfach auf das entsprechende Bild ④. Ob im Hotel, Restaurant oder auf der Straße – so können Sie sich überall auf der Welt ganz ohne Sprache verständigen.

5. Носите словарь с собой на всякий случай

Образы – это универсальный язык. Если Вам не хватает слов, просто покажите соответствующую картинку ④. В отеле, ресторане или на улице – визуальный словарь всегда Вам поможет.

6. *Noch mehr Sprache*

Für die ersten Schritte in der fremden Sprache liefern Ihnen die Extras im Anhang des Bildwörterbuchs praktische Unterstützung: Mit den wichtigsten Sätzen auf Deutsch und auf Spanisch sind Sie für den gelungenen Einstieg in die Fremdsprache gewappnet. Und wenn es darum geht, eigene Sätze zu bilden, hilft Ihnen unsere ausführliche Verbliste, wo Sie auch abstrakte Verben, die sich nicht abbilden lassen, nachschlagen und übersetzen können.

6. Еще больше языка

Дополнительные материалы в приложении визуального словаря окажут вам практическую поддержку в изучении иностранного языка: самые употребительные предложения на немецком и русском облегчат первые шаги на нём. А подробный двуязычный список глаголов, где вы найдете и абстрактные глаголы, которые невозможно изобразить на картинке, помогут вам формулировать собственные предложения.

die Bankkauffrau
служащая банка f
[slʲˈuʐəɕːɪjə bʲˈankə]

der Lehrer
учитель m
[ʊt͡ɕʲˈitʲɪlʲ]

die Ingenieurin
инженер m
[ɪnʐɨnʲˈer]

der Kellner
официант m
[ɐfʲɪt͡sɨˈant]

Das sollten Sie noch wissen

Die Stichwörter in diesem Wörterbuch stehen immer in der Einzahl, es sei denn sie werden in der Regel nur in der Pluralform verwendet.

Дополнительная информация

Слова в словаре всегда указаны в единственном числе, за исключением тех случаев, когда слово используется только во множественном.

Russische Substantive haben im Gegensatz zu den deutschen keinen Artikel. Stattdessen ist das Genus angegeben: m = Maskulinum, f = Femininum, n = Neutrum. Im Russischen gibt es keine geschlechtsneutralen Formen von Adjektiven; in diesem Wörterbuch benutzen wir immer das Genus, das zum Bild passt.
Es war uns wichtig, bei Funktions- und Berufsbezeichnungen Männer und Frauen gleichermaßen und gleichberechtigt zu berücksichtigen. Da wir aber aus Platzgründen nicht immer beide Geschlechter gleichzeitig abbilden können, haben wir uns für eines entscheiden müssen. Dabei orientiert sich im Deutschen das Genus des Wortes immer am Geschlecht der abgebildeten Figur; im Russischen sind die meisten Berufsbezeichnungen grammatisch maskulin, werden aber auch für Frauen benutzt.

Русские слова, в отличие от немецких, не имеют артикля; поэтому для немецких слов указан артикль, а для русских – грамматический род: m = мужской, f = женский, n = средний. Так как в русском языке прилагательные всегда используются в каком-либо грамматическом роде, в этом словаре мы подобрали форму прилагательного к иллюстрации.
Нам важно половое равноправие, особенно в разделе «профессии». Чтобы не иллюстрировать каждую профессию дважды, мы выбрали изображение или представительницы, или представителя профессии. Немецкие понятия при этом соответствуют полу изображенного человека, по-русски большинство обозначений грамматически соответствуют мужскому роду, но используются и по отношению к женщинам.

MENSCHEN

ЛЮДИ

DIE FAMILIE – СЕМЬЯ

Der Stammbaum – Родословная

der Schwiegervater
свёкр m
[svʲˈəkr]

die Schwiegermutter
свекровь f
[svʲɪkrˈofʲ]

die Schwägerin
невестка f
[nʲɪvˈestkə]

der Schwager
деверь m
[dʲˈevʲɪrʲ]

der Ehemann
муж m
[mˈuʂ]

die Ehefrau
жена f
[ʐɨnˈa]

der Schwiegersohn
зять m
[zʲˈætʲ]

die Tochter
дочь f
[dˈot͡ɕ]

der Sohn
сын m
[sˈɨn]

der Enkel
внук m
[vnˈuk]

die Enkelin
внучка f
[vnˈut͡ɕkə]

DIE FAMILIE – СЕМЬЯ

Der Stammbaum – Родословная

der Großvater
дедушка m
[dʲˈedʊʂkə]

die Großmutter
бабушка f
[bˈabʊʂkə]

die Mutter
мама f
[mˈamə]

der Vater
папа m
[pˈapə]

die Tante
тётя f
[tʲˈotʲə]

der Onkel
дядя m
[dʲˈædʲə]

die Schwester
сестра f
[sʲɪstrˈa]

der Bruder
брат m
[brˈat]

die Cousine
кузина f
[kʊzˈinə]

die Nichte
племянница f
[plʲɪmʲˈænʲːɪt͡sə]

der Neffe
племянник m
[plʲɪmʲˈænʲːɪk]

der/die Verwandte	**родственник/родственница** m/f [rˈot͡stvʲɪnʲːk/rˈot͡stvʲɪnʲːt͡sə]
die Großeltern	**бабушка и дедушка** m/f [bˈabʊʂkə_ˈi_dʲˈedʊʂkə]
die Eltern	**родители** pl [rɐdʲˈitʲɪlʲɪ]
das Ehepaar	**супруги** pl [sʊprˈugʲɪ]
der Vorfahre	**предок** m [prʲˈedək]
ledig	**холостой/незамужняя** m/f [xəlɐstˈoj/nʲɪzɐmˈuʐnʲɪjə]
verheiratet	**женатый/замужняя** m/f [ʐɨnˈatɨj/zɐmˈuʐnʲɪjə]
geschieden	**разведенный** [rəzvʲɪdʲˈonːɨj]
verlobt	**обрученный** [ɐbrʊt͡ɕˈonːɨj]
verwitwet	**овдовевший** [əvdɐvʲˈefʂɨj]
verwandt	**родной** [rɐdnˈoj]

BEZIEHUNGEN – ОТНОШЕНИЯ

Familie und Lebensphasen – Семья и вехи жизни

das Baby
младенец m
[mlɐdʲˈenʲɪt͡s]

das Kind
ребёнок m
[rʲɪbʲˈɵnək]

Herr …
господин… m
[gəspɐdʲˈin]

der Mann
мужчина m
[mʊɕːˈinə]

die Jugendliche
подросток m
[pɐdrˈostək]

die Zwillinge
близнецы pl
[blʲɪznʲɪt͡sˈɨ]

die Frau
женщина f
[ʐˈɛnɕːɪnə]

Frau …
госпожа… f
[gəspɐʐˈa]

der/die Bekannte
знакомый/знакомая m/f
[znɐkˈomɨj/znɐkˈoməjə]

der Junge
мальчик m
[mˈalʲt͡ɕɪk]

das Mädchen
девочка f
[dʲˈevət͡ɕkə]

die Freunde
друзья pl
[drʊzʲjˈæ]

das Paar
пара f
[pˈarə]

die Freundin
подруга f
[pɐdrˈugə]

der Freund
друг m
[drˈuk]

der Erwachsene	**взрослый** m	[vzrˈoslɨj]
die Geschwister	**братья и сёстры** pl	[brˈatʲjə_ˈi_sʲˈɵstrɨ]
der Patenonkel	**крёстный** m	[krʲˈɵsnɨj]
die Patentante	**крёстная** f	[krʲˈɵsnəjə]
der Stiefvater	**отчим** m	[ˈot͡ɕːɪm]
die Stiefmutter	**мачеха** f	[mˈat͡ɕɪxə]
der Stiefbruder	**сводный брат** m	[svˈodnɨj brˈat]
die Stiefschwester	**сводная сестра** f	[svˈodnəjə sʲɪstrˈa]
der Nachbar	**сосед** m	[sɐsʲˈet]
die Nachbarin	**соседка** f	[sɐsʲˈetkə]

BEZIEHUNGEN – ОТНОШЕНИЯ

Begrüßen und verabschieden – Здороваться и прощаться

jemanden vorstellen
представить кого-либо
[prʲɪt͡stˈavʲɪtʲ kɐvˈo-lʲˈibə]

jemanden begrüßen
приветствовать кого-либо
[prʲɪvʲˈet͡stvəvətʲ kɐvˈo-lʲˈibə]

sich die Hand geben
пожать руку
[pɐʐˈatʲ rˈukʊ]

sich verbeugen
поклониться
[pəklɐnˈit͡sə]

sich umarmen
обняться
[ɐbnjˈæt͡sə]

lachen
смеяться
[smʲjˈæt͡sə]

weinen
плакать
[plˈakətʲ]

sich verabschieden
попрощаться
[pəprɐɕːæt͡sə]

einen Knicks machen
сделать книксен
[zdʲˈelətʲ knʲˈiksən]

winken
помахать
[pəmɐxˈatʲ]

jemandem einen Kuss geben
поцеловать
[pət͡sɨlɐvˈatʲ]

jemanden anrufen
позвонить кому-либо
[pəzvɐnʲˈitʲ kɐmˈu-lʲˈibə]

Hallo!	**Привет!** [prʲɪvʲˈet]
Guten Tag!	**Добрый день!** [dˈobrɨj dʲˈenʲ]
Guten Morgen!	**Доброе утро!** [dˈobrəjə ˈutrə]
Guten Abend!	**Добрый вечер!** [dˈobrɨj vʲˈet͡ɕɪr]
Wie heißt du?	**Как тебя зовут?** [kˈak tʲɪbʲˈæ zɐvˈut]
Wie heißen Sie?	**Как вас зовут?** [kˈak vˈas zɐvˈut]
Ich heiße …	**Меня зовут...** [mʲɪnʲˈæ zɐvˈut]
Herzlich willkommen!	**Добро пожаловать!** [dɐbrˈo pɐʐˈaləvətʲ]
Tschüss!	**Пока!** [pɐkˈa]
Auf Wiedersehen!	**До свидания!** [də_svʲɪdˈanʲɪjə]

das kleine Geschenk
маленький подарок m
[mˈalʲɪnʲkʲɪj pɐdˈarək]

EREIGNISSE IM LEBEN – СОБЫТИЯ

Feste – Праздники

die Hochzeit
свадьба f
[sv'ad'bə]

der Geburtstag
день рождения m
[d'en' rɐʐd'en'ɪjə]

das Weihnachten
Рождество n
[rəʐd'ɪstv'o]

der Valentinstag
День святого Валентина m
[d'en' sv'ɪt'ovə vəl'ɪnt'ɪnə]

das Thanksgiving
День благодарения m
[d'en' bləgədɐr'en'ɪjə]

das Halloween
Хэллоуин m
[xələʊ'ɪn]

der/das Silvester
Новый год m
[n'ovɨj g'ot]

das Ostern
Пасха f
[p'asxə]

die Hanukkah
Ханука f
[x'anəkə]

das Wesakfest
Весак m
[v'ɪs'ak]

das Ramadanfest
Рамадан m
[rəmɐd'an]

das chinesische Neujahr
китайский Новый год m
[k'ɪt'ajsk'ɪj n'ovɨj g'ot]

der Karneval
карнавал m
[kərnɐv'al]

das Diwalifest	**Дивали** m [d'ɪv'al'ɪ]
das Passah	**Песах** m [p'esəx]
die Feier	**праздник** m [pr'azn'ɪk]
der Hochzeitstag	**годовщина свадьбы** f [gədɐfɕ:'inə sv'ad'bɨ]
der Feiertag	**выходной** m [vɨxɐdn'oj]
der Muttertag	**День матери** m [d'en' m'at'ɪrɪ]
der Vatertag	**День отца** m [d'en' ɐts:'a]
die Taufe	**крещение** n [krɪɕ:'en'ɪjə]
Herzlichen Glückwunsch!	**Поздравляю!** [pəzdrɐvl'æjʊ]
Alles Gute zum Geburtstag!	**С днём рождения!** [z_dn'om rɐʐd'en'ɪjə]

EREIGNISSE IM LEBEN – СОБЫТИЯ

Wendepunkte – Вехи жизни

die Geburt
рождение n
[rɐzʲdʲˈenʲɪjə]

der Kindergarten
детский сад m
[dʲˈet͡skʲɪj sˈat]

die Einschulung
поступление в школу n
[pəstʊplʲˈenʲɪjə f‿ʂkˈolʊ]

der Schulabschlussball
выпускной бал m
[vɨpʊsknˈoj bˈal]

der Studienabschluss
окончание университета n
[ɐkɐnt͡ɕˈænʲɪjə ʊnʲɪvʲɪrsʲɪtʲˈetə]

der Berufseinstieg
поступление на работу n
[pəstʊplʲˈenʲɪjə nə‿rɐbˈotʊ]

sich verlieben
влюбиться
[vlʉbʲˈɪt͡sə]

sich verloben
обручиться
[ɐbrʊt͡ɕˈit͡sə]

heiraten
пожениться
[pəʐɨnʲˈit͡sə]

die Schwangerschaft
беременность f
[bʲɪrʲˈemʲɪnːəstʲ]

umziehen
переехать
[pʲɪrʲɪjˈexətʲ]

in Rente gehen
выйти на пенсию
[vˈɨjtʲɪ nə pʲˈensʲɪjʉ]

die Beerdigung
похороны pl
[pˈoxərənɨ]

volljährig werden	**достигнуть совершеннолетия** [dɐstʲˈignʊtʲ səvʲɪrʂɨnːɐlʲˈetʲɪjə]
jemandem einen Heiratsantrag machen	**сделать кому-либо предложение** [zdʲˈelətʲ kɐmˈu-lʲˈibə prʲɪdlɐʐˈɛnʲɪjə]
das Brautkleid	**свадебное платье** n [svˈadʲɪbnəjə plˈatʲjə]
die Braut	**невеста** f [nʲɪvʲˈestə]
der Bräutigam	**жених** m [ʐɨnʲˈix]
eine Familie gründen	**завести семью** [zəvʲɪstʲˈi sʲɪmʲjˈʉ]
die Scheidung	**развод** m [rɐzvˈot]
sich scheiden lassen	**развестись** [rəzvʲɪstʲˈisʲ]
sterben	**умереть** [ʊmʲɪrʲˈetʲ]

MENSCHEN BESCHREIBEN – ОПИСЫВАТЬ ЛЮДЕЙ

Das Gesicht – Лицо

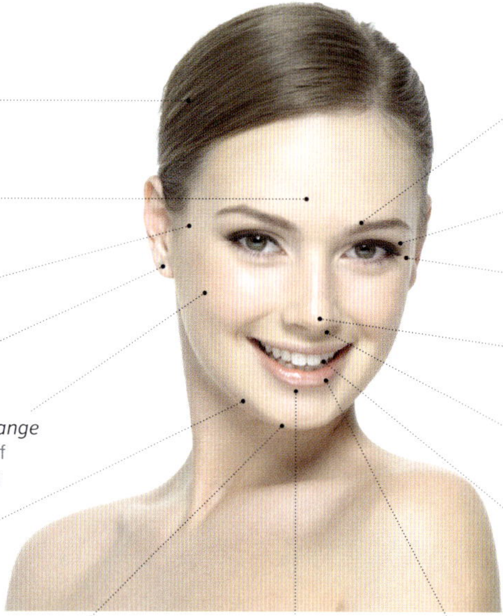

das Haar
волосы pl
[vʲˈoləsɨ]

die Augenbraue
бровь f
[brʲˈofʲ]

die Stirn
лоб m
[lʲˈop]

die Wimper
ресница f
[rʲɪsnʲˈit͡sə]

die Schläfe
висок m
[vʲɪsˈok]

das Auge
глаз m
[glʲˈas]

die Nase
нос m
[nʲˈos]

das Ohr
ухо n
[ˈuxə]

die Wange
щека f
[ɕːɪkʲˈa]

das Nasenloch
ноздря f
[nɐzdrʲˈæ]

der Unterkiefer
нижняя челюсть f
[nʲˈiʐnʲɪjə t͡ɕˈelʲʉstʲ]

der Zahn
зуб m
[zˈup]

das Kinn
подбородок m
[pədbɐrˈodək]

der Mund
рот m
[rˈot]

die Lippe
губа f
[gʊbˈa]

eine Grimasse schneiden
скорчить рожу
[skˈort͡ɕɪtʲ rˈoʐʊ]

die Haut	**кожа** f [kˈoʐə]
die Falte	**морщина** f [mɐrɕːˈinə]
das Muttermal	**родинка** f [rˈodʲɪnkə]
das Grübchen	**ямочка** f [jˈæmət͡ɕkə]
die Sommersprossen	**веснушки** pl [vʲɪsnˈuʂkʲɪ]
die Pore	**пора** f [pˈorə]
der Pickel	**прыщ** m [prˈɨɕː]

MENSCHEN BESCHREIBEN – ОПИСЫВАТЬ ЛЮДЕЙ

Das Haar – Волосы

gewellt
волнистые
[vɐlnʲˈistɨjə]

rothaarig
рыжеволосая
[rɨʐɨvɐlˈosəjə]

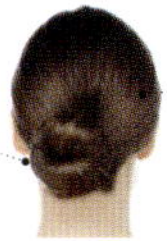

der Dutt
пучок m
[pʊt͡ɕˈok]

brünett
тёмноволосая
[tʲɪmnəvɐlˈosəjə]

der Kurzhaarschnitt
короткая стрижка f
[kɐrˈotkəjə strʲˈiʂkə]

grau meliert
с проседью
[s_prˈosʲɪdʲjʉ]

die Perücke
парик m
[pɐrʲˈik]

der Stufenschnitt
каскад m
[kɐskˈat]

der Pony
чёлка f
[t͡ɕˈolkə]

die Strähnchen
пёрышки pl
[pʲˈorɨʂkʲɪ]

die Bobfrisur
каре n
[kɐrˈɛ]

glatt
прямые
[prʲɪmˈɨjə]

blond
светлые
[svʲˈetlɨjə]

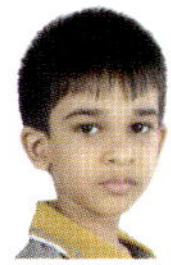

dunkel
тёмные
[tʲˈomnɨjə]

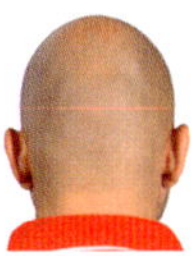

die Glatze
лысина f
[lˈɨsʲɪnə]

der Pferdeschwanz
конский хвост m
[kˈonskʲɪj xvˈost]

lockig
кудрявые
[kʊdrʲˈævɨjə]

der Zopf
коса f
[kɐsˈa]

MENSCHEN BESCHREIBEN – ОПИСЫВАТЬ ЛЮДЕЙ

Die äußere Erscheinung – Внешний вид

der Bart
борода f
[bərɐdˈa]

der Schnurrbart
усы pl
[ʊsˈɨ]

jung
маленький
[mˈalʲɪnʲkʲɪj]

alt
старая
[stˈarəjə]

muskulös
мускулистый
[mʊskʊlʲˈistɨj]

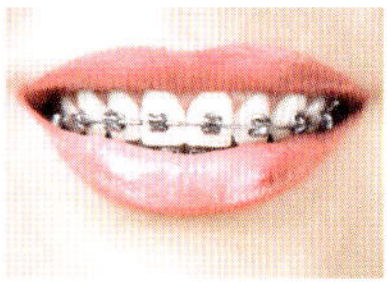

die Zahnspange
брикеты pl
[brʲɪkʲˈetɪ]

blass
бледный
[blʲˈednɨj]

sonnengebräunt
загорелая
[zəgɐrʲˈeləjə]

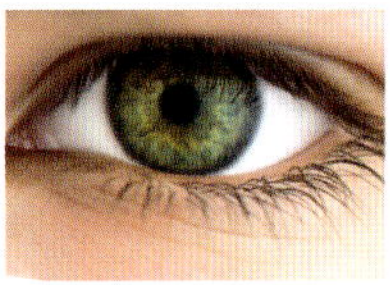

die grünen Augen
зелёные глаза pl
[zʲɪlʲˈonɨjə glɐzˈa]

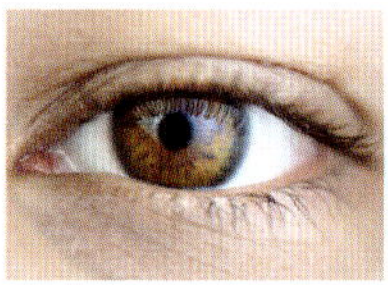

die braunen Augen
карие глаза pl
[kˈarʲɪjə glɐzˈa]

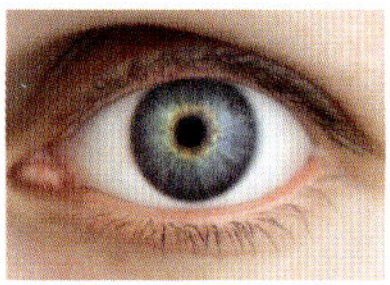

die grauen Augen
серые глаза pl
[sʲˈerɨjə glɐzˈa]

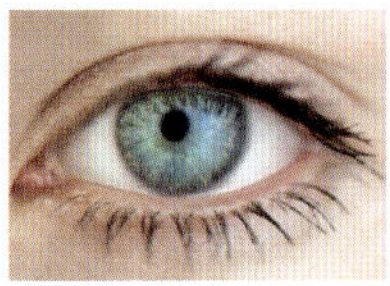

die blauen Augen
голубые глаза pl
[gəlʊbˈɨjə glɐzˈa]

attraktiv	**привлекательный** [prʲɪvlʲɪkˈatʲɪlʲnɨj]
hübsch	**хорошенький** [xɐrˈoʂɨnʲkʲɪj]
hässlich	**уродливый** [ʊrˈodlʲɪvɨj]
schön	**красивый** [krɐsʲˈivɨj]
jemanden nach dem Äußeren beurteilen	**судить о ком-либо по внешности** [sʊdʲˈitʲ ɐ kˈom-lʲˈibə pə vnʲˈeʂnəstʲɪ]
schlank	**стройный** [strˈojnɨj]
dick	**толстый** [tˈolstɨj]
groß	**высокий** [vɨsˈokʲɪj]
klein	**низкий** [nʲˈiskʲɪj]
die Narbe	**шрам** m [ʂrˈam]

MENSCHEN BESCHREIBEN – ОПИСЫВАТЬ ЛЮДЕЙ

Gefühle und Persönlichkeit – Чувства и характер

glücklich
счастливая
[ɕːɪslʲˈivəjə]

stolz
гордые
[gˈordɨjə]

überrascht
удивлённый
[ʊdʲɪvlʲˈonːɨj]

aufgeregt
возбуждённый
[vəzbʊʐdʲˈonːɨj]

verlegen
смущённая
[smʊɕːˈonːəjə]

verwirrt
растерянная
[rɐstʲˈerʲɪnːəjə]

schüchtern
стеснительный
[stʲɪsnʲˈitʲɪlʲnɨj]

nachdenklich
задумчивый
[zɐdˈumt͡ɕɪvɨj]

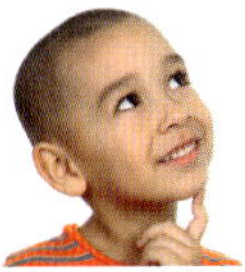

neugierig
любопытный
[lʲʉbɐpˈɨtnɨj]

niedlich
умилительный
[ʊmʲɪlʲˈitʲɪlʲnɨj]

verliebt
влюблённые
[vlʲʉblʲˈonːɨjə]

selbstbewusst
уверенный в себе
[ʊvʲˈerʲɪnːɨj f_sʲɪbʲˈe]

offen	**открытый** [ɐtkrˈɨtɨj]
tolerant	**толерантный** [təlʲɪrˈantnɨj]
geduldig	**терпеливый** [tʲɪrpʲɪlʲˈivɨj]
freundlich	**дружелюбный** [drʊʐɨlʲˈʉbnɨj]
sympathisch	**симпатичный** [sʲɪmpɐtʲˈit͡ɕnɨj]
nett	**милый** [mʲˈilɨj]
lächeln	**улыбаться** [ʊlɨbˈat͡sə]
Ich bin verärgert/froh/traurig.	**Я сержусь/радуюсь/грущу.** [jˈæ sʲɪrʐˈusʲ/rˈadʊjusʲ/grʊɕːˈʉ]

MENSCHEN BESCHREIBEN – ОПИСЫВАТЬ ЛЮДЕЙ

Gefühle und Persönlichkeit – Чувства и характер

traurig
грустный
[grˈusnɨj]

gestresst
замотанный
[zɐmˈotən:ɨj]

verärgert
раздражённый
[rəzdrɐʐˈon:ɨj]

wütend
сердитая
[sʲɪrdʲˈitəjə]

eifersüchtig
ревнивая
[rʲɪvnʲˈivəjə]

verängstigt
испуганная
[ɪspˈugən:əjə]

nervös
нервная
[nʲˈervnəjə]

müde
усталый
[ʊstˈalɨj]

angeekelt
чувствующий отвращение
[t͡ɕˈustvʊjʉɕ:ɪj ɐtvrɐɕ:ˈenʲɪje]

dickköpfig
упрямый
[ʊprʲˈæmɨj]

gelangweilt
скучающая
[skʊt͡ɕˈajʉɕ:ɪjə]

sauer
недовольный
[nʲɪdɐvˈolʲnɨj]

die Stirn runzeln	**хмуриться** [xmˈurʲɪt͡sə]
bestürzt	**ошеломлённый** [ɐʂɨlɐmlʲˈɵn:ɨj]
unsympathisch	**неприятный** [nʲɪprʲɪˈætnɨj]
verzweifelt	**в отчаянии** [v_ɐtɕ:ˈæjɪnʲjɪ]
neidisch	**завистливый** [zɐvʲˈislʲɪvɨj]
ungeduldig	**нетерпеливый** [nʲɪtʲɪrpʲɪlʲˈivɨj]
arrogant	**высокомерный** [vɨsəkɐmʲˈernɨj]
intolerant	**нетерпимый** [nʲɪtʲɪrpʲˈimɨj]
sensibel	**чувствительный** [t͡ɕʉstvʲˈitʲɪlʲnɨj]

DIE KLEIDUNG – ОДЕЖДА

Babysachen – Детские вещи

die Stoffwindel
матерчатый подгузник m
[mɐtʲˈertɕɪtɨj pɐdgˈuznʲɪk]

die Wegwerfwindel
одноразовый подгузник m
[ɐdnɐrˈazəvɨj pɐdgˈuznʲɪk]

der Body
боди n
[bˈodʲɪ]

der Schneeanzug
комбинезон m
[kəmbʲɪnʲɪzˈon]

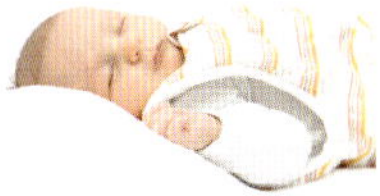

der Babyschlafsack
детский спальный мешок m
[dʲˈetskʲɪj spˈalʲnɨj mʲɪʂˈok]

die Rassel
погремушка f
[pəgrʲɪmˈuʂkə]

der Strampler
ползунки pl
[pəlzʊnkʲˈi]

der Babyfäustling
варежка f
[vˈarʲɪʂkə]

die Mütze
шапочка f
[ʂˈapətɕkə]

das Babyschühchen
ботиночек m
[bɐtʲˈinətɕɪk]

der Schnuller
пустышка f
[pʊstˈɨʂkə]

das Lätzchen
детский нагрудник m
[dʲˈetskʲɪj nɐgrˈudʲnʲɪk]

der Sonnenhut
панама f
[pɐnˈamə]

das Söckchen
носочек m
[nɐsˈotɕɪk]

das Latzhöschen
полукомбинезон m
[pəlʊkəmbʲɪnʲɪzˈon]

die Babydecke
одеяльце n
[ɐdʲɪjˈælʲtsə]

das Babyfläschchen	**бутылочка** f [bʊtˈɨlətɕkə]
die Biobaumwolle	**органический хлопок** m [ɐrgɐnʲˈitɕɪskʲɪj xlˈopək]
aus Kunstfaser	**синтетический** [sʲɪntʲɪtʲˈitɕɪskʲɪj]

DIE KLEIDUNG – ОДЕЖДА

Unisex-Kleidung – Одежда унисекс

der Trainingsanzug
тренировочный костюм m
[trʲɪnʲɪrˈovət͡ɕnɨj kɐstʲˈʉm]

der Kapuzenpullover
толстовка f
[tɐlstˈofkə]

der Turnschuh
кроссовка f
[krɐsːˈofkə]

der Schlafanzug
пижама f
[pʲɪʐˈamə]

der Hausschuh
тапка f
[tˈapkə]

der Bademantel
халат m
[xɐlˈat]

der Wintermantel
зимнее пальто n
[zʲˈimnʲɪjə pɐlʲtˈo]

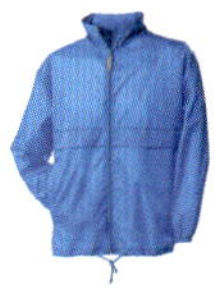

die Regenjacke
дождевик m
[dəʐdʲɪvʲˈik]

die Schneehose
лыжные штаны pl
[lˈɨʐnɨjə ʂtɐnˈɨ]

Könnte ich das mal anprobieren?	**Можно померить?** [mˈoʐnə pɐmʲˈerʲɪtʲ]
Haben Sie das auch eine Nummer größer/kleiner?	**Нет ли на размер больше/меньше?** [nʲˈet lʲˈi nə rɐzmʲˈer bˈolʲʂə/mʲˈenʲʂə]
eng/weit	**узкий/широкий** [ˈuskʲɪj/ʂɨrˈokʲɪj]
kurz/lang	**короткий/длинный** [kɐrˈotkʲɪj/dlʲˈinːɨj]
klein/groß	**маленький/большой** [mˈalʲɪnʲkʲɪj/bɐlʲʂˈoj]
Das passt gut, ich nehme es.	**Подходит, беру.** [pɐtxˈodʲɪt bʲɪrˈu]
mit kurzen/langen Ärmeln	**с короткими/длинными рукавами** [s_kɐrˈotkʲɪmʲɪ/dlʲˈinːɨmʲɪ rʊkɐvˈamʲɪ]
der Knopf	**пуговица** f [pˈugəvʲɪt͡sə]
der Druckknopf	**кнопка** f [knˈopkə]
das Knopfloch	**петелька** f [pʲˈetʲɪlʲkə]

DIE KLEIDUNG – ОДЕЖДА

Herrenkleidung – Мужская одежда

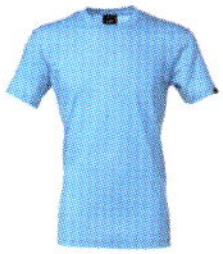

das T-Shirt
футболка f
[fʊdbˈolkə]

das Polohemd
тенниска f
[tˈenʲɪskə]

der Rollkragenpullover
водолазка f
[vədɐlˈaskə]

die Weste
жилет m
[zɨlʲˈet]

der Pullunder
безрукавка f
[bʲɪzrʊkˈafkə]

die Fliege
бабочка f
[bˈabət͡ɕkə]

der Anzug
костюм m
[kɐstʲˈʉm]

der Kragen
воротник m
[vərɐtnʲˈik]

die Krawatte
галстук m
[gˈalstʊk]

das Hemd
рубашка f
[rʊbˈaʂkə]

der/das Sakko
пиджак m
[pʲɪdʐˈak]

die Hose
брюки pl
[brʲˈʉkʲɪ]

die kurze Hose
шорты pl
[ʂˈortɨ]

die Boxershorts
семейные трусы pl
[sʲɪmʲˈejnɨjə trʊsˈɨ]

die Unterhose
трусы pl
[trʊsˈɨ]

die Badehose
плавки pl
[plˈafkʲɪ]

DIE KLEIDUNG – ОДЕЖДА

Damenkleidung – Женская одежда

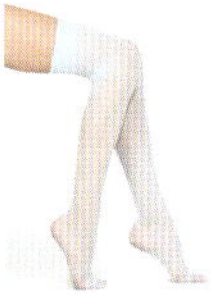

der Strumpf
чулок m
[t͡ɕʉlˈok]

die Strumpfhose
колготки pl
[kɐlgˈotkʲɪ]

die Leggings
леггинсы pl
[lʲˈeg:nsɨ]

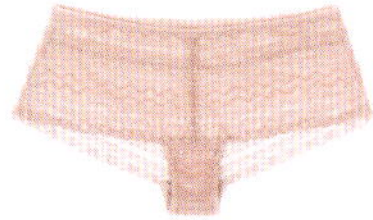

der Slip
трусики pl
[trˈusʲɪkʲɪ]

der Bikini
бикини n
[bʲɪkʲˈinʲɪ]

der Badeanzug
купальник m
[kʊpˈalʲnʲɪk]

der Sport-BH
спортивный бюстгальтер m
[spɐrtʲˈivnɨj bʲʉzgˈalʲtʲɪr]

der Büstenhalter/der BH
бюстгальтер/лифчик m [bʲʉzgˈalʲtʲɪr/lʲˈift͡ɕɪk]

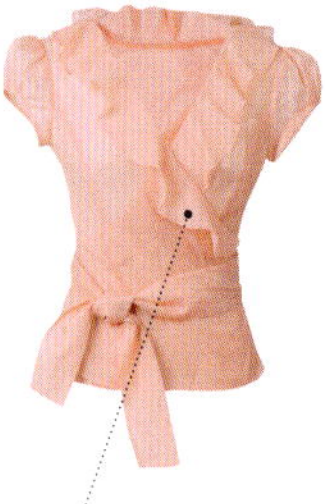

die Rüsche
оборка f
[ɐbˈorkə]

die Umstandsmode	**одежда для беременных** f [ɐdʲˈeʐdə dlʲɪ bʲɪrʲˈemʲɪn:ɨx]
die Naht	**шов** m [ʂˈof]
der Ärmel	**рукав** m [rʊkˈaf]
der Saum	**кайма** f [kɐjmˈa]
die Seide	**шёлк** m [ʂˈolk]
die Spitze	**кружева** pl [krʊʐɨvˈa]
die Größe	**размер** m [rɐzmʲˈer]
der Ausschnitt	**вырез** m [vˈɨrʲɪs]
trägerlos	**без лямок** [bʲɪz_lʲˈæmək]
tailliert	**приталенный** [prʲɪtˈalʲɪn:ɨj]
leger	**небрежный** [nʲɪbrʲˈeʐnɨj]
schick	**нарядный** [nɐrʲˈædnɨj]
bequem	**удобный** [ʊdˈobnɨj]
mit Stretchanteil	**стрейчевый** [strʲˈejt͡ɕɪvɨj]
modisch	**модный** [mˈodnɨj]

DIE KLEIDUNG – ОДЕЖДА

Damenkleidung – Женская одежда

die Schleife
бант m
[bˈant]

das Kleid
платье n
[plˈatʲjə]

das Trägertop
топик m
[tˈopʲɪk]

die Bluse
блузка f
[blˈuskə]

die Strickjacke
вязаная кофта f
[vʲˈæzənəjə kˈoftə]

der Rock
юбка f
[jˈʉpkə]

das Schulterpolster
плечико n
[plʲˈet͡ɕɪkə]

der Blazer
блейзер m
[blˈejzʲɪr]

das Oberteil
блузка f
[blˈuskə]

die Jeans
джинсы pl
[dʐˈinsɨ]

die Stiefelette
полусапог m
[pəlʊsɐpˈok]

die Shorts
шорты pl
[ʂˈortɨ]

die Röhrenhose
узкие брюки pl
[ˈuskʲɪjə brʲˈʉkʲɪ]

die Schlaghose
брюки клёш pl
[brʲˈʉkʲɪ-klʲˈɵʂ]

die leicht ausgestellte Hose
брюки полуклёш pl
[brʲˈʉkʲɪ-pəlʊklʲˈɵʂ]

DIE KLEIDUNG – ОДЕЖДА

Accessoires – Аксессуары

der Sonnenhut
панама f
[pɐnˈamə]

der Hut
шляпа f
[ʂlʲˈæpə]

die Brille
очки pl
[ɐt͡ɕkʲˈi]

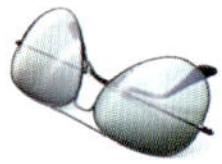

die Sonnenbrille
солнечные очки pl
[sˈolnʲɪt͡ɕnɨjə ɐt͡ɕkʲˈi]

der Rucksack
рюкзак m
[rʲʉgzˈak]

die Krawattennadel
булавка для галстука f
[bʊlˈafkə dlʲɪ gˈalstʊkə]

der Regenschirm
зонт m
[zˈont]

die Uhr
часы pl
[t͡ɕɪsˈɨ]

die Hosenträger
подтяжки pl
[pɐtʲːˈæʂkʲɪ]

der Ring
кольцо n
[kɐlʲt͡sˈo]

der Handschuh
перчатка f
[pʲɪrt͡ɕˈætkə]

die Mütze
шапка f
[ʂˈapkə]

der Schal
шарф m
[ʂˈarf]

der Ohrring
серёжка f
[sʲɪrʲˈɵʂkə]

die Halskette
бусы pl
[bˈusɨ]

der Manschettenknopf
запонка f
[zˈapənkə]

der Reißverschluss	**молния** f [mˈolnʲɪjə]
der Klettverschluss	**липучка** f [lʲɪpˈut͡ɕkə]
die Handytasche	**чехол для мобильника** m [t͡ɕɪxˈol dlʲɪ mɐbˈilʲnʲɪkə]
die Reisetasche	**саквояж** m [səkvɐjˈæʂ]
der Koffer	**чемодан** m [t͡ɕɪmɐdˈan]

DIE KLEIDUNG – ОДЕЖДА

Schuhe und Lederwaren – Обувь и кожаные изделия

der Pumps
туфля на шпильке f [tʲuflʲə nə ʂpʲilʲkʲɪ]

die Sandale
сандалия f [sɐndˈalʲɪjə]

der Ballerina
балетка f [bɐlʲˈetkə]

der Gummistiefel
резиновый сапог m [rʲɪzʲˈinəvɨj sɐpˈok]

der Flip-Flop®
шлёпанец m [ʂlʲˈəpənʲɪts]

der hohe Stiefel
высокий сапог m [vɨsˈokʲɪj sɐpˈok]

die Handtasche
сумочка f [sˈumətɕkə]

das Portemonnaie
кошелёк m [kəʂɨlʲˈək]

die Brieftasche
бумажник m [bʊmˈaʐnʲɪk]

die Aktentasche
дипломат m [dʲɪplɐmˈat]

der Gürtel
ремень m [rʲɪmʲˈenʲ]

die Lederjacke
кожаная куртка f [kˈoʐənəjə kˈurtkə]

der Schnürschuh
ботинок на шнуровке m [bɐtʲˈinək nə ʂnʊrˈofkʲɪ]

der Wanderstiefel
туристический ботинок m [tʊrʲɪstʲˈitɕɪskʲɪj bɐtʲˈinək]

die Socke
носок m [nɐsˈok]

der Schnürsenkel	**шнурок** m [ʂnʊrˈok]
die Gürtelschlaufe	**шлёвка** f [ʂlʲˈəfkə]
der Keilabsatz	**танкетка** f [tɐnkʲˈetkə]
der Absatz	**каблук** m [kɐblˈuk]
die Sohle	**подошва** f [pɐdˈoʂvə]
der Riemen	**ремешок** m [rʲɪmʲɪʂˈok]
die Schnalle	**пряжка** f [prʲˈæʂkə]

die Trekkingsandale
треккинговая босоножка f [trʲˈekʲɪngəvəjə bəsɐnˈoʂkə]

der Turnschuh
гимнастическая тапочка f [gʲɪmnɐstʲˈitɕɪskəjə bəsɐnˈoʂkə]

DIE KÖPERPFLEGE – УХОД ЗА ТЕЛОМ

die Zahnpasta
зубная паста f
[zʊbn'ajə p'astə]

das Parfüm
духи pl
[dʊxʲ'i]

das Deo
дезодорант m
[dʲɪzədɐr'ant]

die Gesichtscreme
крем для лица m
[krʲ'em dlʲɪ lʲɪts'a]

der Kamm
расчёска f
[rɐɕː'oskə]

das Duschgel
гель для душа m
[gʲ'elʲ dlʲɪ d'uʂə]

das Shampoo
шампунь m
[ʂɐmp'unʲ]

die Spülung
кондиционер m
[kəndʲɪtsɪɐnʲ'er]

die Seife
мыло n
[m'ɨlə]

die Haarbürste
щётка f
[ɕː'otkə]

die Sonnencreme
крем от загара m
[krʲ'em ɐd_zɐg'arə]

der Kulturbeutel
косметичка f
[kəsmʲɪtʲ'iʨkə]

die Pinzette
пинцет m
[pʲɪnts'et]

die Nagelschere
маникюрные ножницы pl
[mənʲɪkʲ'ʉrnɨjə n'oʐnʲɪtsɨ]

die Nagelfeile
пилочка для ногтей f
[pʲ'iləʨkə dlʲɪ nɐktʲ'ej]

die Haarspange
заколка f
[zɐk'olkə]

die Feuchtigkeitscreme	**увлажняющий крем** m [ʊvlɐʐnʲ'æjʉɕːɪj krʲ'em]
sich die Augenbrauen zupfen	**выщипывать брови** [vɨɕː'ɪpɨvətʲ brʲ'ovʲɪ]
die Enthaarung	**эпиляция** f [ɪpʲɪlʲ'ætsɨjə]
der Nagellackentferner	**ацетон** m [ɐtsɨt'on]
das Haarprodukt	**средство для волос** n [srʲ'etstvə dlʲɪ vɐl'os]
sich die Haare föhnen	**сушить волосы феном** [sʊʂ'itʲ v'oləsɨ fʲ'enəm]
sich die Haare glätten	**выпрямлять волосы** [vɨprʲɪmlʲ'ætʲ v'oləsɨ]
der/das Haargummi	**резинка для волос** f [rʲɪzʲ'inkə dlʲɪ vɐl'os]

SCHMINKSACHEN – КОСМЕТИКА

die Grundierung
тональный крем m
[tɐnˈalʲnɨj krʲˈem]

der Lippenstift
помада f
[pɐmˈadə]

die Abdeckcreme
маскирующий крем m
[məskʲɪrˈujuɕːɪj krʲˈem]

die Wimperntusche
тушь f
[tˈuʂ]

der Spiegel
зеркальце n
[zʲˈerkəlʲt͡sɪ]

die Farbpalette
набор цветных теней m
[nɐbˈor t͡svʲɪtnˈɨx tʲɪnʲˈej]

der Lidschatten
тень для век f
[tʲˈenʲ dlʲɪ vʲˈek]

die Puderdose
пудреница f
[pˈudrɪnʲɪt͡sə]

der Nagellack
лак для ногтей m
[lˈak dlʲɪ nɐktʲˈej]

der Bronzer
автозагар m
[ɐftəzɐgˈar]

das Rouge
румяна pl
[rʊmʲˈænə]

der Pinsel	**кисточка** f [kʲˈistət͡ɕkə]
der Kajalstift	**карандаш для глаз** m [kərɐndˈaʂ dlʲɪ glˈas]
der/das Lipgloss	**блеск для губ** m [blʲˈesk dlʲɪ gˈup]
die Wimpernzange	**завиватель ресниц** m [zəvʲɪvˈatʲɪlʲ rʲɪsnʲˈit͡s]

ZU HAUSE

ДОМА

DIE WOHNUNG – КВАРТИРА

der Hausschlüssel
ключ от дома m
[klʲˈʉt͡ɕ ɐd_dˈomə]

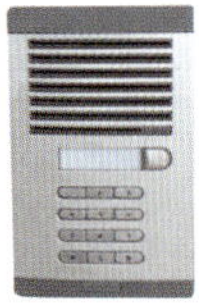

die Sprechanlage
домофон m
[dəmɐfˈon]

die Hausnummer
номер дома m
[nˈomʲɪr dˈomə]

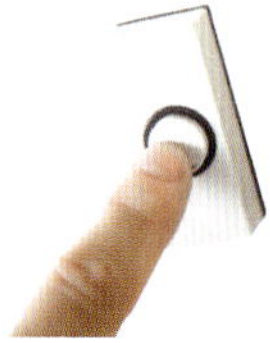

die Türklingel
дверной звонок m
[dvʲɪrnˈoj zvɐnˈok]

das Türschloss
дверной замок m
[dvʲɪrnˈoj zɐmˈok]

der Fußabtreter
половик m
[pəlɐvʲˈik]

der Briefkasten
почтовый ящик m
[pɐt͡ɕtˈovɨj jˈæɕːɪk]

das Einfamilienhaus
особняк m
[ɐsɐbnʲˈæk]

das Doppelhaus
дуплекс m
[dˈuplʲɪks]

das Reihenhaus
таунхаус m
[tɐʊnxˈaʊs]

das Mehrfamilienhaus
многоквартирный дом m
[mnəgəkvɐrtˈirnɨj dˈom]

der Bungalow
бунгало n
[bˈungələ]

der Schirmständer
стойка для зонтиков f
[stˈojkə dlʲɪ zˈontʲɪkəf]

die Eigentumswohnung	**собственная квартира** f [sˈopstvʲɪnːəjə kvɐrtʲˈirə]
die Mietwohnung	**съёмная квартира** f [sjˈɵmnəjə kvɐrtʲˈirə]
der Hof	**двор** m [dvˈor]
das Eigentum	**собственность** f [sˈopstvʲɪnːəstʲ]
das Grundstück	**участок** m [ʊt͡ɕˈæstək]
der Umbau	**перестройка** f [pʲɪrʲɪstrˈojkə]
der Anbau	**пристройка** f [prʲɪstrˈojkə]
zu verkaufen	**продаётся** [prədɐjˈɵt͡sə]

DIE WOHNUNG – КВАРТИРА

der Dachboden
чердак m
[t͡ɕɪrdˈak]

der Keller
подвал m
[pɐdvˈal]

der Flur
коридор m
[kərʲɪdˈor]

der Aufzug
лифт m
[lʲˈift]

der Grundriss
план m
[plˈan]

die Garage
гараж m
[gɐrˈaʂ]

der Carport
автонавес m
[ɐftənɐvʲˈes]

der Altbau
старое здание n
[stˈarəjə zdˈanʲɪjə]

der Hausmeister
управдом m
[ʊprɐvdˈom]

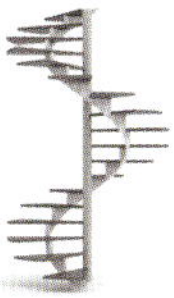

die Wendeltreppe
винтовая лестница f
[vʲɪntɐvˈajə lʲˈesnʲɪt͡sə]

der Rauchmelder
детектор дыма m
[dʲɪtʲˈektər dˈɨmə]

das Treppenhaus
лестница f
[lʲˈesnʲɪt͡sə]

mieten	**снимать** [snʲɪmˈatʲ]
die Miete	**квартплата** f [kvɐrtplˈatə]
vermieten	**сдавать** [zdɐvˈatʲ]
der Vermieter	**квартиросдатчик** m [kvərtʲɪrɐzdˈat͡ɕːɪk]
die Vermieterin	**квартиросдатчица** f [kvərtʲɪrɐzdˈat͡ɕːɪt͡sə]
der Mieter	**съёмщик** m [sjˈɵmɕːɪk]
die Mieterin	**съёмщица** f [sjˈɵmɕːɪt͡sə]
die Kaution	**залог** m [zɐlˈok]

der Mietvertrag
договор об аренде m
[dəgɐvˈor ɐb_ɐrʲˈendʲɪ]

DAS HAUS – ДОМ

das Einzelhaus	**особняк** m [ɐsɐbnʲˈæk]
der Neubau	**новостройка** f [nəvɐstrˈojkə]
die Dreizimmerwohnung	**трёхкомнатная квартира** f [trʲɪxkˈomnətnəjə kvɐrtʲˈirə]
möbliert	**меблированный** [mʲɪblʲɪrˈovən:ɨj]
das Stockwerk	**этаж** m [ɪtˈaʂ]
der Eigentümer	**владелец** m [vlɐdʲˈelʲɪt͡s]
die Eigentümerin	**владелица** f [vlɐdʲˈelʲɪt͡sə]
eine Hypothek aufnehmen	**брать ипотеку** [brˈatʲ ɪpɐtʲˈekʊ]

DAS HAUS – ДОМ

Der Eingang – Вход

die Diele
прихожая f
[prʲɪxˈoʐəjə]

der Spiegel
зеркало n
[zʲˈerkələ]

der Sessel
кресло n
[krʲˈeslə]

der Ablagetisch
столик m
[stˈolʲɪk]

die Wohnungstür
входная дверь f
[fxɐdnˈajə dvʲerʲ]

der Garderobenständer
вешалка f
[vʲˈeʂəlkə]

der Schirmständer
стойка для зонтиков f
[stˈojkə dlʲɪ zˈontʲɪkəf]

das Treppengeländer
перила pl
[pʲɪrʲˈilə]

die Treppe
лестница f
[lʲˈesnʲɪt͡sə]

der Treppenabsatz
лестничная площадка f
[lʲˈesnʲɪt͡ɕnəjə plɐɕːˈætkə]

die Treppenstufe
ступенька f
[stʊpʲˈenʲkə]

das Schlüsselbrett
ключница f
[klʲˈʉt͡ɕnʲɪt͡sə]

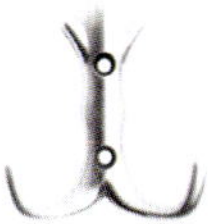

der Kleiderhaken
крючок m
[krʲʉt͡ɕˈɵk]

der Kleiderbügel
плечики pl
[plʲˈet͡ɕɪkʲɪ]

der Schuhlöffel
обувной рожок m
[ɐbʊvnˈoj rɐʐˈok]

DAS HAUS – ДОМ

Das Wohnzimmer – Гостиная

der Spiegel
зеркало n [zʲˈerkələ]

der Vorhang
занавеска f [zənɐvʲˈeskə]

der Ventilator
вентилятор m [vʲɪntʲɪlʲˈætər]

die Decke
потолок m [pətɐlˈok]

der Bilderrahmen
рама f [rˈamə]

das Gemälde
картина f [kɐrtʲˈinə]

das Sofa
диван m
[dʲɪvˈan]

die Lampe
лампа f
[lˈampə]

das Sofakissen
диванная подушка f
[dʲɪvˈanːəjə pɐdˈuʂkə]

der Beistellschrank
тумбочка f
[tˈumbət͡ɕkə]

der Kaminsims
карниз камина m
[kɐrnʲˈis kɐmʲˈinə]

der gepolsterte Hocker
пуф m
[pˈuf]

der Teppichboden
ковролин m
[kəvrɐlʲˈin]

der Kamin
камин m
[kɐmʲˈin]

der Sessel
кресло n
[krʲˈeslə]

der Couchtisch
журнальный столик m
[ʐʊrnˈalʲnɨj stˈolʲɪk]

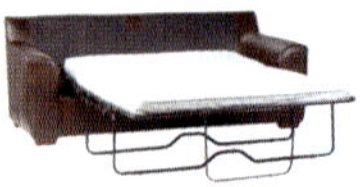

die Schlafcouch
диван-кровать m
[dʲɪvˈan-krɐvˈatʲ]

die Vitrine
шкаф-витрина m
[ʂkˈaf-vʲɪtrʲˈinə]

die Fernsehbank
тумба для телевизора f
[tˈumbə dlʲɪ tʲɪlʲɪvʲˈizərə]

das Bücherregal
книжная полка f
[knʲˈiʐnəjə p ˈolkə]

DAS HAUS – ДОМ

Das Esszimmer – Столовая

das Rollo
рулонная штора f
[rʊlˈonːəjə ʂtˈorə]

der Kronleuchter
люстра f
[lʲˈʉstrə]

die Vitrine
буфет m
[bʊfʲˈet]

die Zimmerpflanze
комнатное растение n
[kˈomnətnəjə rɐstʲˈenʲɪjə]

das Fensterbrett
подоконник m
[pədɐkˈonʲːɪk]

der Tischläufer
дорожка f
[dɐrˈoʂkə]

die Kerze
свеча f
[svʲɪt͡ɕˈæ]

der Stuhl
стул m
[stˈul]

der Esstisch
обеденный стол m
[ɐbʲˈedʲɪnːɨj stˈol]

die Tischdekoration
столовое украшение n
[stɐlˈovəjə ʊkrɐʂˈɛnʲɪjə]

der Holzboden
деревянный пол m
[dʲɪrʲɪvʲˈænːɨj pˈol]

die Blumenvase
ваза f
[vˈazə]

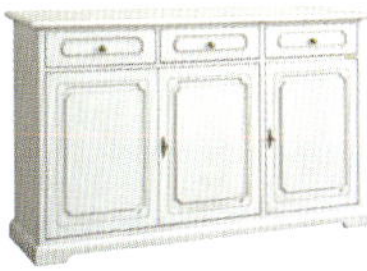

die Anrichte
сервант m
[sʲɪrvˈant]

die Wanduhr
настенные часы pl
[nɐstʲˈenːɨjə t͡ɕɪsˈɨ]

der Hochstuhl
детский стул m
[dʲˈet͡skʲɪj stˈul]

DAS HAUS – ДОМ

Die Küche – Кухня

die Einbauküche
встроенная кухня f
[fstrʲojɪnːəjə kʲuxnʲə]

die Einbauleuchte
подсветка f
[pɐt͡svʲetkə]

die Dunstabzugshaube
кухонная вытяжка f
[kʲuxənːəjə vʲitʲɪʂkə]

die Arbeitsplatte
рабочая поверхность f
[rɐbʲot͡ɕɪjə pɐvʲʲerxnəstʲ]

der Hängeschrank
настенный шкаф m
[nɐstʲenːɨj ʂkʲaf]

der Backofenschalter
переключатель духовки m
[pʲɪrʲɪklʲʉt͡ɕʲætʲɪlʲ dʊxʲofkʲɪ]

der Herd
плита f
[plʲɪtʲa]

der Backofen
духовка f
[dʊxʲofkə]

das Spülbecken
мойка f
[mʲojkə]

der Küchenhocker
кухонная табуретка f
[kʲuxənːəjə təbʊrʲʲetkə]

die Schublade
ящик m
[jʲæɕːɪk]

der Kühlschrank
холодильник m
[xəlɐdʲʲilʲnʲɪk]

die Frühstückstheke
барная стойка f
[bʲarnəjə stʲojkə]

die Spülmaschine
посудомоечная машина f
[pəsʊdɐmʲojɪt͡ɕnəjə mɐʂʲinə]

der Gefrierschrank
морозилка f
[mərɐzʲʲilkə]

das Geschirrtuch
кухонное полотенце n
[kʲuxənːəjə pəlɐtʲʲent͡sɪ]

der Mülleimer	**мусорное ведро** n [mʲusərnəjə vʲɪdrʲo]
die Mülltrennung	**сортировка мусора** f [sərtʲɪrʲofkə mʲusərə]
die Verpackung	**упаковка** f [ʊpɐkʲofkə]
das Altglas	**стеклянные отходы** pl [stʲɪklʲʲænːɨjə ɐtxʲodɨ]
den Ofen vorheizen	**прогреть духовку** [prɐgrʲʲetʲ dʊxʲofkʊ]
die Spülmaschine laufen lassen	**запустить посудомойку** [pəsʊdɐmʲojkʊ]
das Essen auftauen	**разморозить еду** [rəzmɐrʲozʲɪtʲ jɪdʲu]
das Geschirr abtropfen lassen	**дать посуде подсохнуть** [dʲatʲ pɐsʲudʲɪ pɐt͡sʲoxnʉtʲ]

DAS HAUS – ДОМ

Küchengeräte – Кухонная техника

der Pürierstab
ручной блендер m
[rʊt͡ɕnˈoj blˈendʲɪr]

der Mixer
блендер m
[blˈendʲɪr]

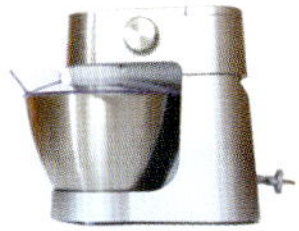

die Küchenmaschine
кухонный комбайн m
[kˈuxənːɨj kɐmbˈajn]

die Mikrowelle
микроволновка f
[mʲɪkrəvɐlnˈofkə]

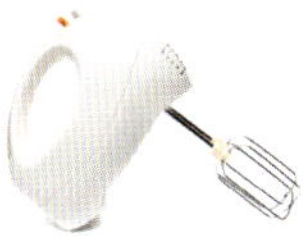

das Handrührgerät
миксер m
[mʲˈiksʲɪr]

der Wasserkocher
электрочайник m
[ɪlʲɪktrɐt͡ɕˈæjnɪk]

das Waffeleisen
вафельница f
[vˈafʲɪlʲnʲɪt͡sə]

der Elektrogrill
электрогриль m
[ɪlʲɪktrəgrʲˈilʲ]

der Toaster
тостер m
[tˈostʲɪr]

die Küchenwaage
кухонные весы pl
[kˈuxənːɨjə vʲɪsˈɨ]

der Schnellkochtopf
скороварка f
[skərɐvˈarkə]

der Sandwichgrill
бутербродница f
[bʊtʲɪrbrˈodnʲɪt͡sə]

die Kaffeemaschine
кофеварка f
[kəfʲɪvˈarkə]

der Dampfgarer
пароварка f
[pərɐvˈarkə]

der Raclettegrill
раклетница f
[rɐklʲˈetnʲɪt͡sə]

der Reiskocher
рисоварка f
[rʲisɐvˈarkə]

DAS HAUS – ДОМ

Koch- und Backutensilien – Кухонная утварь

der Küchenwecker
кухонный таймер m
[kˈuxən:ɨj tˈajmʲɪr]

das Ausstechförmchen
формочки для печенья pl
[fˈormət͡ɕkʲɪ dlʲɪ pʲɪt͡ɕˈenʲjə]

das Küchenpapier
бумажные полотенца pl
[bʊmˈaʐnɨjə pəlɐtʲˈent͡sə]

die Schürze
фартук m
[fˈartʊk]

das Muffinförmchen
формочки для маффинов pl
[fˈormət͡ɕkʲɪ dlʲɪ mˈafʲːɪnəf]

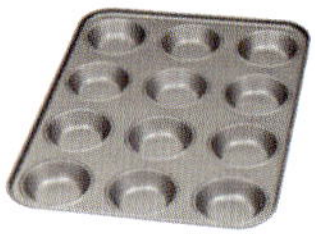

die Törtchenform
форма для пирожных f
[fˈormə dlʲɪ pʲɪrˈoʐnɨx]

die Springform
разъёмная форма для выпечки f
[rɐzjˈomnəjə fˈormə dlʲɪ vˈɨpʲɪt͡ɕkʲɪ]

das Backblech
противень m
[prˈotʲɪvʲɪnʲ]

der Messerschärfer
точилка для ножей f
[tɐt͡ɕˈilkə dlʲɪ nɐʐˈɛj]

das Teigrad
колёсико для резки теста n
[kɐlʲˈosʲɪkə dlʲɪ rʲˈeskʲɪ tʲˈestə]

der Topfhandschuh
прихватка f
[prʲɪxvˈatkə]

das Tablett
поднос m
[pɐdnˈos]

die Sanduhr
песочные часы pl
[pʲɪsˈot͡ɕnɨjə t͡ɕɪsˈɨ]

das Kuchengitter	**подставка** f [pɐt͡stˈafkə]
der Spritzbeutel	**кондитерский мешок** m [kɐndʲˈitʲɪrskʲɪj mʲɪʂˈok]
das Backpapier	**бумага для выпечки** f [bʊmˈaɡə dlʲɪ vˈɨpʲɪt͡ɕkʲɪ]
die Frischhaltefolie	**пищевая плёнка** f [pʲɪɕːɪvˈajə plʲˈonkə]
der Putzlappen	**тряпка для уборки** f [trʲˈæpkə dlʲɪ ʊbˈorkʲɪ]
die Alufolie	**фольга** f [fɐlʲɡˈa]
der Gefrierbeutel	**пакет для заморозки** m [pɐkʲˈet dlʲɪ zəmɐrˈoskʲɪ]
die Rührschüssel	**большая миска** f [bɐlʲʂˈajə mʲˈiskə]

DAS HAUS – ДОМ

Koch- und Backutensilien – Кухонная утварь

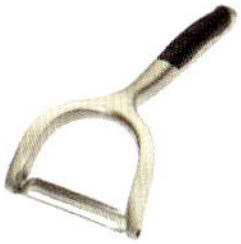

der Schäler
овощечистка f
[ɐvəɕːɪt͡ɕˈistkə]

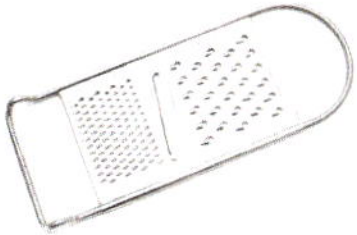

die Reibe
тёрка f
[tʲˈɵrkə]

das Hackmesser
мясницкий нож m
[mʲɪsʲnʲˈit͡skʲɪj noʂ]

das Küchenmesser
кухонный нож m
[kˈuxənːɨj nˈoʂ]

das Küchensieb
сито n
[sʲˈitə]

das Abtropfsieb
дуршлаг m
[dʊrʂlˈak]

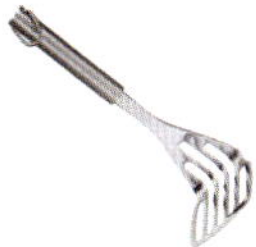

der Kartoffelstampfer
картофелемялка f
[kərtəfʲɪlʲɪmʲˈælkə]

die Knoblauchpresse
чеснокодавилка f
[t͡ɕɪsnəkədɐvʲˈilkə]

die Schöpfkelle
черпак m
[t͡ɕɪrpˈak]

der Schneebesen
венчик для взбивания m
[vʲˈent͡ɕɪk dlʲɪ vzbʲɪvˈanʲɪjə]

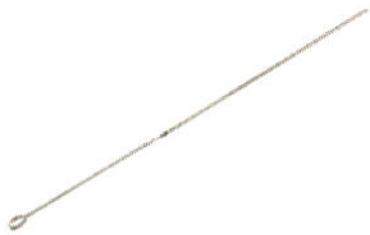

der Spieß
шампур m
[ʂˈampʊr]

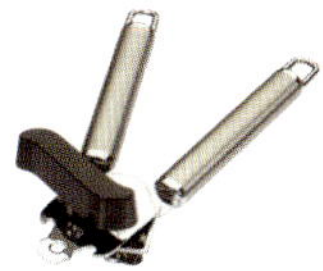

der Dosenöffner
консервный нож m
[kɐnsʲˈervnɨj nˈoʂ]

der Mörser	**ступка** f [stˈupkə]
der Stößel	**пестик** m [pʲˈestʲɪk]
der Messerblock	**подставка для ножей** f [blˈok dlʲɪ nɐʐˈej]
der Fleischklopfer	**колотушка для мяса** f [kəlɐtˈuʂkə dlʲɪ mʲˈæsə]
der Eierschneider	**яйцерезка** f [jɪjt͡sɨrʲˈeskə]
der Eisportionierer	**ложечка для мороженого** f [lˈoʐɨt͡ɕkə dlʲɪ mɐrˈoʐɨnəvə]
die Thermoskanne®	**термос** m [tˈɛrməs]
der Spüllappen	**губка для посуды** f [gˈupkə dlʲɪ pɐsˈudɨ]

das Schneidebrett
разделочная доска f
[rɐzdʲˈelət͡ɕnəjə dɐskˈa]

DAS HAUS – ДОМ

Koch- und Backutensilien – Кухонная утварь

der Korkenzieher
штопор m
[ʂtˈopər]

der Backpinsel
пекарская кисточка f
[pʲˈekərskəjə kʲˈistət͡ɕkə]

das Nudelholz
скалка f
[skˈalkə]

der Pfannenwender
кухонная лопатка f
[kˈuxən:əjə lɐpˈatkə]

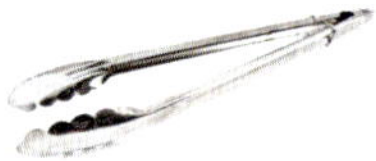

die Küchenzange
кухонные щипцы pl
[kˈuxən:ɪjə ɕ:ɪpt͡sˈɨ]

der Teigschaber
скребок для теста m
[skrʲɪbˈok dlʲɪ tʲˈestə]

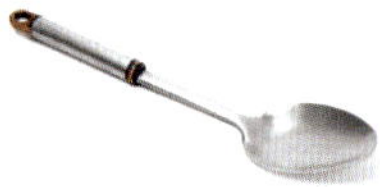

der Servierlöffel
сервировочная ложка f
[sʲɪrvʲɪrˈovət͡ɕnəjə lˈoʂkə]

der Kochlöffel
поварёшка f
[pəvɐrʲˈɵʂkə]

die Bratpfanne
сковорода f
[skəvərɐdˈa]

der Wok
вок m
[vˈok]

der Kochtopf
кастрюля f
[kɐstrʲˈʉlʲə]

der Schmortopf
сотейник m
[sɐtʲˈejnʲɪk]

das Auflaufförmchen
форма для суфле f
[fˈormə dlʲɪ sʊflʲˈe]

die Bratengabel	**вилка для жаркого** f [vʲˈilkə dlʲɪ ʐɐrkˈovə]
der Untersetzer	**подставка** f [pɐt͡sˈtafkə]
die Grillpfanne	**сковородка для гриля** f [skəvɐrˈotkə dlʲɪ grʲˈilʲə]
der Messbecher	**мерный стакан** m [mʲˈernɨj stɐkˈan]
der Trichter	**воронка** f [vɐrˈonkə]
der Messlöffel	**мерная ложка** f [mʲˈernəjə lˈoʂkə]
der Abtropfständer	**сушилка** f [sʊʂˈilkə]
der Flaschenöffner	**открывалка** f [ɐtkrɨvˈalkə]

DAS HAUS – ДОМ

Das Schlafzimmer – Спальня

der Bettbezug
пододеяльник m
[pədədʲɪjˈælʲnʲɪk]

die Bettdecke
одеяло n
[ɐdʲɪjˈælə]

das Kopfteil
изголовье n
[ɪzgɐlˈovʲjə]

das Doppelbett
двуспальная кровать f
[dvʊspˈalʲnəjə krɐvˈatʲ]

das Kopfkissen
подушка f
[pɐdˈuʂkə]

der Kissenbezug
наволочка f
[nˈavələt͡ɕkə]

die Nachttischlampe
лампа на тумбочке f
[lˈampə nə tˈumbət͡ɕkʲɪ]

die Kommode
комод m
[kɐmˈot]

das Bettgestell
каркас кровати m
[kɐrkˈas krɐvˈatʲɪ]

das Laken
простыня f
[prəstɨnʲˈæ]

der Teppich
ковёр m
[kɐvʲˈɵr]

der Hocker
пуф m
[pˈuf]

die Matratze
матрас m
[mɐtrˈas]

der Nachttisch
тумбочка f
[tˈumbət͡ɕkə]

der Kleiderschrank	**платяной шкаф** m [plətʲɪnˈoj ʂkˈaf]
der Wecker	**будильник** m [bʊdʲˈilʲnʲɪk]
den Wecker stellen	**ставить будильник** [stˈavʲɪtʲ bʊdʲˈilʲnʲɪk]
die Wärmflasche	**грелка** f [grʲˈelkə]
die Heizdecke	**одеяло с подогревом** n [ɐdʲɪjˈælə s_pədɐgrˈevəm]
die Tagesdecke	**покрывало** n [pəkrɨvˈalə]
die Schlafbrille	**маска для сна** f [mˈaskə dlʲɪ snˈa]
das Zimmer mit Bad	**комната с ванной** f [kˈomnətə s vˈanːəj]

DAS HAUS – ДОМ

Das Kinderzimmer – Детская

der Ball
мяч m
[mʲˈæt͡ɕ]

die Puppe
кукла f
[kˈuklə]

die Wickeltasche
пеленальная сумка f
[pʲɪlʲɪnˈalʲnəjə sˈumkə]

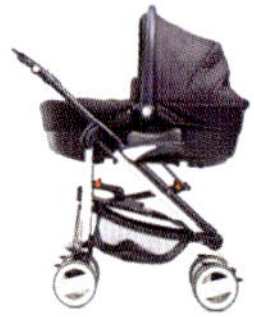

der Kinderwagen
коляска f
[kɐlʲˈæskə]

das Babyfon®
радионяня f
[rədʲɪonʲˈænʲə]

der Laufstall
манеж m
[mɐnʲˈeʂ]

das Gitterbettchen
детская кроватка f
[dʲˈe͡tskəjə krɐvˈatkə]

die Flauschdecke
мягкое одеяльце n
[mʲˈæxkəjə ɐdʲɪjˈælʲ͡tsɨ]

der Teddy
мишка m
[mˈiʂkə]

das Mobile
мобиль m
[mˈobʲɪlʲ]

der Gitterstab
прут решетки m
[prˈut rʲɪʂˈotkʲɪ]

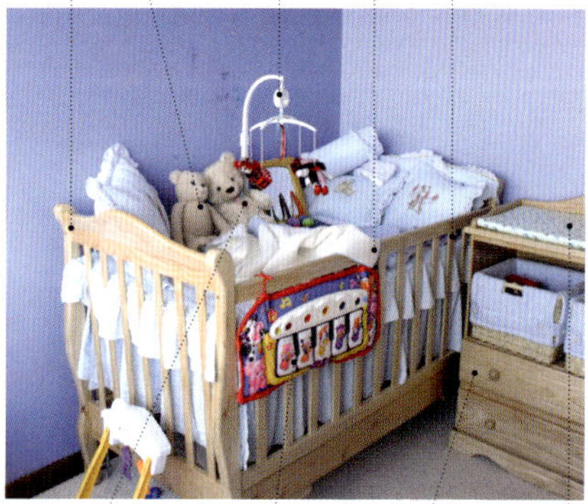

das Kuscheltier
плюшевый зверёк m
[plʲˈuʂɨvɨj zvʲɪrʲˈok]

der Wickeltisch
пеленальный столик m
[pʲɪlʲɪnˈalʲnɨj stˈolʲɪk]

das Spielzeug
игрушка f
[ɪgrˈuʂkə]

die Wickelauflage
пеленальная подстилка f
[pʲɪlʲɪnˈalʲnəjə pɐ͡tstˈilkə]

das Töpfchen
горшок m
[gɐrʂˈok]

die Babytragetasche
переносная колыбель f
[pʲɪrʲɪnɐsnˈajə kəlɨbʲˈelʲ]

der Schulranzen
школьный ранец m
[ʂkˈolʲnɨj rˈanʲɪ͡ts]

das Bauklötzchen
кубик m
[kˈubʲɪk]

DAS HAUS – ДОМ

Das Jugendzimmer – Комната подростка

das Einzelbett
односпальная кровать f
[ɐdnɐspˈalʲnəjə krɐvˈatʲ]

die Hängelampe
подвесной светильник m
[pədvʲɪsnˈoj svʲɪtʲˈilʲnʲɪk]

der Schreibtisch
письменный стол m
[pʲˈisʲmʲɪnːɪj stˈol]

das Bücherregal
книжная полка f
[knʲˈiʐnəjə pˈolkə]

die Schreibtischlampe
настольная лампа f
[nɐstˈolʲnəjə lˈampə]

der Stuhl
стул m
[stˈul]

der Teppichboden
ковролин m
[kəvrɐlʲˈin]

die Fensterbank
подоконник m
[pədɐkˈonʲːɪk]

die Schublade
ящик m
[jˈæɕːɪk]

das Etagenbett	**двухэтажная кровать** f [dvʊxɪtˈaʐnəjə krɐvˈatʲ]
schlafen	**спать** [spˈatʲ]
schnarchen	**храпеть** [xrɐpʲˈetʲ]
aufwachen	**просыпаться** [prəsɨpˈat͡sə]
aufstehen	**вставать** [fstɐvˈatʲ]
der Albtraum	**кошмар** m [kɐʂmˈar]
ins Bett gehen	**ложиться спать** [lɐʐˈɨt͡sə spatʲ]

einschlafen	**засыпать** [zəsɨpˈɐtʲ]
tief schlafen	**глубоко спать** [glʊbɐkˈo spˈatʲ]
ausschlafen	**высыпаться** [vɨsɨpˈat͡sə]
wach sein	**бодрствовать** [bˈodrstvəvətʲ]
das Bett machen	**стелить постель** [stʲɪlʲˈitʲ pɐstʲˈelʲ]
träumen	**видеть во сне** [vʲˈidʲɪtʲ və snʲˈe]
das Zimmer aufräumen	**убирать комнату** [ʊbʲɪrˈatʲ kˈomnətʊ]

DAS HAUS – ДОМ

Das Arbeitszimmer – Кабинет

der Bilderrahmen
рама f
[rˈamə]

die Verandatür
дверь веранды f
[dvˈerʲ vʲɪrˈandɪ]

der Bücherschrank
книжный шкаф m
[knʲˈiʐnɨj ʂkˈaf]

die Zimmerpflanze
комнатное растение n
[kˈomnətnəjə rɐstʲˈenʲɪjə]

das Foto
фото n
[fˈotə]

das Tageslicht
дневной свет m
[dnʲɪvnˈoj svʲˈet]

der/das Laptop
ноутбук m
[nəʊdbˈuk]

die Rückenlehne
спинка f
[spʲˈinkə]

der Sessel
кресло n
[krʲˈeslə]

der Schreibtisch
письменный стол m
[pʲˈisʲmʲɪnːɨj stˈol]

der Rollcontainer
тумба f
[tˈumbə]

der Drehstuhl
вертящийся стул m
[vʲɪrtʲˈæɕːɪjsʲə stˈul]

die Armlehne
подлокотник m
[pədlɐkˈotnʲɪk]

die Unterlage	**документ** m [dəkumʲˈent]
die Steuererklärung	**налоговая декларация** f [nɐlˈogəvəjə dʲɪklɐrˈat͡sɨjə]
arbeiten	**работать** [rɐbˈotətʲ]
sich konzentrieren	**концентрироваться** [kənt͡sɨntrʲˈirəvət͡sə]
die Überstunde	**сверхурочные** pl [svʲɪrxʊrˈot͡ɕnɨjə]
von zu Hause arbeiten	**работать из дома** [rɐbˈotətʲ ɪz_dˈomə]
eine Pause machen	**делать перерыв** [dʲˈelətʲ pʲɪrʲɪrˈɨf]
selbstständig sein	**иметь своё дело** [ɪmʲˈetʲ svɐjˈɵ dʲˈelə]

DAS HAUS – ДОМ

Das Badezimmer – Ванная

der Spiegel
зеркало n
[zʲˈerkələ]

das Waschbecken
раковина f
[rˈakəvʲɪnə]

der Seifenspender
жидкое мыло n
[ʐˈɨtkʲəjə mˈɨlə]

der Waschbecken-unterschrank
шкафчик под раковиной m
[ʂkˈaft͡ɕɪk pəd_rˈakəvʲɪnəj]

die Duschkabine
душевая кабина f
[dʊʂɨvˈajə kɐbʲˈinə]

die Dusche
душ m
[dˈuʂ]

der Handtuchhalter
вешалка для полотенец f
[vʲˈeʂəlkə dlʲɪ pəlɐtʲˈenʲɪt͡s]

das Handtuch
полотенце n
[pəlɐtʲˈent͡sɨ]

der Wasserhahn
кран m [krˈan]

die Badewanne
ванна f [vˈanːə]

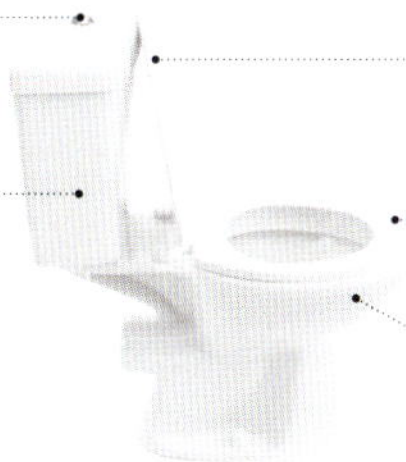

die Toilette
туалет m
[tʊɐlʲˈet]

die Toilettenspülung
смыв унитаза m
[smɨf ʊnʲɪtˈazə]

der Spülkasten
бачок m
[bɐt͡ɕˈok]

auf die Toilette gehen
ходить в туалет
[xɐdʲˈitʲ f_tʊɐlʲˈet]

der Toilettendeckel
крышка унитаза f
[krˈɨʂkə ʊnʲɪtˈazə]

die Toilettenbrille
сиденье унитаза n
[sʲɪdʲˈenʲjə ʊnʲɪtˈazə]

die Kloschüssel
унитаз m
[ʊnʲɪtˈas]

die Klobürste
туалетная щётка f
[tʊɐlʲˈetnəjə ɕːˈotkə]

das Toilettenpapier
туалетная бумага f
[tʊɐlʲˈetnəjə bʊmˈagə]

der Raumduft
освежитель воздуха m
[ɐsvʲɪʐˈɨtʲɪlʲ vˈozdʊxə]

der Klostein
освежитель для унитаза m [ɐsvʲɪʐˈɨtʲɪlʲ dlʲɪ unʲɪtˈazə]

DAS HAUS – ДОМ

Sanitäre Anlagen – Водопровод и канализация

der Elektroboiler
бойлер m
[bˈojlʲɪr]

der Behälter
контейнер m
[kɐntˈejnʲɪr]

das Thermostat
термостат m
[tʲɪrmɐstˈat]

der Warmwasser-ablauf
подача горячей воды f
[pɐdˈat͡ɕə gɐrʲˈæt͡ɕɪj vɐdˈɨ]

der Kaltwasserzulauf
подача холодной воды f
[pɐdˈat͡ɕə xɐlˈodnəj vɐdˈɨ]

das Gas-Wandheizgerät
водогрей m
[vədɐgrʲˈej]

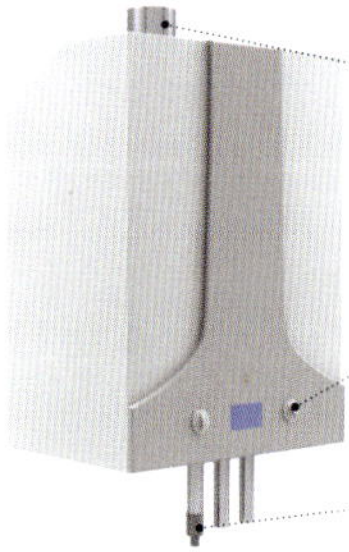

das Sicherheitsventil
предохранительный клапан m
[prʲɪdəxrɐnʲˈitʲɪlʲnɨj klˈapən]

der Regler
регулятор m
[rʲɪgʊlʲˈætər]

der Überlauf
водослив m
[vədɐslʲˈif]

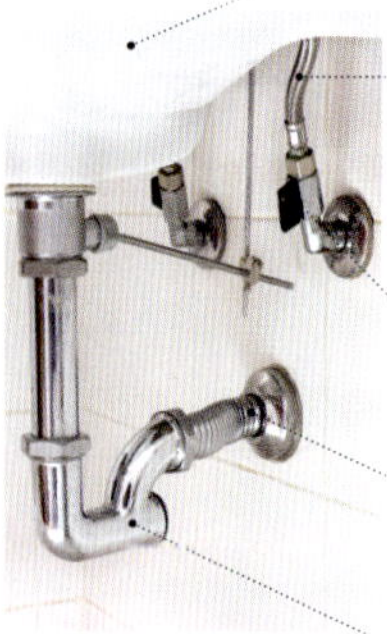

das Waschbecken
раковина f
[rˈakəvʲɪnə]

die Zuleitung
подводящий трубопровод m
[pədvɐdʲˈæɕːɪj trʊbəprɐvˈot]

der Absperrhahn
стопорный кран m
[stˈopərnɨj krˈan]

der Abfluss
сток m
[ɛtˈok]

der Siphon
сифон m
[sʲɪfˈon]

der Spülkasten
сливной бачок m
[slʲɪvnˈoj bɐt͡ɕˈok]

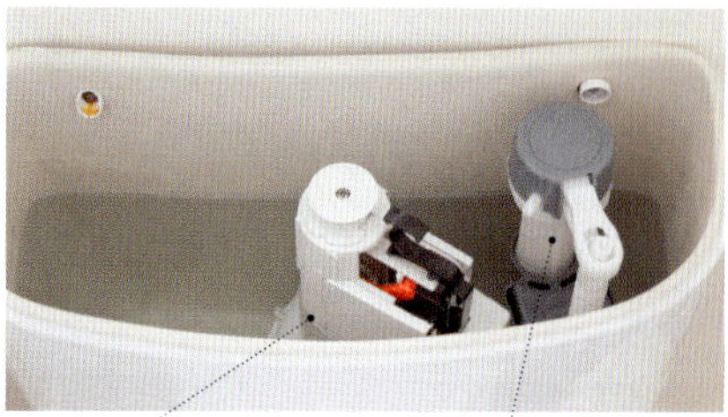

die Heberglocke
спуск m
[spˈusk]

der Überlauf
водослив m
[vədɐslʲˈif]

DAS HAUS – ДОМ

Im Badezimmer – В ванной комнате

das Wattepad
ватный диск m
[vˈatnɨj dʲˈisk]

der Duschschwamm
мочалка f
[mɐt͡ɕˈalkə]

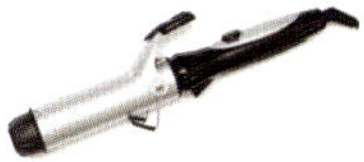

der Lockenstab
плойка f
[plˈojkə]

das Glätteisen
выпрямитель для волос m
[vɨprʲɪmʲˈitʲɪlʲ dlʲɪ vɐlˈos]

der Rasierapparat
электрическая бритва f
[ɪlʲɪktrʲˈit͡ɕɪskəjə brʲˈitvə]

das Schwammtuch
тряпка для пола f
[trʲˈæpkə dlʲɪ pˈolə]

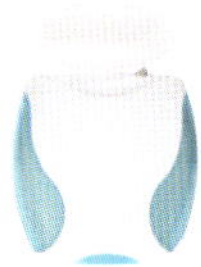

die Zahnseide
зубная нить f
[zʊbnˈajə nʲˈitʲ]

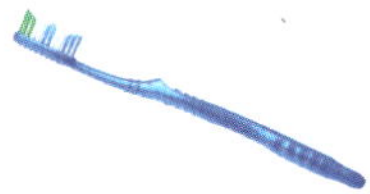

die Zahnbürste
зубная щётка f
[zʊbnˈajə ɕːˈɵtkə]

das Taschentuch
носовой платок m
[nəsɐvˈoj plɐtˈok]

das Wattestäbchen
ватная палочка f
[vˈatnəjə pˈalət͡ɕkə]

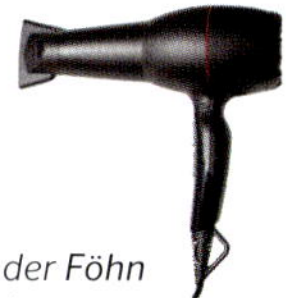

der Föhn
фен m
[fʲˈen]

der Rasierschaum
пена для бритья f
[pʲˈenə dlʲɪ brʲɪtʲjˈæ]

der Waschlappen	**тряпочка для мытья тела** f [trʲˈæpət͡ɕkə dlʲɪ mɨtʲˈjæ tʲˈelə]
das Mundwasser	**ополаскиватель для рта** m [ɐpɐlˈaskʲɪvətʲɪlʲ dlʲɪ rtˈa]
sich rasieren	**бриться** [brʲˈit͡sə]
sich frisch machen	**освежаться** [ɐsvʲɪʐˈat͡sə]
sich schminken	**делать макияж** [dʲˈelətʲ məkʲɪjˈæʂ]
sich die Zähne putzen	**чистить зубы** [t͡ɕˈistʲɪtʲ zˈubɨ]
das Rasierwasser	**лосьон после бритья** m [lɐsʲjˈon pˈoslʲɪ brʲɪtʲjˈæ]
der Duschkopf	**душевая лейка** f [dʊʂɨvˈajə lʲˈejkə]
der Duschvorhang	**душевая занавеска** f [dʊʂɨvˈajə zənɐvʲˈeskə]
die Bademattе	**коврик для ванной** m [kˈovrʲɪk dlʲɪ vˈanːəj]
sich waschen	**мыться** [mˈɨt͡sə]
baden	**принимать ванну** [prʲɪnɪmˈatʲ vˈanːʊ]
den Hahn auf-/zudrehen	**открывать/закрывать кран** [ɐtkrɨvˈatʲ/zəkrɨvˈatʲ krˈan]
duschen	**принимать душ** [prʲɪnʲɪmˈatʲ dˈuʂ]

der Rasierer
бритва f
[brʲˈitvə]

DAS HAUS – ДОМ

Die Waschküche – Прачечная комната

der Wäschekorb
корзина для белья f
[kɐrzʲˈinə dlʲɪ bʲɪlʲjˈæ]

die zusammengelegte Wäsche
сложенное бельё n
[slˈoʐɨn:əjə bʲɪlʲˈɵ]

die Waschmaschine
стиральная машина f
[stʲɪrˈalʲnəjə mɐʂˈɨnə]

die Waschmittelkammer
отделение для стирального порошка n [ɐdʲːɪlʲˈenʲɪjə dlʲɪ stʲɪrˈalʲnəvə pərɐʂkˈa]

der Frontlader
фронтальная загрузка f
[frɐntˈalʲnəjə zɐgrˈuskə]

der Fleckenentferner
пятновыводитель m
[pʲɪtnəvɨvɐdʲˈitʲɪlʲ]

der Weichspüler
кондиционер для белья m
[kəndʲɪt͡sɨɐnʲˈer dlʲɪ bʲɪlʲjˈæ]

die Wäscheleine
бельевая верёвка f
[bʲɪlʲjɪvˈajə vʲɪrʲˈɵfkə]

die Wäscheklammer
бельевая прищепка f
[bʲɪlʲjɪvˈajə prʲɪɕːˈepkə]

das Bleichmittel
отбеливатель m
[ɐdbʲˈelʲɪvətʲɪlʲ]

das Waschpulver
стиральный порошок m [stʲɪrˈalʲnɨj pərɐʂˈok]

das Bügeleisen
утюг m
[ʊtʲˈuk]

das Bügelbrett
гладильная доска f
[glɐdʲˈilʲnəjə dɐskˈa]

die Waschmaschine füllen	**загружать стиральную машину** [zəgrʊʐˈatʲ stʲɪrˈalʲnʊjʉ mɐʂˈɨnʊ]
die Wäsche waschen	**стирать бельё** [stʲɪrˈatʲ bʲɪlʲjˈɵ]
die Wäsche schleudern	**отжимать бельё** [ɐdʐɨmˈatʲ bʲɪlʲjˈɵ]
der Wäscheständer	**сушилка для белья** f [sʊʂˈɨlkə dlʲɪ bʲɪlʲjˈæ]
der Wäschetrockner	**сушильная машина** f [sʊʂˈɨlʲnəjə mɐʂˈɨnə]
der Schmutzwäschekorb	**корзина для грязного белья** f [kɐrzʲˈinə dlʲɪ grʲˈæznəvə bɪlʲjˈæ]
die Wäsche zum Trocknen aufhängen	**развешивать бельё на просушку** [rəzvʲˈeʂɪvətʲ bʲɪlʲˈɵ nə prɐsˈuʂkʊ]
bügeln	**гладить** [glˈadʲɪtʲ]

DAS HAUS – ДОМ

Reinigungsartikel – Принадлежности для уборки

das Reinigungsmittel
чистящее средство n
[t͡ɕˈistʲɪɕːɪjə srʲˈet͡stvə]

das Spülmittel
посудомоечное средство n
[pəsʊdɐmˈojɪt͡ɕnəjə srʲˈet͡stvə]

die Bürste
щётка f
[ɕːˈɵtkə]

die Sprühflasche
распылитель m
[rəspɨlʲˈitʲɪlʲ]

der Gummiwischer
резиновый скребок m
[rʲɪzʲˈinəvɨj skrʲɪbˈok]

die Kehrschaufel
совок m
[sɐvˈok]

der Handfeger
щётка-смётка f
[ɕːˈɵtkə-smʲˈɵtkə]

der Wischmopp
швабра f
[ʂvˈabrə]

der Schwamm
губка f
[gˈupkə]

der Gummihandschuh
резиновая перчатка f
[rʲɪzʲˈinəvəjə pʲɪrt͡ɕˈætkə]

der Eimer
ведро n
[vʲɪdrˈo]

der WC-Reiniger
средство для чистки унитазов n
[srʲˈet͡stvə dlʲa t͡ɕˈistkʲɪ ʊnʲɪtˈazə]

die Wurzelbürste
грубая щётка f
[grˈubəjə ɕːˈɵtkə]

schrubben	**драить** [drˈaɪtʲ]
fegen	**подметать** [pədmʲɪtˈatʲ]
polieren	**полировать** [pəlʲɪrɐvˈatʲ]
putzen	**чистить** [t͡ɕˈistʲɪtʲ]
abwischen	**вытирать** [vɨtʲɪrˈatʲ]
der Staubsauger	**пылесос** m [pɨlʲɪsˈos]
Staub saugen	**пылесосить** [pɨlʲɪsˈosʲɪtʲ]
der Staubwedel	**метёлка для пыли** f [mʲɪtʲˈɵlkə dlʲɪ pˈɨlʲɪ]

DAS HAUS – ДОМ

Die Heimwerkstatt – Домашняя мастерская

die Handsäge
ручная пила f
[rʊt͡ɕnˈajə pʲɪlˈa]

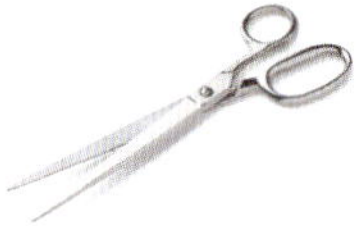

die Schere
ножницы pl
[nˈozʼnʲɪt͡sɨ]

die Schraube
винт m
[vʲˈint]

die Mutter
гайка f
[gˈajkə]

der Schrauben-schlüssel
гаечный ключ m
[gˈajɪt͡ɕnɨj klʲˈʉt͡ɕ]

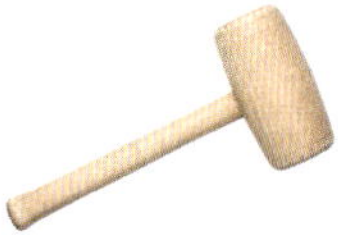

der Holzhammer
киянка f
[kʲɪjˈænkə]

die Rohrzange
трубный ключ m
[trˈubnɨj klʲʉt͡ɕ]

das Maßband
рулетка f
[rʊlˈetkə]

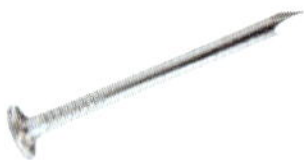

der Nagel
гвоздь m
[gvˈostʲ]

der Hammer
молоток m
[məlɐtˈok]

das Schleifpapier
наждачная бумага f
[nɐʑdˈat͡ɕnəjə bʊmˈagə]

die Wasserwaage
уровень m
[ˈurəvʲɪnʲ]

die Kombizange
пассатижи pl
[pəsːɐtʲˈɪʐɨ]

der Schraubenzieher
отвёртка f
[ɐtvʲˈørtkə]

die Bügelsäge
ножовка по металлу f
[nɐʐˈofkə pə mʲɪtˈalʊ]

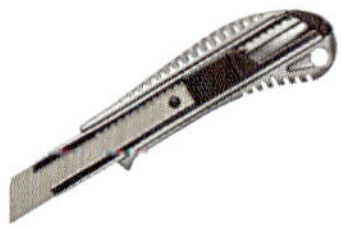

das Teppichmesser
ковровый нож m
[kɐvrˈovɨj nˈoʂ]

DAS HAUS – ДОМ

Die Heimwerkstatt – Домашняя мастерская

der Akkubohrer
дрель на аккумуляторе f
[drʲˈelʲ nə ɐkʊmʊlʲˈætərʲɪ]

der Akku
аккумулятор m
[ɐkʊmʊlʲˈætər]

der Bohrer
сверло n
[svʲɪrlˈo]

der Elektrobohrer
электрическая дрель f
[ɪlʲɪktrʲˈit͡ɕɪskəjə drʲˈelʲ]

das Stemmeisen	**стамеска** f [stɐmˈeskə]
die Nietenzange	**клепальные клещи** pl [klʲɪpˈalʲnɨjə klʲˈɪɕːi]
der Seitenschneider	**бокорезы** pl [bəkɐrʲˈezɪ]
das Sägeblatt	**полотно пилы** n [pəlɐtnˈo pʲɪlˈi]
schrauben	**завинчивать** [zɐvʲˈint͡ɕɪvətʲ]
löten	**паять** [pɐjˈætʲ]
messen	**измерять** [ɪzmʲɪrʲˈætʲ]
abschmirgeln	**шкурить** [ʂkˈurʲɪtʲ]
sägen	**пилить** [pʲɪlʲˈitʲ]
schneiden	**резать** [rʲˈezətʲ]
bohren	**сверлить** [svʲɪrlʲˈitʲ]
hämmern	**забивать** [zəbʲɪvˈatʲ]
feilen	**обрабатывать напильником** [ɐbrɐbˈatɨvətʲ nɐpʲˈilʲnʲɪkəm]
ausstemmen	**выдалбливать** [vɪdˈalblʲɪvətʲ]
nieten	**клепать** [klʲɪpˈatʲ]
streichen	**красить** [krˈasʲɪtʲ]
hobeln	**строгать** [strɐgˈatʲ]

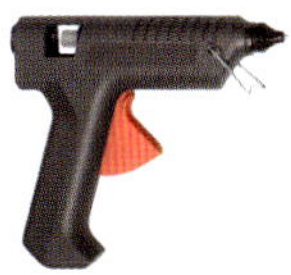

die Klebepistole
клеевой пистолет m
[klʲɪjɪvˈoj pʲɪstɐlʲˈet]

die Stichsäge
узкая ножовка f
[ˈuskəjə nɐʐˈofkə]

der Bandschleifer
ленточная шлифмашина m
[lʲˈentət͡ɕnəjə ʂlʲɪfmɐʂˈɨnə]

die Kreissäge
циркулярная пила m
[t͡sɪrkʊlʲˈærnəjə pʲɪlˈa]

DAS HAUS – ДОМ

Die Heimwerkstatt – Домашняя мастерская

der Müllbeutel
мусорный пакет m
[mˈusərnɨj pɐkʲˈet]

das Mikrofasertuch
тряпка из микрофибры f
[trʲˈæpkə iz_mʲɪkrɐfʲˈibrɪ]

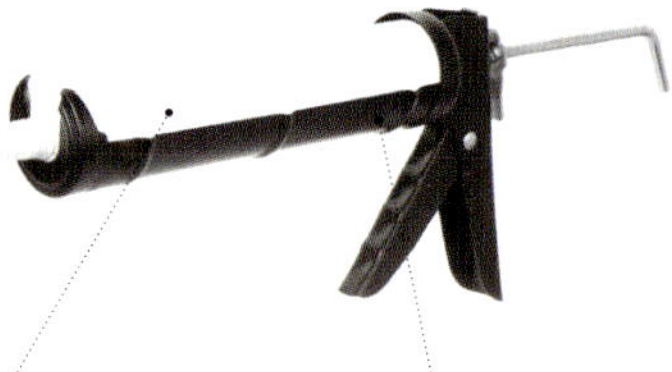

der Dichtstoff
герметик m
[gʲɪrmˈetʲɪk]

die Kartuschenpistole
пистолет для герметика m
[pʲɪstɐlʲˈet dlʲɪ gʲɪrmˈetʲɪkə]

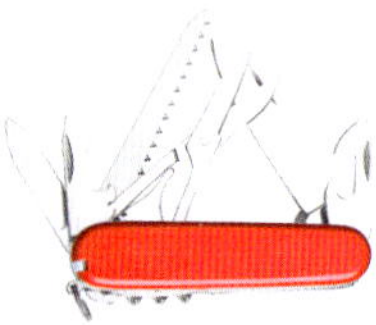

das Taschenmesser
перочинный нож m
[pʲɪrɐt͡ɕˈinːɨj nˈoʂ]

der Werkzeugkasten
ящик для инструментов m
[jˈæɕːɪk dlʲɪ ɪnstrʊmʲˈentəf]

die Werkbank
верстак m
[vʲɪrstˈak]

der Inbusschlüssel
ключ-шестигранник m
[klʲˈʉt͡ɕ-ʂəstʲɪgrˈanʲːɪk]

der Besen
метла f
[mʲɪtlˈa]

die Schutzbrille
защитные очки pl
[zɐɕːˈitnɨjə ɐt͡ɕkʲˈi]

der Lötkolben
паяльник m
[pɐjˈælʲnʲɪk]

das Lötzinn
паяльное олово n
[pɐjˈælʲnəjə ˈoləvə]

das Sperrholz	**фанера** f [fɐnʲˈerə]
die Spanplatte	**ДСП** f [dˈɛ_ˈɛs_pˈɛ]
der Lack	**лак** m [lˈak]
das Metall	**металл** m [mʲɪtˈal]
der rostfreie Stahl	**нержавеющая сталь** f [nʲɪrʐɐvʲˈejʉɕːɪjə stˈalʲ]
der Kunststoff	**пластик** m [plˈastʲɪk]
der Draht	**проволока** f [prˈovələkə]
das Holzbrett	**деревянная доска** f [dʲɪrʲɪvʲˈænːəjə dɐskˈa]

DAS HAUS – ДОМ

Renovieren – Ремонт

der Acryllack
акриловая краска f
[ɐkrʲiˈiləvəjə krˈaskə]

der Flachpinsel
флейц m
[flˈejt͡s]

die Farbwanne
малярная ванночка f
[mɐlʲˈarnəjə vˈanːət͡ɕkə]

das Verdünnungsmittel
разбавитель m
[rəzbɐvʲˈitʲɪlʲ]

der/die Spachtel
шпатель m
[ʂpˈatʲɪlʲ]

der Farbroller
валик для краски m
[vˈalʲɪk dlʲɪ krˈaskʲɪ]

der Handwerker
рабочий m
[rɐbˈot͡ɕɪj]

die Leiter
стремянка f
[strʲɪmʲˈænkə]

die Latzhose
полукомбинезон m
[pəlʊkəmbʲɪnʲɪzˈon]

die Farbdose
банка с краской f
[bˈankə s‿krˈaskəj]

tapezieren
оклеивать обоями
[ɐklʲˈejəvətʲ ɐbˈojɪmʲɪ]

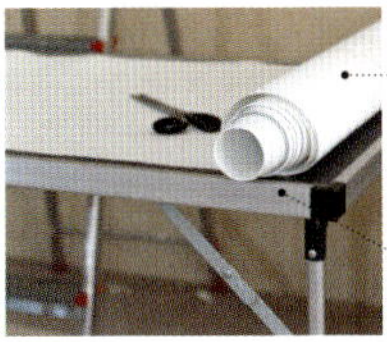

die Tapetenrolle
рулон обоев m
[rʊlon ɐbˈojɪf]

der Tapeziertisch
стол для клейки обоев m
[stˈol dlʲɪ klˈejkʲɪ ɐbˈojɪf]

die Farbe
краска f
[krˈaskə]

das Abdeckband
защитная лента f
[zɐɕːˈitnəjə lʲˈentə]

kacheln	**облицовывать кафелем** [ɐblʲɪt͡sˈovɨvətʲ kˈafʲɪlʲɪm]
verputzen	**штукатурить** [ʂtʊkɐtˈurʲɪtʲ]
spachteln	**шпаклевать** [ʂpəklʲɪvˈatʲ]
die Tapete entfernen	**обдирать обои** [ɐbdʲɪrˈatʲ ɐbˈoɪ]
die Abdeckfolie	**защитная плёнка** f [zɐɕːˈitnəjə plʲˈonkə]
die Spachtelmasse	**шпаклёвочная масса** f [ʂpɐklʲˈovət͡ɕnəjə mˈasːə]
das Lösungsmittel	**растворитель** m [rəstvɐrʲˈitʲɪlʲ]
das Versiegelungsmittel	**герметик** m [gʲɪrmʲˈetʲɪk]

das Farbmuster
образец цветов m
[ɐbrɐzʲˈet͡s t͡svʲɪtˈof]

DAS HAUS – ДОМ

Strom und Heizung – Электричество и отопление

der Stromzähler
счётчик электричества m
[ɕːˈɵt͡ɕːɪk ɪlʲɪktrʲˈit͡ɕɪstvə]

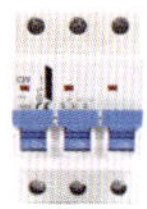

die Sicherung
предохранитель m
[prʲɪdəxrɐnʲˈitʲɪlʲ]

der Heizkörper
батарея f
[bətɐrʲˈejə]

der Kaminofen
камин m
[kɐmʲˈin]

der Stecker
электрическая вилка f
[ɪlʲɪktrʲˈit͡ɕɪskəjə vʲˈilkə]

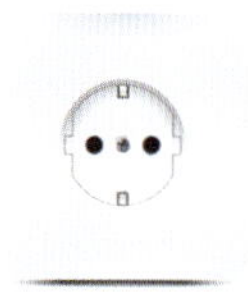

die Steckdose
электрическая розетка f
[ɪlʲɪktrʲˈit͡ɕɪskəjə rɐzʲˈetkə]

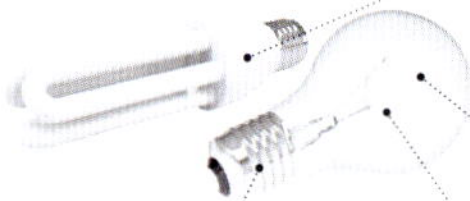

die Energiesparlampe
энергосберегающая лампочка f
[ɪnərgəzbʲɪrʲɪgˈajuɕːɪjə lˈampət͡ɕkə]

die Glühbirne
лампочка f
[lˈampət͡ɕkə]

der Lampensockel
цоколь лампочки m
[t͡sˈokəlʲ lˈampət͡ɕkʲɪ]

der Glühfaden
нить накаливания f
[nʲˈitʲ nɐkˈalʲɪvənʲɪjə]

das Verlängerungskabel
удлинитель m
[ʊdlʲɪnʲˈitʲɪlʲ]

der Schalter
переключатель m
[pʲɪrʲɪklʲʉt͡ɕˈætʲɪlʲ]

die Mehrfachsteckdose
многоконтактная розетка f
[mnəgəkɐntˈaktnəjə rɐzʲˈetkə]

der Luftkanal	**воздушный канал** m [vɐzdˈuʂnɨj kɐnˈal]
die Heizung anschalten/ ausschalten	**включать/выключать отопление** [fklʲʉt͡ɕˈætʲ/ vɨklʲʉt͡ɕˈætʲ ɐtɐplʲˈenʲɪjə]
die erneuerbare Energie	**возобновляемая энергия** f [vəzəbnɐvlʲˈæjɪməjə ɪnʲˈergʲɪjə]
das Stromnetz	**электросеть** f [ɪlʲɪktrɐsʲˈetʲ]
die Stromstärke	**ток** m [tˈok]
die Spannung	**напряжение** n [nəprʲɪʐˈenʲɪjə]
die Solarheizung	**солнечное отопление** n [sˈolnʲɪt͡ɕnəjə ɐtɐplʲˈenʲɪjə]
die Zentralheizung	**центральное отопление** n [t͡sɨntrˈalʲnəjə ɐtɐplʲˈenʲɪjə]
die Fußbodenheizung	**подогрев пола** m [pədɐgrʲˈef pˈolə]
der Sicherungskasten	**короб предохранителя** m [kˈorəp prʲɪdəxrɐnʲˈitʲɪlʲə]
die Leitung	**провод** m [prˈovət]
das Ampere	**ампер** m [ɐmpʲˈer]
das Watt	**ватт** m [vˈat]
das Volt	**вольт** m [vˈolʲt]
der Adapter	**адаптер** m [ɐdˈaptʲɪr]
die Erdung	**заземление** n [zəzʲɪmlʲˈenʲɪjə]

DER GARTEN – САД

die Terrasse
терраса f
[tʲɪrˈasə]

der Gartenteich
садовый пруд m
[sɐdˈovɨj prˈut]

der Gartenweg
садовая дорожка f
[sɐdˈovəjə dɐrˈoʂkə]

der Gemüsegarten
огород m
[ɐgɐrˈot]

die Küchenkräuter
зелень f
[zʲˈelʲɪnʲ]

das Gewächshaus
парник m
[pɐrnʲˈik]

das Gartenhaus
летний домик m
[lʲˈetnʲɪj dˈomʲɪk]

das Blumenbeet
клумба f
[klˈumbə]

die Gartenbank
садовая скамейка f
[sɐdˈovəjə skɐmʲˈejkə]

die Gartenmöbel
садовая мебель f
[sɐdˈovəjə mʲˈebʲɪlʲ]

die Gartenmauer
ограда сада f
[ɐgrˈadə sˈadə]

der Dachgarten
сад на крыше m
[sˈat nə krˈɨʂɨ]

der Komposter
компостер m
[kəmpˈosʲtʲɪr]

der Steingarten
альпинарий m
[ɐlʲpʲɪnˈarʲij]

der Gartenzaun
забор m
[zɐbˈor]

die Hecke
изгородь f
[ˈizgərətʲ]

DER GARTEN – САД

Gartengeräte – Садово-огородный инвентарь

die Rosenschere
секатор m
[sʲɪkˈatər]

der Gartenschlauch
шланг для поливки растений m
[ʂlˈank dlʲɪ pəlʲˈifkʲɪ rəstʲˈenʲɪj]

die Topfpflanze
растение в горшке n
[rəstʲˈenʲɪjə v_gərʂkʲˈe]

der Handrechen
ручные грабельки pl
[rʊt͡ɕnʲˈijə grˈabʲɪlʲkʲɪ]

die Blumenkelle
садовая лопатка f
[sədˈovəjə lɐpˈatkə]

der Laubrechen
грабли для уборки листвы pl
[grˈablʲɪ dlʲɪ ʊbˈorkʲɪ lʲɪstvˈɨ]

der Spaten
лопата f
[lɐpˈatə]

die Gießkanne
лейка f
[lʲˈejkə]

der Gartenhandschuh
садовые перчатки pl
[sədˈovɨjə pʲɪrt͡ɕˈætkʲɪ]

der Rasenmäher
газонокосилка f
[gəzənəkəsʲˈilkə]

der Rasentrimmer
триммер для травы m
[trʲˈimʲːɪr dlʲɪ trɐvˈɨ]

der Rechen
грабли pl
[grˈablʲɪ]

die Mistgabel
навозные вилы pl
[nəvˈoznɨjə vʲˈilɨ]

die Schubkarre
тачка f
[tˈat͡ɕkə]

die Heckenschere
садовые ножницы pl
[sədˈovɨjə nˈoʐnʲɪt͡sɨ]

die Hacke
мотыга f
[mətˈɨgə]

der Rasensprenger
дождевальная установка f
[dəʐdʲɪvˈalʲnəjə ʊstənˈofkə]

DER GARTEN – САД

Die Gartenarbeit – Работа в саду

Rollrasen verlegen
класть рулонный газон
[klˈastʲ rʊlˈonːɪj gɐzˈon]

den Rasen sprengen
поливать газон
[pəlʲɪvˈatʲ gɐzˈon]

das Laub rechen
убирать листья
[ʊbʲɪrˈatʲ lʲˈistʲjə]

pflanzen
сажать растения
[sɐʐˈatʲ rɐstʲˈenʲɪjə]

stutzen
подстригать
[pətstrʲɪgˈatʲ]

den Rasen mähen
косить газон
[kɐsʲˈitʲ gɐzˈon]

Unkraut jäten
пропалывать сорняки
[prɐpˈalɨvətʲ sərnʲɪkʲˈi]

umgraben
вскапывать
[fskˈapɨvətʲ]

zurückschneiden
подрезать
[pɐdrʲɪzˈatʲ]

pflücken
собирать
[səbʲɪrˈatʲ]

säen
сеять
[sʲˈejɪtʲ]

spritzen
обрызгивать
[ɐbrˈɨzgʲɪvətʲ]

düngen	**удобрять** [ʊdɐbrʲˈætʲ]
ernten	**собирать урожай** [səbʲɪrˈatʲ ʊrɐʐˈaj]
züchten	**культивировать** [kʊlʲtʲɪvʲˈirəvətʲ]
vermehren	**размножать** [rəzmnɐʐˈatʲ]
gießen	**поливать** [pəlʲɪvˈatʲ]
der Sämling	**рассада** f [rɐsːˈadə]
der Dünger	**удобрение** n [ʊdɐbrʲˈenʲɪjə]
der Unkrautvernichter	**гербицид** m [gʲɪrbʲɪtsˈit]

eintopfen
сажать в горшок
[sɐʐˈatʲ v‿gɐrʂˈok]

ESSEN UND TRINKEN

ЕДА И НАПИТКИ

TIERISCHE PRODUKTE – ЖИВОТНЫЕ ПРОДУКТЫ

Fleisch – Мясо

das Lammfleisch
баранина f
[bɐrˈanʲɪnə]

das Rindfleisch
говядина f
[gɐvʲˈædʲɪnə]

das Steak
стейк m
[stʲˈejk]

das Schweinefleisch
свинина f
[svʲɪnʲˈinə]

das Filet
филе n
[fʲɪlˈe]

das Kalbfleisch
телятина f
[tʲɪlʲˈætʲɪnə]

die Keule
окорок m
[ˈokərək]

das Kotelett
отбивная f
[ɐtbʲɪvnˈajə]

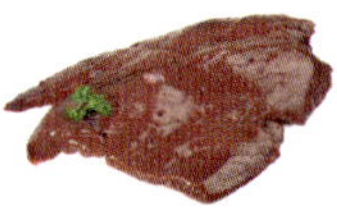

die Leber
печень f
[pʲˈet͡ɕɪnʲ]

die Niere
почка f
[pˈot͡ɕkə]

das Kaninchen
кролик m
[krˈolʲɪk]

der Schinken
ветчина f
[vʲɪt͡ɕːɪnˈa]

das Hackfleisch
фарш m
[fˈarʂ]

die Wurst
сосиска f
[sɐsʲˈiskə]

der Aufschnitt
мясная нарезка f
[mʲɪsnˈajə nɐrʲˈeskə]

die Salami
салями f
[sɐlʲˈæmʲɪ]

TIERISCHE PRODUKTE – ЖИВОТНЫЕ ПРОДУКТЫ

Geflügel – Птица

das Hähnchen
курица f
[kˈurʲɪt͡sə]

der Schenkel
ножка f
[nˈoʂkə]

die Brust
грудка f
[grˈutkə]

der Flügel
крылышко n
[krˈɨlɨʂkə]

die Hähnchenkeule
куриная ножка f
[kʊrʲˈinəjə nˈoʂkə]

die Ente
утка f
[ˈutkə]

das Entenfleisch
утятина f
[ʊtʲˈatɪnə]

die Gans
гусь m
[gˈusʲ]

das Gänsefleisch
гусятина f
[gʊsʲˈatɪnə]

die Wachtel
перепел m
[pʲˈerʲɪpʲɪl]

das Wachtelfleisch
перепелиное мясо n
[pʲɪrʲɪpʲɪlʲˈinəje mʲˈasə]

die Pute
индюшка f
[ɪndʲˈuʂkə]

das Putenfleisch
индюшатина f
[ɪndʉʂˈatʲɪnə]

das Bioprodukt	**экологически чистый продукт** m [ɪkəlɐgʲˈit͡ɕɪskʲɪ t͡ɕˈistɨj prɐdˈukt]
die Innereien	**потроха** pl [pətrɐxˈa]
mariniert	**маринованный** [mərʲɪnˈovənɨj]
geräuchert	**копчёный** [kɐpt͡ɕˈonɨj]
gepökelt	**солёный** [sɐlʲˈonɨj]
braten	**жарить** [ʐˈarʲɪtʲ]
schmoren	**тушить** [tʊʂˈitʲ]
grillen	**готовить на гриле** [gɐtˈovʲɪtʲ nə grʲˈilʲɪ]

aus Freilandhaltung
птицы свободного выгула
[ptʲˈit͡sɨ svɐbˈodnəvə vˈɨgʊlə]

TIERISCHE PRODUKTE – ЖИВОТНЫЕ ПРОДУКТЫ

Fisch – Рыба

die Forelle
форель f
[fɐrʲˈelʲ]

der Karpfen
карп m
[kˈarp]

der Zander
судак m
[sʊdˈak]

der Seeteufel
морской чёрт m
[mɐrskˈoj t͡ɕˈort]

die Makrele
макрель f
[mɐkrʲˈelʲ]

die Seezunge
морской язык m
[mɐrskˈoj jɪzˈɨk]

die Sardine
сардина f
[sɐrdʲˈinə]

die Scholle
камбала f
[kˈambələ]

der Aal
угорь m
[ˈugərʲ]

der Thunfisch
тунец m
[tʊnʲˈet͡s]

der Kabeljau
треска f
[trʲɪskˈa]

der Seebarsch
лаврак m
[lɐvrˈak]

der Lachs
лосось m
[lɐsˈosʲ]

der Heilbutt
палтус m
[pˈaltəs]

der Fischrogen
икра f
[ɪkrˈa]

das Fischsteak
рыбный стейк m
[rˈɨbnɨj stʲˈejk]

TIERISCHE PRODUKTE – ЖИВОТНЫЕ ПРОДУКТЫ

Meeresfrüchte – Морепродукты

die Garnele
креветка f
[krʲɪvʲˈetkə]

der Hummer
омар m
[ɐmˈar]

der Krebs
рак m
[rˈak]

der Flusskrebs
речной рак m
[rʲɪt͡ɕnˈoj rˈak]

die Miesmuschel
мидия f
[mʲˈidʲɪjə]

die Kammmuschel
морской гребешок m
[mɐrskˈoj grʲɪbʲɪʂˈok]

die Venusmuschel
венерка f
[vʲɪnˈerkə]

die Herzmuschel
сердцевидка f
[sʲɪrt͡səvʲˈitkə]

die Auster
устрица f
[ˈustrʲɪt͡sə]

der Tintenfisch
кальмар m
[kɐlʲmˈar]

der Krake
осьминог m
[ɐsʲmʲɪnˈok]

der Räucherfisch
копчёная рыба f
[kɐpt͡ɕˈonəjə rˈɨbə]

das Filet	**филе** n [fʲɪlʲˈe]
geräuchert	**копчёный** [kɐpt͡ɕˈonɨj]
einen Fisch entgräten	**удалять кости из рыбы** [ʊdɐlʲˈætʲ kˈostʲɪ ɪz_rˈɨbɨ]
die Gräte	**кость** f [kˈostʲ]
die Schuppe	**чешуя** f [t͡ɕɪʂʊjˈæ]
abschuppen	**снимать чешую** [snʲɪmˈatʲ t͡ɕɪʂʊjˈʉ]
tiefgefroren	**замороженный** [zəmɐrˈoʐɨn:ɨj]
frisch	**свежий** [svʲˈeʐɨj]

der Dosenfisch
консервированная рыба f
[kənsʲɪrvʲˈirəvən:əjə rˈɨbə]

TIERISCHE PRODUKTE – ЖИВОТНЫЕ ПРОДУКТЫ

Milchprodukte und Eier – Молочные продукты и яйца

die Sahne
сливки pl
[slʲˈifkʲɪ]

die Milch
молоко n
[məlɐkˈo]

der Hüttenkäse
рассыпчатый творог m
[rɐsːˈɨpt͡ɕɪtɨj tvɐrˈok]

der Ziegenkäse
козий сыр m
[kˈozʲɪj sˈɨr]

der Quark
творог m
[tvɐrˈok]

der Joghurt
йогурт m
[jˈogʊrt]

der Brie
бри m
[brʲˈi]

der Gorgonzola
горгонзола f
[gərgɐnzˈolə]

der Feta
фета f
[fʲɪtˈa]

das Hühnerei
куриное яйцо n
[kʊrʲˈinəjə jɪjt͡sˈo]

die Eierschale
яичная скорлупа f
[jɪˈit͡ɕnəjə skərlʊpˈa]

das Eiweiß
белок m
[bʲɪlˈok]

das Eigelb
желток m
[ʐɨltˈok]

das Wachtelei
перепелиное яйцо n
[pʲɪrʲɪpʲɪlʲinəjə jɪjt͡sˈo]

das Gänseei
гусиное яйцо n
[gʊsʲˈinəjə jɪjt͡sˈo]

TIERISCHE PRODUKTE – ЖИВОТНЫЕ ПРОДУКТЫ

Milchprodukte und Eier – Молочные продукты и яйца

der Eierkarton
упаковка для яиц f
[ʊpɐkˈofkə dlʲɪ jɪˈi͡ts]

die Butter
масло n
[mˈaslə]

der Parmesan
пармезан m
[pərmʲɪzˈan]

der Emmentaler
эмментальский сыр m
[ɪmʲːɪntˈalʲskʲɪj sˈɨr]

der Cheddar
чеддер m
[t͡ɕˈedːər]

der Raclettekäse
сыр для раклетницы m [sˈɨr dlʲɪ rɐklʲˈetnʲɪt͡sɨ]

der Camembert
камамбер m
[kəmɐmbˈer]

der Gouda
гауда f
[gˈaʊdə]

der Mozzarella
моцарелла f
[mət͡sɐrʲˈelə]

der geriebene Käse
тёртый сыр m
[tʲˈɵrtɨj sˈɨr]

die Buttermilch
пахта f
[pɐxtˈa]

der Frischkäse
творожный сыр m
[tvɐrˈoʐnɨj sˈɨr]

die Kuhmilch	**коровье молоко** n [kɐrˈovʲjə məlɐkˈo]
die Ziegenmilch	**козье молоко** n [kˈozʲjə məlɐkˈo]
die laktosefreie Milch	**безлактозное молоко** n [bʲɪzlɐktˈoznəjə məlɐkˈo]
die Sojamilch	**соевое молоко** n [sˈojɪvəjə məlɐkˈo]
homogenisiert	**гомогенизированный** [gəməgʲɪnʲɪzʲˈirəvənːəjə]
pasteurisiert	**пастеризованный** [pəstʲɪrʲɪzˈovənːəjə]
fettarm	**низкой жирности** [nʲˈiskəj ʐˈirnəstʲɪ]
die Vollmilch	**цельное молоко** n [t͡sˈelʲnəjə məlɐkˈo]

die Kondensmilch
сгущёное молоко n
[sgʊɕːˈɵnəjə məlɐkˈo]

GEMÜSE – ОВОЩИ

die/der Trüffel
трюфель m
[trʲ'ʉfʲɪlʲ]

der Champignon
шампиньон m
[ʂəmpʲɪnʲjʲ'on]

der Steinpilz
белый гриб m
[bʲ'elɨj grʲ'ip]

der Pfifferling
лисичка f
[lʲɪsʲ'it͡ɕkə]

der Spargel
спаржа f
[sp'arʐə]

der Kohlrabi
кольраби f
[kɐlʲr'abʲɪ]

der Rhabarber
ревень m
[rʲ'evʲɪnʲ]

der Mangold
мангольд m
[mɐng'olʲt]

der Fenchel
фенхель m
[fʲ'enxʲɪlʲ]

der/die Stangensellerie
сельдерей m
[sʲɪlʲdʲɪrʲ'ej]

die Artischocke
артишок m
[ɐrtʲɪʂ'ok]

die Kresse
кресс-салат m
[krʲ'es-sɐl'at]

die Brunnenkresse
жеруха f
[ʐɨr'uxə]

das Blatt	**лист** m [lʲ'ist]
der Strunk	**стебель** m [stʲ'ebʲɪlʲ]
das Röschen	**соцветие** n [sɐt͡sv'etʲɪjə]
das Herz	**сердцевина** f [sʲɪrt͡sɨvʲ'inə]
die Spitze	**кончик** m [k'ont͡ɕɪk]
das gedämpfte Gemüse	**овощи на пару** pl ['ovəɕːɪ nə pɐr'u]
aus biologischem Anbau	**экологически чистый** [ɪkəlɐgʲ'it͡ɕɪskʲɪ t͡ɕ'istɨj]
aus heimischer Produktion	**местного производства** [mʲ'esnəvə prəɪzv'ot͡stvə]

GEMÜSE – ОВОЩИ

Wurzelgemüse – Корнеплоды

die Süßkartoffel
батат m
[bət'ˈat]

die Karotte
морковь f
[mɐrkˈofʲ]

die Kartoffel
картофель m
[kɐrtˈofʲɪlʲ]

die Schalotte
лук-шалот m
[lˈuk-ʂɐlˈot]

die rote Zwiebel
красный лук m
[krˈasnɨj lˈuk]

die Pastinake
пастернак m
[pəstʲɪrnˈak]

der Knoblauch
чеснок m
[t͡ɕɪsnˈok]

die Rübe
корнеплод m
[kərnʲɪplˈot]

die Zwiebel
лук m
[lˈuk]

das Radieschen
редиска f
[rʲɪdʲˈiskə]

die Frühlingszwiebel
зелёный лук m
[zʲɪlʲˈonɨj luk]

die Rote Bete
свекла f
[svʲˈoklə]

die Knoblauchzehe	**зубчик чеснока** m [zˈupt͡ɕik t͡ɕɪsnɐkˈa]
die Knoblauchknolle	**головка чеснока** f [gɐlˈofkə t͡ɕɪsnɐkˈa]
die Wurzel	**корень** m [kˈorʲɪnʲ]
bitter	**горький** [gˈorʲkʲɪj]
roh	**сырой** [sɨrˈoj]
scharf	**острый** [ˈostrɨj]
mehligkochend	**рассыпчатый** [rɐsːˈɨpt͡ɕɪtɨj]
festkochend	**неразваривающийся** [nʲɪrɐzvarʲɪvəjʉɕːɪjsʲə]

der Lauch
лук-порей m
[lˈuk-pɐrˈej]

GEMÜSE – ОВОЩИ

Blattgemüse – Листовые овощи

der Brokkoli
брокколи f
[brˈokːəlʲɪ]

der Rotkohl
красная капуста f
[krˈasnəjə kɐpˈustə]

der Wirsing
савойская капуста f
[sɐvˈojskəjə kɐpˈustə]

der Rosenkohl
брюссельская капуста f
[brʲʉsʲːˈelʲskəjə kɐpˈustə]

der Blumenkohl
цветная капуста f
[t͡svʲɪtnˈajə kɐpˈustə]

der Weißkohl
белокочанная капуста f
[bʲɪləkɐt͡ɕˈænːəjə kɐpˈustə]

der Kopfsalat
кочанный салат m
[kɐt͡ɕˈanːɨj sɐlˈat]

der Eisbergsalat
салат айсберг m
[sɐlˈat ˈajzbʲɪrk]

der Römersalat
салат ромэн m
[sɐlˈat rɐmˈen]

der/die Chicorée
цикорий m
[t͡sɨkˈorʲɪj]

der Feldsalat
валерианелла f
[vəlʲɪrʲɪɐnʲˈelːə]

der Spinat
шпинат m
[ʂpʲɪnˈat]

der Rucola
рукола f
[rʊkˈolə]

der Endiviensalat
эскариол m
[ɪskərʲɪˈol]

GEMÜSE – ОВОЩИ

Fruchtgemüse – Плодовые овощи

der/die Paprika
болгарский перец m
[bɐlgˈarskʲɪj pʲˈerʲɪt͡s]

die Zucchini
кабачок m
[kəbɐt͡ɕˈok]

die Aubergine
баклажан m
[bəklɐʐˈan]

die Tomate
помидор m
[pəmʲɪdˈor]

die Kirschtomate
помидор черри m
[pəmʲɪdˈor-t͡ɕˈerʲɪ]

die Olive
оливка f
[ɐlʲˈifkə]

die Okraschote
окра f
[ˈokrə]

die Chilischote
перец чили m
[pʲˈerʲɪt͡s t͡ɕˈilʲɪ]

die Avocado
авокадо n
[ɐvɐkˈadə]

die Gurke
огурец m
[ɐgʊrʲˈet͡s]

der Kürbis
тыква f
[tˈɨkvə]

der Butternusskürbis
мускатная тыква f
[mʊskˈatnəjə tˈɨkvə]

schälen	**чистить** [t͡ɕˈistʲɪtʲ]
schneiden	**резать** [rʲˈezətʲ]
roh	**сырой** [sɨrˈoj]
gekocht	**варёный** [vɐrʲˈonɨj]
gegart	**готовый** [gɐtˈovɨj]
das Püree	**пюре** n [pʲʉrʲˈɛ]
püriert	**пюрированный** [pʲʉrʲˈirəvənːɨj]
braten	**жарить** [ʐˈarʲɪtʲ]

der Mais
кукуруза f
[kʊkʊrˈuzə]

GEMÜSE – ОВОЩИ

Hülsenfrüchte – Стручковые плоды

die grüne Linse
зелёная чечевица f
[zʲɪlʲˈɵnəjə t͡ɕɪt͡ɕivʲˈit͡sə]

die Ackerbohne
белая фасоль f
[bʲˈeləjə fɐsˈolʲ]

die schwarze Bohne
чёрная фасоль f
[t͡ɕˈɵrnəjə fɐsˈolʲ]

die Gartenerbse
горох m
[gɐrˈox]

die Kichererbse
нут m
[nˈut]

die rote Linse
красная чечевица f
[krˈasnəjə t͡ɕɪt͡ɕivʲˈit͡sə]

die grüne Bohne
стручковая фасоль f
[strʊt͡ɕkˈovəjə fɐsˈolʲ]

die Zuckererbse
сахарный горошек m
[sˈaxərnɨj gɐrˈoʂɨk]

die Kidneybohne
красная фасоль f
[krˈasnəjə fɐsˈolʲ]

die Limabohne
лимская фасоль f
[lʲˈimskəjə fɐsˈolʲ]

die Tellerlinse
чечевица f
[t͡ɕɪt͡ɕivʲˈit͡sə]

die Hülse	**стручок** m [strʊt͡ɕˈɵk]
der Kern	**зерно** n [zʲɪrnˈo]
die Schote	**стручок** m [strʊt͡ɕˈɵk]
der Samen	**семя** n [sʲˈemʲə]
die Sojasprossen	**проростки сои** pl [prɐrˈostkʲɪ sˈojɪ]
die Sojabohne	**соевый боб** m [sˈojɪvɨj bˈop]
die Mungobohne	**золотистая фасоль** f [zəlɐtʲˈistəjə fɐsˈolʲ]
die Schwarzaugenbohne	**коровий горох** m [kɐrˈovʲɪj gɐrˈox]

OBST – ФРУКТЫ

Beeren und Steinobst – Ягоды и косточковые плоды

die Erdbeere
клубника f
[klʊbnʲˈikə]

die Brombeere
ежевика f
[jɪʐɨvʲˈikə]

die Himbeere
малина f
[mɐlʲˈinə]

die Heidelbeere
черника f
[t͡ɕɪrnʲˈikə]

die roten Johannisbeeren
красная смородина f
[krˈasnəjə smɐrˈodʲɪnə]

die schwarzen Johannisbeeren
чёрная смородина f
[t͡ɕˈornəjə smɐrˈodʲɪnə]

die Weintraube
виноград m
[vʲɪnɐgrˈat]

die Stachelbeere
крыжовник m
[krɨʐˈovnʲɪk]

die Preiselbeere
брусника f
[brʊsnʲˈikə]

die Kirsche
вишня f
[vʲˈiʂnʲə]

die Holunderbeere
бузина f
[bʊzʲɪnˈa]

der Pfirsich
персик m
[pʲˈersʲɪk]

die Nektarine
нектарин m
[nʲɪktɐrʲˈin]

die Pflaume
слива f
[slʲˈivə]

die Aprikose
абрикос m
[ɐbrʲɪkˈos]

der Apfel
яблоко n
[jˈæbləkə]

die Birne
груша f
[grˈuʂə]

die Quitte
айва f
[ɐjvˈa]

OBST – ФРУКТЫ

Exotische Früchte – Экзотические фрукты

die Feige
фига f
[fʲˈigə]

die Birnenmelone
пепино n
[pʲɪpʲˈinə]

die Physalis
физалис m
[fʲɪzˈalʲɪs]

die Litschi
личи m/n
[lʲˈit͡ɕɪ]

die Sternfrucht
карамбола f
[kərɐmbˈolə]

die Ananasguave
фейхоа f
[fɛɪxoˈa]

die Papaya
папайя f
[pɐpˈaɪjə]

die Cherimoya
черимойя f
[t͡ɕɪrʲɪmˈoɪjə]

die Passionsfrucht
маракуйя f
[mərɐkˈuɪjə]

die Mangostanfrucht
мангостан m
[məngɐstˈan]

der Granatapfel
гранат m
[grɐnˈat]

die Kiwano
кивано m/f
[kʲɪvˈanə]

die Rambutan
рамбутан m
[rəmbʊtˈan]

die Pitahaya
питахайя f
[pʲɪtəxˈaɪjə]

die Ananas
ананас m
[ɐnɐnˈas]

die Guave
гуава f
[gʊˈavə]

die Banane
банан m
[bɐnˈan]

die Kiwi
киви n
[kʲˈivʲɪ]

die Mango
манго n
[mˈangə]

die Kokosnuss
кокос m
[kɐkˈos]

OBST – ФРУКТЫ

Zitrusfrüchte und Melonen – Цитрусовые и дыни

die Orange
апельсин m
[ɐpʲɪlʲsʲˈin]

die Limette
лайм m
[lˈajm]

die Grapefruit
грейпфрут m
[grʲɪjpfrˈut]

die Zitrone
лимон m
[lʲɪmˈon]

geschält
чищеный
[t͡ɕˈiɕːɪnɨj]

die Clementine
мандарин m
[məndɐrʲˈin]

der Schnitz
долька f
[dˈolʲkə]

die Schale
кожура f
[kəʐʊrˈa]

die Zuckermelone
дыня f
[dˈɨnʲə]

die Honigmelone
медовая дыня f
[mʲɪdˈovəjə dˈɨnʲə]

die Wassermelone
арбуз m
[ɐrbˈus]

die Blutorange
апельсин-королёк m
[ɐpʲɪlʲsʲˈin-kərɐlʲˈɵk]

kernlos	**без семечек** [bʲɪs‿sʲˈemʲɪt͡ɕɪk]
saftig	**сочный** [sˈot͡ɕnɨj]
knackig	**крепкий** [krʲˈepkʲɪj]
das Kerngehäuse	**сердцевина** f [sʲɪrt͡sɨvʲˈinə]
sauer	**кислый** [kʲˈislɨj]
reif	**спелый** [spʲˈelɨj]
frisch	**свежий** [svʲˈeʐɨj]
faulig	**гнилой** [gnʲɪlˈoj]

die Kumquat
кумкват m
[kʊmkvˈat]

OBST – ФРУКТЫ

Nüsse und Trockenobst – Орехи и сухофрукты

der Cashewkern
кешью m/n
[kʲˈeʂjʉ]

die Mandel
миндаль m
[mʲɪndˈalʲ]

die Kastanie
каштан m
[kɐʂtˈan]

die Walnuss
грецкий орех m
[grʲˈet͡skʲɪj ɐrʲˈex]

die Haselnuss
фундук m
[fʊndˈuk]

die Erdnuss
арахис m
[ɐrɐxʲˈis]

die Pekannuss
орех пекан m
[ɐrʲˈex pʲɪkˈan]

die Macadamianuss
макадамия f
[məkɐdˈamʲɪjə]

der Pinienkern
кедровый орех m
[kʲɪdrˈovɨj ɐrʲˈex]

die Rosine
изюм m
[ɪzʲˈʉm]

die Sultanine
кишмиш m
[kʲɪʂmʲˈiʂ]

die Backpflaume
чернослив m
[t͡ɕɪrnɐslʲˈif]

die Dattel
финик m
[fʲˈinʲɪk]

die Paranuss	**бразильский орех** m [brɐzʲˈilʲskʲɪj ɐrʲˈex]
die Pistazie	**фисташка** f [fʲɪstˈaʂkə]
geröstet	**жареный** [ʐˈarʲɪnɨj]
gesalzen	**солёный** [sɐlʲˈonɨj]
das Studentenfutter	**орехи с изюмом и сухофруктами** pl [ɐrʲˈexʲɪ s‿ɪzʲˈʉməm ˈi sʊxəfrˈuktəmʲɪ]
der Nussknacker	**щипцы для орехов** pl [ɕːɪpt͡sˈɨ dlʲɪ ɐrʲˈexəf]
die Nussschale	**скорлупа** f [skərlʊpˈa]
eine Nuss knacken	**колоть орехи** [kɐlˈotʲ ɐrʲˈexʲɪ]

KRÄUTER UND GEWÜRZE – ТРАВЫ И СПЕЦИИ

Kräuter – Травы

der Lavendel
лаванда f
[lɐvˈandə]

der Estragon
эстрагон m
[ɪstrɐɡˈon]

der Oregano
орегано n
[ɐrʲɪɡˈanə]

das/der Liebstöckel
любисток m
[lʲʉbʲɪstˈok]

der Salbei
шалфей m
[ʂɐlfʲˈej]

die Minze
мята f
[mʲˈætə]

der Majoran
майоран m
[məɪjɐrˈan]

der Rosmarin
розмарин m
[rəzmɐrʲˈin]

das Basilikum
базилик m
[bəzʲɪlʲˈik]

die Petersilie
петрушка f
[pʲɪtrˈuʂkə]

der Thymian
тимьян m
[tʲɪmʲjˈan]

der Koriander
кориандр m
[kərʲɪˈandr]

der Schnittlauch
шнитт-лук m
[ʂnʲˈit-lˈuk]

der Fenchel
фенхель m
[fʲˈenxʲɪlʲ]

der Dill
укроп m
[ʊkrˈop]

die Zitronenmelisse
мелисса лекарственная f [mʲɪlʲˈisə lʲɪkˈarstvʲɪn:əjə]

KRÄUTER UND GEWÜRZE – ТРАВЫ И СПЕЦИИ

Gewürze – Специи

der Sternanis
бадьян m
[bɐdʲjˈan]

das Lorbeerblatt
лавровый лист m
[lɐvrˈovɨj lʲˈist]

der Koriander
кориандр m
[kərʲɪˈandr]

die Zimtrinde
корица f
[kɐrʲˈit͡sə]

die Kurkuma
куркума f
[kʊrkʊmˈa]

das Currypulver
карри n
[kˈarʲɪ]

der Paprika
красный перец m
[krˈasnɨj pʲˈerʲɪt͡s]

der Pfeffer
перец m
[pʲˈerʲɪt͡s]

die Muskatnuss
мускатный орех m
[mʊskˈatnɨj ɐrʲˈex]

der/das Kardamom
кардамон m
[kərdɐmˈon]

die Nelken
гвоздика f
[ɡvɐzdʲˈikə]

der Ingwer
имбирь m
[ɪmbʲˈirʲ]

die Chiliflocken
молотый чили m
[mˈolətɨj t͡ɕˈilʲɪ]

die Chilischote
перец чили m
[pʲˈerʲɪt͡s t͡ɕˈilʲɪ]

der Fenchel
фенхель m
[fʲˈenxʲɪlʲ]

das Garam masala
гарам масала n
[ɡɐrˈam məsɐlˈa]

KRÄUTER UND GEWÜRZE – ТРАВЫ И СПЕЦИИ

Würzmittel und Soßen – Приправы и соусы

der Essig
уксус m
[ˈuksʊs]

das Olivenöl
оливковое масло n
[ɐlʲˈifkəvəjə mˈaslə]

der Pfeffer
перец m
[pʲˈerʲɪt͡s]

das Salz
соль f
[sˈolʲ]

die Pfeffermühle
мельница для перца f
[mʲˈelʲnʲɪt͡sə dlʲɪ pʲˈert͡sə]

die Salsa
соус сальса m
[sˈoʊs sˈalʲsə]

der/das Ketchup
кетчуп m
[kʲˈet͡ɕʊp]

der Senf
горчица f
[gɐrt͡ɕˈit͡sə]

die Mayonnaise
майонез m
[məjɪnˈɛs]

zerstoßen	**толчёный** [tɐlt͡ɕˈonɨj]
gemahlen	**молотый** [mˈolətɨj]
geraspelt	**тёртый** [tʲˈortɨj]
der Salzstreuer	**солонка** f [sɐlˈonkə]
die Salatsoße	**заправка для салата** f [zɐprˈafkə dlʲɪ sɐlˈatə]
würzen	**заправлять** [zəprɐvlʲˈætʲ]
anmachen	**заправлять салат** [zəprɐvlʲˈætʲ sɐlˈat]
marinieren	**мариновать** [mərʲɪnɐvˈatʲ]

die Sojasoße
соевый соус m
[sˈojɪvɨj sˈoʊs]

GETREIDE UND MEHL – ЗЛАКИ И МУЧНЫЕ ИЗДЕЛИЯ

der Dinkel
полба f
[pʲˈolbə]

die Kürbiskerne
тыквенные семечки pl
[tˈɨkvʲɪnːɨjə sʲˈemʲɪt͡ɕkʲɪ]

die Sonnenblumenkerne
подсолнечные семечки pl
[pɐtsˈolnʲɪt͡ɕnɨjə sʲˈemʲɪt͡ɕkʲɪ]

die Quinoa
киноа n
[kʲɪnˈoə]

der Wildreis
дикий рис m
[dʲˈikʲɪj rʲˈis]

der Hafer
овёс m
[ɐvʲˈɵs]

die Gerste
ячмень m
[jɪt͡ɕmʲˈenʲ]

der Naturreis
коричневый рис m
[kɐrʲˈit͡ɕnʲɪvɨj rʲˈis]

der Mais
кукурузная крупа f
[kʊkʊrˈuznəjə krʊpˈa]

die Hirse
пшено n
[pʂɨnˈo]

der Weizen
пшеница f
[pʂɨnʲˈit͡sə]

der/das Couscous
кускус m
[kʊskˈus]

der Buchweizen
гречка f
[grʲˈet͡ɕkə]

der Basmatireis
рис басмати m
[rʲˈis bɐsmˈatʲɪ]

der Bulgur
булгур m
[bʊlgˈur]

der Reis
рис m
[rʲˈis]

GETREIDE UND MEHL – ЗЛАКИ И МУЧНЫЕ ИЗДЕЛИЯ

die Penne
пенне pl
[pʲˈenʲːɪ]

die Tagliatelle
тальятелле pl
[təlʲjɐtˈelʲɪ]

die Spaghetti
спагетти pl
[spɐgʲˈetʲɪ]

die Ravioli
равиоли pl
[rəvʲɪˈolʲɪ]

die Fusilli
фузилли pl
[fʊzˈilʲɪ]

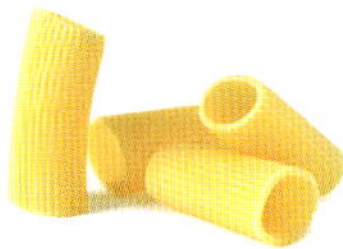

die Rigatoni
ригатони pl
[rʲɪgɐtˈonʲɪ]

die Tortellini
тортеллини pl
[tərtʲɪlʲˈinɪ]

das Weizenmehl
пшеничная мука f
[pʂɨnʲˈit͡ɕnəjə mʊkˈa]

das Maismehl
кукурузная мука f
[kʊkʊrˈuznəjə mʊkˈa]

die Hefe
дрожжи pl
[drˈoʐːɪ]

der Teig
тесто n
[tʲˈestə]

das Backpulver	**разрыхлитель** m [rəzrɨxlʲˈitʲɪlʲ]
das glutenfreie Mehl	**безглютеновая мука** f [bʲɪzglʲʉtˈenəvəjə mʊkˈa]
das Roggenmehl	**ржаная мука** f [rʐɐnˈajə mʊkˈa]
das Vollkornmehl	**мука из цельносмолотого зерна** f [mʊkˈa ˈis‿t͡sɨlʲnəsmˈolətəvə zʲɪrnˈa]
sieben	**просеивать** [prɐsʲˈeɪvətʲ]
kneten	**месить** [mʲɪsʲˈitʲ]
verrühren	**перемешивать** [pʲɪrʲɪmʲˈeʂɨvətʲ]
backen	**печь** [pʲˈet͡ɕ]

die Reisnudeln
рисовая лапша f
[rʲɪsəvɐjˈa lɐpʂˈa]

GETREIDE UND MEHL – ЗЛАКИ И МУЧНЫЕ ИЗДЕЛИЯ

Brot – Хлеб

die Brezel
крендель m
[krʲˈendʲɪlʲ]

das Croissant
круассан m
[kruɐsːˈan]

das/die Baguette
багет m
[bɐɡʲˈet]

das Schwarzbrot
чёрный хлеб m
[t͡ɕˈornɨj xlʲˈep]

das Weißbrot
белый хлеб m
[bʲˈelɨj xlʲˈep]

das Vollkornbrot
цельнозерновой хлеб m
[t͡sɨlʲnəzʲɪrnɐvˈoj xlʲˈep]

das Mehrkornbrot
хлеб из нескольких видов зерна m
[xlʲˈep ɪz_nʲˈeskəlʲkʲɪx vʲˈidəf zʲɪrnˈa]

das Graubrot
ржаной хлеб m
[rʐɐnˈoj xlʲˈep]

das Fladenbrot
лаваш m
[lɐvˈaʂ]

die Tortilla
тортилья f
[tɐrtʲˈilʲjə]

das Toastbrot
тостовый хлеб m
[tˈostəvɨj xlʲˈep]

das Sauerteigbrot
хлеб из теста на закваске m
[xlʲˈep ɪs_tʲˈestə nə zɐkvˈaskʲɪ]

das Brötchen
булочка f
[bˈulət͡ɕkə]

der Bagel
бублик m
[bˈublʲɪk]

das belegte Brötchen
бутерброд m
[butʲɪrbrˈot]

das Knäckebrot
хлебцы pl
[xlʲˈept͡sɨ]

GETREIDE UND MEHL – ЗЛАКИ И МУЧНЫЕ ИЗДЕЛИЯ

Brotaufstriche – Бутербродные намазки

das Glas
банка f
[bˈankə]

der Honig
мёд m
[mʲˈøt]

der Waldhonig
лесной мёд m
[lʲɪsnˈoj mʲˈøt]

der flüssige Honig
жидкий мёд m
[zˌitkʲɪj mʲˈøt]

der Zitronenaufstrich
лимонное повидло n
[lʲɪmˈonːəjə pɐvʲˈidlə]

die Konfitüre
варенье n
[vɐrʲˈenʲjə]

die Marmelade
повидло n
[pɐvʲˈidlə]

der Ahornsirup
кленовый сироп m
[klʲɪnˈovɨj sʲɪrˈop]

die Erdnussbutter
арахисовое масло n
[ərɐxʲˈisəvəjə mˈaslə]

der Schokoladenaufstrich
шоколадная паста f
[ʂəkɐlˈadnəjə pˈastə]

die Margarine
маргарин m
[mərgɐrʲˈin]

der Laib
буханка f
[bʊxˈankə]

die Scheibe
ломтик m
[lˈomtʲɪk]

das Paniermehl
панировочные сухари pl
[pənʲɪrˈovət͡ɕnɨjə sʊxɐrʲˈi]

das Sandwich
бутерброд m
[bʊtʲɪrbrˈot]

GETREIDE UND MEHL – ЗЛАКИ И МУЧНЫЕ ИЗДЕЛИЯ

Kuchen und Gebäck – Пироги и выпечка

der Käsekuchen
чизкейк m
[t͡ɕɪskˈeɪk]

die Schokoladentorte
шоколадный торт m
[ʂəkɐlˈadnɨj tˈort]

der Muffin
маффин m
[mˈafʲːin]

die Makrone
миндальное пирожное n
[mɪndˈalʲnəjə pʲɪrˈoʐnəjə]

der Lebkuchen
пряник m
[prʲˈænʲɪk]

das Biskuit
бисквит m
[bʲɪskvʲˈit]

der Berliner
пончик m
[pˈont͡ɕɪk]

der Gugelhupf
кекс m
[kʲˈeks]

die Obsttorte
фруктовый пирог m
[frʊktˈovɨj pʲɪrˈok]

die Schwarzwälder Kirschtorte
торт „Шварцвальд“ m
[tˈort „ʂvˈart͡svəlʲt“]

der Zwetschgenkuchen
сливовый пирог m
[slʲɪvˈovɨj pʲɪrˈok]

die Linzer Torte
линцский торт m
[lʲˈint͡skʲɪj tˈort]

das Marmeladentörtchen
корзиночка с вареньем f
[kɐrzʲˈinət͡ɕkə s‿vɐrʲˈenʲjɪm]

der Zuckerguss	**сахарная глазурь** f [sˈaxərnəjə glɐzˈurʲ]
das Marzipan	**марципан** m [mərt͡sɨpˈan]
der Geburtstagskuchen	**торт ко дню рождения** m [tˈort kə dnʲˈʉ rɐʐdʲˈenʲɪjə]
die Geburtstagskerze	**свечка на торт** f [svʲˈet͡ɕkə nə tˈort]
die Kuchendekoration	**украшения для пирога** pl [ʊkrɐʂˈɛnʲɪjə dlʲɪ pʲɪrɐgˈa]
das Gebäck	**выпечка** f [vˈɨpʲɪt͡ɕkə]
das Eclair	**эклер** m [ɪklʲˈer]
das Baiser	**безе** n [bʲɪzˈɛ]

DESSERTS UND SÜSSSPEISEN – ДЕСЕРТЫ И СЛАДКОЕ

der Apfelstrudel
яблочный штрудель m
[jʲæblətɕnɨj ʂtrʲudʲɪlʲ]

das Tiramisu
тирамису n
[tʲɪremʲˈisʊ]

die Eiscreme
мороженое n
[mɐrˈoʐɨnəjə]

die Eiskugel
шарик мороженого m
[ʂarʲɪk mɐrˈoʐɨnəvə]

die Eiswaffel
рожок m
[rɐʐˈok]

der Pfannkuchen
оладья f
[ɐlˈadʲjə]

die Crêpe
блин m
[blʲˈin]

der Eisbecher
мороженое в креманке n
[mɐrˈoʐɨnəjə f_krʲɪmˈankʲɪ]

der Karamellpudding
карамельный пудинг m
[kərɐmʲˈelʲnɨj pˈudʲɪnk]

die Mousse
мусс m
[mˈus]

die Schlagsahne
взбитые сливки pl
[vzbʲˈitɨjə slʲˈifkʲɪ]

die Crème brûlée
крем-брюле n
[krʲˈem-brʲʉlˈɛ]

die Panna cotta
панна котта f
[pˈanːə kˈotːə]

der Wackelpudding
желе n
[ʐɨlʲˈe]

der Obstsalat
фруктовый салат m
[frʊktˈovɨj sɐlˈat]

GETRÄNKE – НАПИТКИ

Erfrischungsgetränke – Прохладительные напитки

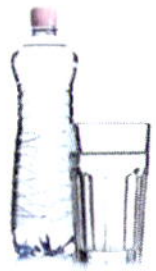

das Wasser
вода f
[vɐdˈa]

das Tonicwater
тоник m
[tˈonʲɪk]

der Orangensaft
апельсиновый сок m
[ɐpʲɪlʲsʲˈinəvɨj sˈok]

der Tomatensaft
томатный сок m
[tɐmˈatnɨj sˈok]

das alkoholfreie Bier
безалкогольное пиво n
[bʲɪzəlkɐgˈolʲnəjə pʲˈivə]

der Karottensaft
морковный сок m
[mɐrkˈovnɨj sˈok]

die/das Cola
кола f
[kˈolə]

die Limonade
лимонад m
[lʲɪmɐnˈat]

der Eiskaffee
кофе глясе m
[kˈofʲɪ glʲɪsˈɛ]

die Eisschokolade
шоколадный коктейль m
[ʂəkɐlˈadnɨj kɐktˈejlʲ]

der Eistee
айс-ти m
[ˈajs-tʲˈi]

die Apfelschorle
яблочный сок с минеральной водой m
[jˈæblət͡ɕnɨj sˈok s_mʲɪnʲɪrˈalʲnəj vɐdˈoj]

der Milchshake
молочный коктейль m
[mɐlˈot͡ɕnɨj kɐktˈejlʲ]

die Saftpresse	**соковыжималка** f [səkəvɨʐɨmˈalkə]
der frisch gepresste Grapefruitsaft	**свежевыжатый грейпфрутовый сок** m [svʲɪʐəvˈɨʐətɨj grʲɪjpfrˈutəvɨj sˈok]
das Tafelwasser	**столовая вода** f [stɐlˈovəjə vɐdˈa]
das Leitungswasser	**вода из-под крана** f [vɐdˈa ɪspət_krˈanə]
das Mineralwasser mit Kohlensäure	**газированная вода** f [gəzʲɪrˈovən:əjə vɐdˈa]
das stille Mineralwasser	**минеральная вода без газа** f [mʲɪnʲɪrˈalʲnəjə vɐdˈa bʲɪz_gˈazə]
der Apfelsaft	**яблочный сок** m [jˈæbləʨnɨj sˈok]
der Johannisbeersaft	**черносмородиновый сок** m [t͡ɕɪrnəsmɐrˈodʲɪnəvɨj sˈok]

GETRÄNKE – НАПИТКИ

Heißgetränke – Горячие напитки

der Espresso
эспрессо m
[ɪsprʲˈesːə]

die Kaffeebohnen
кофейные зёрна pl
[kɐfʲˈejnɨjə zʲˈørnə]

der Amarello
печенье к кофе n
[pʲɪt͡ɕˈenʲjə k_kˈofʲɪ]

der Kaffee zum Mitnehmen
кофе с собой m
[kˈofʲɪ s_sɐbˈoj]

der Deckel
крышка f
[krˈɨʂkə]

der Becher
стакан m
[stɐkˈan]

der Milchschaum
молочная пенка f
[mɐlˈot͡ɕnəjə pʲˈenkə]

der Teebeutel
чайный пакетик m
[t͡ɕˈæjnɨj pɐkʲˈetʲɪk]

die Teeblätter
чайные листья pl
[t͡ɕˈæjnɨjə lʲˈistʲjə]

die Teekanne
чайник m
[t͡ɕˈajnʲɪk]

der Schwarztee
чёрный чай m
[t͡ɕˈornɨj t͡ɕˈæj]

der/die Latte macchiato
латте m
[lɐtːˈɛ]

der Kaffee
кофе m
[kˈofʲɪ]

der Cappuccino
капучино n
[kəpʊt͡ɕˈinə]

der Milchkaffee
кофе с молоком m
[kˈofʲɪ s_məlɐkˈom]

der Minztee
мятный чай m
[mʲˈatnɨj t͡ɕˈæj]

der Kamillentee
ромашковый чай m
[rɐmˈaʂkəvɨj t͡ɕˈæj]

der Kräutertee
травяной чай m
[trəvʲɪnˈoj t͡ɕˈæj]

der Glühwein
глинтвейн m
[glʲɪntvʲˈejn]

GETRÄNKE – НАПИТКИ

Alkoholische Getränke – Алкогольные напитки

der Cocktail
коктейль m
[kɐktˈejlʲ]

die Sangria
сангрия f
[sˈangrɪjə]

mit Eis
со льдом
[sə lʲdˈom]

der Whisky
виски m/n
[vʲˈiskʲɪ]

der Gin Tonic
джин-тоник m
[dʐˈin-tˈonʲɪk]

der Rum
ром m
[rˈom]

das Bier
пиво n
[pʲˈivə]

das Pils
пльзенское пиво n
[plʲzʲˈenskəjə pʲˈivə]

das dunkle Bier
тёмное пиво n
[tʲˈəmnəjə pʲˈivə]

der Wodka
водка f
[vˈotkə]

der Roséwein
розовое вино n
[rˈozəvəjə vʲɪnˈo]

der Weißwein
белое вино n
[bʲˈeləjə vʲɪnˈo]

der Rotwein
красное вино n
[krˈasnəjə vʲɪnˈo]

der Sekt
шампанское n
[ʂɐmpˈanskəjə]

der Tequila
текила f
[tʲɪkʲˈilə]

der Weinbrand	**бренди** m/n [brʲˈendʲɪ]
der Schnaps	**шнапс** m [ʂnˈaps]
der Sherry	**херес** m [xʲˈerʲɪs]
der Likör	**ликёр** m [lʲɪkʲˈər]
der Cidre	**сидр** m [sʲˈidr]
die Weinschorle	**вино с содовой** n [vʲɪnˈo s sˈodəvəj]
das Hefeweizen	**пшеничное пиво** n [pʂɪnʲˈitɕnəjə pʲˈivə]
der Champagner	**шампанское** n [ʂɐmpˈanskəjə]

KOCHEN – ГОТОВКА

Zubereitung – Приготовление

schälen
чистить
[t͡ɕˈistʲɪtʲ]

schneiden
резать
[rʲˈezətʲ]

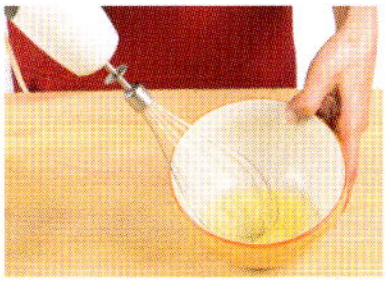

schlagen
взбивать
[vzbʲɪvˈatʲ]

reiben
тереть
[tʲɪrʲˈetʲ]

zerstoßen
толочь
[tɐlˈot͡ɕ]

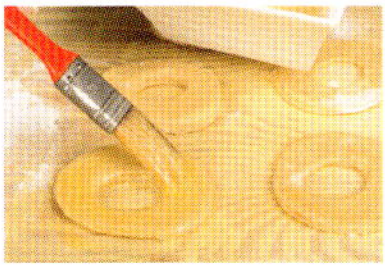

glasieren
глазировать
[gləzʲɪrɐvˈatʲ]

sieben
просеивать
[prɐsʲˈeɪvətʲ]

stampfen
пюрировать
[pʲʉrˈirəvətʲ]

klopfen
отбивать
[ɐdbʲɪvˈatʲ]

ausrollen
раскатывать
[rɐskˈatɨvətʲ]

salzen
солить
[sɐlʲˈitʲ]

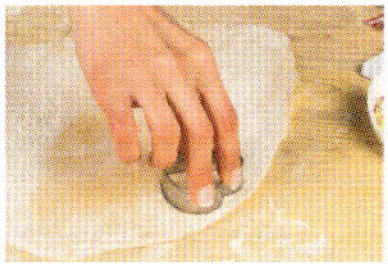

ausstechen
вырезать
[vɨrʲɪzˈatʲ]

rösten	**жарить** [ʐˈarʲɪtʲ]
kochen	**варить** [vɐrʲˈitʲ]
köcheln lassen	**кипеть на медленном огне** [kʲɪpʲˈetʲ nə mʲˈedlʲɪn:əm ɐgnʲˈe]
grillen	**готовить на гриле** [gɐtˈovʲɪtʲ nə grʲˈilʲɪ]
anbraten	**обжаривать** [ɐbʐˈarʲɪvətʲ]
braten	**жарить** [ʐˈarʲɪtʲ]
frittieren	**жарить во фритюре** [ʐˈarʲɪtʲ və frʲɪtʲˈʉrʲɪ]
pochieren	**пошировать** [pɐʂˈirəvətʲ]

streuen
посыпать
[pɐsˈɨpətʲ]

GERICHTE UND MAHLZEITEN – БЛЮДА И ТРАПЕЗЫ

Das Frühstück – Завтрак

das Brot
хлеб m
[xlʲˈep]

der Orangensaft
апельсиновый сок m
[ɐpʲɪlʲsʲˈinəvɨj sˈok]

das Brötchen
булочка f
[bˈulət͡ɕkə]

die Milch
молоко n
[məlɐkˈo]

der Käse
сыр m
[sˈɨr]

die Marmelade
повидло n
[pɐvʲˈidlə]

der Cappuccino
капучино n
[kəpʊt͡ɕˈinə]

das gekochte Ei
варёное яйцо n
[vɐrʲˈonəjə jɪjt͡sˈo]

das Müsli
мюсли pl
[mʲˈʉslʲi]

die Melone
дыня f
[dˈɨnʲə]

der Schinken
ветчина f
[vʲɪt͡ɕːɪnˈa]

die Butter
масло n
[mˈaslə]

die Frühstücksflocken
хлопья pl
[xlˈopʲjə]

das Croissant
круассан m
[krʊɐsːˈan]

die Cornflakes
кукурузные хлопья pl
[kʊkʊrˈuznɨjə xlˈopʲjə]

der Früchtejoghurt
фруктовый йогурт m
[frʊktˈovɨj jˈogʊrt]

das frische Obst
свежие фрукты pl
[svʲˈeʐɨjə frˈuktɨ]

der Müsliriegel
батончик мюсли m
[bɐtˈont͡ɕɪk mʲˈʉslʲi]

die Weizenkeime
пшеничные зародыши pl
[pʂɨnʲˈit͡ɕnɨjə zɐrˈodɨʂɨ]

GERICHTE UND MAHLZEITEN – БЛЮДА И ТРАПЕЗЫ

Das Frühstück – Завтрак

das Toastbrot
тост m
[tˈost]

die gegrillte Tomate
жареный помидор m
[zˌarʲɪnɨj pəmʲɪdˈor]

die gebackenen Bohnen
печёная фасоль f
[pʲɪt͡ɕˈonəjə fɐsˈolʲ]

die Rösti
драники pl
[drˈanʲɪkɪ]

die Blutwurst
кровяная колбаса f
[krəvʲɪnˈajə kəlbɐsˈa]

der Speck
бекон m
[bˈekən]

die Pilze
грибы pl
[grʲɪbˈɨ]

die Wurst
сосиска f
[səsʲˈiskə]

das Spiegelei
яичница-глазунья f
[jɪˈit͡ɕnʲɪt͡sə-glɐzˈunʲjə]

das Rührei
яичница-болтунья f
[jɪˈit͡ɕnʲɪt͡sə-bɐltˈunʲjə]

das Omelett
омлет m
[ɐmlʲˈet]

armer Ritter
гренок m
[grʲˈenək]

die Waffel
вафли pl
[vˈaflʲɪ]

der Pfannkuchen
блин m
[blʲˈin]

der Haferbrei
овсянка f
[ɐfsʲˈænkə]

der Fruchtshake
фруктовый коктейль m
[frʊktˈovɨj kɐktʲˈejlʲ]

die heiße Schokolade
горячий шоколад m
[gɐrʲˈæt͡ɕɪj ʂəkɐlˈat]

GERICHTE UND MAHLZEITEN – БЛЮДА И ТРАПЕЗЫ

Snacks und Knabbereien – Лёгкие закуски

die Chips
чипсы pl
[t͡ɕˈipsɪ]

die Salzbrezel
крендельки pl
[krʲɪndʲɪlʲkʲˈi]

das Popcorn
попкорн m
[pɐpkˈorn]

der/das Bonbon
карамель f
[kərɐmʲˈelʲ]

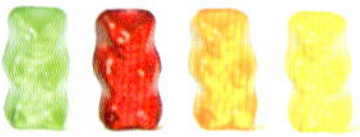

das Gummibärchen
мармеладные мишки pl
[mərmʲɪlˈadnɨjə mʲˈiʂkʲɪ]

die Lakritze
лакрица f
[lɐkrʲˈit͡sə]

der/das Kaugummi
жевательная резинка f
[ʐɨvˈatʲɪlʲnəjə rʲɪzʲˈinkə]

der Lutscher
леденец на палочке m
[lʲɪdʲɪnʲˈet͡s nə pˈalət͡ɕkʲɪ]

die weiße Schokolade
белый шоколад m
[bʲˈelɨj ʂəkɐlˈat]

der Schokoriegel
шоколадный батончик m
[ʂəkɐlˈadnɨj bɐtˈont͡ɕɪk]

die Zartbitter-schokolade
тёмный шоколад m
[tʲˈəmnɨj ʂəkɐlˈat]

die Milchschokolade
молочный шоколад m
[mɐlˈot͡ɕnɨj ʂəkɐlˈat]

der Eislutscher
мороженое n
[mɐrˈoʐɨnəjə]

der Frozen Yogurt
замороженный йогурт m [zəmɐrˈoʐɨnːɨj jˈogʊrt]

der Keks
печенье n
[pʲɪt͡ɕˈenʲjə]

die Praline
шоколадная конфета f
[ʂəkɐlˈadnəjə kɐnfʲˈetə]

GERICHTE UND MAHLZEITEN – БЛЮДА И ТРАПЕЗЫ

Das Fastfood – Фастфуд

das Stück Pizza
ломтик пиццы m
[lˈomtʲɪk pʲˈi͡tsːɪ]

die Pizza
пицца f
[pʲˈi͡tsːə]

der Hamburger
гамбургер m
[gˈamburgʲɪr]

die Pommes frites
картошка фри f
[kɐrtˈoşkə frʲˈi]

die Tortilla-Chips
кукурузные чипсы pl
[kukurˈuznɨjə t͡ɕˈipsɨ]

der Taco
тако n
[tˈako]

die gebratenen Nudeln
жареные макароны pl
[z̨ˈarʲɪnɨjə məkɐrˈonɨ]

das Sushi
суши pl
[sˈuşɨ]

der/das Hot Dog
хот-дог m
[xˈot-dˈok]

der Döner
шаверма f
[şɐvʲˈermə]

der Wrap
ролл m
[rˈol]

der Fisch mit Pommes
рыба с жареной картошкой f
[rˈɨbə z̨_z̨ˈarʲɪnəj kɐrtˈoşkəj]

Ich würde gerne etwas zum Mitnehmen bestellen.	**Я бы хотел заказать что-нибудь с собой.** [jˈæ bˈɨ xɐtʲˈel zəkɐzˈatʲ ştˈo-nʲɪbʊtʲ s_sɐbˈoj]
Eine Portion Pommes rot-weiß, bitte.	**Картошку-фри с кетчупом и майонезом, пожалуйста.** [kɐrtˈoşku-frʲˈi s_kʲˈet͡ɕːʊpəm ˈi məjɪnˈɛzəm pɐz̨ˈaləstə]
klein/mittelgroß/groß	**маленький/средний/большой** [mˈalʲɪnʲkʲɪj/srʲˈednʲɪj/bɐlʲşˈoj]
süß	**сладкий** [slˈatkʲɪj]
salzig	**солёный** [sɐlʲˈonɨj]
der Lieferservice	**служба доставки** f [slˈuz̨bə dɐstˈafkʲɪ]
bestellen	**заказывать** [zɐkˈazɨvətʲ]
liefern	**доставлять** [dəstɐvlʲˈætʲ]

das Nugget
наггет m
[nˈagʲɪt]

GERICHTE UND MAHLZEITEN – БЛЮДА И ТРАПЕЗЫ

Hauptmahlzeit – Главная трапеза дня

die Suppe
суп m
[sˈup]

die Frikadelle
котлета f
[kɐtlʲˈetə]

das Steak
стейк m
[stʲˈejk]

der Beilagensalat
гарнирный салат m
[ɡɐrnʲˈirnɨj sɐlˈat]

die Kartoffelspalten
картофель по-деревенски m
[kɐrtˈofʲɪlʲ pə‿dʲɪrʲɪvʲˈenskʲɪ]

die Lasagne
лазанья f
[lɐzˈanʲjə]

die Spaghetti Bolognese
спагетти болоньезе pl
[spɐɡʲˈetʲɪ bəlɐnʲjˈezʲɪ]

das Brathähnchen
жареная курица f
[ʐˈarʲɪnəjə kˈurʲɪt͡sə]

das panierte Schnitzel
шницель m
[ʂnʲˈit͡sɨlʲ]

die Bratkartoffeln
жареная картошка f
[ʐˈarʲɪnəjə kɐrtˈoʂkə]

der Eintopf
густой суп m
[ɡʊstˈoj sˈup]

der Auflauf
запеканка f
[zəpʲɪkˈankə]

die Pastete
пирог m
[pʲɪrˈok]

die Quiche
киш m
[kʲˈiʂ]

das Curry
карри n
[kˈarʲɪ]

GERICHTE UND MAHLZEITEN – БЛЮДА И ТРАПЕЗЫ

Im Restaurant – В ресторане

① *der Gast*
гость m
[gˈostʲ]

② *der Kellner*
официант m
[ɐfʲɪt͡sɨˈant]

③ *der Tisch für zwei Personen*
столик для двоих m
[stˈolʲɪk dlʲɪ dvɐˈix]

④ *das Rotweinglas*
бокал красного вина m
[bɐkˈal krˈasnəvə vʲɪnˈa]

⑤ *die Speisekarte*
меню n
[mʲɪnʲˈʉ]

⑥ *die Bestellung*
заказ m
[zɐkˈas]

die Vorspeise
закуска f
[zɐkˈuskə]

der Nachtisch
десерт m
[dʲɪsʲˈert]

die Beilage
гарнир m
[gɐrnʲˈir]

das Hauptgericht
главное блюдо n
[glˈavnəjə blʲˈʉdə]

die Suppe
суп m
[sˈup]

der Aperitif
аперитив m
[əpʲɪrʲɪtʲˈif]

der/das Sorbet
сорбет m
[sɐrbʲˈet]

der Salat
салат m
[sɐlˈat]

der Käseteller
сырная тарелка f
[sˈɨrnəjə tɐrʲˈelkə]

der Kaffee
кофе m
[kˈofʲɪ]

der Likör
ликёр m
[lʲɪkʲˈɵr]

das Käsemesser
сырорезка f
[sɨrɐrʲˈeskə]

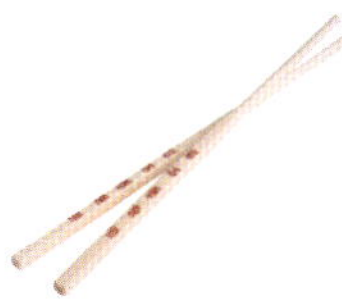

das Stäbchen
палочки для еды pl
[pˈalət͡ɕkʲɪ dlʲɪ jɪdˈɨ]

GERICHTE UND MAHLZEITEN – БЛЮДА И ТРАПЕЗЫ

Geschirr und Besteck – Посуда и приборы

die Serviette
салфетка f
[sɐlfʲˈetkə]

der Brotteller
тарелка для хлеба f
[tɐrʲˈelkə dlʲɪ xlʲˈebə]

die Gabel
вилка f
[vʲˈilkə]

die Tischdecke
скатерть f
[skˈatʲɪrtʲ]

der Essteller
тарелка f
[tɐrʲˈelkə]

das Wasserglas
стакан для воды m
[stɐkˈan dlʲɪ vɐdˈɨ]

das Weinglas
винный бокал m
[vʲˈinːɨj bɐkˈal]

der Dessertlöffel
десертная ложка f
[dʲɪsʲˈertnəjə lˈoʂkə]

der Suppenlöffel
столовая ложка f
[stɐlˈovəjə lˈoʂkə]

das Messer
нож m
[nˈoʂ]

die Schüssel
глубокая тарелка f
[glʊbˈokəjə tɐrʲˈelkə]

die Karaffe
графин m
[grɐfʲˈin]

das Steakmesser
нож для мяса m
[nˈoʂ dlʲɪ mʲˈæsə]

der Zahnstocher
зубочистка f
[zʊbɐt͡ɕˈistkə]

Könnten Sie uns bitte die Weinkarte bringen?	**Не могли бы вы принести винную карту?** [nʲˈe mɐglʲˈi bˈɨ vˈɨ prʲɪnʲɪstʲˈi vʲˈinːʊjʉ kˈartʊ]
Guten Appetit!	**Приятного аппетита!** [prʲɪjˈætnəvə ɐpʲɪtʲˈitə]
Zum Wohl!	**Ваше здоровье!** [vˈaʂɨ zdɐrˈovʲjə]
Als Vorspeise/Hauptgericht/Nachtisch nehme ich …	**На закуску/как главное блюдо/на десерт я бы хотел…** [nə zɐkˈuskʊ / kˈak glˈavnəjə blʲˈʉdə / nə dʲɪsʲˈert jˈæ bˈɨ xɐtʲˈel]
die Spezialitäten	**фирменное блюдо** n [fʲˈirmʲɪnːəjə blʲˈʉdə]
Ich hätte gerne die Rechnung, bitte.	**Счёт, пожалуйста.** [ɕːˈot pɐʐˈaləstə]
die Bezahlung	**оплата** f [ɐplˈatə]
das Trinkgeld	**чаевые** pl [t͡ɕɪjɪvˈɨjə]

DIE ERNÄHRUNG – ПИТАНИЕ

das Fett
жиры pl
[ʐɨrʲˈɨ]

der Zucker
сахар m
[sˈaxər]

das Kohlenhydrat
углеводы pl
[ʊglʲɪvˈodɪ]

das Eiweiß
белки pl
[bʲɪlkʲˈi]

ohne Eier
без яиц
[bʲɪz_jɪˈit͡s]

zuckerfrei
без сахара
[bʲɪs_sˈaxərə]

glutenfrei
без глютена
[bʲɪz_glʲʉtˈenə]

laktosefrei
без лактозы
[bʲɪz_lɐktˈozɨ]

die Ballaststoffe
пищевые волокна pl
[pʲɪɕːɪvˈijə vɐlˈoknə]

das Cholesterin
холестерин m
[xəlʲɪstʲɪrʲˈin]

vegetarisch
вегетарианский
[vʲɪgʲɪtərʲɪˈanskʲɪj]

vegan
веганский
[vʲɪgˈanskʲɪj]

die Lebensmittelintoleranz	**пищевая аллергия** f [pʲɪɕːɪvˈajə ɐlʲɪrgʲˈijə]
die Fruktose	**фруктоза** f [frʊktˈozə]
die Glukose	**глюкоза** f [glʲʉkˈozə]
das Natrium	**натрий** m [nˈatrʲɪj]
die Kalorien	**калории** pl [kɐlˈorʲɪɪ]
der Geschmacksverstärker	**усилитель вкуса** m [ʊsʲɪlʲˈitʲɪlʲ fkˈusə]
die gesunde Ernährung	**здоровое питание** n [zdɐrˈovəjə pʲɪtˈanʲɪjə]
fasten	**поститься** [pɐstʲˈit͡sə]

die Diät
диета f
[dʲɪjˈetə]

UNTERWEGS

В ПУТИ

STRASSEN UND VERKEHR – ДОРОГИ И ТРАНСПОРТ

① *die Straßenlaterne*
уличный фонарь m
[ˈulʲɪt͡ɕnɨj fɐnˈarʲ]

② *die Einbahnstraße*
улица с односторонним движением f
[ˈulʲɪt͡sə s_ɐdnəstɐrˈonʲːɪm dvʲɪʐˈɛnʲɪjɪm]

③ *die Fußgängerampel*
пешеходный светофор m [pʲɪʂɨxˈodnɨj svʲɪtɐfˈor]

④ *der Bürgersteig*
тротуар m
[trətʊˈar]

⑤ *der Bordstein*
бордюр m
[bɐrdʲˈur]

⑥ *die Ampel*
светофор m
[svʲɪtɐfˈor]

⑦ *das geparkte Auto*
припаркованный автомобиль m
[prʲɪpɐrkˈovənːɨj ɐftəmɐbʲˈilʲ]

⑧ *die Fahrspur*
полоса движения f
[pəlɐsˈa dvʲɪʐˈɛnʲɪjə]

⑨ *die Straßen-markierung*
дорожная разметка f
[dɐrˈoʐnəjə rɐzmʲˈetkə]

⑩ *der Rinnstein*
сточный жёлоб m
[stˈot͡ɕnɨj ʐˈoləp]

der Tunnel
туннель m
[tʊnʲːˈelʲ]

der Parkschein-automat
парковочный автомат m
[pɐrkˈovət͡ɕnɨj ɐftɐmˈat]

der Fahrradweg
велосипедная дорожка f
[vʲɪləsʲɪpʲˈednəjə dɐrˈoʂkə]

der Behinderten-parkplatz
парковка для инвалидов f
[pɐrkˈofkə dlʲɪ ɪnvəlʲˈidəf]

die Brücke
мост m
[mˈost]

der Kreisverkehr
круговое движение n
[krʊgɐvˈojə dvʲɪʐˈɛnʲɪjə]

der Zebrastreifen
«зебра» f
[zʲˈebrə]

die Notrufsäule
стойка экстренного вызова f
[stˈojkə ˈɛkstrʲɪnːəvə vˈɨzəvə]

STRASSEN UND VERKEHR – ДОРОГИ И ТРАНСПОРТ

das Autobahnkreuz
развязка f
[rɐzvʲˈæskə]

die Autobahn
автомагистраль f
[ɐftəməɡʲɪstrˈalʲ]

der Berufsverkehr
час пик m
[t͡ɕˈæs pʲˈik]

① *der Mittelstreifen*
разделительная полоса f [rəzdʲɪlʲˈitʲɪlʲnəjə pəlɐsˈa]

② *die Überholspur*
полоса обгона f
[pəlɐsˈa ɐbɡˈonə]

③ *die Überführung*
путепровод m
[pʊtʲɪprɐvˈot]

④ *die Kurve*
поворот m
[pəvɐrˈot]

⑤ *die Unterführung*
проезд под путепроводом m
[prɐjˈest pət pʊtʲɪprɐvˈodəm]

⑥ *die Einfahrt*
въезд m
[vjˈest]

⑦ *die Ausfahrt*
выезд m
[vˈɨjɪst]

der Verkehrspolizist
транспортный полицейский m
[trˈanspərtnɨj pəlʲɪt͡sˈɛjskʲɪj]

der Strafzettel
штрафная квитанция f
[ʂtrɐfnˈajə kvʲɪtˈant͡sɨjə]

die Mautstelle
пункт взимания платы m
[pˈunkt vzʲɪmˈanʲɪjə plˈatɪ]

abschleppen
эвакуировать
[ɪvəkʊˈirəvətʲ]

die Kreuzung	**перекрёсток** m	[pʲɪrʲɪkrʲˈɵstək]
die Vorfahrt	**преимущество** n	[prʲɪɪmˈuɕːɪstvə]
die Geschwindigkeitsüberschreitung	**превышение скорости** n	[prʲɪvɨʂˈɛnʲɪjə skˈorəstʲɪ]
anhalten	**остановиться**	[ɐstənɐvʲˈit͡sə]
der Standstreifen	**стояночная полоса** f	[stɐjˈanət͡ɕnəjə pəlɐsˈa]
die Raststätte	**придорожная автостоянка** f	[prʲɪdɐrˈoʐnəjə ɐftəstɐjˈænkə]
die Entfernungstafel	**таблица расстояний** f	[tɐblʲˈit͡sə rəstɐjˈænʲɪj]
rückwärtsfahren	**ехать задним ходом**	[jˈexətʲ zˈadnʲɪm xˈodəm]

der Stau
пробка f
[prˈopkə]

STRASSEN UND VERKEHR – ДОРОГИ И ТРАНСПОРТ

Verkehrsschilder – Дорожные знаки

Einfahrt verboten
въезд запрещён
[vjˈest zəprʲɪɕːˈon]

das Halteverbot
остановка запрещена
[ɐstenˈofkə zəprʲɪɕːɪnˈa]

die Baustelle
дорожные работы pl
[dɐrˈoʐnɨjə rɐbˈotɨ]

der Tunnel
туннель m
[tʊnʲːˈelʲ]

das Parkverbot
парковка запрещена
[pɐrkˈofkə zəprʲɪɕːɪnˈa]

der Stau
затор m
[zɐtˈor]

das Gefälle
крутой спуск m
[krʊtˈoj spˈusk]

der Kreisverkehr
круговое движение n
[krʊgɐvˈojə dvʲɪʐˈɛnʲɪjə]

die Geschwindigkeitsbegrenzung
ограничение скорости n
[ɐgrənʲɪtɕˈenʲɪjə skˈorəstʲɪ]

Vorfahrt gewähren!
Уступи дорогу!
[ʊstʊpʲˈi dɐrˈogʊ]

die Einbahnstraße
одностороннее движение n
[ɐdnəstɐrˈonʲːɪjə dvʲɪʐˈɛnʲɪjə]

der Gegenverkehr
двустороннее движение n
[dvʊstɐrˈonʲːɪjə dvʲɪʐˈɛnʲɪjə]

Einbiegen nach rechts verboten
поворот направо запрещён
[pəvɐrˈot nɐprˈavə zəprʲɪɕːˈon]

Einbiegen nach links verboten
поворот налево запрещён
[pəvɐrˈot nɐlʲˈevə zəprʲɪɕːˈon]

Wenden verboten
разворот запрещен
[rəzvɐrˈot zəprʲɪɕːˈon]

die Schnee- oder Eisglätte
гололёд m
[gəlɐlʲˈot]

DAS AUTO – АВТОМОБИЛЬ

Autotypen – Типы автомобиля

die Stretchlimousine
лимузин m
[lʲɪmʊzʲˈin]

das Cabrio
кабриолет m
[kəbrʲɪɐlʲˈet]

die Fließhecklimousine
хетчбэк m
[xˈɛt͡ɕbək]

der Sportwagen
спортивный автомобиль m
[spɐrtʲˈivnɨj ɐftəmɐbʲˈilʲ]

der Kleinstwagen
микролитражный автомобиль m
[mʲɪkrəlʲɪtrˈaʐnɨj ɐftəmɐbʲˈilʲ]

der Kleinwagen
малолитражный автомобиль m
[mələlʲɪtrˈaʐnɨj ɐftəmɐbʲˈilʲ]

der Oldtimer
старинный автомобиль m
[stɐrʲˈinːɨj ɐftəmɐbʲˈilʲ]

die Limousine
автомобиль с закрытым кузовом m [ɐftəmɐbʲˈilʲ z͜ zɐkrˈɨtɨm kˈuzəvəm]

der Kombiwagen
автомобиль-универсал m
[ɐftəmɐbʲˈilʲ-ʊnʲɪvʲɪrsˈal]

der Pick-up
пикап m
[pʲɪkˈap]

der Kleintransporter
фургон m
[fʊrɡˈon]

die Klimaanlage	**кондиционер** m [kəndʲɪt͡sɨɐnʲˈer]
die Sitzheizung	**подогрев сидения** m [pədɐɡrʲˈef sʲɪdʲˈenʲɪjə]
die Automatikschaltung	**автоматическая коробка переключения передач** f [ɐftəmɐtʲˈit͡ɕɪskəjə kɐrˈopkə pʲɪrʲɪklʲʉt͡ɕˈenʲɪjə pʲɪrʲɪdˈat͡ɕ]
die Handschaltung	**ручная коробка передач** f [rʊt͡ɕnˈajə kɐrˈopkə pʲɪrʲɪdˈat͡ɕ]
die Zündung	**зажигание** n [zəʐɨɡˈanʲɪjə]
zweitürig	**двухдверный** [dvʊxdvʲˈernɨj]
dreitürig	**трёхдверный** [trʲɪxdvʲˈernɨj]
viertürig	**четырёхдверный** [t͡ɕɪtɨrʲɪxdvʲˈernɨj]

der Geländewagen
внедорожник m
[vnʲɪdɐrˈoʐnʲɪk]

DAS AUTO – АВТОМОБИЛЬ

Das Auto – Außenansicht – Автомобиль снаружи

die Beifahrerseite
сторона пассажира f
[stəren'a pəsez̧'irə]

das Dach
крыша f
[kr'ɨşə]

die Windschutzscheibe
ветровое стекло n
[vʲɪtrev'ojə stʲɪkl'o]

die Fahrerseite
сторона водителя f
[stəren'a vedʲ'itʲɪlʲə]

die Begrenzungsleuchte
габаритный фонарь m
[gəberʲ'itnɨj fen'arʲ]

der Rückspiegel
зеркало заднего вида n
[zʲ'erkələ z'adnʲɪvə vʲ'idə]

die Blinkleuchte
указатель поворота m
[ʊkez'atʲɪlʲ pəver'otə]

das Rad
колесо n
[kəlʲɪs'o]

der Scheibenwischer
дворник m
[dv'ornʲɪk]

der Kühlergrill
решётка радиатора f
[rʲɪş'otkə rədʲɪ'atərə]

die Stoßstange
бампер m
[b'ampʲɪr]

das Nummernschild
номерной знак m
[nəmʲɪrn'oj zn'ak]

das Markenemblem
фирменная эмблема f
[fʲ'irmʲɪn:əjə ɪmblʲ'emə]

der Nebelscheinwerfer
противотуманная фара f
[prətʲɪvətʊm'an:əjə f'arə]

das Reifenprofil
профиль шины m
[pr'ofʲɪlʲ ş'inɨ]

der Ölmessstab	**маслоизмерительный стержень** m [məsləɪzmʲɪrʲ'itɪlʲnɨj stʲ'erz̧ɪnʲ]
der Luftfilter	**воздушный фильтр** m [vezd'uşnɨj fʲ'ilʲtr]
der Bremsflüssigkeits-behälter	**бак для тормозной жидкости** m [b'ak dlʲɪ tərmezn'oj z̧'ɨtkəstʲɪ]
die Antenne	**антенна** f [ɐntʲ'en:ə]
die Radaufhängung	**подвеска колёс** f [pɐdvʲ'eskə kɐlʲ'ɵs]
das Abblendlicht	**ближний свет** m [blʲ'iz̧nʲɪj svʲ'et]
das Fernlicht	**дальний свет** m [d'alʲnʲɪj svʲ'et]

DAS AUTO – АВТОМОБИЛЬ

Das Auto – Außenansicht – Автомобиль снаружи

① *der Seitenspiegel*
боковое зеркало заднего вида n [bəkɐvˈojə zʲˈerkələ zˈadnʲɪvə vʲˈidə]

② *die B-Säule*
средняя стойка кузова f
[srʲˈednʲɪjə stˈojkə kˈuzəvə]

③ *der Kofferraum*
багажник m
[bɐgˈaz̥nʲɪk]

④ *die Heckscheibe*
заднее стекло n
[zˈadnʲɪjə stʲɪklˈo]

⑤ *die Motorhaube*
капот двигателя m
[kɐpˈot dvʲˈigətʲɪlʲə]

⑥ *das Seitenfenster*
боковое окно n
[bəkɐvˈojə ɐknˈo]

⑦ *die Autotür*
дверь автомобиля f
[dvʲˈerʲ ɐftəmɐbʲˈilʲə]

⑧ *die Radkappe*
колпак колеса m
[kɐlpˈak kəlʲɪsˈa]

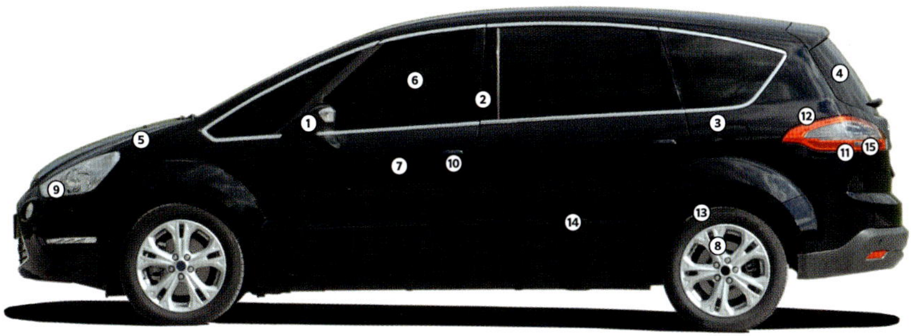

⑨ *der Scheinwerfer*
фара f
[fˈarə]

⑩ *der Türgriff*
ручка двери f
[rˈut͡ɕkə dvʲˈerʲɪ]

⑪ *die Bremsleuchte*
стоп-сигнал m
[stˈop-sʲɪgnˈal]

⑫ *die Rückleuchte*
задняя фара f
[zˈadnʲɪjə fˈarə]

⑬ *der Reifen*
шина f
[ʂˈɨnə]

⑭ *die Seitenschutzleiste*
защитная накладка f
[zɐɕːˈitnəjə nɐklˈatkə]

⑮ *der Rückfahrscheinwerfer*
фара заднего хода f
[fˈarə zˈadnʲɪvə xˈodə]

der Motor	**двигатель** m [dvʲˈigətʲɪlʲ]
der Benzintank	**бензобак** m [bʲɪnzɐbˈak]
das Getriebe	**коробка передач** f [kɐrˈopkə pʲɪrʲɪdˈat͡ɕ]
der Kühler	**радиатор** m [rədʲɪˈatər]
der Ventilator	**вентилятор** m [vʲɪntʲɪlʲˈætər]
die Batterie	**аккумулятор** m [ɐkʊmʊlʲˈætər]
der Auspufftopf	**глушитель** m [glʊʂˈɨtʲɪlʲ]
das Auspuffrohr	**выхлопная труба** f [vɨxlɐpnˈajə trʊbˈa]

die Felge
колёсный диск m
[kɐlʲˈøsnɨj dʲˈisk]

DAS AUTO – АВТОМОБИЛЬ

Das Auto – Innenausstattung – Автомобиль изнутри

① *der Seitenspiegel*
боковое зеркало заднего вида n
[bəkɐvˈojə zʲˈerkələ zˈadnʲɪvə vʲˈidə]

② *das Lenkrad*
руль m
[rˈulʲ]

③ *das Armaturenbrett*
панель приборов f
[pɐnˈelʲ prʲɪbˈorəf]

④ *der Türöffner*
внутренняя ручка двери f
[vnˈutrʲɪnʲːɪjə rˈut͡ɕkə dvʲˈerʲɪ]

⑤ *der Fahrersitz*
водительское сиденье n
[vɐdʲˈitʲɪlʲskəjə sʲɪdʲˈenʲɪjə]

⑥ *die Mittelkonsole*
центральная консоль f
[t͡sɨntrˈalʲnəjə kɐnsˈolʲ]

⑦ *die Handbremse*
ручной тормоз m
[rut͡ɕnˈoj tˈorməs]

⑧ *der Heizungsregler*
регулятор отопления m
[rʲɪgʊlʲˈætər ɐtɐplʲˈenʲɪjə]

⑨ *das Handschuhfach*
бардачок m
[bərdɐt͡ɕˈok]

⑩ *der Schalthebel*
рычаг переключения передач m
[rɨt͡ɕˈæk pʲɪrʲɪklʲʉt͡ɕˈenʲɪjə pʲɪrʲɪdˈat͡ɕ]

⑪ *der Beifahrersitz*
пассажирское сидение n
[pəsɐʐˈɨrskəjə sʲɪdʲˈenʲɪjə]

der Warnblinkschalter
переключатель аварийной световой сигнализации m [pʲɪrʲɪklʲʉt͡ɕˈætʲɪlʲ ɐvɐrʲˈijnəj svʲɪtɐvˈoj sʲɪgnəlʲɪzˈat͡sɨɪ]

die Stereoanlage
стереосистема f
[stʲɪrʲɪəsʲɪstʲˈemə]

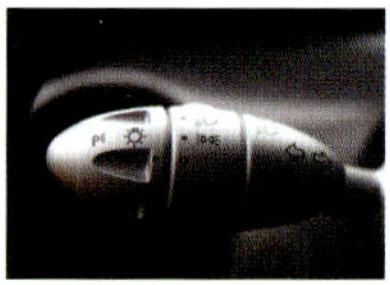

der Blinkerhebel
рычаг переключения указателя поворота m
[rɨt͡ɕˈæk pʲɪrʲɪklʲʉt͡ɕˈenʲɪjə ʊkɐzˈatʲɪlʲə pəvɐrˈotə]

der Zigarettenanzünder
прикуриватель m
[prʲɪkˈurʲɪvətʲɪlʲ]

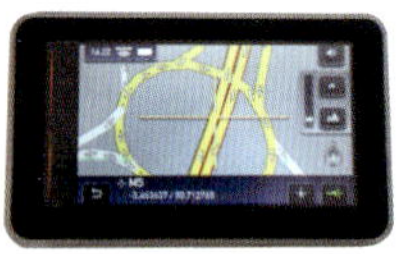

das Navigationsgerät
навигатор m
[nəvʲɪgˈatər]

die Fußstütze	**упор для ног** m [ʊpˈor dlʲɪ nˈok]
das Kupplungspedal	**педаль сцепления** f [pʲɪdˈalʲ st͡sɨplʲˈenʲɪjə]
das Bremspedal	**педаль тормоза** f [pʲɪdˈalʲ tˈormәzə]
das Gaspedal	**педаль газа** f [pʲɪdˈalʲ gˈazə]
der Sicherheitsgurt	**ремень безопасности** m [rʲɪmʲˈenʲ bʲɪzɐpˈasnəstʲɪ]
die Kopfstütze	**подголовник** m [pədgɐlˈovnʲɪk]
der Airbag	**воздушная подушка** f [vɐzdˈuʂnəjə pɐdˈuʂkə]
die Hupe	**клаксон** m [klɐksˈon]

DAS AUTO – АВТОМОБИЛЬ

Die Tankstelle – Автозаправка

die Preisanzeige
указатель цены m
[ʊkɐzˈatʲɪlʲ t͡sɨnˈɨ]

die Literanzeige
указатель литража m
[ʊkɐzˈatʲɪlʲ lʲɪtrɐzˌa]

der Feuerlöscher
огнетушитель m
[ɐgnʲɪtʊʂˈitʲɪlʲ]

die Zapfsäule
заправочная колонка f
[zɐprˈavət͡ɕnəjə kɐlˈonkə]

das Reifenfüllgerät
компрессор для накачивания шин m
[kɐmprʲˈesər dlʲɪ nɐkˈat͡ɕɪvənʲɪjə ʂˈin]

das Rauchverbot
запрет курения m
[zɐprʲˈet kʊrʲˈenʲɪjə]

das Benzin
бензин m
[bʲɪnzʲˈin]

der Diesel
дизель m
[dʲˈizʲɪlʲ]

bleifrei
неэтилированный
[nʲɪɪtʲɪlʲˈirəvən:ɨj]

verbleit
этилированный
[ɪtʲɪlʲˈirəvən:ɨj]

der Zapfschlauch
шланг раздаточной колонки m
[ʂlˈank rɐzdˈatət͡ɕnəj kɐlˈonkʲɪ]

die Zapfpistole
заправочный пистолет m
[zɐprˈavət͡ɕnɨj pʲɪstɐlʲˈet]

der Tankdeckel
крышка топливного бака f
[krˈɨʂkə tˈoplʲɪvnəvə bˈakə]

der Wagenheber
домкрат m
[dɐmkrˈat]

(das) Öl wechseln	**менять масло** [mʲɪnʲˈætʲ mˈaslə]
der Reifendruck	**давление в шине** n [dɐvlʲˈenʲɪjə f‿ʂˈinʲɪ]
der Keilriemen	**клиновой ремень** m [klʲɪnɐvˈoj rʲɪmʲˈenʲ]
die Lichtmaschine	**генератор** m [gʲɪnʲɪrˈatər]
der Sommerreifen	**летние шины** pl [lʲˈetnʲɪjə ʂˈinɨ]
der Winterreifen	**зимние шины** pl [zʲˈimnʲɪjə ʂˈinɨ]
der Allwetterreifen	**всепогодные шины** pl [fsʲɪpɐgˈodnɨjə ʂˈinɨ]
die Schneekette	**цепь противоскольжения** f [t͡sˈɛpʲ prətʲɪvəskɐlʲʐˈenʲɪjə]

tanken
заправлять
[zəprɐvlʲˈætʲ]

DAS AUTO – АВТОМОБИЛЬ

Die Tankstelle – Автозаправка

① *die Tankanzeige*
указатель уровня топлива в баке m
[ʊkɐzʲatʲɪlʲ ˈurəvnʲə tʲˈoplʲɪvə v_bʲˈakʲɪ]

② *die Tankleuchte*
лампа сигнализации низкого уровня топлива f [lʲˈampə sʲɪgnəlʲɪzʲˈatsɨɪ nʲˈiskəvə ˈurəvnʲə tʲˈoplʲɪvə]

③ *der/das Tachometer*
спидометр m [spʲɪdʲˈomʲɪtr]

④ *die Geschwindigkeit*
скорость f [skˈorəstʲ]

⑤ *der Kilometerstand*
пробег m [prɐbʲˈek]

⑥ *der Drehzahlmesser*
счётчик оборотов m
[ɕːˈot͡ɕːɪk ɐbɐrˈotəf]

⑦ *die Kühlmitteltemperaturanzeige*
указатель температуры охлаждающей жидкости m
[ʊkɐzʲˈatʲɪlʲ tʲɪmpʲɪrɐtˈurɨ ɐxlɐʐdˈajʉɕːɪj ʐˈitkəstʲɪ]

den Reifen wechseln
менять шину
[mʲɪnʲˈætʲ ʂˈɨnʊ]

der Radmutternschlüssel
балонный ключ m
[bɐlˈonːɨj klʲˈʉt͡ɕ]

das Reserverad
запасное колесо n
[zəpɐsnˈojə kəlʲɪsˈo]

die Reifenpanne
прокол шины m
[prɐkˈol ʂˈɨnɨ]

der Verkehrsunfall	**дорожно-транспортное происшествие** n [dɐrˈoʐnə-trˈanspərtnəjə prəɪʂˈɛstvʲɪjə]
Ich habe eine Panne.	**Со мной случилась авария.** [sə mnˈoj slˈut͡ɕɪləsʲ ɐvˈarʲɪjə]
Könnten Sie bitte den Pannendienst anrufen?	**Вы не могли бы вызвать аварийную службу?** [vˈɨ nʲˈe mɐglʲˈi bˈɨ vˈɨzvətʲ ɐvɐrʲˈijnʊjʉ slˈuʐbʊ]
Der Motor springt nicht an.	**Мотор не заводится.** [mɐtˈor nʲˈe zɐvˈodʲɪt͡sə]
das Starthilfekabel	**провод большого сечения** m [prˈovət bɐlʲʂˈovə sʲɪt͡ɕˈenʲɪjə]
Könnten Sie mir Starthilfe geben?	**Вы не могли бы помочь мне завести машину?** [vˈɨ nʲˈe mɐglʲˈi bˈɨ pɐmˈot͡ɕ mnʲˈe zəvʲɪsʲtʲˈi mɐʂˈɨnʊ]
der Ersatzreifen	**запасная шина** f [zəpɐsnˈajə ʂˈɨnə]
Könnten Sie mir beim Reifenwechseln helfen?	**Вы не могли бы помочь мне поменять шину?** [vˈɨ nʲˈe mɐglʲˈi bˈɨ pɐmˈot͡ɕ mnʲˈe pəmʲɪnʲˈætʲ ʂˈɨnʊ]

DER BUS – АВТОБУС

der Doppeldecker
двухэтажный автобус m
[dvʊxɨtˈaʐnɨj ɐftˈobʊs]

der Reisebus
междугородний автобус m
[mʲɪʐdʊgɐrˈodnʲɪj ɐftˈobʊs]

die Liniennummer
номер маршрута m
[nˈomʲɪr mɐrʂrˈutə]

das Fahrziel
конечный пункт маршрута m
[kɐnʲˈet͡ɕnɨj pˈunkt mɐrʂrˈutə]

die Automatiktür
автоматическая дверь f
[ɐftəmɐtʲˈit͡ɕɪskəjə dvʲˈerʲ]

der Gepäckraum
багажное отделение n
[bɐgˈaʐnəjə ɐdʲːɪlʲˈenʲɪjə]

die Bushaltestelle
автобусная остановка f
[ɐftˈobʊsnəjə ɐstɐnˈofkə]

der Fahrplan
расписание движения n
[rəspʲɪsˈanʲɪjə dvʲɪʐˈenʲɪjə]

das Wartehäuschen
остановка f
[ɐstɐnˈofkə]

der Schulbus
школьный автобус m
[ʂkˈolʲnɨj ɐftˈobʊs]

der Halteknopf
кнопка остановки по требованию f
[knˈopkə ɐstɐnˈofkʲɪ pə trʲˈebəvənʲɪjʉ]

die Halteschlaufe
гибкий поручень m
[gʲˈipkʲɪj pˈorʊt͡ɕɪnʲ]

der Niederflurbus	**низкопольный автобус** m [nʲɪskɐpˈolʲnɨj ɐftˈobʊs]
der Busbahnhof	**автовокзал** m [ɐftəvɐgzˈal]
der Linienbus	**рейсовый автобус** m [rʲˈejsəvɨj ɐftˈobʊs]
der Kleinbus	**микроавтобус** m [mʲɪkrɐɐftˈobʊs]
die Monatskarte	**месячный проездной** m [mʲˈesʲɪt͡ɕnɨj prəjɪznˈoj]
der Fahrpreis	**цена проезда** f [t͡sɨnˈa prɐjˈezdə]
die Fahrkarte	**билет** m [bʲɪlʲˈet]
der Fahrkartenautomat	**автомат по продаже билетов** m [ɐftɐmˈat pə prɐdˈaʐɨ bʲɪlʲˈetəf]

DAS MOTORRAD – МОТОЦИКЛ

die Rennmaschine
гоночный мотоцикл m
[gˈonət͡ɕnɨj mətɐt͡sˈɨkl]

das Cockpit
кокпит m
[kˈokpʲɪt]

der Kupplungshebel
рычаг сцепления m
[rɨt͡ɕˈæk st͡sɪplʲˈenʲɪjə]

der Lenkergriff
рукоятка управления f
[rʊkɐjˈætkə ʊprɐvlʲˈenʲɪjə]

der Fahrersitz
водительское сиденье n
[vɐdʲˈitʲɪlʲskəjə sʲɪdʲˈenʲɪjə]

der Rückspiegel
зеркало заднего вида n
[zʲˈerkələ zˈadnʲɪvə vʲˈidə]

der Soziussitz
заднее сиденье мотоцикла n
[zˈadnʲɪjə sʲɪdʲˈenʲɪjə mətɐt͡sˈɨklə]

das Schutzblech
крыло n
[krɨlˈo]

der Seitenständer
откидная подножка f
[ɐtkʲɪdnˈajə pɐdnˈoʂkə]

die Fußraste
упор для ноги m
[ʊpˈor dlʲɪ nɐgʲˈi]

die Rückleuchte
задний свет m
[zˈadnʲɪj svʲˈet]

das Getriebe
коробка передач f
[kɐrˈopkə pʲɪrʲɪdˈat͡ɕ]

der Fußschalthebel
педаль переключения передач f
[pʲɪdˈalʲ pʲɪrʲɪklʲʉt͡ɕˈenʲɪjə pʲɪrʲɪdˈat͡ɕ]

die Radaufhängung
подвеска колеса f
[pɐdvʲˈeskə kəlʲɪsˈa]

der Motorroller
скутер m
[skˈutʲɪr]

das Quad
квадроцикл m
[kvədrɐt͡sˈɨkl]

das Geländemotorrad
кроссовый мотоцикл m
[krˈosːəvɨj mətɐt͡sˈɨkl]

der Chopper
чоппер m
[t͡ɕˈopʲːɪr]

DAS MOTORRAD – МОТОЦИКЛ

der Motorradhelm
мотоциклетный шлем m
[mətət͡sɪklʲˈetnɨj ʂlʲˈem]

die Lederjacke
кожаная куртка f
[kˈoʐənəjə kˈurtkə]

die Motorradkombi
одежда мотоциклиста f
[ɐdʲˈeʐdə mətət͡sɪklʲˈistə]

der Lederhandschuh
кожаная перчатка f
[kˈoʐənəjə pʲɪrt͡ɕˈætkə]

das Visier
защитный козырёк m
[zɐɕːˈitnɨj kəzɨrʲˈøk]

der Lufteinlass
воздухозаборник m
[vəzdʊxəzɐbˈornʲɪk]

der Reflektorstreifen
светоотражающие полосы pl
[svʲɪtɐɐtrɐʐˈajʊɕːɪjə pˈoləsɨ]

der/das Tachometer
спидометр m
[spʲɪdˈomʲɪtr]

der Lenker
руль m
[rˈulʲ]

der Tankdeckel
крышка бензобака f
[krˈɨʂkə bʲɪnzɐbˈakə]

der Benzintank
бензобак m
[bʲɪnzɐbˈak]

der Blinker
указатель поворота m
[ʊkɐzˈatʲɪlʲ pəvɐrˈotə]

der Bremshebel für die Vorderradbremse
рычаг переднего тормоза m
[rɪt͡ɕˈæk pʲɪrʲˈednʲɪvə tˈorməzə]

der Gasdrehgriff
поворотная рукоятка газа f
[pəvɐrˈotnəjə rʊkɐjˈætkə gˈazə]

das Motorradgespann
мотоцикл с коляской m
[mətɐt͡sˈik s kɐlʲˈæskəjl]

der Tourer
турер m
[tˈurʲɪr]

der Beiwagen
боковая коляска f
[bəkɐvˈajə kɐlʲˈæskə]

DAS FAHRRAD – ВЕЛОСИПЕД

die Felgenbremse
тормоз m
[tˈorməs]

der Sattel
седло n
[sʲɪdlˈo]

die Sattelstütze
подседельный штырь m
[pətsʲɪdʲˈelʲnɨj ʂtˈɨrʲ]

der Lenker
руль m
[rˈulʲ]

der Fahrradkorb
велосипедная корзина f
[vʲɪləsʲɪpʲˈednəjə kɐrzʲˈinə]

der Gepäckträger
багажник m
[bɐɡˈaʐnʲɪk]

die Gabel
вилка f
[vʲˈilkə]

das Hinterrad
заднее колесо n
[zˈadnʲɪjə kəlʲɪsˈo]

der Reifen
шина f
[ʂˈɨnə]

die Felge
обод m
[ˈobət]

das Vorderrad
переднее колесо n
[pʲɪrʲˈednʲɪjə kəlʲɪsˈo]

die Speiche
спица f
[spʲˈit͡sə]

der Reflektor
отражатель m
[ɐtrɐʐˈatʲɪlʲ]

der Kettenschutz
защита цепи f
[zɐɕːˈitə t͡sɨpʲˈi]

die Kette
цепь f
[t͡sˈɛpʲ]

das Pedal
педаль f
[pʲɪdˈalʲ]

das Zahnrad
шестерня f
[ʂɨstʲɪrnʲˈæ]

das Schutzblech
крыло n
[krɨlˈo]

der Schalthebel	**переключатель передач** m [pʲɪrʲɪklʲʉt͡ɕˈætʲɪlʲ pʲɪrʲɪdˈat͡ɕ]
der Bremshebel	**рычаг тормоза** m [rɨt͡ɕˈæk tˈorməzə]
die Luftpumpe	**насос** m [nɐsˈos]
der Fahrradhelm	**велосипедный шлем** m [vʲɪləsʲɪpʲˈednɨj ʂlʲˈem]
der Dynamo	**динамо-лампа** f [dʲɪnˈamə-lˈampə]
in die Pedale treten	**крутить педали** [krʊtʲˈitʲ pʲɪdˈalʲɪ]
bremsen	**тормозить** [tərməzʲˈitʲ]
in einen höheren/niedrigeren Gang schalten	**переключать на более высокую/более низкую передачу** [pʲɪrʲɪklʲʉt͡ɕˈætʲ nə bˈolʲɪjə vɨsˈokʊjʉ/bˈolʲɪjə nʲˈiskʊjʉ pʲɪrʲɪdˈat͡ɕʉ]
Radfahren lernen	**учиться ездить на велосипеде** [ʊt͡ɕˈit͡sə jˈezdʲɪtʲ nə vʲɪləsʲɪpʲˈedʲɪ]
einen Fahrradschlauch flicken	**заклеивать велосипедную камеру** [zɐklʲˈeɪvətʲ vʲɪləsʲɪpʲˈednʊjʉ kˈamʲɪrʊ]

DAS FAHRRAD – ВЕЛОСИПЕД

der Kindersitz
детское кресло n
[dʲˈet͡skəjə krʲˈeslə]

das Einrad
одноколёсный велосипед m
[ɐdnəkɐlʲˈøsnɨj vʲɪləsʲɪpʲˈet]

das Tandem
тандем m
[tɐndˈɛm]

das BMX-Rad
велосипед для велотриала m
[vʲɪləsʲɪpʲˈet dlʲɪ vʲɪlətrʲˈalə]

das Rennrad
гоночный велосипед m
[gˈonət͡ɕnɨj vʲɪləsʲɪpʲˈet]

das Tourenfahrrad
туристский велосипед m
[tʊrʲˈisːkʲɪj vʲɪləsʲɪpʲˈet]

das Mountainbike
горный велосипед m
[gˈornɨj vʲɪləsʲɪpʲˈet]

das Elektrofahrrad
электрический велосипед m
[ɪlʲɪktrʲˈit͡ɕɪskʲɪj vʲɪləsʲɪpʲˈet]

das Liegerad
велосипед для езды лёжа m
[vʲɪləsʲɪpʲˈet dlʲɪ jɪzdˈɨ lʲˈøʐə]

das Dreirad
трёхколёсный велосипед m
[trʲɪxkɐlʲˈøsnɨj vʲɪləsʲɪpʲˈet]

das Fahrradschloss
велосипедный замок m
[vʲɪləsʲɪpʲˈednɨj zɐmˈok]

das Flickzeug
ремонтный набор m
[rʲɪmˈontnɨj nɐbˈor]

das Leihfahrrad
взятый напрокат велосипед m
[vzʲˈætɨj nəprɐkˈat vʲɪləsʲɪpʲˈet]

der Kinderanhänger
детский прицеп для велосипеда m
[dʲˈet͡skʲɪj prʲɪt͡sˈɛp dlʲɪ vʲɪləsʲɪpʲˈedə]

die Satteltasche
подседельная сумка f
[pət͡sʲɪdʲˈelʲnəjə sˈumkə]

der Fahrradständer
велосипедная стойка f
[vʲɪləsʲɪpʲˈednəjə stˈojkə]

DAS LASTKRAFTFAHRZEUG – ГРУЗОВОЙ АВТОМОБИЛЬ

der Sattelschlepper
седельный тягач m
[sʲɪdʲˈelʲnɨj tʲɪɡˈat͡ɕ]

die Kühlerhaube
капот радиатора m
[kɐpˈot rədʲɪˈatərə]

der Scheinwerfer
фара f
[fˈarə]

der Kühlergrill
решётка радиатора f
[rʲɪʂˈotkə rədʲɪˈatərə]

der Stoßfänger
бампер m
[bˈampʲɪr]

die Windschutzscheibe
ветровое стекло n
[vʲɪtrɐvˈojə stʲɪklˈo]

die Trittstufe
ступенька f
[stʊpʲˈenʲkə]

der Kraftstofftank
бензобак m
[bʲɪnzɐbˈak]

das Auspuffrohr
выхлопная труба f
[vɨxlɐpnˈajə trʊbˈa]

die Schlafkabine
спальная кабина f
[spˈalʲnəjə kɐbʲˈinə]

das Lufthorn
клаксон m
[klɐksˈon]

der Stauraum
отсек для вещей m
[ɐtsʲˈek dlʲɪ vʲɪɕːˈej]

der Autotransporter
автовоз m
[ɐftɐvˈos]

die Schneefräse
снегоуборочная машина f
[sʲnʲɪɡəʊbˈorət͡ɕnəjə mɐʂˈinə]

die Straßenkehrmaschine
подметально-уборочная машина f [pədmʲɪtˈalʲnə-ʊbˈorət͡ɕnəjə mɐʂˈinə]

der Müllwagen
мусоровоз m
[mʊsərɐvˈos]

der Tankwagen
бензовоз m
[bʲɪnzɐvˈos]

der Sattelzug
автомобиль с прицепом m
[ɐftəmɐbʲˈilʲ s_prʲɪt͡sˈɛpəm]

der Auflieger
прицеп m
[prʲɪt͡sˈɛp]

der Flachbettauflieger
прицеп-площадка m
[prʲɪt͡sˈɛp-plɐɕːˈætkə]

WEITERE FAHRZEUGE – ДРУГИЕ ВИДЫ ТРАНСПОРТА

der Bagger
экскаватор m
[ɪkskɐvˈatər]

der Radlader
бульдозер m
[bʊlʲdˈozʲɪr]

der Betonmischer
бетономешалка f
[bʲɪtənəmʲɪʂˈalkə]

der Kipper
самосвал m
[səmɐsvˈal]

der Wohnwagen
жилой автоприцеп m
[ʐɨlˈoj aftəprʲɪtsˈɛp]

das Wohnmobil
дом на колёсах m
[dˈom nə kɐlʲˈɵsəx]

der Gabelstapler
вилочный автопогрузчик m
[vʲˈiləʨnɨj ɐftəpɐgrˈuɕːɪk]

das Feuerwehr-fahrzeug
пожарная машина f
[pɐʐˈarnəjə mɐʂˈinə]

der Anhänger
прицеп m
[prʲɪtsˈɛp]

der Traktor
трактор m
[trˈaktər]

der Polizeiwagen
полицейская машина f
[pəlʲɪtsˈɛjskəjə mɐʂˈinə]

das Taxi
такси n
[tɐksʲˈi]

der Abschleppwagen
эвакуатор m
[ɪvəkʊˈatər]

der Fahrzeugkran
самоходный кран m
[səmɐxˈodnɨj krˈan]

der Taxistand
стоянка такси f
[stɐjˈænkə tɐksʲˈi]

ein Taxi herbeiwinken
ловить такси
[lɐvʲˈitʲ tɐksʲˈi]

DER ZUG – ПОЕЗД

der Zug
поезд m
[pˈojɪst]

der Führerstand
кабина машиниста f
[kɐbʲˈinə məʂɨnʲˈistə]

das Kleinabteil
купе n
[kʊpˈɛ]

die Gepäckablage
багажная полка f
[bɐgˈaʐnəjə pˈolkə]

die Schiene
рельсы pl
[rʲˈelʲsɨ]

der Waggon
вагон m
[vɐgˈon]

die Armlehne
подлокотник m
[pədlɐkˈotnʲɪk]

der Sitz
сиденье n
[sʲɪdʲˈenʲɪjə]

die Kopflehne
подголовник m
[pədgɐlˈovnʲɪk]

der Güterzug
товарный поезд m
[tɐvˈarnɨj pˈojɪst]

die Straßenbahn
трамвай m
[trɐmvˈaj]

die U-Bahn
метро n
[mʲɪtrˈo]

die Einschienenbahn
монорельс m
[mənɐrʲˈelʲs]

die Dampflok
паровоз m
[pərɐvˈos]

der Hochgeschwindigkeitszug	**скоростной поезд** m [skərɐsnˈoj pˈojɪst]
das Großraumabteil	**плацкартный вагон** m [plɐt͡skˈartnɨj vɐgˈon]
die Oberleitung	**воздушная линия** f [vɐzdˈuʂnəjə lʲˈinʲɪjə]
die erste Klasse	**первый класс** m [pʲˈervɨj klˈas]
die zweite Klasse	**второй класс** m [ftɐrˈoj klˈas]
der Klapptisch	**откидной стол** m [ɐtkʲɪdnˈoj stˈol]
der Triebwagen	**моторный вагон** m [mɐtˈornɨj vɐgˈon]
die Sitzplatzreservierung	**забронированное место** n [zəbrɐnʲˈirəvən:oje mʲˈestə]

DER ZUG – ПОЕЗД

Am Bahnhof – На вокзале

der Bahnsteig
платформа f
[plɐtfˈormə]

einsteigen
садиться
[sɐdʲˈit͡sə]

aussteigen
выходить
[vɨxɐdʲˈitʲ]

das Geländer
перила pl
[pʲɪrʲˈilə]

die Gleisnummer
номер платформы m
[nˈomʲɪr plɐtfˈormɨ]

der Wegweiser
указатель m
[ʊkɐzˈatʲɪlʲ]

der Reisende
пассажир m
[pəsɐʐˈir]

die Rolltreppe
эскалатор m
[ɪskɐlˈatər]

die Bahnhofshalle
крытый перрон m
[krˈitɨj pʲɪrˈon]

der Fahrkartenschalter
билетная касса f
[bʲɪlʲˈetnəjə kˈasːə]

der Fahrkarten-automat
автомат по продаже билетов m
[ɐftɐmˈat pə prɐdˈaʐɨ bʲɪlʲˈetəf]

die Schaffnerin
проводник m/f
[prəvɐdnʲˈik]

die Verspätung	**опоздание** n [ɐpɐzdˈanʲɪjə]
pünktlich	**вовремя** [vˈovrʲɪmʲə]
umsteigen	**пересаживаться** [pʲɪrʲɪsˈaʐɨvət͡sə]
schwarzfahren	**ехать зайцем** [jˈexətʲ zˈajt͡sɨm]
das Schienennetz	**железнодорожная сеть** f [ʐɨlʲɪznədɐrˈoʐnəjə sʲˈetʲ]
Eine einfache Fahrt nach ..., bitte.	**Один билет в/на...** [ɐdʲˈin bʲɪlʲˈet v/nə]
hin und zurück	**туда и обратно** [tʊdˈa ˈi ɐbrˈatnə]
Ist dieser Platz noch frei?	**Это место свободно?** [ˈɛtə mʲˈestə svɐbˈodnə]

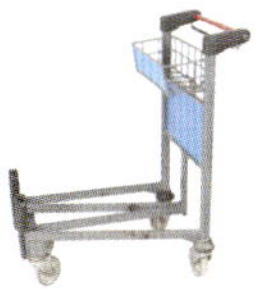

der Kofferkuli
багажная тележка f
[bɐɡˈaʐnəjə tʲɪlʲˈeʂkə]

DAS FLUGZEUG – САМОЛЁТ

das Verkehrsflugzeug
пассажирский самолёт m
[pəsɐʐˈirskʲɪj səmɐlʲˈʲot]

das Fenster
иллюминатор m
[ɪlʲʉmʲɪnˈatər]

der Rumpf
фюзеляж m
[fʲʉzʲɪlʲˈæʂ]

der Bug
носовая часть
[nəsɐvˈajə t͡ɕˈæs

das Heck
хвостовая часть f
[xvəstɐvˈajə t͡ɕˈæstʲ]

die Tragfläche
крыло n
[krɨlˈo]

die Flugzeugtür
дверь самолёта f
[dvʲˈerʲ səmɐlʲˈotə]

das Seitenleitwerk
вертикальное оперение n
[vʲɪrtʲɪkˈalʲnəjə ɐpʲɪrʲˈenʲɪjə]

der Gepäckraum
грузовой отсек m
[grʊzɐvˈoj ɐtsʲˈek]

das Fahrwerk
шасси n
[ʂɐsʲːˈi]

das Cockpit
кабина экипажа
[kɐbʲˈinə ɪkʲɪpˈaʐə]

das Höhenleitwerk
горизонтальное оперение n
[gərʲɪzɐntˈalʲnəjə ɐpʲɪrʲˈenʲɪjə]

das Querruder
элерон m
[ɪlʲɪrˈon]

das Triebwerk
двигатель m
[dvʲˈigətʲɪlʲ]

das Bugfahrwerk
носовое шасси n
[nəsɐvˈojə ʂɐsʲːˈi]

der Windsack
ветроуказатель m
[vʲɪtrəʊkɐzˈatʲɪlʲ]

Ihr Flug ist jetzt zum Einsteigen bereit.	**Начинается посадка.** [nət͡ɕɪnˈajɪt͡sə pɐsˈatkə]
die Fluggesellschaft	**авиакомпания** f [ɐvʲɪəkɐmpˈanʲɪjə]
der Flugsicherungsdienst	**авиационно-диспетчерская служба** f [ɐvʲɪɐt͡sɨˈonːə-dʲɪspʲˈet͡ɕːɪrskəjə slˈuʐbə]
der Pilot	**пилот** m [pʲɪlˈot]
die Pilotin	**пилот** f [pʲɪlˈot]
die erste Klasse	**первый класс** m [pʲˈervɨj klˈas]
die Businessklasse	**бизнес-класс** m [bʲˈiznʲɪs-klˈas]
die Economyklasse	**эконом-класс** m [ɪkɐnˈom-klˈas]

DAS FLUGZEUG – САМОЛЁТ

Im Flugzeug – В самолёте

die Sicherheitsanweisung
правила безопасности pl
[prʲˈavʲɪlə bʲɪzɐpˈasnəstʲɪ]

die Flugbegleiterin
стюардесса f
[stʲʉɐrdʲˈesə]

der Sitzplatz
место n
[mʲˈestə]

das Gepäckfach
багажный отсек m
[bɐɡˈaʐnɨj ɐtsʲˈek]

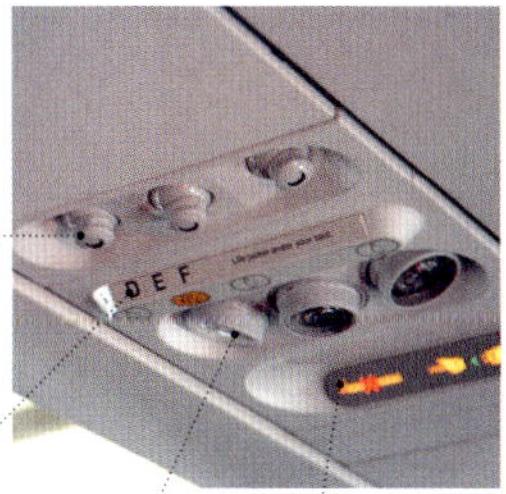

die Luftdüse
вентиляционное сопло n
[vʲɪntʲɪlʲɪt͡sɨˈonːəjə sɐplˈo]

die Sitznummer
номер места m
[nˈomʲɪr mʲˈestə]

der Nichtraucherflug
некурящий рейс m
[nʲɪkʊrʲˈæɕːɪj rʲˈejs]

die Leselampe
индивидуальное освещение n
[ɪndʲɪvʲɪdʊˈalʲnəjə ɐsvʲɪɕːˈenʲɪjə]

das Handgepäck
ручная кладь f
[rʊt͡ɕnˈajə klˈatʲ]

der Gang
проход m
[prɐxˈot]

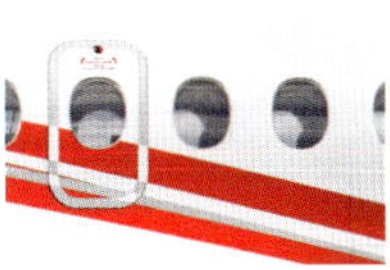

der Notausgang
аварийный выход m
[ɐvɐrʲˈijnɨj vˈɨxət]

der Sitzabstand
пространство между сиденьями n [prɐstrˈanstvə mʲˈeʐdʊ sʲɪdʲˈenʲjɪmʲɪ]

die Sitzreihe	**ряд** m [rʲˈæt]
der Sicherheitsgurt	**ремень безопасности** m [rʲɪmʲˈenʲ bʲɪzɐpˈasnəstʲɪ]
sich anschnallen	**пристегнуть ремень** [prʲɪstʲɪɡnˈutʲ rʲɪmʲˈenʲ]
die Start- und Landebahn	**взлётно-посадочная полоса** f [vzlʲˈotnə-pɐsˈadət͡ɕnəjə pəlɐsˈa]
fliegen	**лететь** [lʲɪtʲˈetʲ]
starten	**взлетать** [vzlʲɪtˈatʲ]
landen	**приземляться** [prʲɪzʲɪmlʲˈæt͡sə]
die Turbulenzen	**турбулентность** f [tʊrbʊlʲˈentnəstʲ]
die Notlandung	**аварийная посадка** f [ɐvɐrʲˈijnəjə pɐsˈatkə]
die Sauerstoffmaske	**кислородная маска** f [kʲɪslɐrˈodnəjə mˈaskə]

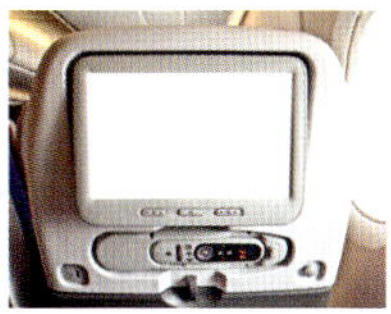

der Bildschirm für das Bordprogramm
бортовая развлекательная система f
[bərtɐvˈajə rəzvlʲɪkˈatʲɪlʲnəjə sʲɪstʲˈemə]

DAS FLUGZEUG – САМОЛЁТ

Am Flughafen – В аэропорту

der Check-in-Automat
автомат для регистрации m
[ɐftɐmˈat dlʲɪ rʲɪɡʲɪstrˈat͡sɨ]

der Check-in-Schalter
стойка регистрации f
[stˈojkə rʲɪɡʲɪstrˈat͡sɨ]

die Bordkarte
посадочный талон m
[pɐsˈadət͡ɕnɨj tɐlˈon]

der Reisepass
паспорт m
[pˈaspərt]

die Ankunft
прибытие n
[prʲɪbˈɨtʲɪjə]

der Abflug
отправление n
[ɐtprɐvlʲˈenʲɪjə]

das Terminal
терминал m
[tʲɪrmʲɪnˈal]

der Zoll
таможня f
[tɐmˈoʐnʲə]

die Sicherheits-kontrolle
предполётный контроль m
[prʲɪtpɐlʲˈøtnɨj kɐntrˈolʲ]

die Ticketkontrolle
проверка билетов f
[prɐvʲˈerkə bʲɪlʲˈetəf]

der Duty-free-Laden
магазин беспошлинной торговли m
[məɡɐzʲˈin bʲɪspˈoʂlʲɪnːəj tɐrɡˈovlʲɪ]

die Fluggasttreppe
пассажирский трап m
[pəsɐʐˈɨrskʲɪj trˈap]

der Flugsteig
гейт m
[ɡʲˈejt]

die Fluggastbrücke
посадочная галерея f
[pɐsˈadət͡ɕnəjə ɡəlʲɪrʲˈejə]

der Kontrollturm
командно-диспетчерский пункт m [kɐmˈandnə-dʲɪspʲˈet͡ɕːɪrskʲɪj pˈunkt]

der Fluglotse
авиадиспетчер m
[ɐvʲɪədʲɪspˈet͡ɕːɪr]

DAS FLUGZEUG – САМОЛЁТ

Am Flughafen – В аэропорту

① *die Anzeigetafel*
информационное табло n
[ɪnfərmətsɪˈonːəjə tɐblˈo]

② *das Reiseziel*
место назначения n
[mʲˈestə nəznɐt͡ɕˈenʲɪjə]

der Langstreckenflug
полёт на дальнее расстояние m
[pɐlʲˈøt nə dˈalʲnʲɪjə rəstɐjˈænʲɪjə]

der Auslandsflug
международный рейс m
[mʲɪʐdʊnɐrˈodnɨj rʲˈejs]

der Inlandsflug
внутренний рейс m
[vnˈutrʲɪnʲːɪj rʲˈejs]

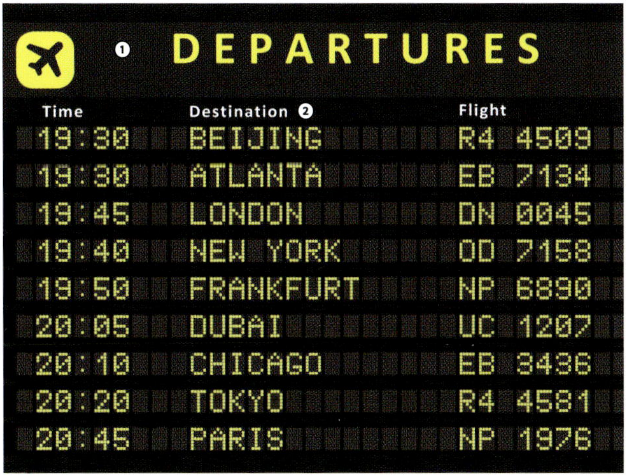

der Rollkoffer
чемодан на колёсиках m
[t͡ɕɪmɐdˈan nə kɐlʲˈøsʲɪkəx]

das Übergepäck
сверхнормативный багаж m
[svʲɪrxnərmɐtˈivnɨj bɐgˈaʂ]

das Gepäckband
багажная лента f
[bɐgˈaʐnəjə lʲˈentə]

der Fahrsteig
траволатор m
[trəvɐlˈatər]

die Zwischenlandung	**промежуточная посадка** f [prəmʲɪʐˈutət͡ɕnəjə pɐsˈatkə]
einen Flug buchen	**забронировать полёт** [zəbrɐnʲˈirəvətʲ pɐlʲˈøt]
der/das Online-Check-in	**регистрация онлайн** f [rʲɪgʲɪstrˈat͡sɨjə ɐnlˈajn]
die Buchungsnummer	**номер бронирования** m [nˈomʲɪr brɐnʲˈirəvənʲɪjə]
das Visum	**виза** f [vʲˈizə]
die Gepäckkontrolle	**контроль багажа** m [kɐntrˈolʲ bəgɐʐˈa]
der Gepäckabschnitt	**багажная квитанция** f [bɐgˈaʐnəjə kvʲɪtˈant͡sɨjə]
der Währungsumtausch	**обмен валюты** m [ɐbmʲˈen vɐlʲˈʉtɨ]

der Rucksack
рюкзак m
[rʲʉgzˈak]

DAS SCHIFF – КОРАБЛЬ

das Kreuzfahrtschiff
круизное судно n
[krʊˈiznəjə sˈudnə]

die Radarantenne
радиолокационная антенна f
[rədʲɪələkə͡tsiˈonːəjə ɐntʲˈenːə]

das Deck
палуба f
[pˈalʊbə]

die Kabine
каюта f
[kɐjˈʉtə]

der Schornstein
дымовая труба f
[dɨmɐvˈajə trʊbˈa]

die Funkantenne
радиоантенна f
[rədʲɪɐntʲˈenːə]

die Backbordseite
левый борт m
[lʲˈevɨj bˈort]

der Rumpf
корпус корабля m
[kˈorpʊs kərɐblʲˈæ]

das Bullauge
иллюминатор m
[ɪlʲʉmʲɪnˈatər]

die Steuerbordseite
правый борт m
[prˈavɨj bˈort]

der Bug
нос m
[nˈos]

das Rettungsboot
спасательная шлюпка f
[spɐsˈatʲɪlʲnəjə ʂlʲˈʉpkə]

der Bugwulst
бульбовидный нос m
[bʊlbɐvʲˈidnɨj nˈos]

das Segelboot
парусная лодка f
[pˈarʊsnəjə lˈotkə]

die Motorjacht
моторная яхта f
[mɐtˈornəjə jˈæxtə]

das Motorboot
моторная лодка f
[mɐtˈornəjə lˈotkə]

der Katamaran
катамаран m
[kətəmɐrˈan]

DAS SCHIFF – КОРАБЛЬ

Der Hafen – В порту

der Containerhafen
контейнерный порт m
[kɐntʲˈejnʲɪrnɨj pˈort]

das Containerlager
контейнерный склад m
[kɐntʲˈejnʲɪrnɨj sklˈat]

die Fracht
груз m
[grˈus]

der Kai
пристань f
[prʲˈistənʲ]

der Kran
кран m
[krˈan]

das Containerschiff
контейнерное судно n
[kɐntʲˈejnʲɪrnəjə sˈudnə]

der Leuchtturm
маяк m
[mɐjˈæk]

die Vertäuung
швартовка f
[ʂvɐrtˈofkə]

der Poller
швартовочный кнехт m
[ʂvɐrtˈovət͡ɕnɨj knʲˈext]

die Boje
буй m
[bˈuj]

den Anker werfen/lichten	**бросать/поднимать якорь** [brɐsˈatʲ/pədnʲɪmˈatʲ jˈækərʲ]
die Küstenwache	**береговая охрана** f [bʲɪrʲɪgɐvˈajə ɐxrˈanə]
anlegen	**причаливать** [prʲɪt͡ɕˈælʲɪvətʲ]
auslaufen	**выходить из гавани** [vɨxɐdʲˈitʲ ɪz‿gˈavənʲɪ]
an Bord gehen	**подняться на палубу** [pɐdnʲˈæt͡sə nə pˈalʊbʊ]
von Bord gehen	**спуститься с палубы** [spʊstʲˈit͡sə s‿pˈalʊbɨ]
der Landungssteg	**пирс** m [pʲˈirs]
das U-Boot	**подводная лодка** f [pɐdvˈodnəjə lˈotkə]

die Fähre
паром m
[pɐrˈom]

IN DER STADT

В ГОРОДЕ

DIE INNENSTADT – ЦЕНТР ГОРОДА

die Vorstadt
пригород m
[prʲˈigərət]

die Brücke
мост m
[mˈost]

der Fluss
река f
[rʲɪkˈa]

die Straße
улица f
[ˈulʲɪt͡sə]

das Geschäftsviertel
деловой район города m
[dʲɪlɐvˈoj rɐjˈon gˈorədə]

der Fernsehturm
телевизионная башня f
[tʲɪlʲɪvʲɪzʲɪˈon:əjə bˈaʂnʲə]

der Wohnblock
жилой дом m
[ʐɨlˈoj dˈom]

der Dom
собор m
[sɐbˈor]

der Gehweg
тротуар m
[trətʊˈar]

die Altstadt
старый город m
[stˈarɨj gˈorət]

der Turm
башня f
[bˈaʂnʲə]

die Straßenbeleuchtung
уличное освещение n
[ˈulʲɪt͡ɕnəjə ɐsvʲɪɕːˈenʲɪjə]

die Seitenstraße
боковая улица f
[bəkɐvˈajə ˈulʲɪt͡sə]

der Boulevard
бульвар m
[bʊlʲvˈar]

die Treppe
лестница f
[lʲˈesnʲɪt͡sə]

die Gasse
переулок m
[pʲɪrʲɪˈulək]

DIE INNENSTADT – ЦЕНТР ГОРОДА

der Park
парк m
[pˈark]

der Kanal
канал m
[kɐnˈal]

das Ausgehviertel
район развлечений m
[rɐjˈɵn rəzvlʲɪt͡ɕˈenʲɪj]

der Platz
площадь f
[plˈoɕːɪtʲ]

das Einkaufsviertel
торговый район m
[tɐrgˈovɨj rɐjˈɵn]

das Industriegebiet
индустриальный район m
[ɪndʊstrʲɪˈalʲnɨj rɐjˈɵn]

das Wohngebiet
жилой район m
[ʐɨlˈoj rɐjˈɵn]

das Rathaus
ратуша f
[rˈatʊʂə]

die Universität
университет m
[ʊnʲɪvʲɪrsʲɪtʲˈet]

die Schule
школа f
[ʂkˈolə]

die Post
почта f
[pˈot͡ɕtə]

die Feuerwache
пожарная часть f
[pɐʐˈarnəjə t͡ɕˈæstʲ]

die Polizeiwache
отделение полиции n
[ɐdʲːɪlʲˈenʲɪjə pɐlʲˈit͡sɨ]

das Krankenhaus
больница f
[bɐlʲnʲˈit͡sə]

die Bibliothek
библиотека f
[bʲɪblʲɪɐtʲˈekə]

das Gerichtsgebäude
здание суда n
[zdˈanʲɪjə sʊdˈa]

DIE INNENSTADT – ЦЕНТР ГОРОДА

Gebäude in der Innenstadt – Здания в центре города

der Wolkenkratzer
небоскрёб m
[nʲɪbɐskrʲˈɵp]

die Burg
замок m
[zˈamək]

das Schloss
дворец m
[dvɐrʲˈe͡ts]

die Kirche
церковь f
[ˈt͡sɛrkəfʲ]

die Moschee
мечеть f
[mʲɪˈt͡ɕetʲ]

die Synagoge
синагога f
[sʲɪnɐɡˈoɡə]

der Tempel
храм m
[xrˈam]

die Ruine
развалины pl
[rɐzvˈalʲɪnɨ]

das Bürogebäude
офисное здание n
[ˈofɪsnəjə zdˈanʲɪjə]

das Theater
театр m
[tʲɪˈatr]

das Kino
кинотеатр m
[kʲɪnətʲɪˈatr]

die Fabrik
завод m
[zɐvˈot]

die Botschaft
посольство n
[pɐsˈolʲstvə]

das Opernhaus
опера f
[ˈopʲɪrə]

das Museum
музей m
[mʊzʲˈej]

die Kunsthalle
художественная галерея f
[xʊdˈoʐɨstvʲɪn:əjə ɡəlʲɪrʲˈejə]

DIE INNENSTADT – ЦЕНТР ГОРОДА

Auf der Straße – На улице

die Straßenlaterne
уличный фонарь m
[ˈulʲɪt͡ɕnɨj fenˈarʲ]

die Fußgängerampel
пешеходный светофор m
[pʲɪʂɨxˈodnɨj svʲɪtɐfˈor]

die Ampel
светофор m
[svʲɪtɐfˈor]

das Denkmal
памятник m
[pˈamʲɪtnʲɪk]

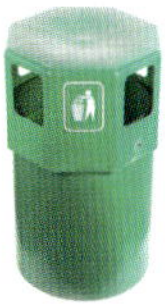

der Abfalleimer
мусорное ведро m
[mˈusərnəjə vʲɪdrˈo]

der Kanaldeckel
люк m
[lʲˈʉk]

der Hydrant
гидрант m
[gʲɪdrˈant]

der Friedhof
кладбище n
[klˈadbʲɪɕːɪ]

die Bushaltestelle
автобусная остановка f
[ɐftˈobʊsnəjə ɐstɐnˈofkə]

der Kiosk
киоск m
[kʲɪˈosk]

die Tiefgarage
подземный гараж m
[pɐdzʲˈemnɨj gɐrˈaʂ]

die Fußgängerzone
пешеходная зона f
[pʲɪʂɨxˈodnəjə zˈonə]

Entschuldigen Sie bitte, wie komme ich nach ...?	**Извините, как пройти к...?** [ɪzvʲɪnʲˈitʲɪ kˈak prɐjtʲˈi k]
Könnten Sie mir bitte sagen, wo ... ist?	**Где находится...?** [gdʲˈe nɐxˈodʲɪt͡sə]
Könnten Sie mir das bitte auf der Karte zeigen?	**Не могли бы вы показать мне это на карте?** [nʲˈe mɐglʲˈi bˈɨ vˈɨ pəkɐzˈatʲ mnʲˈe ˈɛtə nə kˈartʲɪ]
an der Ecke	**на углу** [nə ʊglˈu]
rechts/links abbiegen	**повернуть направо/налево** [pəvʲɪrnˈutʲ nɐprˈavə/nɐlʲˈevə]
auf der rechten/linken Seite	**с правой/левой стороны** [s͜ prˈavəj/lʲˈevəj stərɐnˈɨ]
(schräg) gegenüber	**(наискосок) напротив** [(nəɪskɐsˈok) nɐprˈotʲɪf]
in der Nähe (von)	**недалеко (от)** [nʲɪdəlʲɪkˈo (ˈot)]

DIE INNENSTADT – ЦЕНТР ГОРОДА

Das Hotel – Гостиница

die Rezeption
стойка регистрации f
[stˈojkə rʲɪgʲɪstrˈat͡sɨ]

die Empfangsdame
администратор m
[ɐdmʲɪnʲɪstrˈatər]

die Schlüsselkarte
ключ-карта f
[klʲˈʉt͡ɕ-kˈartə]

die Klingel
звонок m
[zvɐnˈok]

die Lobby
лобби n
[lˈobʲːɪ]

die Bar
бар m
[bˈar]

das Restaurant
ресторан m
[rʲɪstɐrˈan]

die Hotelanlage
курортная гостиница f
[kʊrˈortnəjə gɐstʲˈinʲɪt͡sə]

das Doppelzimmer
двуспальный номер m
[dvʊspˈalʲnɨj nˈomʲɪr]

das Zweibettzimmer
двухместный номер m
[dvʊxmʲˈesnɨj nˈomʲɪr]

das Einzelzimmer
одноместный номер m
[ɐdnɐmʲˈesnɨj nˈomʲɪr]

der Fitnessraum
тренажёрный зал m
[trʲɪnɐʐˈornɨj zˈal]

der Pool
бассейн m
[bɐsʲˈejn]

Ich habe ein Zimmer unter dem Namen ... gebucht.	**Я забронировал комнату на имя ...** [jˈæ zəbrɐnʲˈirəvəl kˈomnətʊ nə ˈimʲə]
Was kostet das Zimmer, bitte?	**Скажите, пожалуйста, сколько стоит комната?** [skɐʐˈitʲɪ pɐʐˈaləstə skˈolʲkə stˈoɪt kˈomnətə]
Ich hätte gerne ein Doppelzimmer für eine Nacht.	**Мне нужен двуспальный номер на одну ночь.** [mnʲˈe nˈuʐɨn dvʊspˈalʲnɨj nˈomʲɪr nə ɐdnˈu nˈot͡ɕ]
Haben Sie ein Zimmer frei?	**У вас есть свободные комнаты?** [ʊ vˈas jˈestʲ svɐbˈodnɨjə kˈomnətɨ]

DIE INNENSTADT – ЦЕНТР ГОРОДА

Das Hotel – Гостиница

der/die Concierge
консьерж m
[kɐnsʲjˈerʂ]

der Kofferwagen
багажная тележка f
[bɐɡˈaʐnəjə tʲɪlʲˈeʂkə]

der Türanhänger „Bitte nicht stören“
Табличка «Просьба не беспокоить» f
[tɐblʲˈit͡ɕkə prˈozʲbə nʲˈe bʲɪspɐkˈoɪtʲ]

die Gepäckablage
багажная полка f
[bɐɡˈaʐnəjə pˈolkə]

der Zimmerservice
обслуживание номеров n
[ɐpslˈuʐɨvənʲɪjə nəmʲɪrˈof]

das Zimmermädchen
горничная f
[ɡˈornʲɪt͡ɕnəjə]

die Suite
номер люкс m
[nˈomʲɪr lʲˈʉks]

die Toilettenartikel
туалетные принадлежности pl
[tʊɐlʲˈetnɨjə prʲɪnɐdlʲˈeʐnəstʲɪ]

die Minibar
минибар m
[mʲɪnʲɪbˈar]

die Zimmernummer
номер комнаты m
[nˈomʲɪr kˈomnətɨ]

das Frühstücksbuffet
завтрак «шведский стол» m [zˈaftrək ʂvʲˈet͡skʲɪj stˈol]

das Drei-/Vier-Sterne-Hotel	**трёх-/четырёхзвездочная гостиница** f [trʲˈox-/ t͡ɕɪtɨrʲɪxzvʲˈozdət͡ɕnəjə ɡʲɪstʲˈinʲɪt͡sə]
das Familienzimmer	**семейный номер** m [sʲɪmʲˈejnɨj nˈomʲɪr]
ein-/auschecken	**регистрироваться/выписываться** [rʲɪɡʲɪstrʲˈirəvət͡sə/ vɨpʲˈisɨvət͡sə]
die Halbpension	**полупансион** m [pəlupənsʲɪˈon]
die Vollpension	**полный пансион** m [pˈolnɨj pənsʲɪˈon]
das Zimmer mit Frühstück	**номер с завтраком** m [nˈomʲɪr z_zˈaftrəkəm]
das Zustellbett	**дополнительная кровать** f [dəpɐlnʲˈitʲɪlʲnəjə krɐvˈatʲ]
der Weckanruf	**звонок-«будильник»** m [zvɐnˈok-budʲˈilʲnʲɪk]

der Tresor
сейф m
[sʲˈejf]

DIE INNENSTADT – ЦЕНТР ГОРОДА

Die Bank – Банк

das Chipkartenterminal
платёжный терминал m
[plɐtʲˈoʐnɨj tʲɪrmʲɪnˈal]

der Schalter
кассовое окошко n
[kˈasːəvəjə ɐkˈoʂkə]

die Kassiererin
кассир m
[kɐsʲˈir]

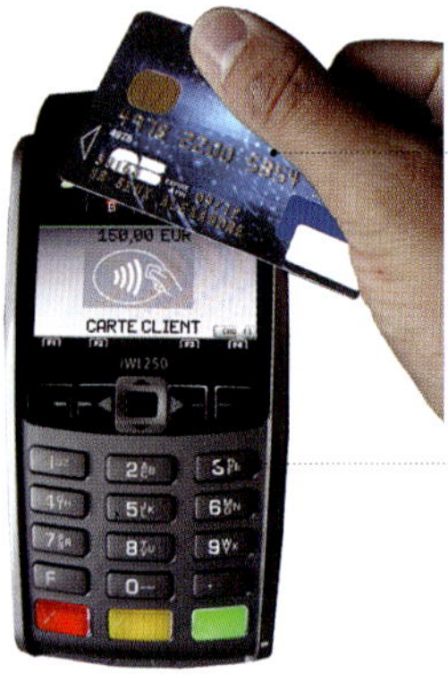

die EC-Karte
платёжная карта f
[plɐtʲˈoʐnəjə kˈartə]

das Tastenfeld
клавиатура f
[kləvʲɪɐtˈurə]

das Onlinebanking
интернет-банкинг m
[ɪntɨrnˈɛt-bˈankʲɪnk]

der Geldautomat
банкомат m
[bənkɐmˈat]

Geld abheben
снимать деньги со счёта
[snʲɪmˈatʲ dʲˈenʲgʲɪ sə ɕːˈotə]

Geld einzahlen
класть деньги на счёт
[klˈastʲ dʲˈenʲgʲɪ nə ɕːˈot]

einen Scheck ausstellen
выписать чек
[vʲˈɨpʲɪsətʲ t͡ɕˈek]

die Kontoüberziehung	**овердрафт** m [əvʲɪrdrˈaft]
das Girokonto	**текущий счёт** m [tʲɪkˈuɕːɪj ɕːˈot]
das Sparkonto	**накопительный счёт** m [nəkɐpʲˈitʲɪlʲnɨj ɕːˈot]
die PIN-Nummer	**пин-код** m [pʲˈin-kˈot]
der Zinssatz	**процентная ставка** f [prɐt͡sˈɛntnəjə stˈafkə]
das Darlehen	**кредит** m [krʲɪdʲˈit]
die Hypothek	**ипотека** f [ɪpɐtʲˈekə]
die Kontonummer	**номер счёта** m [nˈomʲɪr ɕːˈotə]

DIE INNENSTADT – ЦЕНТР ГОРОДА

Die Bank – Банк

der Geldschein
купюра f
[kʊpʲˈʉrə]

die Münze
монета f
[mɐnʲˈetə]

die Währung
валюта f
[vɐlʲˈʉtə]

das Wertpapier
ценная бумага f
[t͡sˈɛn:əjə bʊmˈagə]

der Wechselkurs
обменный курс m
[ɐbmʲˈen:ɨj kˈurs]

das Bankschließfach
банковский сейф m
[bˈankəfskʲɪj sʲˈejf]

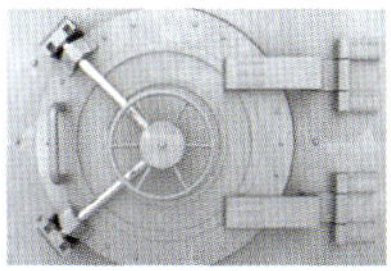

der Tresor
сейф m
[sʲˈejf]

die Kreditkarte
кредитная карта f
[krʲɪdʲˈitnəjə kˈartə]

die Börse
биржа f
[bʲˈirʐə]

der Börsenkurs
биржевой курс m
[bʲɪrʐɨvˈoj kˈurs]

der Finanzberater
финансовый консультант m [fʲɪnˈansəvɨj kənsʊlʲtˈant]

die Rechnung
счёт-фактура m
[ɕːˈøt-fɐktˈurə]

Könnten Sie mir das bitte wechseln?	**Вы не могли бы мне это поменять?** [vˈi nʲˈe mɐglʲˈi bˈi mnʲˈe ˈɛtə pəmʲɪnʲˈætʲ]
Wie ist der aktuelle Wechselkurs?	**Какой сейчас обменный курс?** [kɐkˈoj sʲɪt͡ɕˈæs ɐbmʲˈen:ɨj kˈurs]
Ich möchte gerne ein Konto eröffnen.	**Я бы хотел(а) открыть счёт.** [jˈæ bˈi xɐtʲˈel(ə) ɐtkrˈitʲ ɕːˈøt]
der Betrag	**сумма** f [sˈum:ə]
der Reisescheck	**дорожный чек** m [dɐrˈoʐnɨj t͡ɕˈek]
das Eigenkapital	**собственный капитал** m [sˈopstvʲɪn:ɨj kəpʲɪtˈal]
die Provision	**комиссия** f [kɐmʲˈisʲɪjə]
die Wechselstube	**обменный пункт** m [ɐbmʲˈen:ɨj pˈunkt]

der Überweisungsschein
платёжное поручение n
[plɐtʲˈøʐnəjə pərʊt͡ɕˈenʲɪjə]

EINKAUFEN – ПОКУПКИ

Läden und Geschäfte – Магазины

der Markt
рынок m
[rˈɨnək]

der Marktstand
прилавок m
[prʲɪlˈavək]

das Schaufenster
витрина f
[vʲɪtrʲˈinə]

die Tierhandlung
зоомагазин m
[zɐɐməgɐzʲˈin]

der Gemüseladen
овощная лавка f
[ɐvɐɕːnˈajə lˈafkə]

die Metzgerei
мясная лавка f
[mʲɪsnˈajə lˈafkə]

die Bäckerei
булочная f
[bˈulət͡ɕnəjə]

die Konditorei
кондитерская f
[kɐndʲˈitʲɪrskəjə]

der Supermarkt
супермаркет m
[sʊpʲɪrmˈarkʲɪt]

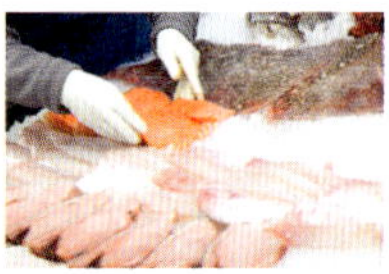

das Fischgeschäft
рыбная лавка f
[rˈɨbnəjə lˈafkə]

die Weinhandlung
винная лавка f
[vʲˈinːəjə lˈafkə]

der Blumenladen
цветочный магазин m
[t͡svʲɪtˈot͡ɕnɨj məgɐzʲˈin]

das Lebensmittelgeschäft
продуктовый магазин m
[prədʊktˈovɨj məgɐzʲˈin]

der Bioladen
био-маркет m
[bʲˈiə-mˈarkʲɪt]

das Schreibwarengeschäft
магазин канцелярских принадлежностей m
[məgɐzʲˈin kənt͡sɨlʲˈærskʲɪx prʲɪnɐdlʲˈeʐnəstʲɪj]

der Tante-Emma-Laden
магазин шаговой доступности m
[məgɐzʲˈin ʂˈagəvəj dɐstˈupnəstʲɪ]

EINKAUFEN – ПОКУПКИ

Läden und Geschäfte – Магазины

der Buchladen
книжный магазин m
[knʲˈiʐnɨj məɡɐzʲˈin]

die Drogerie
косметический магазин m
[kəsmʲɪtʲˈit͡ɕɪskʲɪj məɡɐzʲˈin]

die Boutique
бутик m
[bʊtʲˈik]

der Antiquitätenladen
антикварный магазин m
[ɐntʲɪkvˈarnɨj məɡɐzʲˈin]

der Spielzeugladen
магазин игрушек m
[məɡɐzʲˈin ɪɡrˈuʂɨk]

das Juweliergeschäft
ювелирный магазин m
[jʊvʲɪlʲˈirnɨj məɡɐzʲˈin]

das Möbelgeschäft
мебельный магазин m
[mʲˈebʲɪlʲnɨj məɡɐzʲˈin]

der Elektrofachmarkt
магазин электротоваров m
[məɡɐzʲˈin ɪlʲɪktrətɐvˈarəf]

das Schuhgeschäft
обувной магазин m
[ɐbʊvnˈoj məɡɐzʲˈin]

der Friseursalon
парикмахерская f
[pərʲɪkmˈaxʲɪrskəjə]

die Schneiderei
швейная мастерская f
[ʂvʲˈejnəjə məstʲɪrskˈajə]

die Parfümerie
парфюмерия f
[pərfʲʊmʲˈerʲɪjə]

der Baumarkt
строительный магазин m
[strɐˈitʲɪlʲnɨj məɡɐzʲˈin]

der Geschenkeladen
магазин подарков m
[məɡɐzʲˈin pɐdˈarkəf]

die Apotheke
аптека f
[ɐptʲˈekə]

der Optiker
оптика f
[ˈoptʲɪkə]

EINKAUFEN – ПОКУПКИ

Das Einkaufszentrum – Торговый центр

der Lichthof
внутренний двор m
[vnˈutrʲɪnʲːɪj dvˈor]

die zweite Etage
третий этаж m
[trʲˈetʲɪj ɪtˈaʂ]

die erste Etage
второй этаж m
[ftɐrˈoj ɪtˈaʂ]

das Geschäft
магазин m
[məgɐzʲˈin]

die Rolltreppe
эскалатор m
[ɪskɐlˈatər]

das Erdgeschoss
первый этаж m
[pʲˈervɨj ɪtˈaʂ]

die Verkäuferin
продавщица f
[prədɐfɕːˈit͡sə]

der Food Court
ресторанный дворик m
[rʲɪstɐrˈanːɨj dvˈorʲɪk]

die Umkleidekabine
примерочная f
[prʲɪmʲˈerət͡ɕnəjə]

der Parkplatz
парковка f
[pɐrkˈofkə]

der Wickelraum
комната матери и ребёнка f
[kˈomnətə mˈatʲɪrʲɪ ˈi rʲɪbʲˈonkə]

der Kundendienst	**отдел сервиса** m [ɐdʲˈel sʲˈervʲɪsə]
der Sicherheitsdienst	**служба охраны** f [slˈuʐbə ɐxrˈanɨ]
Könnten Sie mir bitte … zeigen?	**Вы не могли бы мне показать …?** [vˈɨ nʲˈe mɐglʲˈi bˈɨ mnʲˈe pəkɐzˈatʲ]
Wie viel kostet es?	**Сколько это стоит?** [skˈolʲkə ˈɛtə stˈoɪt]
Kann ich das bitte umtauschen?	**Я могу это поменять?** [jˈæ mɐgˈu ˈɛtə pəmʲɪnʲˈætʲ]
Könnten Sie das bitte als Geschenk einpacken?	**Вы не могли бы завернуть это в подарочную упаковку?** [vˈɨ nʲˈe mɐglʲˈi bˈɨ zəvʲɪrnˈutʲ ˈɛtə f‿pɐdˈarət͡ɕnʊjʉ ʊpɐkˈofkʊ]
der Ausverkauf	**распродажа** f [rəsprɐdˈaʐə]

EINKAUFEN – ПОКУПКИ

Das Kaufhaus – Универмаг

die Schaufensterpuppe
манекен m
[mənʲɪkʲˈen]

die Einkaufstüte
сумка для покупок f
[sˈumkə dlʲɪ pɐkˈupək]

die Taschenabteilung
отдел сумок m
[ɐdʲːˈel sˈumək]

der Imbissbereich
кафе n
[kɐfˈɛ]

die Sportabteilung
спортивный отдел m
[spɐrtʲˈivnɨj ɐdʲːˈel]

die Kurzwaren
галантерея f
[gələntʲɪrʲˈejə]

die Unterwäsche
нижнее бельё n
[nʲˈiʐnʲɪjə bʲɪlʲjˈɵ]

die Kosmetikabteilung
отдел косметики m
[ɐdʲːˈel kɐsmʲˈetʲɪkʲɪ]

die Herrenabteilung
мужской отдел m
[mʊʂskˈoj ɐdʲːˈel]

die Damenabteilung
женский отдел m
[ʐˈɛnskʲɪj ɐdʲːˈel]

die Kinderabteilung
детский отдел m
[dʲˈet͡skʲɪj ɐdʲːˈel]

die Schuhabteilung
обувной отдел m
[ɐbʊvnˈoj ɐdʲːˈel]

die Lebensmittel-abteilung
продуктовый отдел m
[prədʊktˈovɨj ɐdʲːˈel]

die Multimedia-Abteilung
отдел электроники m
[ɐdʲːˈel ɨlʲɪktrˈonʲɪkʲɪ]

die Heimtextilien-abteilung
отдел текстиля m
[ɐdʲːˈel tʲɪkstʲˈilʲə]

die Schreibwaren-abteilung
отдел канцтоваров m
[ɐdʲːˈel kənt͡stɐvˈarəf]

EINKAUFEN – ПОКУПКИ

Der Supermarkt – Супермаркет

der Kassierer
кассир m
[kɐsʲːˈir]

die Kundin
покупатель (-ница) m/f
[pəkʊpˈatʲɪlʲ (-nʲɪt͡sə)]

die Ware
товар m
[tɐvˈar]

das Warentransport-band
товарная лента f
[tɐvˈarnəjə lʲˈentə]

das Warenregal
товарная полка f
[tɐvˈarnəjə pˈolkə]

der Einkaufswagen
тележка для покупок f
[tʲɪlʲˈeʂkə dlʲɪ pɐkˈupək]

die Kasse
касса f
[kˈasːə]

der Scanner
сканер m
[skˈanʲɪr]

die Käsetheke
сырный прилавок m
[sˈɨrnɨj prʲɪlˈavək]

die Fleischtheke
мясной прилавок m
[mʲɪsnˈoj prʲɪlˈavək]

die Einkaufsliste
список покупок m
[spʲˈisək pɐkˈupək]

der Gang
проход m
[prɐxˈot]

der Einkaufskorb
корзина для покупок f
[kɐrzʲˈinə dlʲɪ pɐkˈupək]

der Strichcode
штрихкод m
[ʂtrʲɪzkˈot]

das Sonderangebot
товар по акции m
[tɐvˈar pə ˈakt͡sɨɪ]

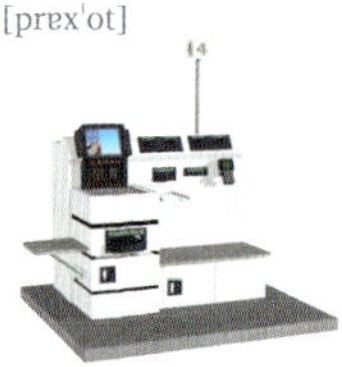

die Selbstbedienungs-kasse
касса самообслуживания f
[kˈasːə səmɐɐpslˈuʐɨvənʲijə]

EINKAUFEN – ПОКУПКИ

Der Supermarkt – Супермаркет

das Kühlregal
холодильник m
[xəlɐdʲˈilʲnʲɪk]

die Milchprodukte
молочные продукты pl
[mɐlˈot͡ɕnɨjə prɐdˈuktɨ]

die Tiefkühlkost
замороженные продукты pl
[zəmɐrˈoʐɨn:ɨjə prɐdˈuktɨ]

das Obst und Gemüse
фрукты и овощи pl
[frˈuktɨ ˈi ˈovəɕ:ɪ]

das Fleisch und Geflügel
мясо и птица n, f
[mʲˈæsə ˈi ptʲˈit͡sə]

die Konserven
консервы pl
[kɐnsʲˈervɨ]

die Feinkost
деликатесы pl
[dʲɪlʲɪkɐtʲˈesɨ]

der Kassenzettel
чек m
[t͡ɕˈek]

die Babyartikel
детские товары pl
[dʲˈet͡skʲɪjə tɐvˈarɨ]

die Frühstücksflocken
хлопья для завтрака pl
[xlˈopʲjə dlʲɪ zˈaftrəkə]

die Backwaren
выпечка f
[vˈɨpʲɪt͡ɕkə]

die Fischtheke
рыбный прилавок m
[rˈɨbnɨj prʲɪlˈavək]

die Getränke	**напитки** pl [nɐpʲˈitkʲɪ]
die Süßigkeiten	**кондитерские изделия** pl [kɐndʲˈitʲɪrskʲɪjə ɪzdʲˈelʲɪjə]
das Tierfutter	**корм для животных** m [kˈorm dlʲɪ ʐɨvˈotnɨx]
die Bioprodukte	**биопродукты** pl [bɪəprɐdˈuktɨ]
bezahlen	**платить** [plɐtʲˈitʲ]
das Kleingeld	**мелочь** f [mʲˈelət͡ɕ]
der Preis	**цена** f [t͡sɨnˈa]
das Preisschild	**ценник** m [t͡sˈɛnʲ:ɪk]

die Reinigungsmittel
чистящие средства pl
[t͡ɕˈistʲɪɕ:ɪjə srʲˈetstvə]

EINKAUFEN – ПОКУПКИ

Der Kiosk – Киоск

die Zeitung
газета f
[gɐzʲˈetə]

die Zeitschrift
журнал m
[ʐʊrnˈal]

das Notizbuch
блокнот m
[blɐknˈot]

der/das Comic
комикс m
[kˈomʲɪks]

das Zeitschriftenregal
журнальная полка f
[ʐʊrnˈalʲnəjə pˈolkə]

die Grußkarte
поздравительная открытка f
[pəzdrɐvʲˈitʲɪlʲnəjə ɐtkrˈɨtkə]

der Lottoschein
лотерейный билет m
[lətʲɪrʲˈejnɨj bʲɪlʲˈet]

das Buch
книга f
[knʲˈigə]

der/das Kaugummi
жевательная резинка f
[ʐɨvˈatʲɪlʲnəjə rʲɪzʲˈinkə]

der/das Pfefferminz-bonbon
мятная пастилка f
[mʲˈætnəjə pəstʲˈilkə]

der Schokoriegel
шоколадный батончик m
[ʂəkɐlˈadnɨj bɐtˈont͡ɕɪk]

der Tabak
табак m
[tɐbˈak]

die Zigarette
сигарета f
[sʲɪgɐrʲˈetə]

die Pfeife
трубка f
[trˈupkə]

das Feuerzeug
зажигалка f
[zəʐɨgˈalkə]

die Zigarre
сигара f
[sʲɪgˈarə]

CAFÉS UND BARS – КАФЕ И БАРЫ

das Straßencafé
уличное кафе n
[ˈulʲɪt͡ɕnəjə kefʲɛ]

die Sonnenterrasse
терраса f
[tʲɪrˈasə]

die Theke
барная стойка f
[bˈarnəjə stˈojkə]

die Kaffeemaschine
кофемашина f
[kəfʲɪmɐʂˈinə]

das Tablett
поднос m
[pɐdnˈos]

der Zapfhahn
пивной кран m
[pʲɪvnˈoj krˈan]

der Barkeeper
бармен m
[bˈarmʲɪn]

der Barista
бариста m/f
[bɐrʲˈistə]

der Barhocker
барный стул m
[bˈarnɨj stˈul]

der Korkenzieher
штопор m
[ʂtˈopər]

der Cocktailshaker
шейкер m
[ʂˈɛjkʲɪr]

der Weinkühler
ведёрко со льдом n
[vʲɪdʲˈorkə sə lʲdˈom]

etwas auf Rechnung setzen	**внести что-либо в счёт** [vnʲɪstʲˈi ʂtˈo-lʲɪbə f_ɕːˈɵt]
die Rechnung übernehmen	**брать на себя оплату счёта** [brˈatʲ nə sʲɪbʲˈæ ɐplˈatʊ ɕːˈɵtə]
sich auf einen Kaffee treffen	**встретиться за чашкой кофе** [fstrʲˈetʲɪt͡sə zə t͡ɕˈæʂkəj kˈofʲɪ]
Wo sind bitte die Toiletten?	**Простите, где туалет?** [prɐstʲˈitʲɪ gdʲˈe tʊɐlʲˈet]
Ich hätte gern …	**Мне, пожалуйста, …** [mnʲˈe pɐʐˈaləstə]
Bitte ein Glas …	**Бокал … , пожалуйста.** [bɐkˈal pɐʐˈaləstə]
Bitte eine Tasse …	**Чашку …, пожалуйста.** [t͡ɕˈæʂkʊ pɐʐˈaləstə]
Das Gleiche noch einmal.	**Повторите, пожалуйста.** [pəftɐrʲˈitʲɪ pɐʐˈaləstə]

der Aschenbecher
пепельница f
[pʲˈepʲɪlʲnʲɪt͡sə]

SEHENSWÜRDIGKEITEN – ДОСТОПРИМЕЧАТЕЛЬНОСТИ

der Stadtplan
карта f
[kʲartə]

die Touristen-information
информация для туристов f
[ɪnfɐrmˈatsɪjə dlʲɪ tʊrʲˈistəf]

der Reiseführer
путеводитель m
[pʊtʲɪvɐdʲˈitʲɪlʲ]

das Souvenir
сувенир m
[sʊvʲɪnʲˈir]

die Stadtbesichtigung
экскурсия по городу f
[ɪkskˈursʲɪjə pə gˈorədʊ]

die Stadtrundfahrt
обзорная экскурсия f
[ɐbzˈornəjə ɪkskˈursʲɪjə]

die Flussfahrt
водная экскурсия f
[vˈodnəjə ɪkskˈursʲɪjə]

das Aquarium
аквариум m
[ɐkvˈarʲɪʊm]

die Aussichtsplattform
смотровая площадка f
[smətrɐvˈajə plɐɕːˈatkə]

die Ausstellung
выставка f
[vˈɨstəfkə]

der Straßenmusiker
уличный музыкант m
[ˈulʲɪt͡ɕnɨj mʊzɨkˈant]

der Straßenkünstler
уличный артист m
[ˈulʲɪt͡ɕnɨj ɐrtʲˈist]

die Warteschlange
очередь f
[ˈot͡ɕɪrʲɪtʲ]

der Fremdenführer	**экскурсовод** m [ɪkskʊrsɐvˈot]
die Fremdenführerin	**экскурсовод** m [ɪkskʊrsɐvˈot]
der Ausflug	**экскурсия** f [ɪkskˈursʲɪjə]
die Öffnungszeiten	**часы работы** pl [t͡ɕɪsˈɨ rɐbˈotɨ]
geöffnet	**открыто** [ɐtkrˈɨtə]
geschlossen	**закрыто** [zɐkrˈɨtə]
das Eintrittsgeld	**входная плата** f [fxɐdnˈajə plˈatə]
die Ermäßigung	**льгота** f [lʲgˈotə]

DIE ARCHITEKTUR – АРХИТЕКТУРА

klassizistisch
классический
[klɐsʲˈit͡ɕɪskʲɪj]

gotisch
готический
[gɐtʲˈit͡ɕɪskʲɪj]

barock
барокко n
[bɐrˈokːə]

romanisch
романский
[rɐmˈanskʲɪj]

die Renaissance
Ренессанс m
[rʲɪnʲɪsˈans]

der/das Art déco
ар-деко n
[ˈar-dʲɨkˈo]

der Jugendstil
модерн m
[mɐdˈɛrn]

das Rokoko
рококо n
[rəkɐkˈo]

das Bauhaus
Баухауз m
[bɐʊxˈaʊs]

die Säule
колонна f
[kɐlˈonːə]

der Bogen
арка f
[ˈarkə]

die Kuppel
купол m
[kˈupəl]

die Fassade	**фасад** m [fɐsˈat]
der Flügel	**крыло** n [krɨlˈo]
das Gewölbe	**свод** m [svˈot]
das Grabmal	**гробница** f [grɐbnʲˈit͡sə]
der Innenhof	**внутренний двор** m [vnˈutrʲɪnʲːɪj dvˈor]
die Stadtmauer	**городская стена** f [gərɐt͡skˈajə stʲɪnˈa]
die Katakomben	**катакомбы** pl [kətɐkˈombɨ]
die Gedenkstätte	**мемориал** m [mʲɪmərʲɪˈal]

das Wahrzeichen
символ m
[sʲˈimvəl]

PARK UND SPIELPLATZ – ПАРК И ДЕТСКАЯ ПЛОЩАДКА

der Kurpark
курортный парк m
[kʊrˈortnɨj pˈark]

① *der Pavillon*
павильон m
[pəvʲɪlʲˈon]

② *der Fußweg*
пешеходная дорожка f
[pʲɪʂɪxˈodnəjə dɐrˈoʂkə]

③ *die Liegewiese*
поляна f
[pɐlʲˈænə]

die Gartenanlage
парк m
[park]

④ *der Brunnen*
фонтан m
[fɐntˈan]

⑤ *die Parkbank*
парковая скамейка f
[pˈarkəvəjə skɐmʲˈejkə]

der botanische Garten
ботанический сад m
[bətɐnʲˈit͡ɕɪskʲɪj sˈat]

der Schlosspark
дворцовый парк m
[dvɐrt͡sˈovɨj pˈark]

der Landschaftspark
ландшафтный парк m
[lɐnʂˈaftnɨj park]

der See
озеро n
[ˈozʲɪrə]

der Nationalpark
национальный парк m
[nət͡sɪɐnˈalʲnɨj pˈark]

der Bergpark
горный парк m
[gˈornɨj pˈark]

der Zoo
зоопарк m
[zɐɐpˈark]

der Wildpark
заповедник m
[zəpɐvʲˈednʲɪk]

PARK UND SPIELPLATZ – ПАРК И ДЕТСКАЯ ПЛОЩАДКА

der Spielplatz
детская площадка f
[dʲˈe͡tskəjə plɕːˈætkə]

① *das Klettergerüst*
сооружение для лазанья n
[səɐrʊzˌɛnʲɪjə dlʲɪ lˈazənʲjə]

② *die Rutsche*
горка f
[gˈorkə]

der Sandkasten
песочница f
[pʲɪsˈot͡ɕnʲɪ͡tsə]

das Hangelgerüst
рукоход m
[rʊkɐxˈot]

③ *die Schaukel*
качели pl
[kɐt͡ɕˈelʲɪ]

④ *die Wippe*
детские качели pl
[dʲˈe͡tskʲɪje kɐt͡ɕˈelʲɪ]

der Irrgarten
лабиринт m
[ləbʲɪrʲˈint]

der Vergnügungspark
парк развлечений m
[pˈark rəzvlʲɪt͡ɕˈenʲɪj]

der Grillplatz
площадка для гриля f
[plɕːˈætkə dlʲɪ grʲˈilʲə]

das Picknick
пикник m
[pʲɪknʲˈik]

spazieren gehen
гулять
[gʊlʲˈætʲ]

das Slacklining
слэклайн m
[slɛklˈaɪn]

joggen
бегать
[bʲˈegətʲ]

das Planschbecken
лягушатник m
[lʲɪgʊʂˈatnʲɪk]

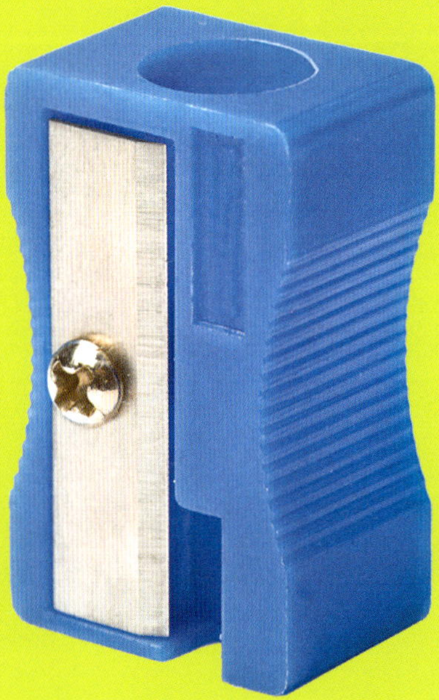

BILDUNG UND BERUF

ОБРАЗОВАНИЕ И ПРОФЕССИЯ

DIE SCHULE – В ШКОЛЕ

der Kindergarten
детский сад m
[dʲˈetskʲɪj sˈat]

die Vorschule
подготовительная школа f
[pədgətevˈʲitʲɪlʲnəjə ʂkˈolə]

die Grundschule
начальная школа f
[nɐt͡ɕˈælʲnəjə ʂkˈolə]

die weiterführende Schule
средняя школа f
[srʲˈednʲɪjə ʂkˈolə]

das Gymnasium
гимназия f
[gʲɪmnˈazʲɪjə]

die Klasse
класс m
[klˈas]

die Prüfung
экзамен m
[ɪgzˈamʲɪn]

die Aula
актовый зал m
[ˈaktəvɨj zˈal]

der Computerraum
компьютерный класс m
[kɐmpʲjˈʉtʲɪrnɨj klˈas]

die Schulleiterin
директор школы m
[dʲɪrʲˈektər ʂkˈolɨ]

die Lehrerin
учительница f
[ʊt͡ɕˈitʲɪlʲnʲɪt͡sə]

der Sportplatz
спортивная площадка f
[spɐrtʲˈivnəjə plɐɕːˈætkə]

die Schuluniform
школьная форма f
[ʂkˈolʲnəjə fˈormə]

der Aufsatz	**сочинение** n [sət͡ɕɪnʲˈenʲɪjə]
die Klassenarbeit	**контрольная работа** f [kɐntrˈolʲnəjə rɐbˈotə]
die Note	**оценка** f [ɐt͡sˈɛnkə]
seinen/ihren Abschluss machen	**закончить школу** [zɐkˈont͡ɕɪtʲ ʂkˈolʊ]
der mittlere Schulabschluss	**аттестат о среднем образовании** n [ɐtʲɪstˈat ɐ srʲˈednʲɪm ɐbrəzɐvˈanʲɪɪ]
die Privatschule	**частная школа** f [t͡ɕˈæsnəjə ʂkˈolə]
das Abitur	**экзамены на аттестат зрелости** pl [ɪgzˈamʲɪnɨ nə ɐtʲɪstˈat zrʲˈeləstʲɪ]
das Internat	**интернат** m [ɪntʲɪrnˈat]

DIE SCHULE – В ШКОЛЕ

Das Klassenzimmer – В классе

das Lehrerpult
учительский стол m
[ʊt͡ɕˈitʲɪlʲskʲɪj stˈol]

die Tafel
доска f
[dɐskˈa]

der Schüler
ученик m
[ʊt͡ɕɪnʲˈik]

die Schülerin
ученица f
[ʊt͡ɕɪnʲˈit͡sə]

der Winkelmesser
транспортир m
[trənspɐrtʲˈir]

der Bleistift
карандаш m
[kərɐndˈaʂ]

das Schulheft
тетрадь f
[tʲɪtrˈatʲ]

das Federmäppchen
пенал m
[pʲɪnˈal]

das Zeichendreieck
треугольник m
[trʲɪʊgˈolʲnʲɪk]

das Lineal
линейка f
[lʲɪnʲˈejkə]

die Schultasche	**портфель** m [pɐrtfʲˈelʲ]
das Wörterbuch	**словарь** m [slɐvˈarʲ]
die Nachhilfe	**репетиторство** n [rʲɪpʲɪtʲˈitərstvə]
die Kreide	**мел** m [mʲˈel]
das Schulbuch	**учебник** m [ʊt͡ɕˈebnʲɪk]
der Füller	**перьевая ручка** f [pʲɪrʲjɪvˈajə rˈut͡ɕkə]
die Tintenpatrone	**кактридж с чернилами** m [kartrʲɪt͡ɕʂ ʂ‿t͡ɕɪrnʲˈiləmʲɪ]
der Marker	**маркер** m [mˈarkʲɪr]

der Taschenrechner
карманный калькулятор m
[kɐrmˈanːɨj kəlʲkʊlʲˈætər]

DIE SCHULE – В ШКОЛЕ

Die Schulfächer – Школьные предметы

die Biologie
биология f
[bʲɪɐlʲˈogʲɪjə]

die Mathematik
математика f
[mətʲɪmˈatʲɪkə]

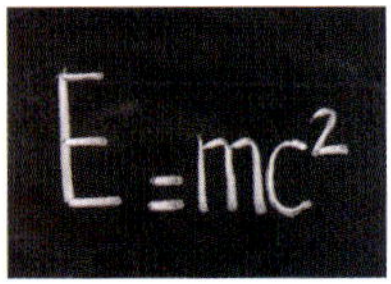

die Physik
физика f
[fʲˈizʲɪkə]

die Chemie
химия f
[xʲˈimʲɪjə]

der Religionsunterricht
религия f
[rʲɪlʲˈigʲɪjə]

der Ethikunterricht
этика f
[ˈɛtʲɪkə]

die Kunst
изобразительное искусство n
[ɪzəbrɐzʲˈitʲɪlʲnəjə ɪskˈustvə]

die Erdkunde
география f
[gʲɪɐgrˈafʲɪjə]

die Fremdsprachen
иностранные языки pl
[ɪnɐstrˈanːɪjə jɪzɨkʲˈi]

die Geschichte
история f
[ɪstˈorʲɪjə]

der Sport
физкультура f
[fʲɪskʊlʲtˈurə]

die Musik
музыка f
[mˈuzɨkə]

das Drama
театр m
[tʲɪˈatr]

die Informatik
информатика f
[ɪnfɐrmˈatʲɪkə]

der Werkunterricht
труд m
[trˈut]

die Gemeinschaftskunde
обществознание n
[əbɕːɪstvɐznˈanʲɪjə]

DIE SCHULE – В ШКОЛЕ

Die Schulfächer – Школьные предметы

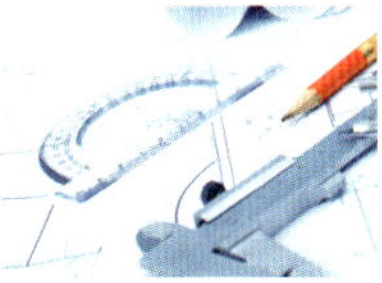

das Technische Zeichnen
черчение n
[t͡ɕɪrt͡ɕˈenʲɪjə]

die Hauswirtschaft
домоводство n
[dəmɐvˈo͡tstvə]

schreiben
писать
[pʲɪsˈatʲ]

rechnen
считать
[ɕːɪtˈatʲ]

buchstabieren
читать по буквам
[t͡ɕɪtˈatʲ pə bˈukvəm]

lesen
читать
[t͡ɕɪtˈatʲ]

sich melden
поднимать руку
[pədnʲɪmˈatʲ rˈukʊ]

die Klassenfahrt
поездка с классом f
[pɐjˈestkə s_klˈasːəm]

der Stundenplan
расписание n
[rəspʲɪsˈanʲɪjə]

der Abschlussball
выпускной m
[vɪpʊsknˈoj]

die Hausaufgabe
домашнее задание n
[dɐmˈaʂnʲɪjə zɐdˈanʲɪjə]

das Sportfest
спортивный праздник m
[spɐrtʲˈivnɨj prˈaznʲɪk]

zeichnen	**рисовать** [rʲɪsɐvˈatʲ]
zählen	**считать** [ɕːɪtˈatʲ]
die Übung	**упражнение** n [ʊprɐʐnʲˈenʲɪjə]
der Elternabend	**родительское собрание** n [rɐdʲˈitʲɪlʲskəjə sɐbrˈanʲɪjə]
das Zeugnis	**табель** m [tˈabʲɪlʲ]
der Schüleraustausch	**школьный обмен** m [ʂkˈolʲnɨj ɐbmʲˈen]
der Lehrplan	**учебный план** m [ʊt͡ɕˈebnɨj plˈan]
das Schulfach	**предмет** m [prʲɪdmʲˈet]

die Ferien
каникулы pl
[kɐnʲˈikʊlɨ]

DIE SCHULE – В ШКОЛЕ

Im Labor – В лаборатории

der Versuch
опыт m
[ˈopɨt]

die Schutzbrille
защитные очки pl
[zɐɕːˈitnɨjə ɐt͡ɕkʲˈi]

der Kittel
халат m
[xɐlˈat]

das Reagenzglas
пробирка f
[prɐbʲˈirkə]

der Chemikalienhandschuh
защитная перчатка f
[zɐɕːˈitnəjə pʲɪrt͡ɕˈætkə]

die Laborausrüstung
лабораторное оборудование n
[ləbərɐtˈornəjə ɐbɐrˈudəvənʲɪjə]

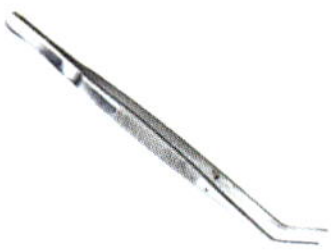

die Pinzette
пинцет m
[pʲɪnt͡sˈɛt]

das Skalpell
скальпель m
[skˈalʲpʲɪlʲ]

die Lupe
лупа f
[lˈupə]

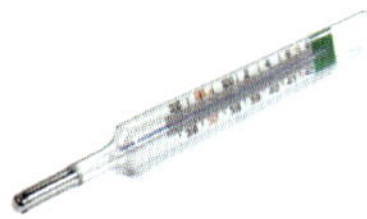

das Thermometer
термометр m
[tʲɪrmˈomʲɪtr]

die Laborwaage
весы pl
[vʲɪsʲˈɨ]

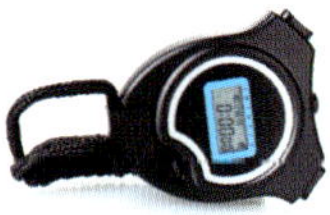

die Stoppuhr
секундомер m
[sʲɪkʊndɐmʲˈer]

der Magnet
магнит m
[mɐgnʲˈit]

die Batterie
батарейка f
[bətɐrʲˈejkə]

DIE SCHULE – В ШКОЛЕ

Im Labor – В лаборатории

das Mikroskop
микроскоп m
[mʲɪkrɐsk'op]

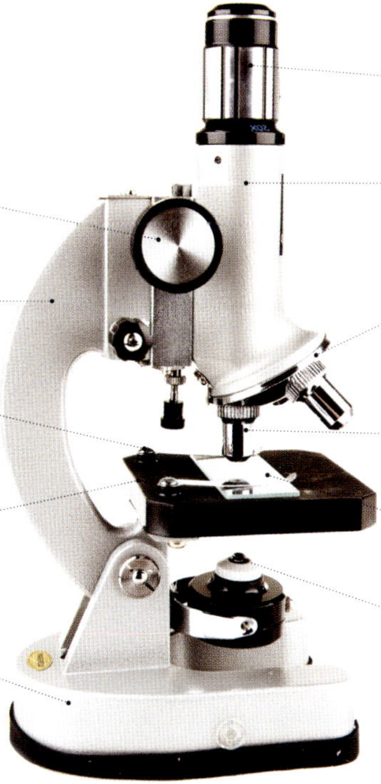

das Okular
окуляр m
[ɐkʊlʲ'ær]

der Tubus
тубус m
[t'ubʊs]

das Einstellrad
ручка настройки f
[r'ut͡ɕkə nɐstr'ojkʲɪ]

das Stativ
штатив m
[ʂtɐtʲ'if]

der Objektivrevolver
револьверная головка микроскопа f
[rʲɪvɐlʲvʲ'ernəjə gɐl'ofkə mʲɪkrɐsk'opə]

die Objektklemme
держатель препарата m
[dʲɪrʐ'atʲɪlʲ prʲɪpɐr'atə]

das Objektiv
объектив m
[ɐbjɪktʲ'if]

der Objekttisch
предметный столик m
[prʲɪdmʲ'etnɨj st'olʲɪk]

der Objektträger
предметное стекло n
[prʲɪdmʲ'etnəjə stʲɪkl'o]

der Fuß
основание n
[ɐsnɐv'anʲɪjə]

die Lampe
подсветка f
[pɐt͡svʲ'etkə]

die Pipette
пипетка f
[pʲɪpʲ'etkə]

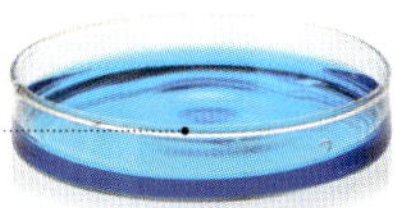

die Petrischale
чашка Петри f
[t͡ɕ'æʂkə pʲ'etrʲɪ]

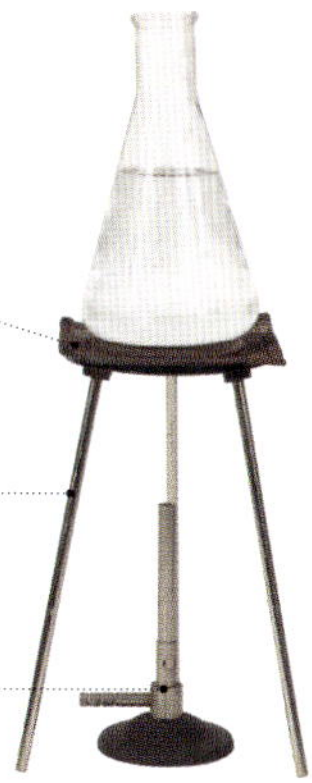

das Drahtnetz
проволочная сетка f
[pr'ovələt͡ɕnəjə sʲ'etkə]

der Dreifuß
треножник m
[trʲɪn'oʐnʲɪk]

der Bunsenbrenner
горелка Бунзена f
[gɐrʲ'elkə bʊnz'ɛnə]

DIE SCHULE – В ШКОЛЕ

In der Pause – На перемене

die Mittagspause
большая перемена f
[bɐlʲˈʂajə pʲɪrʲɪmʲˈenə]

das Tablett
поднос m
[pɐdnˈos]

die Butterbrotdose
коробочка для бутербродов f
[kɐrˈobət͡ɕkə dlʲɪ butʲɪrbrˈodəf]

das Pausenbrot
бутерброд m
[butʲɪrbrˈot]

die Schulglocke
школьный звонок m
[ʂkˈolʲnɨj zvɐnˈok]

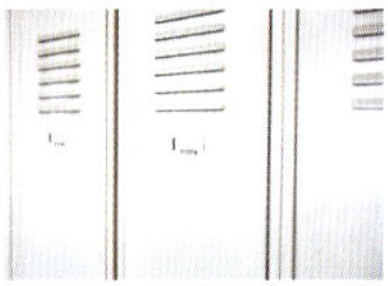

der Spind
школьный шкафчик m
[ʂkˈolʲnɨj ʂkˈaft͡ɕɪk]

die Pause
перемена f
[pʲɪrʲɪmʲˈenə]

der Schulhof
школьный двор m
[ʂkˈolʲnɨj dvˈor]

Himmel und Hölle spielen
играть в классики
[ɪgrˈatʲ f_klˈasʲɪkʲɪ]

der Speisesaal
столовая f
[stɐlˈovəjə]

das Lunchpaket
сухой паёк m
[suxˈoj pɐjˈɵk]

die Essensausgabe
окошко раздачи еды n
[ɐkˈoʂkə rɐzdˈat͡ɕɪ jɪdˈɨ]

DIE SCHULE – В ШКОЛЕ

Die Sporthalle – Спортивный зал

der Volleyball
волейбольный мяч m
[vəlʲɪjbˈolʲnɨj mʲˈæt͡ɕ]

der Basketball
баскетбольный мяч m
[bəskʲɪdbˈolʲnɨj mʲˈæt͡ɕ]

der Handball
гандбольный мяч m
[gəndbˈolʲnɨj mʲˈæt͡ɕ]

der Fußball
футбольный мяч m
[fʊdbˈolʲnɨj mʲˈæt͡ɕ]

der Baseball
бейсбольный мяч m
[bʲɪjzbˈolʲnɨj mʲˈæt͡ɕ]

der Federball
волан m
[vɐlˈan]

der Tennisball
теннисный мяч m
[tʲˈenʲːɪsnɨj mʲˈæt͡ɕ]

der Football
мяч для американского футбола m
[mʲˈæt͡ɕ dlʲɪ ɐmʲɪrʲɪkˈanskəvə fʊdbˈolə]

der Puck
шайба f
[ʂˈajbə]

der Basketballkorb
баскетбольная корзина f
[bəskʲɪdbˈolʲnəjə kɐrzʲˈinə]

die Strickleiter
верёвочная лестница f
[vʲɪrʲˈɵvət͡ɕnəjə lʲˈesnʲɪt͡sə]

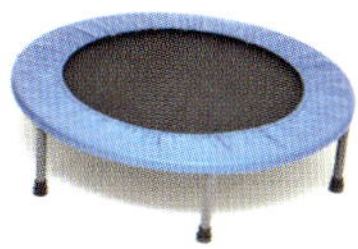

das Trampolin
батут m
[bɐtˈut]

die Sprossenwand
шведская стенка f
[ʂvʲˈet͡skəjə stʲˈenkə]

das Korbbrett
баскетбольный щит m
[bəskʲɪdbˈolʲnɨj ɕːˈit]

die Ringe
кольца pl
[kˈolʲt͡sə]

das Springseil
скакалка f
[skɐkˈalkə]

DIE UNIVERSITÄT – В УНИВЕРСИТЕТЕ

der Campus
университетский городок m
[ʊnʲɪvʲɪrsʲɪtʲˈet͡skʲɪj gərɐdˈok]

der Hörsaal
аудитория f
[ɐʊdʲɪtˈorʲɪjə]

die Politikwissenschaft
политология f
[pəlʲɪtəlˈogʲɪjə]

die Kunstgeschichte
история искусств f
[ɪstˈorʲɪjə ɪskˈustf]

die Rechtswissenschaft
право n
[prˈavə]

die Betriebswirtschaftslehre
экономика f
[ɪkɐnˈomʲɪkə]

die Geisteswissenschaften
гуманитарные дисциплины pl
[gʊmənʲɪtˈarnɨjə dʲɪst͡sɨplʲˈinɨ]

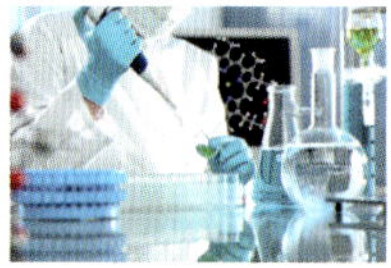

die Naturwissenschaften
естественные науки pl
[jɪstʲˈestvʲɪnːɨjə nɐˈukʲɪ]

das Ingenieurwesen
техника f
[tʲˈexnʲɪkə]

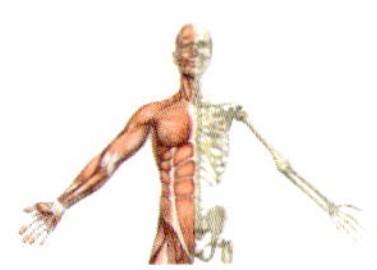

die Medizin
медицина f
[mʲɪdʲɪt͡sˈinə]

die Pädagogik
педагогика f
[pʲɪdɐgˈogʲɪkə]

der Professor
профессор m
[prɐfʲˈesər]

die Dozentin
доцент m
[dɐt͡sˈɛnt]

das Diplom	**диплом** m [dʲɪplˈom]
der Bachelor	**бакалавр** m [bəkɐlˈavr]
der Master	**магистр** m [mɐgʲˈistr]
die Dissertation	**диссертация** f [dʲɪsʲɪrtˈat͡sɨjə]
die Promotion	**аспирантура** f [ɐspʲɪrɐntˈurə]
die Habilitation	**защита докторской диссертации** f [zɐɕːˈitə dˈoktərskəj dʲɪsʲɪrtˈat͡sɨɪ]
die Forschung	**исследование** n [ɪsːlʲˈedəvənʲɪjə]
das Forschungsinstitut	**НИИ** m [nʲɪˈi]

DIE UNIVERSITÄT – В УНИВЕРСИТЕТЕ

ein Referat halten
делать доклад
[dʲˈelətʲ dɐklˈat]

das Seminar
семинар m
[sʲɪmʲɪnˈar]

die Vorlesung
лекция f
[lʲˈekt͡sɨjə]

die Klausur
письменный экзамен m
[pʲˈisʲmʲɪnːɨj ɪgzˈamʲɪn]

der Lesesaal
читальный зал m
[t͡ɕɪtˈalʲnɨj zˈal]

die Ausleihe
стол выдачи книг m
[stˈol vˈɨdət͡ɕɪ knʲˈik]

das Bücherregal
книжная полка f
[knʲˈiʐnəjə pˈolkə]

die mündliche Prüfung
устный экзамен m
[ˈusnɨj ɪgzˈamʲɪn]

sein Studium abschließen
оканчивать университет
[ɐkˈant͡ɕɪvətʲ ʊnʲɪvʲɪrsʲɪtʲˈet]

das Studenten-wohnheim
студенческое общежитие n
[stʊdʲˈent͡ɕɪskəjə ɐpɕːɪʐˈitʲɪjə]

die Mensa
столовая f
[stɐlˈovəjə]

die Bibliothek
библиотека f
[bʲɪblʲɪɐtʲˈekə]

der Student
студент m
[stʊdʲˈent]

der Bibliothekar	**библиотекарь** m [bʲɪblʲɪɐtʲˈekərʲ]
die Bibliothekarin	**библиотекарь** f [bʲɪblʲɪɐtʲˈekərʲ]
der Bibliotheksausweis	**читательский билет** m [t͡ɕɪtˈatʲɪlʲskʲɪj bʲɪlʲˈet]
ausleihen	**брать книгу** [brˈatʲ knʲˈigʊ]
verlängern	**продлевать** [prədlʲɪvˈatʲ]
vorbestellen	**заказывать заранее** [zɐkˈazɨvətʲ zɐrˈanʲɪjə]
das Rückgabedatum	**дата возвращения** f [dˈatə vəzvrɐɕːˈenʲɪjə]
das Periodikum	**периодика** f [pʲɪrʲɪˈodʲɪkə]

DIE UNIVERSITÄT – В УНИВЕРСИТЕТЕ

die Lerngruppe
учебная группа f
[ʊt͡ɕˈebnəjə grˈup:ə]

lernen
учить
[ʊt͡ɕˈitʲ]

das Praxissemester
семестр практики m
[sʲɪmʲˈestr prˈaktʲɪkʲɪ]

das Praktikum
стажировка f
[stəʐɨrˈofkə]

das Volontariat
практика f
[prˈaktʲɪkə]

das freie Jahr
академический отпуск m
[ɐkədʲɪmʲˈit͡ɕɪskʲɪj ˈotpʊsk]

jobben
подрабатывать
[pədrɐbˈatɨvətʲ]

das schwarze Brett
доска объявлений f
[dɐskˈa ɐbjɪvlʲˈenʲɪj]

die Ausbildung
профессиональное обучение n
[prəfʲɪsʲ:ɪɐnˈalʲnəjə ɐbʊt͡ɕˈenʲɪjə]

die Berufsfachschule
техникум m
[tʲˈexnʲɪkʊm]

die Kunsthochschule
художественный институт m
[xʊdˈoʐɨstvʲɪn:ɨj ɪnstʲɪtˈut]

die Musikhochschule
консерватория f
[kənsʲɪrvɐtˈorʲɪjə]

die Akademie für darstellende Künste
театральная академия f
[tʲɪɐtrˈalʲnəjə ɐkɐdʲˈemʲɪjə]

der Studentenausweis	**студенческий билет** m [stʊdʲˈent͡ɕɪskʲɪj bʲɪlʲˈet]
der Kurs	**курс** m [kˈurs]
das Semester	**семестр** m [sʲɪmʲˈestr]
die Semesterferien	**университетские каникулы** pl [ʊnʲɪvʲɪrsʲɪtʲˈet͡skʲɪjə kɐnʲˈikʊlɨ]
der Fachbereich	**факультет** m [fəkʊlʲtʲˈet]
die Hausarbeit	**курсовая работа** f [kʊrsɐvˈajə rɐbˈotə]
der Hochschulabschluss	**высшее образование** n [vˈɨʂ:ɨjə ɐbrəzɐvˈanʲɪjə]
das Stipendium	**стипендия** f [stʲɪpʲˈendʲɪjə]

DIE ARBEITSWELT – НА РАБОТЕ

Die Bewerbung – Соискание должности

das Bewerbungsgespräch
собеседование n
[səbʲɪsʲˈedəvənʲɪjə]

die Personalreferentin
сотрудница отдела кадров f
[sɐtrˈudnʲɪt͡sə ɐdʲːˈelə kˈadrəf]

der Lebenslauf
резюме n
[rʲɪzʲʉmʲˈe]

die Bewerbungsunterlagen
документы кандидата на должность pl
[dəkʊmʲˈentɨ kəndʲɪdˈatə nə dˈolʐnəstʲ]

die Bewerberin
соискательница f
[səɪskˈatʲɪlʲnʲɪt͡sə]

die Stellenanzeige
объявление о работе n
[ɐbjɪvlʲˈenʲɪjə ɐ rɐbˈotʲɪ]

die Zeitarbeit
непостоянная занятость f
[nʲɪpəstɐjˈænːəjə zˈanʲɪtəstʲ]

die Festanstellung
постоянная работа f
[pəstɐjˈænːəjə rɐˈbotə]

die Karriere
карьера f
[kɐrʲjˈerə]

sich um eine Stelle bewerben	**подавать заявление на должность** [pədɐvˈatʲ zəjɪvlʲˈenʲɪjə nə dˈolʐnəstʲ]
die Arbeitsbedingungen	**условия работы** pl [ʊslˈovʲɪjə rɐbˈotɨ]
die Schichtarbeit	**сменная работа** f [smʲˈenːəjə rɐbˈotə]
die Teilzeit	**неполная занятость** f [nʲɪpˈolnəjə zˈanʲɪtəstʲ]
die Vollzeit	**полная занятость** f [pˈolnəjə zˈanʲɪtəstʲ]
die Qualifikation	**квалификация** f [kvəlʲɪfʲɪkˈat͡sɨjə]
die Berufserfahrung	**опыт работы** m [ˈopɨt rɐbˈotɨ]

jemanden einstellen
нанимать кого-либо
[nənʲɪmˈatʲ kɐvˈo-lʲɪbə]

DIE ARBEITSWELT – НА РАБОТЕ

Berufe – Профессии

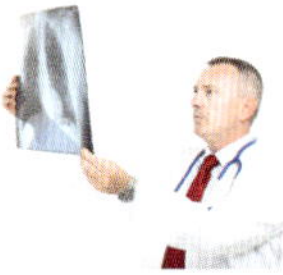

der *Arzt*
врач m
[vrˈat͡ɕ]

der *Chirurg*
хирург m
[xʲɪrˈurk]

der *Krankenpfleger*
медбрат m
[mʲɪdbrˈat]

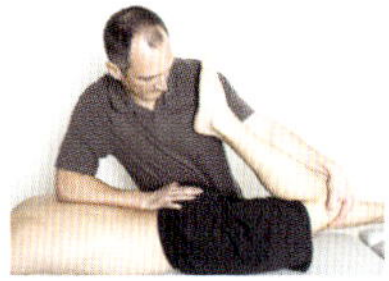

der *Physiotherapeut*
физиотерапевт m
[fʲɪzʲɪɐtʲɪrɐpʲˈevt]

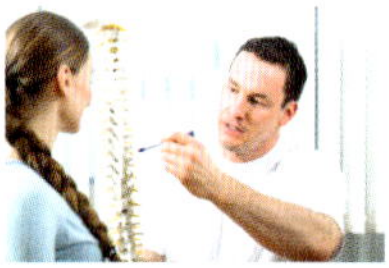

der *Orthopäde*
ортопед m
[ɐrtɐpʲˈet]

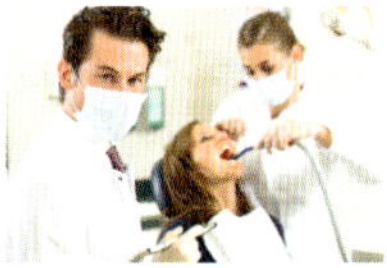

der *Zahnarzt*
дантист m
[dɐntʲˈist]

die *Psychologin*
психолог m
[psʲɪxˈolək]

die *Apothekerin*
аптекарь m
[ɐptʲˈekərʲ]

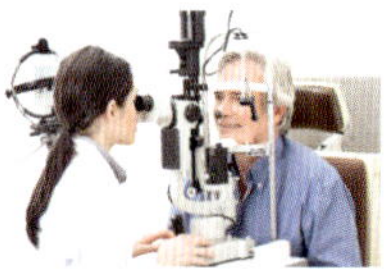

die *Optikerin*
оптик m
[ˈoptʲɪk]

der *Tierarzt*
ветеринар m
[vʲɪtʲɪrʲɪnˈar]

die *Empfangsdame*
администратор m
[ɐdmʲɪnʲɪstrˈatər]

der *Rechtsanwalt*
юрист m
[jʉrʲˈist]

die *Richterin*
судья m
[sʊdʲjˈæ]

der *Wirtschaftsprüfer*
аудитор m
[ɐʊdʲˈitər]

die *Unternehmens-beraterin*
бизнес-консультант m
[bʲˈiznʲɪs-kənsʊlʲtˈant]

der *Informatiker*
информатик m
[ɪnfɐrmˈatʲɪk]

DIE ARBEITSWELT – НА РАБОТЕ

Berufe – Профессии

der Architekt
архитектор m
[ɐrxʲɪtʲˈektər]

die Ingenieurin
инженер m
[ɪnʐɨnʲˈer]

der Schreiner
столяр m
[stɐlʲˈær]

der Elektriker
электрик m
[ɪlʲˈektrʲɪk]

der Klempner
сантехник m
[sɐntʲˈexnʲɪk]

der Dachdecker
кровельщик m
[krˈovʲɪlʲɕːɪk]

der Maler
маляр m
[mɐlʲˈær]

der Müllmann
мусорщик m
[mˈusərɕːɪk]

die Kfz-Mechanikerin
автомеханик m
[ɐftəmʲɪxˈanʲɪk]

der Landwirt
фермер m
[fʲˈermʲɪr]

die Soldatin
солдат m
[sɐldˈat]

die Briefträgerin
почтальон m
[pət͡ɕtɐlʲˈon]

der Bauarbeiter
строитель m
[strɐˈitʲɪlʲ]

der Gebäudereiniger
уборщик m
[ʊbˈorɕːɪk]

der Landschafts-gärtner
ландшафтный дизайнер m
[lɐntʂˈaftnɨj dʲɪzˈajnʲɪr]

der Fischer
рыбак m
[rɨbˈak]

DIE ARBEITSWELT – НА РАБОТЕ

Berufe – Профессии

der Pilot
пилот m
[pʲɪlˈot]

die Flugbegleiterin
стюардесса f
[stʲʉɐrdʲˈesə]

der Koch
повар m
[ˈpovər]

der Kellner
официант m
[ɐfʲɪt͡sɨˈant]

der Bäcker
пекарь m
[pʲˈekərʲ]

die Metzgerin
мясник m
[mʲɪsnʲˈik]

der Verkäufer
продавец m
[prədɐvʲˈet͡s]

die Friseurin
парикмахер m
[pərʲɪkmˈaxʲɪr]

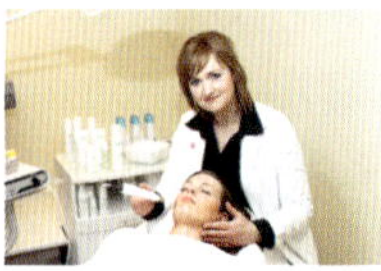

die Kosmetikerin
косметолог m
[kəsmʲɪtˈolək]

der Gärtner
садовник m
[sɐdˈovnʲɪk]

die Immobilien-maklerin
риелтор m
[rʲˈiəltər]

die Bürokauffrau
офис-менеджер m
[ˈofʲɪs-mʲˈenʲɪdʐɨr]

der Sanitäter
санитар m
[sənʲɪtˈar]

der Busfahrer
водитель автобуса m
[vɐdʲˈitʲɪlʲ ɐftˈobʊsə]

der Taxifahrer
водитель такси m
[vɐdʲˈitʲɪlʲ tɐksʲˈi]

der Paketzusteller
курьер m
[kʊrʲjˈer]

DIE ARBEITSWELT – НА РАБОТЕ

Berufe – Профессии

die Journalistin
журналистка f
[ʐʊrnɐlʲˈistkə]

der Wissenschaftler
учёный m
[ʊt͡ɕˈonɨj]

die Grafikerin
художник-оформитель m [xʊdˈoʐnʲɪk-ɐfɐrmʲˈitʲɪlʲ]

der Profisportler
профессиональный спортсмен m
[prəfʲɪsʲɪɐnˈalʲnɨj spɐrt͡smʲˈen]

die Moderatorin
ведущая f
[vʲɪdˈuɕːɪjə]

die Schauspielerin
актриса f
[ɐktrʲˈisə]

die Sängerin
певица f
[pʲɪvʲˈit͡sə]

der Tänzer
танцор m
[tɐnt͡sˈor]

die Kunstmalerin
художница f
[xʊdˈoʐnʲɪt͡sə]

der Fotograf
фотограф m
[fɐtˈogrəf]

die Musikerin
музыкант m
[mʊzɨkˈant]

die Schneiderin
портниха f
[pɐrtnʲˈixə]

der Bildhauer
скульптор m
[skˈulʲptər]

die Bankkauffrau
служащая банка f
[slˈuʐɐɕːɪjə bˈankə]

der Bibliothekar
библиотекарь m
[bʲɪblʲɪɐtʲˈekərʲ]

der Lehrer
учитель m
[ʊt͡ɕˈitʲɪlʲ]

DIE ARBEITSWELT – НА РАБОТЕ

Das Organigramm – Структура организации

das Sekretariat
административное управление n
[ɐdmʲɪnʲɪstrɐtʲˈivnəjə ʊprɐvlʲˈenʲɪjə]

der kaufmännische Bereich
коммерческий отдел m
[kɐmʲˈertɕɪskʲɪj ɐdʲːˈel]

die kaufmännische Leitung
управление коммерческим отделом n
[ʊprɐvlʲˈenʲɪjə kɐmʲˈertɕɪskʲɪm ɐdʲːˈeləm]

die IT-Leitung
управление компьютерным отделом n
[ʊprɐvlʲˈenʲɪjə kɐmpʲjˈʉtʲɪrnɨm ɐdʲːˈeləm]

die Buchhaltung
бухгалтерия f [bʊxgɐltʲˈerʲɪjə]

das Controlling
контроль m [kɐntrˈolʲ]

das sekundäre Geschäftsfeld
вторичный сегмент бизнеса m
[ftɐrʲˈitɕnɨj sʲɪgmʲˈent bʲˈiznʲɪsə]

die Geschäftsführung
руководство n
[rʊkɐvˈotstvə]

das primäre Geschäftsfeld
основная экономическая деятельность f
[ɐsnɐvnˈajə ɪkənɐmʲˈitɕɪskəjə dʲˈejɪtʲɪlʲnəstʲ]

die Geschäftsführung
руководство n
[rʊkɐvˈotstvə]

das Team
команда f [kɐmˈandə]

die Teamleitung
руководитель команды m
[rʊkəvɐdʲˈitʲɪlʲ kɐmˈandɨ]

der Angestellte
сотрудник m [sɐtrˈudnʲɪk]

die Zweigstelle
филиал m
[fʲɪlʲɪˈal]

der Manager
менеджер m
[mʲˈenʲɪdʐɨr]

die Aktiengesellschaft (AG)	**акционерное общество (АО)** n [ɐktsɪɐnʲˈernəjə ˈopɕːɪstvə]
der Aktionär/die Aktionärin	**акционер** m [ɐktsɪɐnʲˈer]
die Gesellschaft mit beschränkter Haftung (GmbH)	**общество с ограниченной ответственностью (ООО)** n [ˈopɕːɪstvə s‿ɐgrɐnʲˈitɕɪnːəj ɐtvʲˈetstvʲɪnːəstʲʉ]
die GmbH & Co. KG	**ООО и коммандитное товарищество** n [ˈo-ˈo-ˈo ˈi kəmːɐndʲitnəjə tɐvˈarʲɪɕːɪstvə]
die Kommanditgesellschaft (KG)	**коммандитное товарищество** n [kəmːɐndʲitnəjə tɐvˈarʲɪɕːɪstvə]
die offene Handelsgesellschaft (OHG)	**открытое торговое товарищество** n [ɐtkrˈitəjə tɐrgˈovəjə tɐvˈarʲɪɕːɪstvə]
der Konzern	**концерн** m [kɐntsˈɛrn]

der Vorstand
правление n
[prɐvlʲˈenʲɪjə]

der Gesellschafter
совладелец m
[səvlɐdʲˈelʲɪt͡s]

die Geschäftsführung
руководство n
[rʊkɐvˈot͡stvə]

die stellvertretende Geschäftsführung
заместитель руководителя
[zəmʲɪstʲˈitʲɪlʲ rʊkəvɐdʲˈitʲɪlʲə]

der Prokurist
доверенное лицо n
[dɐvʲˈerʲɪn:əjə lʲɪt͡sˈo]

die Personalabteilung
отдел кадров m
[ɐdʲ:ˈel kˈadrəf]

die Personalleitung
управление персоналом n
[ʊprɐvlʲˈenʲɪjə pʲɪrsɐnˈaləm]

die Rechtsabteilung
юридический отдел m
[jʉrʲɪdʲˈit͡ɕɪskʲɪj ɐdʲ:ˈel]

die Marketingabteilung
отдел маркетинга m
[ɐdʲ:ˈel mɐrkʲˈetʲɪngə]

die Marketingleitung
управление маркетингом n
[ʊprɐvlʲˈenʲɪjə mɐrkʲˈetʲɪngəm]

die PR-Abteilung
отдел по связям с общественностью m
[ɐdʲ:ˈel pə svʲˈæzʲɪm s_ɐpɕ:ˈestvʲɪn:əstʲjʉ]

die Produktion
производство n
[prəɪzvˈot͡stvə]

die Produktionsleitung
руководство производством n
[rʊkɐvˈot͡stvə prəɪzvˈot͡stvəm]

der Betriebsrat
производственный совет m
[prəɪzvˈot͡stvʲɪn:ɨj sɐvʲˈet]

der Vertrieb
отдел продаж m
[ɐdʲ:ˈel prɐdˈaʂ]

die Vertriebsleitung
управление продажами n
[ʊprɐvlʲˈenʲɪjə prɐdˈaʐɨmʲɪ]

das Key-Account-Management
отдел по работе с ключевыми клиентами m
[ɐdʲ:ˈel pə rɐbˈotʲɪ s_klʲʉt͡ɕɪvˈɨmʲɪ klʲɪjˈentəmʲɪ]

der Außendienst
торговый представитель m
[tɐrgˈovɨj prʲɪt͡stɐvʲˈitʲɪlʲ]

der Innendienst
делопроизводство n
[dʲeləprəɪzvˈot͡stvə]

der Kundendienst
служба по работе с клиентами f
[slˈuʐbə pə rɐbˈotʲɪ s_klʲɪjˈentəmʲɪ]

die Kundenakquise
привлечение клиентов n
[prʲɪvlʲɪt͡ɕˈenʲɪjə klʲɪjˈentəf]

DAS BÜRO – ОФИС

Büromöbel – Офисная мебель

der Arbeitsplatz
рабочее место n
[rɐbˈotɕɪjə mʲˈestə]

die Ablage
лоток для бумаг m
[lɐtˈok dlʲɪ bʊmˈak]

die Schublade
выдвижной ящик m
[vɨdvʲɪzʲnˈoj jˈæɕːɪk]

die Büromöbel
офисная мебель f
[ˈofʲɪsnəjə mʲˈebʲɪlʲ]

der Schreibtisch
письменный стол m
[pʲˈisʲmʲɪnːɨj stˈol]

die Schreibunterlage
коврик на стол m
[kˈovrʲɪk nɐ stol]

der Bürostuhl
офисное кресло n
[ˈofʲɪsnəjə krʲˈeslə]

der Safe
сейф m
[sʲˈejf]

der Aktenschrank
шкаф для документов m
[ʂkˈaf dlʲɪ dəkʊmʲˈentəf]

der Wasserspender
кулер m
[kˈulʲɪr]

die Schreibtischlampe
настольная лампа f
[nɐstˈolʲnəjə lˈampə]

die Pinnwand
доска для объявлений f
[dɐskˈa dlʲa ɐbjɪvlʲˈenʲɪj]

der Papierkorb
корзина для бумаг f
[kɐrzʲˈinə dlʲɪ bʊmˈak]

der Terminkalender	**ежедневник** m [jɪʐɨdʲnʲˈevnʲɪk]
die Akte	**документ** m [dəkʊmʲˈent]
der Aktenvernichter	**шредер** m [ʂrʲˈedʲɪr]
das Postfach	**почтовый ящик** m [pɐt͡ɕtˈovɨj jˈæɕːɪk]
der Termin	**назначенная встреча** f [nɐznˈat͡ɕɪnːəjə fstrʲˈet͡ɕə]
die Hauspost	**внутренняя почта** f [vnˈutrʲɪnʲːɪjə pˈot͡ɕtə]
die Ablage für Eingänge	**лоток для входящих бумаг** m [lɐtˈok dlʲɪ fxɐdʲˈæɕːɪx bʊmˈak]
die Teeküche	**кухня** f [kˈuxnʲə]

DAS BÜRO – ОФИС

Der Bürobedarf – Канцелярские принадлежности

die Schere
ножницы pl
[nˈoʐnʲɪt͡sɨ]

der Textmarker
маркер m
[mˈarkʲɪr]

der Stiftehalter
подставка для ручек f
[pɐt͡stˈafkə dlʲɪ rˈut͡ɕɪk]

das Notizbuch
блокнот m
[blɐknˈot]

die Haftnotiz
клейкий блокнот m
[klʲˈejkʲɪj blɐknˈot]

der Haftstreifen
клейкая закладка f
[klʲˈejkəjə zɐklˈatkə]

der Bleistiftspitzer
точилка f
[tɐt͡ɕˈilkə]

der Bleistift
карандаш m
[kərɐndˈaʂ]

der Radiergummi
ластик m
[lˈastʲɪk]

der Kugelschreiber
авторучка f
[ɐftɐrˈut͡ɕkə]

die Büroklammer
скрепка f
[skrʲˈepkə]

die Reißzwecke
кнопка f
[knˈopkə]

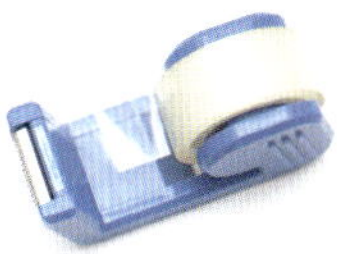

der Tesafilm®
скотч m
[skˈot͡ɕː]

der Tacker
степлер m
[stˈɛplʲɪr]

der Locher
дырокол m
[dɨrɐkˈol]

das Hängeregister
подвесная картотека f
[pədvʲɪsnˈajə kərtɐtʲˈekə]

der Briefumschlag
конверт m
[kɐnvʲˈert]

das Tipp-Ex®
корректор m
[kɐrʲˈektər]

der Ordner
папка f
[pˈapkə]

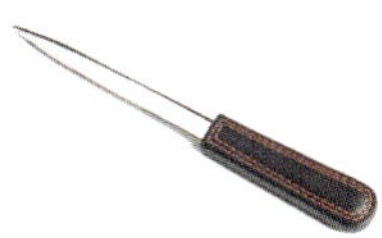

der Brieföffner
канцелярский нож m
[kənt͡sɨlʲˈærskʲɪj nˈoʂ]

DAS BÜRO – ОФИС

Der Besprechungsraum – Помещение для переговоров

die Sitzung
заседание n
[zəsʲɪdˈanʲɪjə]

der Teamleiter
руководитель группы m
[rʊkəvɐdʲˈitʲɪlʲ grˈupɨ]

der Teilnehmer
участник m
[ʊt͡ɕˈæsnʲɪk]

die Tagesordnung
повестка дня f
[pɐvʲˈestkə dnʲˈæ]

protokollieren
вести протокол
[vʲɪstʲˈi prətɐkˈol]

der Besprechungstisch
стол для совещаний m
[stˈol dlʲɪ səvʲɪɕːˈænʲɪj]

die Präsentation
презентация f
[prʲɪzʲɪntˈat͡sɨjə]

der Beamer
проектор m
[prɐjˈektər]

das Balkendiagramm
столбиковая диаграмма f
[stˈolbʲɪkəvəjə dʲɪɐgrˈamə]

das Tortendiagramm
круговая диаграмма f
[krʊgɐvˈajə dʲɪɐgrˈamə]

die Folie
слайд m
[slˈajt]

organisieren	**организовать** [ɐrgənʲɪzɐvˈatʲ]
die Besprechung	**совещание** n [səvʲɪɕːˈænʲɪjə]
der Bericht	**доклад** m [dɐklˈat]
das Protokoll	**протокол** m [prətɐkˈol]
der Vertrag	**договор** m [dəgɐvˈor]
der Geschäftsmann	**бизнесмен** m [bʲiznʲɪsmʲˈen]
die Geschäftsfrau	**бизнесвумен** f [bʲiznʲɪsvˈumən]
die Geschäftsreise	**командировка** f [kəməndʲɪrˈofkə]

DAS BÜRO – ОФИС

Der Büroalltag – Офисный быт

der Arbeitgeber
работодатель m
[rəbətɐdˈatʲɪlʲ]

① *die Assistentin*
помощник f/m
[pɐmˈoɕːnʲɪk]

② *der Kollege*
коллега f/m
[kɐlʲˈegə]

③ *der Arbeitnehmer*
служащий m
[slˈuʐɕːij]

④ *die Kollegin*
коллега f/m
[kɐlʲˈegə]

⑤ *die Managerin*
менеджер m
[mʲˈenʲɪdʐɨr]

⑥ *der Chef*
начальник m
[nɐt͡ɕˈælʲnʲɪk]

die Visitenkarte
визитная карточка f
[vʲɪzʲˈitnəjə kˈartət͡ɕkə]

entlassen werden
быть уволенным
[bˈitʲ ʊvˈolʲɪn(ə) ʊvˈolʲɪnːɨm]

das Personal
персонал m
[pʲɪrsɐnˈal]

die Elternzeit
декрет m
[dʲɪkrʲˈet]

die Vertretung	**замещение** n [zəmʲɪɕːˈenʲɪjə]
der Jahresurlaub	**ежегодный отпуск** m [jɪʐɨɡˈodnɨj ˈotpʊsk]
das Gehalt	**зарплата** f [zɐrplˈatə]
die Beförderung	**повышение по службе** n [pəvɨʂˈɛnʲɪjə pə slˈuʐbʲɪ]
jemandem kündigen	**увольнять кого-либо** [ʊvɐlʲnʲˈætʲ kɐvˈo-lʲɪbə]
seine Stelle kündigen	**увольняться** [ʊvɐlʲnʲˈæt͡sə]
verdienen	**зарабатывать** [zərɐbˈatɨvətʲ]
in Rente gehen	**уходить на пенсию** [ʊxɐdʲˈitʲ nə pʲˈensʲɪjʉ]

der Mutterschafts-urlaub
отпуск по уходу за ребёнком m
[ˈotpʊsk pə ʊxˈodʊ zə rʲɪbʲˈonkəm]

KOMMUNI-KATION

КОММУНИ-КАЦИЯ

DER COMPUTER – КОМПЬЮТЕР

Der Desktop-Computer – Настольный компьютер

der Desktop-Computer
настольный компьютер m
[nɐstˈolʲnɨj kɐmpʲjˈʉtʲɪr]

der Ein/Aus-Schalter
кнопка включения/ выключения питания f
[knˈopkə fklʲʉt͡ɕˈenʲɪjə/ vɨklʲʉt͡ɕˈenʲɪjə pʲɪtˈanʲɪjə]

die USB-Schnittstelle
USB-порт m
[ˈjʉ-ˈɛs-bʲˈi-pˈort]

das CD/DVD-Laufwerk
CD/DVD дисковод m
[sʲˈi-dʲˈi/dʲˈi-vʲˈi-dʲˈi dʲɪskɐvˈot]

das Computergehäuse
корпус компьютера m
[kˈorpʊs kɐmpʲjˈʉtʲɪrə]

die Tastatur
клавиатура f
[kləvʲɪɐtˈurə]

der Bildschirm
экран m
[ɪkrˈan]

die Maus
мышь f
[mˈɨʂ]

das Scrollrad
колёсико прокрутки n
[kəlʲˈɵsʲɪkə prɐkrˈutkʲɪ]

die Tastatur
клавиатура f
[kləvʲɪɐtˈurə]

die Escapetaste
клавиша Escape f
[klˈavʲɪʂə ɪskʲˈejp]

die Tabulatortaste
клавиша табуляции f
[klˈavʲɪʂə təbʊlʲˈætsii]

die Feststelltaste
клавиша Caps Lock f
[klˈavʲɪʂə kˈɛps-lˈok]

die Rücklöschtaste
клавиша Backspace f
[klˈavʲɪʂə bɛkspʲˈejs]

die Eingabetaste
клавиша Enter f
[klˈavʲɪʂə ˈɛntər]

die Umschalttaste
клавиша Shift f
[klˈavʲɪʂə ʂˈift]

die Steuerungstaste
клавиша Control f
[klˈavʲɪʂə kɐntrˈol]

die Leertaste
пробел m
[prɐbʲˈel]

DER COMPUTER – КОМПЬЮТЕР

Hardware und Zubehör – Аппаратура и аксессуары

der Lautsprecher
колонка f
[kɐlˈonkə]

der/das Laptop
ноутбук m
[nəʊdbˈuk]

das Stromkabel
электрический кабель m
[ɪlʲɪktrʲˈit͡ɕɪskʲɪj kˈabʲɪlʲ]

die Laptoptasche
сумочка для ноутбука f
[sˈumət͡ɕkə dlʲɪ nəʊdbˈukə]

der Prozessor
процессор m
[prɐt͡sˈɛsər]

die (externe) Festplatte
внешний жёсткий диск m
[vnʲˈeʂnʲɪj ʐˈostkʲɪj dʲˈisk]

der Arbeitsspeicher
оперативная память f
[ɐpʲɪrɐtʲˈivnəjə pˈamʲɪtʲ]

die Webcam
вебкамера f
[vʲɪpkˈamʲɪrə]

die CD-ROM
CD-ROM m
[sʲi-dʲˈi-rˈom]

der USB-Stick
флешка f
[flˈɛʂkə]

der Scanner
сканер m
[skˈanʲɪr]

der Tintenstrahldrucker
струйный принтер m
[strˈujnɨj prʲˈintʲɪr]

der Laserdrucker
лазерный принтер m
[lˈazʲɪrnɨj prʲˈintʲɪr]

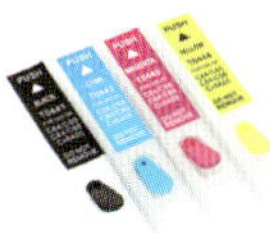

die Tintenpatrone
чернильный картридж m
[t͡ɕɪrnʲˈilʲnɨj kˈartrʲɪt͡ɕʂ]

die Tonerkartusche
тонерный картридж m
[tˈonʲɪrnɨj kˈartrʲɪt͡ɕʂ]

das Mauspad
коврик для мыши m
[kˈovrʲɪk dlʲɪ mˈɨʂɨ]

DER COMPUTER – КОМПЬЮТЕР

Am Computer arbeiten – Работа за компьютером

tippen
печатать
[pʲɪˈt͡ɕætətʲ]

klicken
кликать
[klʲˈikətʲ]

scrollen
прокручивать
[prɐkrˈut͡ɕɪvətʲ]

ausschneiden
вырезать
[vˈɨrʲɪzətʲ]

kopieren
копировать
[kɐpʲˈirəvətʲ]

einfügen
вставить
[fstˈavʲɪtʲ]

eine Datei ausdrucken
напечатать файл
[nəpʲɪt͡ɕˈætətʲ fˈajl]

speichern
сохранить
[səxrɐnʲˈitʲ]

eine Datei öffnen
открыть файл
[ɐtkrˈɨtʲ fˈajl]

löschen
удалить
[ʊdɐlʲˈitʲ]

der Ordner
папка f
[pˈapkə]

der Papierkorb
корзина f
[kɐrzʲˈinə]

suchen
искать
[ɪskˈatʲ]

eingeben	**вводить** [vːɐdʲˈitʲ]
eine Datei verschieben	**переместить файл** [pʲɪrʲɪmʲɪstʲˈitʲ fˈajl]
eine Sicherungskopie erstellen	**создать резервную копию** [sɐzdˈatʲ rʲɪzʲˈervnʊjʉ kˈopʲɪjʉ]
markieren	**выбрать** [vˈɨbrətʲ]
sich einloggen	**залогиниться** [zəlɐgʲˈɪnʲɪt͡sə]
sich ausloggen	**разлогиниться** [rəzlɐgʲˈinʲɪt͡sə]
der Neustart	**перезагрузка** f [pʲɪrʲɪzɐgrˈuskə]
(die) Bytes	**байты** pl [bˈajtɨ]

DER COMPUTER – КОМПЬЮТЕР

Am Computer arbeiten – Работа за компьютером

rückgängig machen
отменить
[ɐtmʲɪnʲˈitʲ]

wiederherstellen
восстановить
[vəsːtənɐvʲˈitʲ]

die Einstellungen
настройки pl
[nɐstrˈojkʲɪ]

die Schriftart
шрифт m
[ʂrʲˈift]

die Fehlermeldung
сообщение об ошибке n
[sɐɐpɕːˈenʲɪjə ɐb‿ɐʂˈɨpkʲɪ]

der Mauszeiger
курсор m
[kʊrsˈor]

die Sanduhr
песочные часы pl
[pʲɪsˈot͡ɕnɨjə t͡ɕɪsˈɨ]

der Lautstärkeregler
регулятор громкости m
[rʲɪgʊlʲˈætər grˈomkəstʲɪ]

ein Fenster minimieren
свернуть окно
[svʲɪrnˈutʲ ɐknˈo]

eine CD/DVD auswerfen
извлечь диск
[ɪzvlʲˈet͡ɕ sʲˈi-dʲˈi]

den Rechner hochfahren
загружать компьютер
[zəgrʊʐˈatʲ kɐmpʲjˈʉtʲɪr]

den Rechner herunterfahren
выключить компьютер
[vˈɨklʲʉt͡ɕɪtʲ kɐmpʲjˈʉtʲɪr]

die Datei	**файл** m [fˈajl]
das Programm	**программа** f [prɐgrˈamːə]
der Scrollbalken	**полоса прокрутки** f [pəlɐsˈa prɐkrˈutkʲɪ]
ein Programm installieren	**установить программу** [ʊstənɐvʲˈitʲ prɐgrˈamːʊ]
ein Programm deinstallieren	**деинсталлировать программу** [dʲɪɪnstəlʲˈirəvətʲ prɐgrˈamːʊ]
das Betriebssystem	**операционная система** f [ɐpʲɪrət͡sɨˈonːəjə sʲɪstʲˈemə]
die Taskleiste	**панель задач** f [pɐnʲˈelʲ zɐdˈat͡ɕ]
der Fortschrittsbalken	**полоса загрузки** f [pəlɐsˈa zɐgrˈuskʲɪ]

das Fenster
окно n
[ɐknˈo]

DER COMPUTER – КОМПЬЮТЕР

Das Internet – Интернет

das WLAN
вайфай m
[vɐjfˈaj]

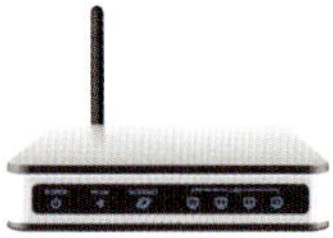

der Router
роутер m
[rˈoʊtʲɪr]

das LAN-Kabel
кабель локальной сети m
[kˈabʲɪlʲ lɐkˈalʲnəj sʲɪtʲˈi]

der Browser
браузер m
[brˈaʊzʲɪr]

das Lesezeichen
закладка f
[zɐklˈatkə]

der Download
загрузка f
[zɐgrˈuskə]

die Nachricht
сообщение n
[sɐɐpɕːˈenʲɪjə]

die Social Media
социальные сети pl
[sət͡sɨˈalʲnɨjə sʲˈetʲɪ]

der Online-Einkauf
онлайн-покупка f
[ɐnlˈajn-pɐkˈupkə]

die Verschlüsselung
шифрование n
[ʂɨfrɐvˈanʲɪjə]

die E-Mail-Adresse
электронный адрес m
[ɪlʲɪktrˈonːɨj ˈadrʲɪs]

der Anhang
приложение n
[prʲɪlɐʐˈɛnʲɪjə]

eine Mail weiterleiten
переслать письмо
[pʲɪrʲɪslˈatʲ pʲɪsʲmˈo]

senden	**послать** [pɐslˈatʲ]
empfangen	**получить** [pəlʊt͡ɕˈitʲ]
das Benutzerkonto	**профиль пользователя** m [prˈofʲɪlʲ pˈolʲzəvətʲɪlʲə]
der Posteingang	**входящие** pl [fxɐdʲˈæɕːɪjə]
der Postausgang	**исходящие** pl [ɪsxɐdʲˈæɕːɪjə]
die Abwesenheitsnotiz	**сообщение об отсутствии** n [sɐɐpɕːˈenʲɪjə ɐb_ɐtsˈut͡stvʲɪɪ]
die Spammail	**спам** m [spˈam]
im Internet surfen	**лазить в Интернете** [lˈazʲɪtʲ v_ɪntɪrnˈɛtɪ]

DER COMPUTER – КОМПЬЮТЕР

Mobile Endgeräte – Мобильные устройства

der Tablet-Computer
планшет m
[plʲɐnʂˈɛt]

der E-Book-Reader
электронная книга f
[ɪlʲɪktrˈonːəjə knʲˈigə]

der MP3-Player
МП3-плейер m
[ˈɛm-pʲˈi-trʲˈi-plˈɛjɪr]

das Bluetooth®-Headset
Bluetooth® наушники pl
[blʊtˈus nɐˈuʂnʲɪkʲɪ]

die App
приложение n
[prʲɪlɐʐˈɛnʲɪjə]

die SIM-Karte
SIM-карта f
[sʲˈim-kˈartə]

die Handytasche
футляр для телефона m
[fʊtlʲˈær dlʲɪ tʲɪlʲɪfˈonə]

das Handy
мобильный телефон m
[mɐbʲˈilʲnɨj tʲɪlʲɪfˈon]

der Surfstick
USB-модем m
[ˈjʉ-ˈɛs-bʲˈi -mɐdʲˈɛm]

wischen
проводить пальцем
[prəvɐdʲˈitʲ pˈalʲt͡sɨm]

die SMS
СМС-сообщение n
[ˈɛs-ˈɛm-ˈɛs-sɐɐpɕːˈenʲɪjə]

das Smartphone
смартфон m
[smɐrtfˈon]

der Touchscreen
сенсорный экран m
[sʲˈensərnɨj ɪkrˈan]

der Datenspeicher	**память** f [pˈamʲɪtʲ]
die Software	**программное обеспечение** n [prɐgrˈamnəjə ɐbʲɪspʲˈet͡ɕɪnʲɪjə]
das Funkloch	**зона без мобильного покрытия** f [zˈonə bʲɪz_mɐbʲˈilʲnəvə pɐkrˈɨtʲɪjə]
die Flatrate	**безлимитный тариф** m [bʲɪzlʲɪmʲˈitnɨj tɐrʲˈif]
die Prepaidkarte	**карта предоплаты** f [kˈartə prʲɪdɐplˈatɨ]
das Guthaben	**счёт** m [ɕːˈɵt]
der Klingelton	**сигнал** m [sʲɪgnˈal]
der Akku	**аккумулятор** m [ɐkʊmʊlʲˈætər]

DAS TELEFON – ТЕЛЕФОН

das Display
экран m
[ɪkrˈan]

das Telefonbuch
телефонная книга f
[tʲɪlʲɪfˈon:əjə knʲˈigə]

der Anrufbeantworter
автоответчик m
[ɐftəɐtvʲˈetɕ͡:ɪk]

das Tastenfeld
кнопки телефона pl
[knˈopkʲɪ tʲɪlʲɪfˈonə]

der Telefonhörer
телефонная трубка f
[tʲɪlʲɪfˈon:əjə trˈupkə]

das Kabel
провод m
[prˈovət]

das schnurlose Telefon
беспроводной телефон m
[bʲisprəvednˈoj tʲɪlʲɪfˈon]

der Hörer
трубка f
[trˈupkə]

abheben
отвечать
[ɐtvʲɪtɕ͡ˈætʲ]

auflegen
вешать трубку
[vʲˈeʂətʲ trˈupkʊ]

die Basisstation
база f
[bˈazə]

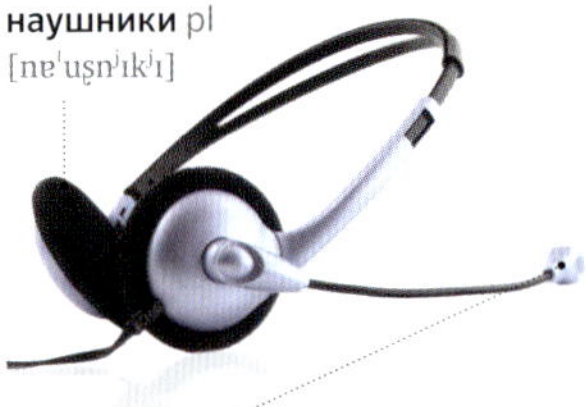

der Kopfhörer
наушники pl
[nɐˈuʂnʲɪkʲɪ]

das Mikrofon
микрофон m
[mʲɪkrɐfˈon]

das Faxgerät
факс m
[fˈaks]

jemanden anrufen	**позвонить кому-либо** [pəzvenʲˈitʲ kemˈu-lʲɪbə]
wählen	**набирать номер** [nəbʲɪrˈatʲ nˈomʲɪr]
klingeln	**звонить** [zvenʲˈitʲ]
Ich möchte bitte ... sprechen.	**Можно поговорить с ...?** [mˈoʐnə pəgəverʲˈitʲ s_]
Entschuldigung, ich habe mich verwählt.	**Простите, не тот номер.** [prestʲˈitʲɪ nʲˈe tˈot nˈomʲɪr]
Ich stelle Sie durch.	**Я соединю вас.** [jˈæ səjɪdʲɪnʲˈʉ vˈas]
Bitte hinterlassen Sie eine Nachricht nach dem Signalton.	**Пожалуйста, оставьте сообщение после сигнала.** [pɐʐˈaləstə ɐstˈafʲtʲɪ səɐpɕːˈenʲɪjə pˈoslʲɪ sʲɪgnˈalə]
Können Sie mich bitte zurückrufen?	**Вы не могли бы мне перезвонить?** [vˈi nʲˈe mɐglʲˈi bˈi mnʲˈe pʲɪrʲɪzvenʲˈitʲ]

DIE MEDIEN – МЕДИА

Das Fernsehen – Телевидение

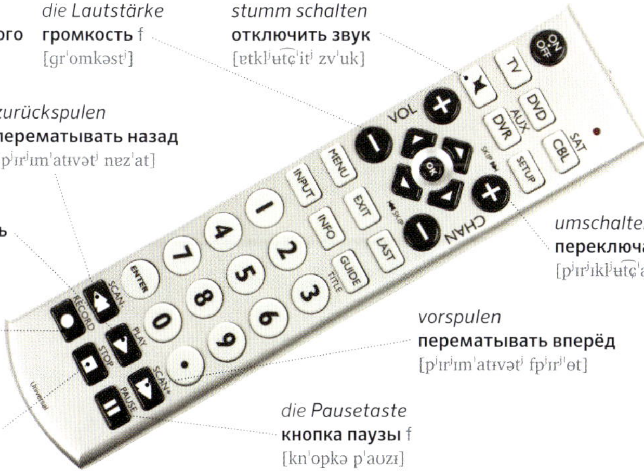

die Fernbedienung
пульт дистанционного управления m
[pʲˈulʲt dʲɪstəntsɨˈon:əvə ʊprɐvlʲˈenʲɪjə]

die Lautstärke
громкость f
[grˈomkəstʲ]

stumm schalten
отключить звук
[ɐtklʲʉtɕˈitʲ zvˈuk]

zurückspulen
перематывать назад
[pʲɪrʲɪmˈatɨvətʲ nɐzˈat]

abspielen
воспроизводить
[vəsprəɪzvɐdʲˈitʲ]

umschalten
переключать каналы
[pʲɪrʲɪklʲʉtɕˈætʲ kɐnˈalɨ]

aufnehmen
записывать
[zɐpʲˈisɨvətʲ]

vorspulen
перематывать вперёд
[pʲɪrʲɪmˈatɨvətʲ fpʲɪrʲˈøt]

die Stopptaste
кнопка «стоп» f
[knˈopkə stˈop]

die Pausetaste
кнопка паузы f
[knˈopkə pˈaʊzɨ]

das Videospiel
видеоигра f
[vʲɪdʲɪəɪgrˈa]

der Fernseher
телевизор m
[tʲɪlʲɪvʲˈizər]

der Digitalempfänger
приёмник цифровых данных m
[prʲɪjˈømnʲɪk tsɨfrɐvˈɨx dˈan:ɨx]

der DVD-Player
DVD-плейер m
[dʲˈi-vʲˈi-dʲˈi plʲˈejɪr]

die DVD
DVD-диск m
[dʲˈi-vʲˈi-dʲˈi-dʲˈisk]

das Kabelfernsehen	**кабельное телевидение** n [kˈabʲɪlʲnəjə tʲɪlʲɪvʲˈidʲɪnʲɪjə]
das Free-TV	**коммерческое телевидение** n [kɐmʲˈertɕɪskəjə tʲɪlʲɪvʲˈidʲɪnʲɪjə]
das Bezahlfernsehen	**платное телевидение** n [plˈatnəjə tʲɪlʲɪvʲˈidʲɪnʲɪjə]
fernsehen	**смотреть телевизор** [smɐtrʲˈetʲ tʲɪlʲɪvʲˈizər]
die Fernsehserie	**телесериал** m [tʲɪlʲɪsʲɪrʲɪˈal]
zappen	**щёлкать пультом** [ɕːˈølkətʲ pˈulʲtəm]
die Folge	**серия** f [sʲˈerʲɪjə]
der Raumklang	**стереозвучание** n [stʲɪrʲɪəzvʊtɕˈanʲɪjə]

die Satellitenschüssel
спутниковая тарелка f
[spˈutnʲɪkəvəjə tɐrʲˈelkə]

DIE MEDIEN – МЕДИА

Das Fernsehen – Телевидение

das Set
студия телезаписи f
[stˈudʲɪjə tʲɪlʲɪzˈapʲɪsʲɪ]

der Teleprompter®
телесуфлёр m
[tʲɪlʲɪsʊflʲˈør]

die Nachrichtensprecherin
диктор m
[dʲˈiktər]

die Nachrichten
новости pl
[nˈovəstʲɪ]

das Interview
интервью n
[ɪntʲɪrvʲjˈʉ]

der Interviewpartner
интервьюируемый m
[ɪntʲɪrvʲjʉˈirʊəmɨj]

die Reporterin
репортёр m
[rʲɪpɐrtʲˈør]

das Mikrofon
микрофон m
[mʲɪkrɐfˈon]

die Szene
сцена f
[stsˈɛnə]

der Schauspieler
актёр m
[ɐktʲˈør]

die Klappe
хлопушка f
[xlɐpˈuʂkə]

die Livesendung
прямой эфир m
[prʲɪmˈoj ɪfʲˈir]

das Publikum
публика f
[pˈublʲɪkə]

der Dokumentarfilm	**документальный фильм** m [dəkʊmʲɪntˈalʲnɨj fʲˈilʲm]
die Talkshow	**ток-шоу** n [tˈok-ʂˈoʊ]
die Reportage	**репортаж** m [rʲɪpɐrtˈaʂ]
die Quizshow	**телевизионная игра** f [tʲɪlʲɪvʲɪzʲɪˈonːəjə ɪgrˈa]
der Moderator	**ведущий** m [vʲɪdˈuɕːɪj]
die Moderatorin	**ведущая** f [vʲɪdˈuɕːɪjə]
der Teilnehmer	**участник** m [ʊtɕˈæsnʲɪk]
die Teilnehmerin	**участница** f [ʊtɕˈæsnʲɪtsə]

DIE MEDIEN – МЕДИА

Das Radio – Радио

der DJ
диджей m
[dɪdʐ̯ej]

die Tonaufnahme
запись f
[zˈapʲɪsʲ]

das Radio
радио n
[rˈadʲɪo]

die Antenne
антенна f
[ɐntʲˈenːə]

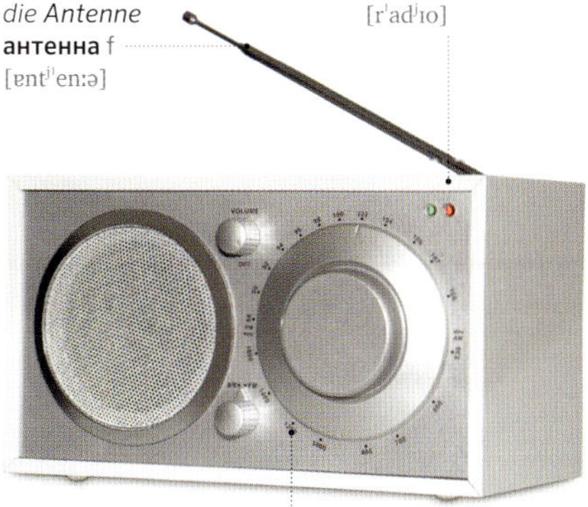

der Radiosender
радиостанция f
[rədʲɪestˈant͡sɨjə]

der Wetterbericht
прогноз погоды m
[prɐgnˈos pɐgˈodɨ]

die Frequenz
частота f
[t͡ɕɪstɐtˈa]

die Verkehrsnachrichten
сообщение о ситуации на дорогах n
[sɐɐpɕːˈenʲɪjə ɐ sʲɪtʊˈat͡sɨɪ nə dɐrˈogəx]

die Hitparade
хит-парад m
[xʲˈit-pɐrˈat]

das Hörspiel
радиоспектакль m
[rɐdʲɪəspʲɪktˈaklʲ]

die Liveaufzeichnung
прямая запись f
[prʲɪmˈajə zˈapʲɪsʲ]

die Sendung	**передача** f [pʲɪrʲɪdˈat͡ɕə]
der Berichterstatter	**репортёр** m [rʲɪpɐrtʲˈør]
die Berichterstatterin	**репортёр** f [rʲɪpɐrtʲˈør]
die Erkennungsmelodie	**рекламная мелодия** f [rʲɪklˈamnəjə mʲɪlˈodʲɪjə]
der Werbespot	**реклама** f [rʲɪklˈamə]
senden	**передавать** [pʲɪrʲɪdɐvˈatʲ]
die Langwelle	**длинные волны** pl [dlʲˈinːɨjə vˈolnɨ]
die Kurzwelle	**короткие волны** pl [kɐrˈotkʲɪjə vˈolnɨ]

DIE MEDIEN – МЕДИА

Die Printmedien – Печатные издания

die Zeitung
газета f
[gɐzʲˈetə]

das Tabloidformat
таблоидный формат m
[təblˈoɪdnɨj fɐrmˈat]

das Bild
иллюстрация f
[ɪlʲʉstrˈat͡sɨjə]

der Artikel
статья f
[stɐtʲˈjæ]

die Titelseite
первая страница f
[pʲˈervəjə strɐnʲˈit͡sə]

die Schlagzeile
заголовок m
[zəgɐlˈovək]

der Vorspann
заглавные титры pl
[zɐglˈavnɨje tʲˈitrɨ]

die Zeitungsspalte
колонка f
[kɐlˈonkə]

die großformatige Zeitung
широкополосная газета f
[ʂɨrəkəpɐlˈosnəjə gɐzʲˈetə]

der Stellenmarkt
раздел вакансий m
[rɐzdʲˈel vɐkˈansʲɪj]

der Werbeprospekt
рекламный проспект m
[rʲɪklˈamnɨj prɐspʲˈekt]

die Anzeige
объявление n
[ɐbjɪvlʲˈenʲɪjə]

das Abonnement
подписка f
[pɐtpʲˈiskə]

der Leitartikel	**передовица** f [pʲɪrʲɪdɐvʲˈit͡sə]
die Todesanzeige	**извещение о смерти** n [ɪzvʲɪɕːˈenʲɪjə ɐ smʲˈertʲɪ]
die Qualitätszeitung	**солидная газета** f [sɐlʲˈidnəjə gɐzʲˈetə]
die Boulevardzeitung	**бульварная газета** f [bʊlʲvˈarnəjə gɐzʲˈetə]
die Wochenzeitung	**еженедельная газета** f [jɪʐɨnʲɪdʲˈelʲnəjə gɐzʲˈetə]
die Tageszeitung	**ежедневная газета** f [jɪʐɨdnʲˈevnəjə gɐzʲˈetə]
die Kolumne	**колонка** f [kɐlˈonkə]
die Beilage	**приложение** n [prʲɪlɐʐˈenʲɪjə]

DIE MEDIEN – МЕДИА

Die Printmedien – Печатные издания

das gebundene Buch
книга в жёстком переплёте f
[knʲˈigə v_zˌˈostkəm pʲɪrʲɪplʲˈɵtʲɪ]

das Taschenbuch
книга в мягком переплёте f
[knʲˈigə v_mʲˈæxkəm pʲɪrʲɪplʲˈɵtʲɪ]

der Einband
переплёт m
[pʲɪrʲɪplʲˈɵt]

der Buchdeckel
обложка f
[ɐblˈoʂkə]

der Buchrücken
корешок m
[kərʲɪʂˈok]

der Schutzumschlag
суперобложка f
[sʊpʲɪrɐblˈoʂkə]

die Seite
страница f
[strɐnʲˈit͡sə]

das Lesebändchen
закладка f
[zɐklˈatkə]

in einem Buch blättern
листать книгу
[lʲɪstˈatʲ knʲˈigʊ]

das Sachbuch
научно-популярная книга f
[nɐˈut͡ɕnə-pəpʊlʲˈærnəjə knʲˈigə]

der Roman
роман m
[rɐmˈan]

die Seitenzahl	**номер страницы** m [nˈomʲɪr strɐnʲˈit͡sɨ]
der Index	**алфавитный указатель** m [ɐlfɐvʲˈitnɨj ʊkɐzˈatʲɪlʲ]
eine Seite überfliegen	**пробежать страницу глазами** [prəbʲɪzˌˈatʲ strɐnʲˈit͡sʊ glɐzˈamʲɪ]
das Kinderbuch	**детская книга** f [dʲˈet͡skəjə knʲˈigə]
die Erzählliteratur	**художественная литература** f [xʊdˈozɨstvʲɪn:əjə lʲɪtʲɪrɐtˈurə]
die Sachliteratur	**научно-популярная литература** f [nɐˈut͡ɕnə-pəpʊlʲˈærnəjə lʲɪtʲɪrɐtˈurə]
das Inhaltsverzeichnis	**содержание** n [sədʲɪrzˌˈanʲɪjə]
das Kapitel	**глава** f [glɐvˈa]

der Bildband
книга с иллюстрациями f
[knʲˈigə s_ɪlʲʉstrˈat͡sɨjɪmʲɪ]

DIE POST – ПОЧТА

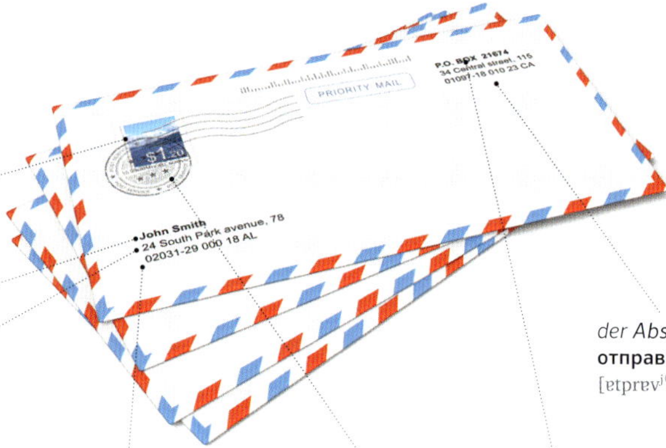

der Briefumschlag
конверт m
[kɐnvʲˈert]

die Briefmarke
марка f
[mˈarkə]

der Empfänger
получатель m
[pəlʊt͡ɕˈætʲɪlʲ]

die Adresse
адрес m
[ˈadrʲɪs]

der Absender
отправитель m
[ɐtprɐvʲˈitʲɪlʲ]

die Postleitzahl
почтовый индекс m
[pɐt͡ɕtˈovɨj ˈindʲɪks]

der Poststempel
почтовый штамп m
[pɐt͡ɕtˈovɨj ʂtˈamp]

das Postfach
абонентский ящик m
[ɐbɐnʲˈent͡skʲɪj jˈæɕːɪk]

die Postkarte
открытка f
[ɐtkrˈɨtkə]

die Empfangsbestätigung unterschreiben
расписаться в получении
[rəspʲɪsˈat͡sə f_pəlʊt͡ɕˈenʲɪɪ]

der Briefkasten
почтовый ящик m
[pɐt͡ɕtˈovɨj jˈæɕːɪk]

einen Brief einwerfen
бросить письмо в ящик
[brˈosʲɪtʲ pʲɪsʲmˈo v_jˈæɕːɪk]

das Paket
посылка f
[pɐsˈɨlkə]

der Brief	**письмо** n [pʲɪsʲmˈo]
der Eilbrief	**срочное письмо** n [srˈot͡ɕnəjə pʲɪsʲmˈo]
portofrei	**без почтового сбора** [bʲɪs_pɐt͡ɕtˈovəvə zbˈorə]
einen Brief erhalten	**получить письмо** [pəlʊt͡ɕˈitʲ pʲɪsʲmˈo]
einen Brief beantworten	**ответить на письмо** [ɐtvʲˈetʲɪtʲ nə pʲɪsʲmˈo]
jemandem einen Brief schicken	**послать кому-либо письмо** [pɐslˈatʲ kɐmˈu-lʲɪbə pʲɪsʲmˈo]
das Einschreiben	**заказное письмо** n [zəkɐznˈojə pʲɪsʲmˈo]
die Schneckenpost	**не-электронная почта** f [nʲˈe-ɪlʲɪktrˈonːəjə pˈot͡ɕtə]

DIE POST – ПОЧТА

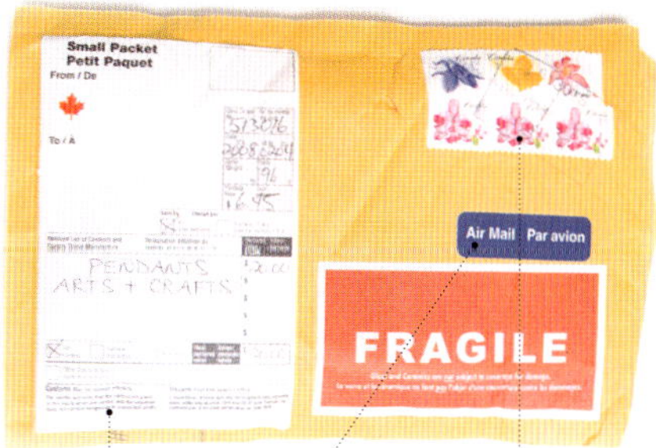

das Klebeband
скотч m
[skˈot͡ɕː]

die Styroporflocken
пенопластовые хлопья pl
[pʲɪnəplˈastəvɨjə xlˈopʲjə]

das Päckchen
бандероль f
[bəndʲɪrˈolʲ]

per Luftpost
авиапочтой
[ɐvʲɪɐpˈot͡ɕtəj]

das Porto
почтовые расходы pl
[pɐt͡ɕtˈovɨjə rɐsxˈodɪ]

zerbrechlich
хрупкое
[xrˈupkəjə]

vor Nässe schützen
беречь от влаги
[bʲɪrʲˈet͡ɕ ˈot_vlˈagʲɪ]

oben
верх m
[vʲˈerx]

die Zustellung
доставка f
[dɐstˈafkə]

liefern	**доставлять** [dəstɐvlʲˈætʲ]
die Leerungszeiten	**время выемки писем** n [vrʲˈemʲə vˈɨjɪmkʲɪ pʲˈisʲɪm]
versandkostenfrei	**бесплатная доставка** f [bʲɪsplˈatnəjə dɐstˈafkə]
das Gewicht	**вес** m [vʲˈes]
die Waage	**весы** pl [vʲɪsˈɨ]
der Hausbriefkasten	**почтовый ящик** m [pɐt͡ɕtˈovɨj jˈæɕːɪk]
die Postanweisung	**почтовый перевод** m [pɐt͡ɕtˈovɨj pʲɪrʲɪvˈot]
Nicht knicken!	**Не кантовать!** [nʲˈe kəntɐvˈatʲ]

der Kurierdienst
курьерская служба f
[kʊrʲˈjerskəjə slˈuʐbə]

SPORT UND FITNESS

СПОРТ И ФИТНЕС

BALLSPORTARTEN – ИГРЫ С МЯЧОМ

Der Fußball – Футбол

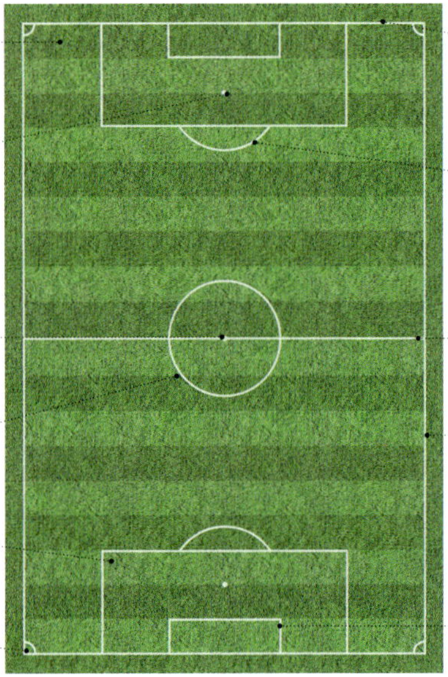

das Spielfeld
игровое поле n
[ɪgrɐvˈojə pˈolʲɪ]

der Elfmeterpunkt
одиннадцатиметровая отметка f
[ɐdʲɪnːət͡sətʲɪmʲɪtrˈovəjə ɐtmʲˈetkə]

der Anstoßpunkt
центр поля m
[t͡sˈɛntr pˈolʲə]

der Mittelkreis
центральный круг m
[t͡sɨntrˈalʲnɨj krˈuk]

der Strafraum
штрафная площадка f
[ʂtrɐfnˈajə plɐɕːˈætkə]

der Eckbogen
угловой сектор m
[uglɐvˈoj sʲˈektər]

die Torlinie
линия ворот f
[lʲˈinʲɪjə vɐrˈot]

der Teilkreis am Strafraum
дуга штрафной площадки f
[dugˈa ʂtrɐfnˈoj plɐɕːˈætkʲɪ]

die Mittellinie
средняя линия f
[srʲˈednʲɪjə lʲˈinʲɪjə]

die Seitenlinie
боковая линия f
[bəkɐvˈajə lʲˈinʲɪjə]

der Torraum
вратарская площадка f
[vrɐtˈarskəjə plɐɕːˈætkə]

das Stadion
стадион m
[stədʲɪˈon]

die Zuschauertribüne
зрительская трибуна f
[zrʲɪtʲɪlʲskəjə trʲɪbˈunə]

die Zuschauer
зрители pl
[zrʲˈitʲɪlʲɪ]

der Platzverweis
удаление с поля n
[udɐlʲˈenʲɪjə s_pˈolʲə]

die rote Karte
красная карточка f
[krˈasnəjə kˈartət͡ɕkə]

der Schiedsrichter
судья m
[sudʲjˈæ]

BALLSPORTARTEN – ИГРЫ С МЯЧОМ

Der Fußball – Футбол

die Mannschaftsaufstellung
состав команды m
[sɐstˈaf kɐmˈandɨ]]

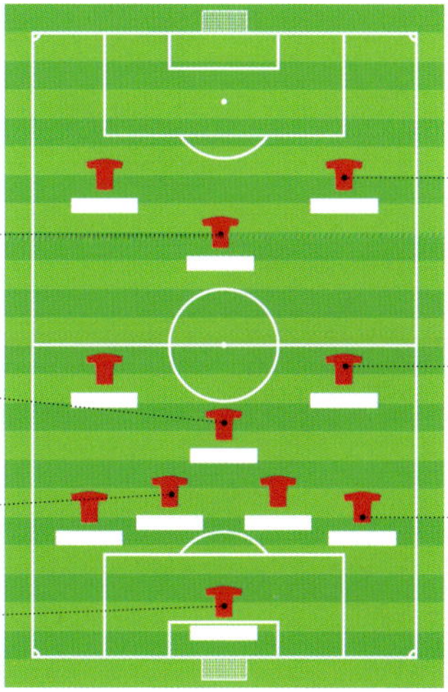

der Mittelstürmer
центральный нападающий m
[t͡sɨntrˈalʲnɨj nəpɐdˈajuɕːɪj]

der Libero
свободный защитник m
[svɐbˈodnɨj zɐɕːˈitnʲɪk]

der Innenverteidiger
центральный защитник m
[t͡sɨntrˈalʲnɨj zɐɕːˈitnʲɪk]

der Torwart
вратарь m
[vrɐtˈarʲ]

der Außenstürmer
крайний нападающий m
[krˈajnʲɪj nəpɐdˈajuɕːɪj]

der Mittelfeldspieler
полузащитник m
[pəluzɐɕːˈitnʲɪk]

der Außenverteidiger
крайний защитник m
[krˈajnʲɪj zɐɕːˈitnʲɪk]

angreifen
атаковать
[ɐtəkɐvˈatʲ]

der Eckstoß
угловой удар m
[ʊglɐvˈoj ʊdˈar]

der Freistoß
свободный удар m
[svɐbˈodnɨj ʊdˈar]

der Einwurf
вбрасывание n
[vbrasɪvanʲɪjə]

die Liga	**лига** f [lʲˈigə]
die erste Liga	**первая лига** f [pʲˈervəjə lʲˈigə]
die Meisterschaft	**чемпионат** m [t͡ɕɪmpʲɪɐnˈat]
der Pokal	**кубок** m [kˈubək]
die gelbe Karte	**жёлтая карточка** f [ʐˈoltəjə kˈartət͡ɕkə]
einen Spieler sperren	**дисквалифицировать игрока** [dʲɪskvəlʲɪfʲɪt͡sˈirəvətʲ ɪgrɐkˈa]
das Foul	**нарушение** n [nərʊʂˈenʲɪjə]
die Verteidigung	**защита** f [zɐɕːˈitə]

das Tor
гол m
[gˈol]

BALLSPORTARTEN – ИГРЫ С МЯЧОМ

Der Fußball – Футбол

der Fußball
футбольный мяч m
[fʊdbˈolʲnɨj mʲˈæt͡ɕ]

der Fußballschuh
бутса f
[bˈutsə]

der Stollen
шип m
[ʂˈip]

das Trikot
трико n
[trʲɪkˈo]

die Hose
шорты pl
[ʂˈortɨ]

der Schienbeinschoner
защитный щиток m
[zɐɕːˈitnɨj ɕːɪtˈok]

der Stutzen
гетра f
[gʲˈetrə]

den Ball halten
владеть мячом
[vlɐdʲˈetʲ mʲɪt͡ɕˈom]

das Tornetz
сетка ворот f
[sʲˈetkə vɐrˈot]

der Torpfosten
стойка ворот f
[stˈojkə vɐrˈot]

der Torwarthandschuh
вратарская перчатка f
[vrɐtˈarskəjə pʲɪrt͡ɕˈætkə]

schießen
бить
[bʲˈitʲ]

die Querlatte	**перекладина ворот** f [pʲɪrʲɪklˈadʲɪnə vɐrˈot]
die Halbzeit	**тайм** m [tˈajm]
das Unentschieden	**ничья** f [nʲɪt͡ɕjˈæ]
die Verlängerung	**дополнительное время** n [dəpɐlnʲˈitʲɪlʲnəjə vrʲˈemʲə]
der Elfmeter	**пенальти** n [pʲɪnˈalʲtʲɪ]
das Abseits	**офсайд** m [əfsˈajt]
köpfen	**играть головой** [ɪgrˈatʲ gəlɐvˈoj]
kicken	**бить по мячу ногой** [bʲˈitʲ pə mʲɪt͡ɕˈʉ nɐgˈoj]

BALLSPORTARTEN – ИГРЫ С МЯЧОМ

Der Handball – Гандбол

der Ersatzspieler
запасной игрок m
[zəpɐsnʲˈoj ɪɡrʲˈok]

die Auswechselbank
скамейка запасных f
[skɐmʲˈejkə zəpɐsnʲˈɨx]

der Torraum
вратарская площадка f
[vrɐtʲˈarskəjə plɐɕːʲˈætkə]

die Torraumlinie
линия вратарской площадки f
[lʲˈinʲɪjə vrɐtʲˈarskəj plɐɕːʲˈætkʲɪ]

der Zeitnehmer
таймкипер m
[tɐjmkʲˈipʲɪr]

die Auswechsellinie
линия замены f
[lʲˈinʲɪjə zɐmʲˈenɨ]

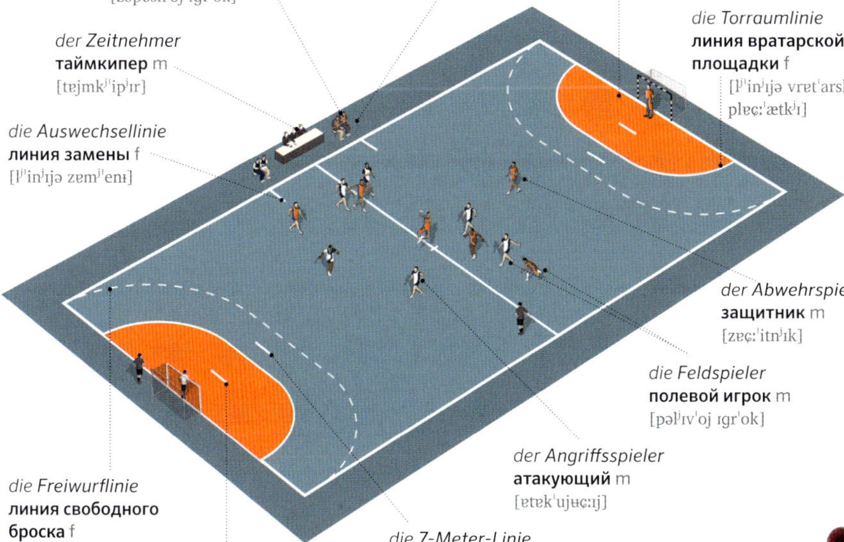

der Abwehrspieler
защитник m
[zɐɕːˈitnʲɪk]

die Feldspieler
полевой игрок m
[pəlʲɪvˈoj ɪɡrʲˈok]

der Angriffsspieler
атакующий m
[ɐtɐkˈujʉɕːɪj]

die Freiwurflinie
линия свободного броска f
[lʲˈinʲɪjə svɐbˈodnəvə brɐskˈa]

die 7-Meter-Linie
семиметровая линия f
[sʲɪmʲɪmʲɪtrˈovəjə lʲˈinʲɪjə]

die Torwartgrenzlinie
линия вратаря f
[lʲˈinʲɪjə vrətɐrʲˈæ]

der linke Flügel	**левое крыло** n [lʲˈevəjə krɨlˈo]
der rechte Flügel	**правое крыло** n [prˈavəjə krɨlˈo]
der Schlagwurf	**бросок сверху** m [brɐsˈok svʲˈerxʊ]
die Zeitstrafe	**штрафное время** n [ʂtrɐfnˈojə vrʲˈemʲə]
die Disqualifikation	**дисквалификация** f [dʲɪskvəlʲɪfʲɪkˈat͡sɨjə]
die Auszeit	**тайм-аут** m [tˈajm-ˈaʊt]
die Verwarnung	**предупреждение** n [prʲɪdʊprʲɪʐdʲˈenʲɪjə]
der Siebenmeter	**семиметровый бросок** m [sʲɪmʲɪmʲɪtrˈovɨj brɐsˈok]

der Sprungwurf
бросок в прыжке m
[brɐsˈok f‿prɨʂkʲˈe]

BALLSPORTARTEN – ИГРЫ С МЯЧОМ

Der Volleyball – Волейбол

die Angriffszone
зона нападения f
[zˈonə nəpedʲˈenʲɪjə]

der Außenangreifer
боковой атакующий m
[bəkevˈoj ɐtɐkˈujʉɕːɪj]

der Mittelangreifer
центральный атакующий m
[t͡sɨntrˈalʲnɨj ɐtɐkˈujʉɕːɪj]

die Verteidigungszone
зона защиты f
[zˈonə zɐɕːˈitɨ]

die Netzkante
край сетки m
[krˈaj sʲˈetkʲɪ]

das Netz
сетка f
[sʲˈetkə]

die Angriffslinie
передняя линия f
[pʲɪrʲˈednʲɪjə lʲˈinʲɪjə]

der Freiraum
свободная зона f
[svɐbˈodnəjə zˈonə]

der Libero
свободный защитник m
[svɐbˈodnɨj zɐɕːˈitnʲɪk]

die Grundlinie
лицевая линия f
[lʲɪt͡sɨvˈajə lʲˈinʲɪjə]

der Abwehrspieler
игрок линии обороны m
[ɪɡrˈok lʲˈinʲɪɪ ɐbɐrˈonɨ]

die Seitenlinie
боковая линия f
[bəkevˈajə lʲˈinʲɪjə]

der Linienrichter
боковой судья m
[bəkevˈoj sʊdʲjˈæ]

die Reservebank
скамейка запасных f
[skɐmʲˈejkə zəpɐsnˈɨx]

der Beachvolleyball
пляжный волейбол m
[plʲˈæʐnɨj vəlʲɪjbˈol]

schmettern
гасить
[ɡɐsʲˈitʲ]

blocken
блокировать
[blɐkʲˈirəvətʲ]

der Aufschlag
подача f
[pɐdˈat͡ɕə]

baggern
принимать мяч
[prʲɪnʲɪmˈatʲ mʲˈæt͡ɕ]

pritschen
пасовать
[pəsɐvˈatʲ]

die Hechtabwehr
защитный удар m
[zɐɕːˈitnɨj ʊdˈar]

BALLSPORTARTEN – ИГРЫ С МЯЧОМ

Der Basketball – Баскетбол

die Seitenlinie
боковая линия f
[bəkɐvˈajə lʲˈinʲɪjə]

die Drei-Punkte-Linie
трёхочковая линия f
[trʲɪxɐt͡ɕkˈovəjə lʲˈinʲɪjə]

die begrenzte Zone
запретная зона f
[zɐprʲˈetnəjə zˈonə]

die Grundlinie
лицевая линия f
[lʲɪt͡sɨvˈajə lʲˈinʲɪjə]

im Aus sein
быть за пределами поля
[bˈɨtʲ zə prʲɪdʲˈeləmʲɪ pˈolʲə]

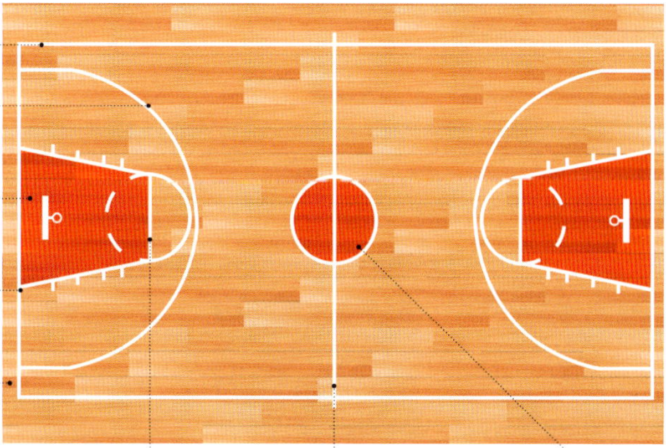

die Freiwurflinie
линия свободного удара f
[lʲˈinʲɪjə svɐbˈodnəvə ʊdˈarə]

die Mittellinie
центральная линия f
[t͡sɨntrˈalʲnəjə lʲˈinʲɪjə]

der Mittelkreis
центральный круг m
[t͡sɨntrˈalʲnɨj krˈuk]

der Dunk
слэм-данк m
[slˈɛm-dˈank]

das Korbbrett
баскетбольный щит m
[bəskʲɪdbˈolʲnɨj ɕːˈit]

der Korbring
кольцо n
[kɐlʲt͡sˈo]

das Netz
сетка f
[sʲˈetkə]

der Korb
корзина f
[kɐrzʲˈinə]

der Korbleger	**лэй-ап** m [lˈɛj-ˈap]
das Doppeldribbling	**двойное ведение** n [dvɐjnˈojə vʲɪdʲˈenʲɪjə]
der Rebound	**подбор** m [pɐdbˈor]
der Sprungball	**спорный мяч** m [spˈornɨj mʲˈæt͡ɕ]
fangen	**ловить** [lɐvʲˈitʲ]
werfen	**бросать** [brɐsˈatʲ]
zielen	**целиться** [t͡sˈɛlʲɪt͡sə]
decken	**прикрывать игрока** [prʲɪkrɪvˈatʲ ɪgrɐkˈa]

WEITERE BALLSPORTARTEN – ДРУГИЕ ИГРЫ С МЯЧОМ

das Hockey
хоккей на траве m
[xɐkʲˈej nə trɐvʲˈe]

das Eishockey
хоккей m
[xɐkʲˈej]

der Hockeyschläger
клюшка f
[klʲˈʉʂkə]

der Puck
шайба f
[ʂˈajbə]

der Softball
софтбол m
[səvdbˈol]

der Baseball
бейсбол m
[bʲɪjzbˈol]

der Baseballschläger
бейсбольная бита f
[bʲɪjzbˈolʲnəjə bʲˈitə]

der Baseballhandschuh
бейсбольная перчатка f
[bʲɪjzbˈolʲnəjə pʲɪrt͡ɕˈætkə]

der American Football
американский футбол m
[ɐmʲɪrʲɪkˈanskʲɪj fʊdbˈol]

das Rugby
регби n
[rʲˈegbʲɪ]

das Kricket
крикет m
[krʲˈikʲɪt]

das Schlagholz
бита f
[bʲˈitə]

die Trillerpfeife
свисток m
[svʲɪstˈok]

die Mannschaft	**команда** f [kɐmˈandə]
der Sieger	**победитель** m [pəbʲɪdʲˈitʲɪlʲ]
der Verlierer	**проигравший** m [prəɪgrˈafʂɨj]
der Weltmeister	**чемпион мира** m [t͡ɕɪmpʲɪˈon mʲˈirə]
das Turnier	**турнир** m [tʊrnʲˈir]
der Spielstand	**счёт игры** m [ɕːˈot ɪgrˈi]
der Trainer	**тренер** f [trʲˈenʲɪr]
die Trainerin	**тренер** m [trʲˈenʲɪr]
die Anzeigetafel	**табло** n [tɐblˈo]

BALLSPORTARTEN MIT SCHLÄGERN – ИГРЫ С РАКЕТКОЙ

Das Badminton – Бадминтон

der Badmintonplatz
бадминтонная площадка f
[bədmʲɪntˈonːəjə plɐɕːˈætkə]

das linke Aufschlagfeld
левое поле подачи n
[lʲˈevəjə pˈolʲɪ pɐdˈat͡ɕɪ]

das rechte Aufschlagfeld
правое поле подачи n
[prˈavəjə pˈolʲɪ pɐdˈat͡ɕɪ]

die hintere Aufschlaglinie Einzel
задняя линия подачи в одиночной игре f
[zˈadnʲɪjə lʲˈinʲɪjə pɐdˈat͡ɕɪ v_ɐdʲɪnˈot͡ɕnəj ɪgrʲˈe]

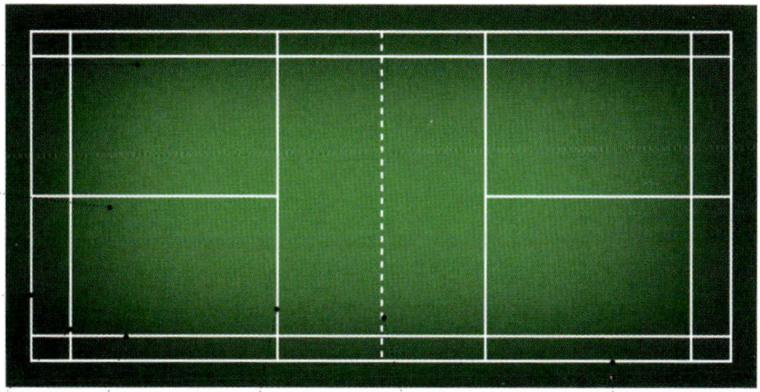

die hintere Aufschlaglinie Doppel
задняя линия подачи в парной игре f
[zˈadnʲɪjə lʲˈinʲɪjə pɐdˈat͡ɕɪ f_pˈarnəj ɪgrʲˈe]

die Seitenlinie Einzel
боковая линия в одиночной игре f
[bəkɐvˈajə lʲˈinʲɪjə v_ɐdʲɪnˈot͡ɕnəj ɪgrʲˈe]

die vordere Aufschlaglinie
передняя линия подачи f
[pʲɪrʲˈednʲɪjə lʲˈinʲɪjə pɐdˈat͡ɕɪ]

die Mittellinie
центральная линия f
[t͡sɨntrˈalʲnəjə lʲˈinʲɪjə]

die Seitenlinie Doppel
боковая линия в парной игре f
[bəkɐvˈajə lʲˈinʲɪjə f_pˈarnəj ɪgrʲˈe]

das Squash
сквош m
[skvˈoʂ]

der Racquetball
ракетбол m
[rəkɪdbˈol]

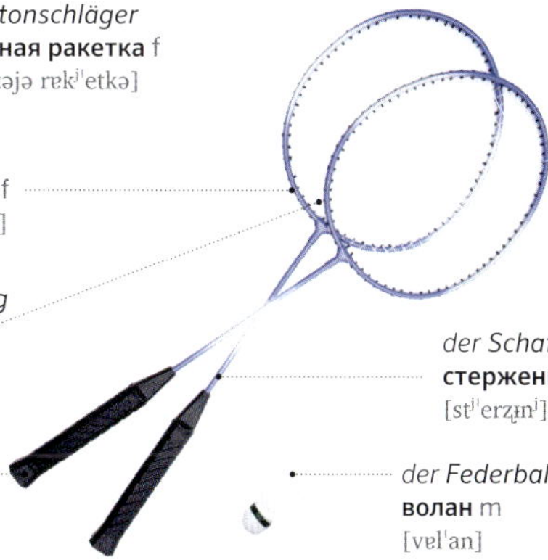

der Badmintonschläger
бадминтонная ракетка f
[bədmʲɪntˈonːəjə rɐkʲˈetkə]

der Rahmen
рамка обода f
[rˈamkə ˈobədə]

die Bespannung
натяжка f
[nɐtʲˈæʂkə]

der Schaft
стержень m
[stʲˈerʐɨnʲ]

der Griff
рукоятка f
[rʊkɐjˈætkə]

der Federball
волан m
[vɐlˈan]

BALLSPORTARTEN MIT SCHLÄGERN – ИГРЫ С РАКЕТКОЙ

Das Tennis – Теннис

der Balljunge
ребёнок, подающий мячи m
[rʲɪbʲˈønək pədɐˈɥɕːɪj mʲɪˈt͡ɕʲi]

die Grundlinie
задняя линия f
[zˈadnʲɪjə lʲˈinʲɪjə]

die Aufschlaglinie
линия подачи f
[lʲˈinʲɪjə pɐdˈat͡ɕɪ]

das Halbfeld
хафкорт m
[xɐfkˈort]

die Seitenlinie für das Einzelspiel
боковая линия в одиночной игре f
[bəkɐvˈajə lʲˈinʲɪjə v_ɐdʲɪnˈot͡ɕnəj ɪgrʲˈe]

die Seitenlinie für das Doppelspiel
боковая линия в парной игре f
[bəkɐvˈajə lʲˈinʲɪjə f_pˈarnəj ɪgrʲˈe]

die Aufschlagmittellinie
центральная линия подачи f
[t͡sɨntrˈalʲnəjə lʲˈinʲɪjə pɐdˈat͡ɕɪ]

das Netz
сетка f
[sʲˈetkə]

der Tennisball
теннисный мяч m
[tʲˈenʲːɪsnɨj mʲˈæt͡ɕ]

der Tennisschläger
теннисная ракетка f
[tʲˈenʲːɪsnəjə rɐkʲˈetkə]

die Vorhand
удар справа m
[ʊdˈar sprˈavə]

die Rückhand	**удар слева** m [ʊdˈar slʲˈevə]
das Einzel	**одиночная игра** f [ɐdʲɪnˈot͡ɕnəjə ɪgrˈa]
das Doppel	**парная игра** f [pˈarnəjə ɪgrˈa]
der/das Tiebreak	**тай-брейк** m [tˈaj-brʲˈejk]
der Einstand	**ровно** n [rˈovnə]
der Fehler	**ошибка** f [ɐʂˈɨpkə]
das Ass	**эйс** m [ˈɛjs]
der Satz	**сет** m [sʲˈet]
der Schiedsrichter	**судья** m [sʊdʲjˈæ]
die Schiedsrichterin	**судья** f [sʊdʲjˈæ]
der Linienrichter	**боковой судья** m [bəkɐvˈoj sʊdʲjˈæ]
die Linienrichterin	**боковой судья** f [bəkɐvˈoj sʊdʲjˈæ]

BALLSPORTARTEN MIT SCHLÄGERN – ИГРЫ С РАКЕТКОЙ

Das Tischtennis – Настольный теннис

der Tischtennistisch
стол для настольного тенниса m
[stʲol dlʲɪ nɐstʲolʲnəvə tʲˈenʲːɪsə]

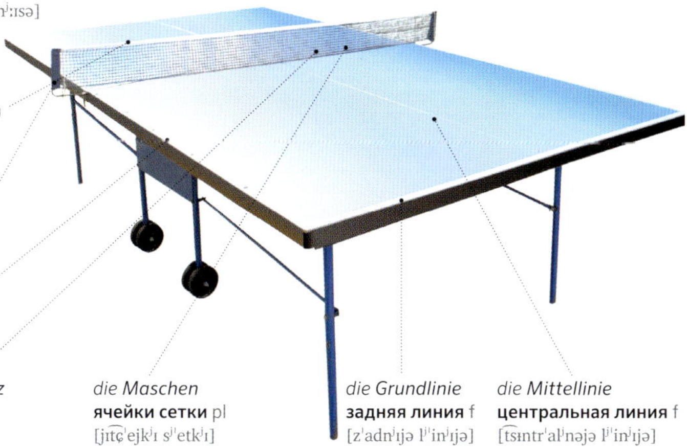

die Netzoberkante
верхний край сетки m
[vʲˈerxnʲɪj krˈaj sʲˈetkʲɪ]

der Netzhalter
держатель сетки m
[dʲɪrʐˈatʲɪlʲ sʲˈetkʲɪ]

die Seitenlinie
боковая линия f
[bəkɐvˈajə lʲˈinʲɪjə]

das Netz
сетка f
[sʲˈetkə]

die Maschen
ячейки сетки pl
[jɪt͡ɕˈejkʲɪ sʲˈetkʲɪ]

die Grundlinie
задняя линия f
[zˈadnʲɪjə lʲˈinʲɪjə]

die Mittellinie
центральная линия f
[t͡sɨntrˈalʲnəjə lʲˈinʲɪjə]

der Tischtennisschläger
ракетка для настольного тенниса f
[rɐkʲˈetkə dlʲɪ nɐstˈolʲnəvə tʲˈenʲːɪsə]

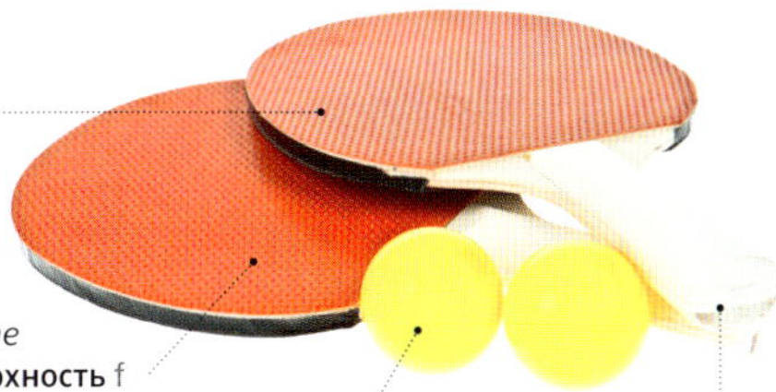

der Belag
покрытие n
[pɐkrˈitʲɪjə]

die Schlagfläche
ударная поверхность f
[ʊdˈarnəjə pɐvʲˈerxnəstʲ]

der Tischtennisball
мячик для настольного тенниса m
[mʲˈæt͡ɕɪk dlʲɪ nɐstˈolʲnəvə tʲˈenʲːɪsə]

der Griff
рукоятка f
[rʊkɐjˈætkə]

der Penholdergriff
хватка «пером» f
[xvˈatkə pʲɪrˈom]

der Shakehandgriff
горизонтальная хватка f
[gərʲɪzɐntˈalʲnəjə xvˈatkə]

DAS GOLF – ГОЛЬФ

der Golfplatz
площадка для гольфа f
[pləɕːˈætkə dlʲɪ gˈolʲfə]

das Wasserhindernis
водное препятствие n
[vˈodnəjə prʲɪpʲˈæt͡stvʲɪjə]

der Bunker
песчаная зона f
[pʲɪɕːˈænəjə zˈonə]

das Fairway
фервей m
[fɐrvʲˈej]

das Rough
раф m
[raf]

der Abschlag
первый удар m
[pʲˈervɨj ʊdˈar]

die Haltung
стойка f
[stˈojkə]

einlochen
загонять мяч в лунку
[zəgɐnʲˈætʲ mʲˈæt͡ɕ v_lˈunkʊ]

die Fahne
флажок m
[flɐʐˈok]

das Tee
ти m
[tʲi]

der Golfball
мяч для гольфа m
[mʲˈæt͡ɕ dlʲɪ gˈolʲfə]

das Loch
лунка f
[lˈunkə]

das Grün
грин m
[grʲˈin]

DAS GOLF – ГОЛЬФ

die Golfschläger
клюшка для гольфа f
[klʲˈʉʂkə dlʲɪ gˈolʲfə]

das Holz
клюшка вуд f
[klʲˈʉʂkə vˈut]

das Eisen
клюшка айрон f
[klʲˈʉʂkə ˈajrən]

der Wedge
клюшка вейдж f
[klʲˈʉʂkə vʲˈet͡ɕʂ]

der Putter
клюшка паттер f
[klʲˈʉʂkə pˈatər]

die Golftasche
сумка для гольфа f
[sˈumkə dlʲɪ gˈolʲfə]

driven
вести мяч
[vʲɪstʲˈi mʲˈæt͡ɕ]

der Golfspieler
игрок в гольф m
[ɪgrˈok v_gˈolʲf]

der Caddie
кедди m
[kʲˈedʲːɪ]

der Golftrolley
тележка для инвентаря f
[tʲɪlʲˈeʂkə dlʲɪ ɪnvʲɪntɐrʲˈa]

der Durchschwung
доводка удара f
[dɐvˈotkə ʊdˈarə]

schwingen	**замахиваться** [zɐmˈaxʲɪvət͡sə]
chippen	**подсечь** [pɐtsʲˈet͡ɕ]
den Ball vom Abschlag spielen	**делать первый удар** [dʲˈelətʲ pʲˈervɨj ʊdˈar]
das Par	**пар** m [pˈar]
das Birdie	**бёрди** n [bʲˈɵdʲɪ]
das Bogey	**богги** n [bˈogʲːɪ]
das Handicap	**гандикап** m [gəndʲɪkˈap]
das Hole-in-one	**удар с ти в лунку** m [ʊdˈar s_tʲˈi v_lˈunkʊ]

das Golfcart
гольф-мобиль m
[gˈolʲf-mɐbʲˈilʲ]

DIE LEICHTATHLETIK – ЛЁГКАЯ АТЛЕТИКА

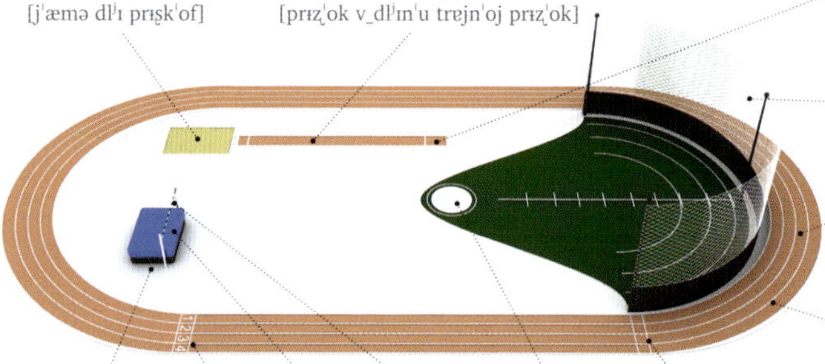

die Sprunggrube
яма для прыжков f
[jˈæmə dlʲɪ prɪʂkˈof]

der Weit- und Dreisprung
прыжок в длину, тройной прыжок m
[prɪʐˈok v_dlʲɪnʲˈu trɐjnʲˈoj prɪʐˈok]

die Anlaufbahn
дорожка для разбега f
[dɐrˈoʂkə dlʲɪ rɐzbʲˈegə]

das Schutznetz
защитная сетка f
[zɐɕːˈitnəjə sʲˈetkə]

die Bahn
дорожка f
[dɐrˈoʂkə]

die Aschenbahn
гаревая дорожка f
[gˈarʲɪvəjə dɐrˈoʂkə]

der Hochsprung
прыжок в высоту m
[prɪʐˈok v_vɪsɐtˈu]

die Latte
планка f
[plˈankə]

die Ziellinie
линия финиша f
[lʲˈinʲɪjə fʲˈinʲɪʂə]

der Diskus- und Hammerwurf
метание диска и молота n
[mʲɪtˈanʲɪjə dʲˈiskə ˈi mˈolətə]

die Startlinie
линия старта f
[lʲˈinʲɪjə stˈartə]

die Matte
мат m
[mˈat]

der Wurfkreis
круг для метания m
[krˈuk dlʲɪ mʲɪtˈanʲɪjə]

der Sprint
спринт m
[sprʲˈint]

der Startblock
стартовая колодка f
[stˈartəvəjə kɐlˈotkə]

der Hürdenlauf
барьерный бег m
[bɐrʲjˈernɨj bʲˈek]

die Hürde
барьер m
[bɐrʲjˈer]

der Stabhochsprung
прыжок с шестом m
[prɪʐˈok ʂ_ʂɪstˈom]

der Staffellauf	**эстафетный бег** m [ɪstɐfʲˈetnɨj bʲˈek]
der Stab	**эстафетная палочка** f [ɪstɐfʲˈetnəjə pˈalət͡ɕkə]
einen Rekord brechen	**побить рекорд** [pɐbʲˈitʲ rɪkˈort]
der Marathon	**марафон** m [mərɐfˈon]
der Speerwurf	**метание копья** n [mʲɪtˈanʲɪjə kɐpʲjˈæ]
die persönliche Bestleistung	**личное достижение** n [lʲˈit͡ɕnəjə dəstʲɪʐˈenʲɪjə]
die Stoppuhr	**секундомер** m [sʲɪkundɐmʲˈer]
die Startpistole	**стартовый пистолет** m [stˈartəvɨj pʲɪstɐlʲˈet]

DAS TURNEN – ГИМНАСТИКА

der Sprungtisch
гимнастический стол m
[gʲɪmnɐstʲˈit͡ɕɪskʲɪj stˈol]

der Handstand
стойка на руках f
[stˈojkə nə rʊkˈax]

der/das Spagat
шпагат m
[ʂpɐɡˈat]

das Reck
перекладина f
[pʲɪrʲɪklˈadʲɪnə]

der Barren
брусья pl
[brˈusʲjə]

das Pauschenpferd
конь m
[kˈonʲ]

die Ringe
кольца pl
[kˈolʲt͡sə]

der Schwebebalken
бревно n
[brʲɪvnˈo]

das Bodenturnen
вольные упражнения pl
[vˈolʲnɨjə ʊprɐʐnʲˈenʲɪjə]

der Stufenbarren
разновысокие брусья pl
[rəznəvɨsˈokʲɪjə brˈusʲjə]

der Turnanzug
гимнастический костюм m
[gʲɪmnɐstʲˈit͡ɕɪskʲɪj kɐstʲˈʉm]

die Turnhalle
гимнастический зал m
[gʲɪmnɐstʲˈit͡ɕɪskʲɪj zˈal]

die Turnerin
гимнастка f
[gʲɪmnˈastkə]

die Magnesia
магнезия f
[mɐɡnʲˈezʲɪjə]

das Gold	**золото** n [zˈolətə]
das Silber	**серебро** n [sʲɪrʲɪbrˈo]
die Bronze	**бронза** f [brˈonzə]
die Medaille	**медаль** f [mʲɪdˈalʲ]
der Wettkampf	**соревнования** pl [sərʲɪvnɐvˈanʲɪjə]
der Salto	**сальто** n [sˈalʲtə]
der Aufgang	**вскок** m [fskˈok]
der Abgang	**соскок** m [sɐskˈok]

DER WASSERSPORT – ВОДНЫЕ ВИДЫ СПОРТА

Das Schwimmen – Плавание

das Wettkampfbecken
бассейн для водных соревнований m
[bɐsʲˈejn dlʲɪ vˈodnɨx sərʲɪvnɐvˈanʲɪj]

① *der Wendehinweis für Rückenschwimmer*
указатель поворота при плавании на спине m
[ʊkɐzˈatʲɪlʲ pəvɐrˈotə prʲɪ plˈavənʲɪɪ nə spʲɪnʲˈe]

② *die Bahn*
дорожка f
[dɐrˈoʂkə]

③ *das Ziel*
финишная стенка f
[fʲˈinʲɪʂnəjə stʲˈenkə]

④ *die Linie*
линия f
[lʲˈinʲɪjə]

⑤ *das Wasser*
вода f
[vɐdˈa]

⑥ *der Startblock*
стартовая тумбочка f
[stˈartəvəjə tˈumbət͡ɕkə]

⑦ *die Schwimmleine*
ограничительная линия дорожки f
[ɐgrənʲɪt͡ɕˈitʲɪlʲnəjə lʲˈinʲɪjə dɐrˈoʂkʲɪ]

die Wende
поворот m
[pəvɐrˈot]

der Armzug
гребок m
[grʲɪbˈok]

das Rückenschwimmen
плавание на спине n
[plˈavənʲɪjə nə spʲɪnʲˈe]

das Brustschwimmen
брасс m
[brˈas]

kraulen
плыть кролем
[plˈitʲ krˈolʲɪm]

das Schmetterlings-schwimmen
баттерфляй m
[bətʲɪrflʲˈæj]

der Startsprung
стартовый прыжок m
[stˈartəvɨj prɨʐˈok]

der Fehlstart
фальшстарт m
[fəlʲʂstˈart]

DER WASSERSPORT – ВОДНЫЕ ВИДЫ СПОРТА

Das Schwimmen – Плавание

der Wasserball
водное поло n
[vˈodnəjə pˈolə]

springen
прыгать
[prˈɨgətʲ]

das Kunstspringen
прыжки в воду pl
[prɨʂkʲˈi v_vˈodʊ]

das Synchronschwimmen
синхронное плавание n
[sʲɪnxrˈonːəjə plˈavənʲɪjə]

der Schwimmflügel
надувной нарукавник m
[nədʊvnˈoj nərʊkˈavnʲɪk]

der Schwimmring
плавательный круг m
[plˈavətʲɪlʲnɨj krˈuk]

das Schwimmerbecken
бассейн m
[bɐsʲˈejn]

das Nichtschwimmerbecken
лягушатник m
[lʲɪgʊʂˈatnʲɪk]

die Schwimmweste
спасательный жилет m
[spɐsˈatʲɪlʲnɨj ʐɨlʲˈet]

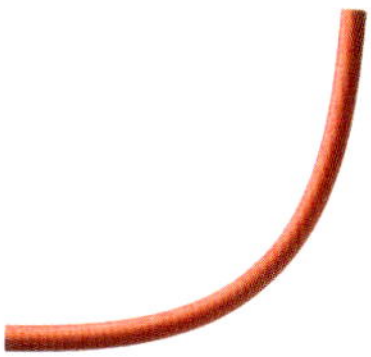

die Schwimmnudel
аквапалка f
[ɐkvɐˈpalkə]

schwimmen	**плавать** [plˈavətʲ]
das Sprungbrett	**трамплин** m [trɐmplʲˈin]
der Sprungturm	**вышка** f [vˈɨʂkə]
das Schwimmbrett	**плавательная доска** f [plˈavətʲɪlʲnəjə dɐskˈa]
plantschen	**плескаться** [plʲɪskˈat͡sə]
der Bademeister	**дежурный** m [dʲɪʐˈurnɨj]
die Bademeisterin	**дежурная** f [dʲɪʐˈurnəjə]

die Schwimmerin
пловчиха f
[plɐft͡ɕˈixə]

die Badekappe
плавательная шапочка f
[plˈavətʲɪlʲnəjə ʂˈapət͡ɕkə]

der Schwimmanzug
плавательный костюм m
[plˈavətʲɪlʲnɨj kɐstʲˈum]

die Schwimmbrille
очки для плавания pl
[ɐt͡ɕkʲˈi dlʲɪ plˈavənʲɪjə]

DER WASSERSPORT – ВОДНЫЕ ВИДЫ СПОРТА

Das Segeln – Парусный спорт

der Mast
мачта f
[mˈat͡ɕtə]

die Takelage
такелаж m
[təkʲɪlˈaʂ]

das Großsegel
грот m
[grˈot]

die Fock
фок m
[fˈok]

der Bug
нос m
[nˈos]

der Rumpf
корпус m
[kˈorpʊs]

das Heck
корма f
[kɐrmˈa]

der Rettungsring
спасательный круг m
[spɐsˈatʲɪlʲnɨj krˈuk]

die Leuchtrakete
сигнальная ракета f
[sʲɪgnˈalʲnəjə rɐkʲˈetə]

der Segler
яхтсмен m
[jɪxt͡smʲˈen]

der Baum
гик m
[gʲˈik]

das Cockpit
кокпит m
[kˈokpʲɪt]

die Pinne
руль m
[rˈulʲ]

der Seegang	**волнение** n [vɐlnʲˈenʲɪjə]
der Wind	**ветер** m [vʲˈetʲɪr]
die Meeresströmung	**морское течение** n [mɐrskˈojə tʲɪt͡ɕˈenʲɪjə]
der Anker	**якорь** m [jˈækərʲ]
die Crew	**экипаж** m [ɪkʲɪpˈaʂ]
das Ruder	**весло** n [vʲɪslˈo]
kentern	**опрокидываться** [ɐprɐkʲˈidɨvət͡sə]
kreuzen	**лавировать** [lɐvʲˈirəvətʲ]
der Jachthafen	**яхтенная гавань** f [jˈæxtʲɪn:əjə gˈavənʲ]
das Rettungsboot	**шлюпка** f [ʂlʲˈʉpkə]
der Katamaran	**катамаран** m [kətəmɐrˈan]

DER WASSERSPORT – ВОДНЫЕ ВИДЫ СПОРТА

Das Tauchen – Дайвинг

der Tauchanzug
гидрокостюм m
[gʲɪdrəkɐstʲˈʉm]

die Druckluftflasche
баллон сжатого газа m
[bɐlˈon zʐ̥ˈatəvə gˈazə]

der Lungenautomat
регулятор m
[rʲɪgʊlʲˈætər]

die Taschenlampe
фонарик m
[fɐnˈarʲɪk]

der Tiefenmesser
глубиномер m
[glʊbʲɪnɐmʲˈetr]

die Schwimmflosse
ласт f
[lˈast]

der Tauchstiefel
обувь для дайвинга f
[ˈobʊfʲ dlʲɪ dˈajvʲɪngə]

der Schnorchel
дыхательная трубка f
[dɨxˈatʲɪlʲnəjə trˈupkə]

die Tauchmaske
маска f
[mˈaskə]

das Finimeter
манометр m
[mɐnˈomʲɪtr]

der/das Kajak
каяк m
[kɐjˈæk]

das Doppelpaddel
двухлопастное весло n
[dvʊxlˈopəstnəjə vʲɪslˈo]

der Kanadier
канадское каноэ n
[kɐnˈat͡skəjə kɐnˈoɪ]

das Stechpaddel
однолопастное весло n
[ɐdnəlˈopəstnəjə vʲɪslˈo]

der Sitz
сиденье n
[sʲɪdʲˈenʲɪjə]

der Vordersteven
форштевень m
[fɐrʂtʲˈevʲɪnʲ]

das Heck
корма f
[kɐrmˈa]

der Bug
нос m
[nˈos]

der Bootsrumpf
корпус m
[kˈorpʊs]

der Achtersteven
ахтерштевень m
[ɐxtʲɪrʂtʲˈevʲɪnʲ]

DER WASSERSPORT – ВОДНЫЕ ВИДЫ СПОРТА

Das Surfen – Сёрфинг

surfen
заниматься сёрфингом
[zənʲɪmˈat͡sːə sʲˈɵrfʲɪngəm]

das Surfbrett
доска для сёрфинга f
[dɐskˈa dlʲɪ sʲˈɵrfʲɪngə]

das Windsurfen
виндсёрфинг m
[vʲɪntsʲˈɵrfʲɪnk]

das Schothorn
шкотовый угол m
[şkˈotəvɨj ˈugəl]

der Mast
мачта f
[mˈat͡ɕtə]

der Surfer
сёрфер m
[sʲˈɵrfʲɪr]

die Welle
волна f
[vɐlnˈa]

das Segel
парус m
[pˈarʊs]

der Windsurfer
виндсёрфер m
[vʲɪntsʲˈɵrfʲɪr]

das Paddelbrett
весло n
[vʲɪslˈo]

das Kitesurfen
кайт-сёрфинг m
[kˈajt-sʲˈɵrfɪnk]

das Bodyboarden
боди-бординг m
[bˈodʲɪ-bˈordʲɪnk]

das Wakeboarden
вейкбординг m
[vʲɪjkbˈordʲɪnk]

der Jetski®
гидроцикл m
[gʲɪdrɐt͡sˈɨkl]

das Wasserski
водные лыжи pl
[vˈodnɨjə lˈɨʐɨ]

das Rudern
гребля f
[grʲˈeblʲə]

das Rafting
рафтинг m
[rˈaftʲɪnk]

DER KAMPFSPORT – БОЕВЫЕ ИСКУССТВА

das Karate
карате n
[kərɐtʲˈɛ]

das Aikido
айкидо n
[ɐjkʲɪdˈo]

das Kendo
кендо n
[kʲˈendə]

das Taekwondo
тхэквондо n
[tʲɪkvɐndˈo]

der schwarze Gürtel
чёрный пояс m
[t͡ɕˈornɨj pˈojɪs]

das Judo
дзюдо n
[dzʲʉdˈo]

das Kung-Fu
кунг-фу n
[kˈunk fˈu]

das Kickboxen
кикбоксинг m
[kʲɪkbˈoksʲɪnk]

das Ringen
борьба f
[bɐrʲbˈa]

das Boxen
бокс m
[bˈoks]

der Sandsack
боксёрский мешок m
[bɐksʲˈorskʲɪj mʲɪʂˈok]

der Boxball
боксёрская груша f
[bɐksʲˈorskəjə grˈuʂə]

der Kopfschutz
шлем m
[ʂlʲˈem]

der Mundschutz	**капа** f [kˈapə]
das Sparring	**спарринг** m [spˈarʲɪnk]
der Knock-out	**нокаут** m [nɐkˈaʊt]
die Selbstverteidigung	**самбо** n [sˈambə]
das Tai-Chi	**тайчи** m [tɐjt͡ɕˈi]
das Jiu-Jitsu	**джиу-джитсу** m [dʐˈɨʊ dʐˈɨt͡sʊ]
die Capoeira	**капоэйра** f [kəpɐˈɛjrə]
das Wing Chun	**вин-чунь** n [vʲˈin-t͡ɕˈʉnʲ]

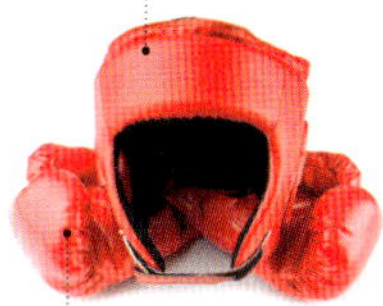

der Boxhandschuh
боксёрская перчатка f
[bɐksʲˈorskəjə pʲɪrt͡ɕˈætkə]

DER REITSPORT – КОННЫЙ СПОРТ

der Reithelm
шлем для верховой езды m
[ʂlʲˈem dlʲɪ vʲɪrxɐvˈoj jɪzdˈɨ]

die Reiterin
наездница f
[nɐjˈeznʲɪt͡sə]

der Sattel
седло n
[sʲɪdlˈo]

die Reithose
бриджи для верховой езды pl
[brʲˈidʐɨ dlʲɪ vʲɪrxˈovəj jɪzdˈɨ]

die Mähne
грива f
[grʲˈivə]

das Pferd
лошадь f
[lˈoʂətʲ]

der Stirnriemen
налобник m
[nɐlˈobnʲɪk]

das Zaumzeug
оголовье n
[ɐgɐlˈovʲjə]

der Nasenriemen
переносье n
[pʲɪrʲɪnˈosʲjə]

die Kandare
удила pl
[ʊdʲˈilə]

der Zügel
узда f
[ʊzdˈa]

der Steigbügel
стремя n
[strʲˈemʲə]

der Sattelgurt
подпруга f
[pɐtprˈugə]

der Huf
копыто m
[kɐpˈitə]

der Sprung
прыжок m
[prɨʐˈok]

der Hinterzwiesel
задняя лука седла f
[zˈadnʲɪjə lˈukə sʲɪdlˈa]

der Reitstiefel
сапог для верховой езды m
[sɐpˈog dlʲɪ vʲɪrxɐvˈoj jɪzdˈɨ]

der Vorderzwiesel
передняя лука седла f
[pʲɪrʲˈednʲɪjə lˈukə sʲɪdlˈa]

DER REITSPORT – КОННЫЙ СПОРТ

das Pferderennen
скачки pl
[skˈat͡ɕkʲɪ]

das Rennpferd
скаковая лошадь f
[skəkɐvˈajə lˈoʂətʲ]

der Jockey
жокей m
[ʐɐkʲˈej]

das Dressurreiten
выездка f
[vˈɨjɪstkə]

der Ausritt
конная прогулка f
[kˈonːəjə prɐɡˈulkə]

der Trabrennsport
рысистые бега pl
[rɪsʲˈistɨjə bʲɪɡˈa]

das Jagdrennen
скачки с препятствиями pl
[skˈat͡ɕkʲɪ s_prʲɪpʲˈæt͡stvʲɪjɪmʲɪ]

ohne Sattel reiten
ездить без седла
[jˈezdʲɪtʲ bʲɪs_sʲɪdlʲˈa]

der Stall
стойло n
[stˈojlə]

der/das Rodeo
родео n
[rɐdˈɛo]

das Polo
поло n
[pˈolə]

das Springreiten
конкур m
[kɐnkˈur]

das Hufeisen	**подкова** f [pɐtkˈovə]
die Reitgerte	**хлыст** m [xlˈist]
die Koppel	**паддок** m [pˈadːək]
der Kanter	**лёгкий галоп** m [lʲˈøxkʲɪj ɡɐlˈop]
der Galopp	**галоп** m [ɡɐlˈop]
der Schritt	**шаг** m [ʂˈak]
das Trabrennen	**рысистые испытания** pl [rɪsʲˈistɨjə ɪspɨtˈanʲɪjə]
das Flachrennen	**скачка без препятствий** f [skˈat͡ɕkə bʲɪs_prʲɪpʲˈæt͡stvʲɪj]

der Pferdepfleger
конюх m
[kɐnʲˈux]

DAS ANGELN – РЫБНАЯ ЛОВЛЯ

der Angler
рыбак m
[rɪbˈak]

die Angel
удочка f
[ˈudət͡ɕkə]

die Angelrute
удилище n
[ʊdʲˈilʲɪɕːɪ]

die Anglerweste
жилетка рыболова f
[ʐɨlʲˈetkə rɨbɐlˈovə]

einen Fisch fangen
поймать рыбу
[pɐjmˈatʲ rˈibʊ]

der Unterfangkescher
рыболовный сачок m
[rɨbɐlˈovnɨj sɐt͡ɕˈok]

der Watstiefel
забродные штаны pl
[zɐbrˈodnɨjə ʂtɐnˈɨ]

die Angelausrüstung
рыболовное снаряжение n
[rɨbɐlˈovnəjə snərʲɪʐˈɛnʲɪjə]

die Angelschnur
рыболовная леска f
[rɨbɐlˈovnəjə lʲˈeskə]

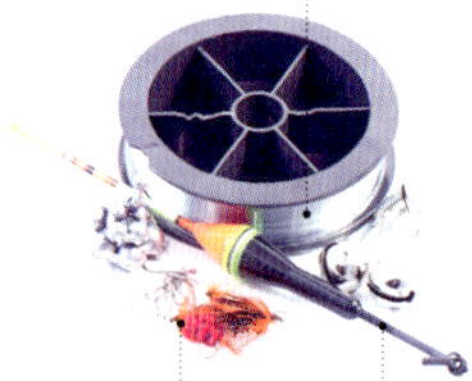

die Kunstfliege
искусственная муха f
[ɪskˈustvʲɪnːəjə mˈuxə]

die Pose
поплавок m
[pəplɐvˈok]

die Spule
шпуля f
[ʂpˈulʲɪ]

die Angelrolle
катушка спиннинга f
[kɐtˈuʂkə spʲˈinʲːɪngə]

die Kurbel
рукоятка f
[rʊkɐjˈætkə]

der Angelhaken
рыболовный крючок m
[rɨbɐlˈovnɨj krʲʉt͡ɕˈok]

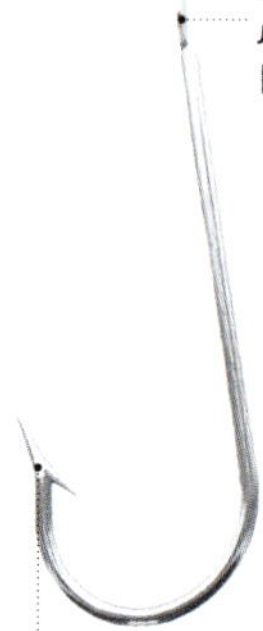

die Öse
люверс m
[lʲˈʉvʲɪrs]

der Widerhaken
бородка f
[bɐrˈotkə]

DAS ANGELN – РЫБНАЯ ЛОВЛЯ

das Brandungsangeln
прибойная рыбалка f
[prʲɪbˈojnəjə rɨbˈalkə]

mit dem Netz fangen
ловить сетью
[ləvʲˈitʲ sʲˈetʲjʉ]

das Hochseeangeln
морская рыбалка f
[mɐrskˈajə rɨbˈalkə]

das Süßwasserangeln
ловля в пресной воде f
[lˈovlʲə f_prʲˈesnəj vɐdʲˈe]

das Speerfischen
подводная охота f
[pɐdvˈodnəjə ɐxˈotə]

einholen
подтягивать
[pɐtʲːˈægʲɪvətʲ]

das Fliegenfischen
нахлыст m
[nˈaxlɨst]

fangen
поймать
[pɐjmˈatʲ]

freilassen
отпускать
[ɐtpʊskˈatʲ]

der Köder
наживка f
[nɐʐˈifkə]

der Fang
улов m
[ʊlˈof]

die Hummerfalle
ловушка для омаров f
[lɐvˈuʂkə dlʲɪ ɐmˈarəf]

der Angelschein	**рыболовная лицензия** f [rɨbɐlˈovnəjə lʲɪt͡sˈɛnzʲɪjə]
anbeißen	**клюнуть** [klʲˈʉnʊtʲ]
der Fischkorb	**верша** f [vʲˈerʂə]
der Erdspeer	**держатель для удочки** m [dʲɪrʐˈatʲɪlʲ dlʲɪ ˈudət͡ɕkʲɪ]
der Wobbler	**блесна** f [blʲɪsnˈa]
die Harpune	**гарпун** m [gɐrpˈun]
die Angel auswerfen	**закинуть удочку** [zɐkʲˈinʊtʲ ˈudət͡ɕkʊ]
einen Fisch einholen	**вытащить рыбу** [vˈɨtəɕːɪtʲ rˈɨbʊ]

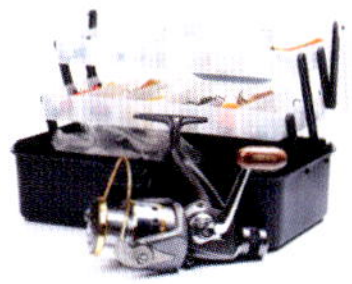

der Spinnerkasten
коробка для снасти f
[kɐrˈopkə dlʲɪ snˈastʲɪ]

DER WINTERSPORT – ЗИМНИЙ СПОРТ

der Sturzhelm
шлем m
[ʂlʲˈem]

der Pulverschnee
рыхлый снег m
[rˈɨxlɨj sʲnʲek]

der Stockteller
кольцо лыжной палки n
[kelʲt͡sˈo lˈɨz̨nəj pˈalkʲɪ]

der Skistock
лыжная палка f
[lˈɨz̨nəjə pˈalkə]

die Seilbahn
канатная дорога f
[kenˈatnəjə dɐrˈogə]

die Spitze
носок m
[nɐsˈok]

der Ski
лыжа f
[lˈɨz̨ə]

der Skistiefel
лыжные ботинки pl
[lˈɨz̨nɨjə bɐtʲˈinkʲɪ]

der Skianzug
лыжный костюм m
[lˈɨz̨nɨj kɐstʲˈʉm]

die Skipiste
лыжная трасса f
[lˈɨz̨nəjə trˈasːə]

die Kante
кант m
[kˈant]

der Skiläufer
лыжник m
[lˈɨz̨nʲɪk]

der Slalom
слалом m
[slˈaləm]

der Abfahrtslauf
скоростной спуск m
[skərɐsnˈoj spˈusk]

das Skispringen
прыжки на лыжах pl
[prɨʂkʲˈi nə lˈɨz̨əx]

abseits der Piste
вне трассы
[vnʲˈe trˈasːɨ]

der Skihang
лыжный склон m
[lˈɨz̨nɨj sklˈon]

das Biathlon
биатлон m
[bʲɪɐtlˈon]

der Langlauf
лыжный кросс m
[lˈɨz̨nɨj krˈos]

die Langlaufloipe
лыжня f
[lɨz̨nʲˈæ]

DER WINTERSPORT – ЗИМНИЙ СПОРТ

die Skibrille
лыжные очки pl
[lʲˈiʐnɨjə ɐt͡ɕkʲˈi]

der Snowboardfahrer
сноубордист m
[snəubɐrdʲˈist]

das Snowboard
сноуборд m
[snəubˈort]

die Bindung
крепление n
[krʲɪplʲˈenʲɪjə]

die Halfpipe
хафпайп m
[xɐfpˈajp]

das Rail
рейл m
[rʲˈejl]

Schlitten fahren
кататься на санях
[kɐtˈat͡sə nə sɐnʲˈæx]

das Rennrodeln
санный спорт m
[sˈanːɨj spˈort]

der Bobsport
бобслей m
[bɐpslʲˈej]

das Curling
кёрлинг m
[kʲˈørlʲɪnk]

Schlittschuh laufen
кататься на коньках
[kɐtˈat͡sə nə kɐnʲkˈax]

der Eisschnelllauf
скоростной бег на коньках m
[skərɐsnˈoj bʲˈek nə kɐnʲkˈax]

das Skifahren	**лыжный спорт** m [lʲˈiʐnɨj spˈort]
das Snowboarding	**сноубординг** m [snəubˈordʲɪnk]
der Winter-Fünfkampf	**зимнее пятиборье** n [zʲˈimnʲɪjə pʲɪtʲɪbˈorʲjə]
der Freistil	**фристайл** m [frʲɪstˈajl]
das Schneeschuhwandern	**хождение в снегоступах** n [xɐʐdʲˈenʲɪjə f snʲɪgəstˈupəx]
das Hundeschlittenfahren	**катание на собачьих упряжках** n [kɐtˈanʲɪjə nə sɐbˈat͡ɕjɪx ʊprʲˈæʂkəx]
das Après-Ski	**отдых после катания на лыжах** m [ˈodːɨx pˈoslʲɪ kɐtˈanʲɪjə nə lʲˈiʐəx]
die Skihütte	**лыжная база** f [lʲˈiʐnəjə bˈazə]

der Eiskunstlauf
фигурное катание n
[fʲɪgˈurnəjə kɐtˈanʲɪjə]

SONSTIGE SPORTARTEN – ДРУГИЕ ВИДЫ СПОРТА

das Klettern
скалолазание n
[skələlˈazənʲɪjə]

das Wandern
пеший туризм m
[pʲˈeʂɨj turʲˈizm]

der Radsport
велоспорт m
[vʲɪlɐspˈort]

das Mountainbiken
горный велоспорт m
[gˈornɨj vʲɪlɐspˈort]

das Abseilen
альпинизм m
[ɐlʲpʲɪnʲˈizm]

das Bungeespringen
банджи-джампинг m
[bˈandʐɨ-dʐˌampʲɪnk]

das Drachenfliegen
дельтапланеризм m
[dəlʲtəplənʲɪrʲˈizm]

das Fallschirmspringen
парашютный спорт m
[pərɐʂˈutnɨj spˈort]

das Rallyefahren
ралли n
[rˈalʲɪ]

die Formel 1®
Формула 1® f
[fˈormʊlə ɐdʲˈin]

das Motocross
мотокросс m
[mətɐkrˈos]

das Motorradrennen
мотогонки pl
[mətɐgˈonkʲɪ]

das Skateboardfahren
скейтбординг m
[skʲɪjtbˈordʲɪnk]

das Longboardfahren
лонгбординг m
[ləngbˈordʲɪnk]

das Inlineskaten
катание на роликовых коньках n [kɐtˈanʲɪjə nə rˈolʲɪkəvɨx kɐnʲkˈax]

das Offroadfahren
езда по бездорожью f
[jɪzdˈa pə bʲɪzdɐrˈozʲjʉ]

SONSTIGE SPORTARTEN – ДРУГИЕ ВИДЫ СПОРТА

das Fechten
фехтование n
[fʲɪxtɐvˈanʲɪjə]

das Bowling
боулинг m
[bˈoʊlʲɪnk]

das Bogenschießen
стрельба из лука f
[strʲɪlʲbʲˈa ɪz‿lˈukə]

die Jagd
охота f
[ɐxˈotə]

das Darts
метание дротиков n
[mʲɪtˈanʲɪjə drˈotʲɪkəf]

das Poolbillard
бильярд m
[bʲɪlʲjˈært]

das Snooker
снукер m
[snˈukʲɪr]

das Lacrosse
лакросс m
[lɐkrˈos]

die rhythmische Sportgymnastik
ритмическая гимнастика f
[rʲɪtmʲˈit͡ɕɪskəjə gʲɪmnˈastʲɪkə]

das Frisbee®
летающая тарелка f
[lʲɪtˈajuɕːɪjə tɐrʲˈelkə]

das Triathlon
триатлон m
[trʲɪɐtlˈon]

der Australian Football
австралийский футбол m
[ɐfstrɐlʲˈijskʲɪj fʊdbˈol]

die/das Boule
петанк m
[pʲɪtˈank]

das Ballett
балет m
[bɐlʲˈet]

das Krocket
крокет m
[krɐkʲˈet]

der/das Parkour
паркур m
[pɐrkˈur]

DIE FITNESS – ФИТНЕС

das Fitnessstudio
тренажёрный зал m
[trʲɪnɐʐˈornɨj zˈal]

die Langhantel
штанга f
[ʂtˈangə]

die Gewichtsscheibe
блин m
[blʲˈin]

die Bank
скамья f
[skɐmʲjˈæ]

das Krafttraining
силовая тренировка f
[sʲɪlɐvˈajə trʲɪnʲɪrˈofkə]

die Bizepsübung
бицепсовое сгибание n
[bʲˈit͡sɪpsəvəjə zgʲɪbˈanʲɪjə]

die Kurzhantel
гантель f
[gɐntʲˈelʲ]

das Bankdrücken
жим лёжа m
[ʐˈɨm lʲˈoʐə]

trainieren
тренироваться
[trʲɪnʲɪrɐvˈat͡sə]

das Ergometer
эргометр m
[ɪrgˈomʲɪtr]

der Crosstrainer
эллиптический тренажёр
[ɪlʲɪptʲˈit͡ɕɪskʲɪj trʲɪnɐʐˈor]

der Fitnessball
фитбол m
[fʲɪdbˈol]

die Matte
мат m
[mˈat]

das Laufband
беговая дорожка f
[bʲɪgɐvˈajə dɐrˈoʂkə]

das Rudergerät
гребной тренажёр m
[grʲɪbnˈoj trʲɪnɐʐˈor]

DIE FITNESS – ФИТНЕС

der Ausfallschritt
выпад m
[vˈɨpət]

die Rumpfbeuge
наклон корпуса m
[nɐklˈon kˈorpʊsə]

der Liegestütz
отжимание n
[ɐdʐɨmˈanʲɪjə]

der Sit-up
сед m
[sʲˈet]

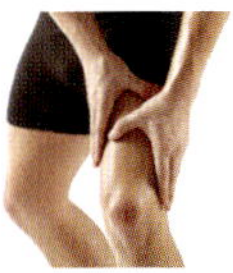

der Muskelkater
крепатура f
[krʲɪpɐtˈurə]

der Klimmzug
подтягивание n
[pɐtʲːˈæɡʲɪvənʲɪjə]

die Kniebeuge
приседание n
[prʲɪsʲɪdˈanʲɪjə]

das Pilates
пилатес m
[pʲɪlˈatʲɪs]

das Spinning®
спиннинг® m
[spʲˈinʲːɪnk]

die Pulsuhr
пульсотахограф m
[pʊlʲsətɐxˈoɡrəf]

das Aerobic
аэробика f
[ɐɪrˈobʲɪkə]

das Steppbrett
степ-платформа f
[stʲˈep-plɐtfˈormə]

der Turnschuh
кроссовка f
[krɐsˈofkə]

sich aufwärmen	**разогреваться** [rəzəɡrʲɪvˈat͡sə]
sich abkühlen	**остывать** [ɐstɨvˈatʲ]
das Zirkeltraining	**круговая тренировка** f [krʊɡɐvˈajə trʲɪnʲɪrˈofkə]
das Bodypump	**бодипамп** m [bədʲɪpˈamp]
die Sauna	**сауна** f [sˈaʊnə]
die Umkleidekabine	**раздевалка** f [rɐzdʲɪvˈalkə]
die Dehnung	**растяжка** f [rɐstʲˈæʂkə]
Kalorien verbrennen	**сжигать калории** [ʐɨɡˈatʲ kɐlˈorʲɪɪ]

FREIZEIT

СВОБОДНОЕ ВРЕМЯ

DAS THEATER – ТЕАТР

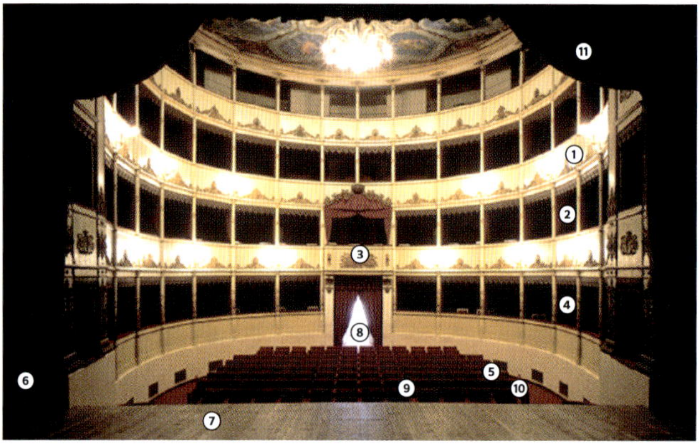

① *der Balkon*
балкон m
[bɐlkˈon]

② *der zweite Rang*
второй ярус m
[ftɐrˈoj jˈærʊs]

③ *die Loge*
ложа f
[lˈoʐə]

④ *der erste Rang*
первый ярус m
[pʲˈervɨj jˈærʊs]

⑤ *die Sitzreihe*
ряд m
[rʲˈæt]

⑥ *die Kulisse*
кулиса f
[kʊlʲˈisə]

⑦ *die Bühne*
сцена f
[st͡sˈɛnə]

⑧ *das Foyer*
фойе n
[fɐjˈe]

⑨ *das Parkett*
партер m
[pɐrtˈɛr]

⑩ *der Sitzplatz*
место n
[mʲˈestə]

⑪ *der Vorhang*
занавес m
[zˈanəvʲɪs]

das Varieté
варьете n
[vərʲjɪtʲˈe]

das Freilufttheater
театр под открытым небом m [tʲɪˈatr pəd_ ɐtkrˈɨtɨm nʲˈebəm]

das Ballett
балет m
[bɐlʲˈet]

die Aufführung
представление n
[prʲɪt͡stɐvlʲˈenʲɪjə]

der Zauberkünstler
фокусник m
[fˈokʊsnʲɪk]

der Komiker
комик m
[kˈomʲɪk]

die Tragödie
трагедия f
[trɐgʲˈedʲɪjə]

die Komödie
комедия f
[kɐmʲˈedʲɪjə]

DAS THEATER – ТЕАТР

das Theaterstück
пьеса f
[pʲjˈesə]

① *das Bühnenbild*
декорация f
[dʲɪkɐrˈa͡tsɨjə]

② *die Besetzung*
состав m
[sɐstˈaf]

③ *das Theaterkostüm*
костюм m
[kɐstʲˈʉm]

④ *der Applaus*
аплодисменты pl [ɐplədʲɪsmʲˈentɨ]

⑤ *das Publikum*
публика f [pˈublʲɪkə]

die Probe
репетиция f
[rʲɪpʲɪtʲˈi͡tsɨjə]

⑥ *der Schauspieler*
актёр m
[ɐktʲˈor]

⑦ *die Schauspielerin*
актриса f
[ɐktrʲˈisə]

⑧ *der Regisseur*
режиссёр m
[rʲɪʐɨsʲˈor]

die Premiere	**премьера** f [prʲɪmʲjˈerə]
die Pause	**антракт** m [ɐntrˈakt]
das Programm	**программка** f [prɐgrˈamːkə]
die Generalprobe	**генеральная репетиция** f [gʲɪnʲɪrˈalʲnəjə rʲɪpʲɪtʲˈi͡tsɨjə]
der Platzanweiser	**билетёр** m [bʲɪlʲɪtʲˈor]
die Platzanweiserin	**билетёрша** f [bʲɪlʲɪtʲˈorʂə]
die Theaterkasse	**театральная касса** f [tʲɪɐtrˈalʲnəjə kˈasːə]
die Eintrittskarte	**билет** m [bʲɪlʲˈet]

die Künstlergarderobe
гримёрная f
[grʲɪmʲˈornəjə]

DIE MUSIK – МУЗЫКА

Das Orchester – Оркестр

das Sinfonieorchester
симфонический оркестр m
[sʲɪmfɐnʲˈit͡ɕɪskʲɪj ɐrkʲˈestr]

der Gong
гонг m
[gˈonk]

die kleine Trommel
малый барабан m
[mˈalɨj bərɐbˈan]

die große Trommel
большой барабан m
[bɐlʲʂˈoj bərɐbˈan]

die Pauke
литавры pl
[lʲɪtˈavrɪ]

das Xylophon
ксилофон m
[ksʲɪlɐfˈon]

die Röhrenglocken
колокола pl
[kələkɐlˈa]

das Dirigentenpult
дирижёрский пульт m
[dʲɪrʲɪʐˈorskʲɪj pˈulʲt]

der Notenständer
пюпитр m
[pʲʉpʲˈitr]

der Dirigent
дирижёр m
[dʲɪrʲɪʐˈor]

der Taktstock
дирижёрская палочка f
[dʲɪrʲɪʐˈorskəjə pˈalət͡ɕkə]

die Solistin
солистка f
[sɐlʲˈistkə]

die Opernsängerin
оперная певица f
[ˈopʲɪrnəjə pʲɪvʲˈit͡sə]

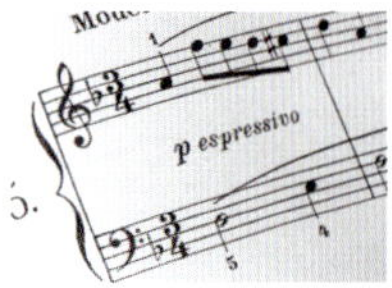

die Noten
ноты pl
[nˈotɪ]

die Ouvertüre	**увертюра** f [ʊvʲɪrtʲˈʉrə]
das Quartett	**квартет** m [kvɐrtʲˈet]
die Sonate	**соната** f [sɐnˈatə]
die Tonhöhe	**высота тона** f [vɪsɐtˈa tˈonə]
ein Instrument stimmen	**настраивать инструмент** [nɐstrˈaɪvətʲ ɪnstrʊmʲˈent]
der Orchestergraben	**оркестровая яма** f [ɐrkʲɪstrˈovəjə jˈæmə]
der Chor	**хор** m [xˈor]
die Oper	**опера** f [ˈopʲɪrə]

DIE MUSIK – МУЗЫКА

Die Musikinstrumente – Музыкальные инструменты

das Cello
виолончель f
[vʲɪɐlɐnt͡ɕʲelʲ]

der Bogen
смычок m
[smɨt͡ɕˈɵk]

die Geige
скрипка f
[skrʲˈipkə]

die akustische Gitarre
акустическая гитара f
[ɐkʊstʲˈit͡ɕɪskəjə gʲɪtˈarə]

die Harfe
арфа f
[ˈarfə]

die elektrische Gitarre
электрогитара f
[ɪlʲɪktrəgʲɪtˈarə]

die Bassgitarre
бас-гитара f
[bˈas-gʲɪtˈarə]

die Tuba
туба f
[tˈubə]

die Posaune
тромбон m
[trɐmbˈon]

das Fagott
фагот m
[fɐgˈot]

die Oboe
гобой m
[gɐbˈoj]

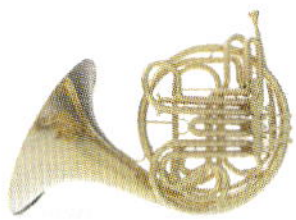

das Horn
валторна f
[vɐltˈornə]

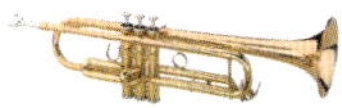

die Trompete
труба f
[trʊbˈa]

die Pikkoloflöte
флейта-пикколо f
[flʲˈejtə-pʲˈikələ]

das Saxofon
саксофон m
[səksɐfˈon]

die Klarinette
кларнет m
[klɐrnʲˈet]

die Querflöte
флейта f
[flʲˈejtə]

DIE MUSIK – МУЗЫКА

Die Musikinstrumente – Музыкальные инструменты

das Tamburin
тамбурин m
[təmbʊrʲˈin]

das Becken
тарелки pl
[tɐrʲˈelkʲɪ]

die/das Hi-Hat
хай-хет m
[xˈaj-xʲˈet]

das Schlagzeug
барабанная установка f
[bərɐbˈanːəjə ʊstɐnˈofkə]

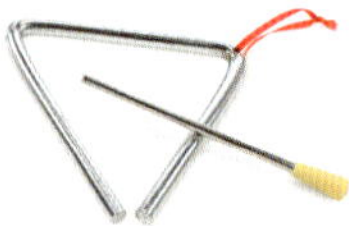

die/der/das Triangel
треугольник m
[trʲɪʊɡˈolʲnʲɪk]

die Rassel
маракас m
[mərɐkˈas]

die Bongos
бонго n
[bɐnɡˈo]

die Kesselpauke
литавры pl
[lʲɪtˈavrɨ]

die Kastagnetten
кастаньеты pl
[kəstɐnʲjˈetɨ]

die Schellenrassel
бубенцы pl
[bʊbʲɪnt͡sˈɨ]

die Panflöte
пан-флейта f
[pˈan-flʲˈejtə]

der Schlagzeugstock
барабанная палочка f
[bərɐbˈanːəjə pˈalət͡ɕkə]

die Mundharmonika
губная гармошка f
[ɡʊbnˈajə ɡɐrmˈoʂkə]

der Dudelsack
волынка f
[vɐlˈɨnkə]

das Akkordeon
аккордеон m
[ɐkərdʲɪˈon]

der Flügel
рояль m
[rɐjˈælʲ]

DIE MUSIK – МУЗЫКА

die Notation
нотное письмо n
[nˈotnəjə pʲɪsʲmˈo]

der Violinschlüssel
скрипичный ключ m
[skrʲɪpʲˈit͡ɕnɨj klʲˈʉt͡ɕ]

die Notenlinie
линия нотного стана f
[lʲˈinʲɪjə nˈotnəvə stˈanə]

der Bassschlüssel
басовый ключ m
[bɐsˈovɨj klʲˈʉt͡ɕ]

das Vorzeichen
знак альтерации m
[znˈak ɐlʲtʲɪrˈat͡sɨɪ]

die Taktangabe
тактовый размер m
[tˈaktəvɨj rɐzmʲˈer]

die Note
нота f
[nˈotə]

das Kreuz
диез m
[dʲɪjˈes]

der Taktstrich
тактовая чёрточка f
[tˈaktəvəjə t͡ɕˈɵrtət͡ɕkə]

die klassische Musik
классическая музыка f
[klɐsʲˈit͡ɕɪskəjə mˈuzɨkə]

das Heavy Metal
хеви-метал m
[xʲˈevʲɪ-mʲˈetəl]

der Rap
рэп m
[rˈɛp]

der Hip-Hop
хип-хоп m
[xʲˈip-xˈop]

der Reggae	**регги** n [rʲˈegʲːɪ]
die Popmusik	**поп-музыка** f [pˈop-mˈuzɨkə]
die Countrymusik	**кантри** n [kˈantrʲɪ]
die Indie-Musik	**инди** n [ˈindʲɪ]
der Blues	**блюз** m [blʲˈʉs]
der/das Techno	**техно** n [tʲˈexnə]
der Soul	**соул** m [sˈoʊl]
die Disko	**диско** n [dʲˈiskə]

der Jazz
джаз m
[d͡zˈas]

der Rock
рок m
[rˈok]

DIE MUSIK – МУЗЫКА

Das Konzert – Концерт

das Rockkonzert
рок-концерт m
[rˈok-kɐnt͡sˈɛrt]

① *der Scheinwerfer*
прожектор m
[prɐʐˈɛktər]

② *das Mikrofon*
микрофон m
[mʲɪkrɐfˈon]

③ *die Band*
группа f
[grˈupːə]

④ *der Bassist*
бас-гитарист m
[bˈas-gʲɪtɐrʲˈist]

⑤ *der Verstärker*
усилитель m
[ʊsʲɪlʲˈitʲɪlʲ]

⑥ *der Gitarrist*
гитарист m
[gʲɪtɐrʲˈist]

⑦ *der Schlagzeuger*
ударник m
[ʊdˈarnʲɪk]

⑧ *der Frontmann*
вокалист m
[vəkɐlʲˈist]

die Konzerthalle
концертная площадка f
[kɐnt͡sˈɛrtnəjə plɐɕːˈætkə]

die Fans
фанаты pl
[fɐnˈatɨ]

das Musikfestival
музыкальный фестиваль m
[mʊzɨkˈalʲnɨj fʲɪstʲɪvˈalʲ]

der DJ
диджей m
[dʲɪdʐˈɛj]

das Mischpult
пульт звукорежиссёра m
[pˈulʲt zvʊkərʲɪʐɨsʲˈɵrə]

singen	**петь** [pʲˈetʲ]
mitsingen	**подпевать** [pətpʲɪvˈatʲ]
pfeifen	**свистеть** [svʲɪstʲˈetʲ]
die Zugabe	**выступление на бис** n [vɨstʊplʲˈenʲɪjə nə bʲˈis]
das Crowdsurfing	**крауд-сёрфинг** m [krˈaʊt-sʲˈɵrfʲɪnk]
der/das Rave	**рейв** m [rʲˈejf]
das Lied	**песня** f [pʲˈesnʲə]
der Liedtext	**текст песни** m [tʲˈekst pʲˈesnʲɪ]

DIE MUSIK – МУЗЫКА

Musik hören – Слушая музыку

die Stereoanlage
стереосистема f
[stʲɪrʲɪəsʲɪstʲˈemə]

der MP3-Player
MP3-плейер m
[ˈɛm-pˈɛ-trʲˈi-plʲˈejɪr]

der CD-Spieler
CD-плейер m
[sʲˈi-dʲˈi-plʲˈejɪr]

der Lautstärkeregler
регулятор громкости m
[rʲɪgʊlʲˈætər grˈomkəstʲɪ]

die Lautsprecherbox
колонка f
[kɐlˈonkə]

die Schallplatte
пластинка f
[plɐstʲˈinkə]

der Plattenspieler
проигрыватель m
[prɐˈigrɪvətʲɪlʲ]

die USB-Schnittstelle
USB-порт m
[ˈjʉ-ˈɛs-bʲˈi-pˈort]

das Radio
радио n
[rˈadʲɪo]

das Gesangstück	**вокальная композиция** f [vɐkˈalʲnəjə kəmpɐzʲˈit͡sɨjə]
die Komposition	**композиция** f [kəmpɐzʲˈit͡sɨjə]
das Instrumentalstück	**инструментальная композиция** f [ɪnstrʊmʲɪntˈalʲnəjə kəmpɐzʲˈit͡sɨjə]
akustisch	**акустический** [ɐkʊstʲˈit͡ɕɪskʲɪj]
der Refrain	**припев** m [prʲɪpʲˈef]
die Melodie	**мелодия** f [mʲɪlˈodʲɪjə]
der Beat	**бит** m [bʲˈit]
die Kassette	**кассета** f [kɐsʲˈetə]

der Kopfhörer
наушники pl
[nɐˈuʂnʲɪkʲɪ]

HOBBYS – ХОББИ

gravieren
гравировать
[grəvʲɪrɐvʲatʲ]

schnitzen
резать по дереву
[rʲˈezətʲ pə dʲˈerʲɪvʊ]

Briefmarken sammeln
собирать марки
[səbʲɪrˈatʲ mˈarkʲɪ]

die Modelleisenbahn
макет железной дороги m
[mɐkʲˈet ʐɨlʲˈeznəj dɐrˈogʲɪ]

modellieren
ваять
[vɐjˈætʲ]

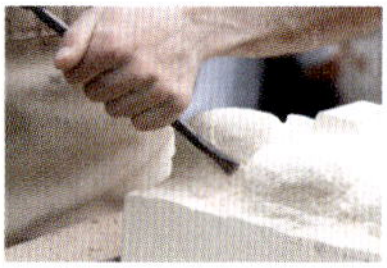

die Bildhauerei
скульптура f
[skʊlʲptˈurə]

töpfern
заниматься гончарным делом [zənʲɪmˈat͡sə gɐnt͡ɕˈærnɨm dʲˈeləm]

Mosaik legen
выкладывать мозаику
[vɨklˈadɨvətʲ mɐzˈaɪkʊ]

der Modellbau
моделестроение n
[mədəlʲɪstrɐjˈenʲɪjə]

Schmuck herstellen
изготавливать ювелирные украшения
[ɪzgɐtˈavlʲɪvətʲ jʉvʲɪlʲˈirnɨjə ʊkrɐʂˈɛnʲɪjə]

lesen
читать
[t͡ɕɪtˈatʲ]

kochen
готовить
[gɐtˈovʲɪtʲ]

gärtnern
заниматься садоводством
[zənʲɪmˈat͡sə sədɐvˈot͡stvəm]

das Origami	**оригами** n [ɐrʲɪgˈamʲɪ]
das Pappmaschee	**папье-маше** n [pɐpʲjˈe-mɐʂˈɛ]
das Scrapbooking	**скрапбукинг** m [skrɐbːˈukʲink]
Möbel restaurieren	**реставрировать мебель** [rʲɪstɐvrʲˈirəvətʲ mʲˈebʲɪlʲ]
im Chor singen	**петь в хоре** [pʲˈetʲ f_xˈorʲɪ]
Filme drehen	**снимать фильмы** [snʲɪmˈatʲ fʲˈilʲmɨ]
Vögel beobachten	**наблюдать за птицами** [nəblʲʉdˈatʲ zə ptʲˈit͡səmʲɪ]
das kreative Schreiben	**литературное творчество** n [lʲɪtʲɪrɐtˈurnəjə tvˈort͡ɕɪstvə]

HOBBYS – ХОББИ

Kunst und Basteln – Рисованье и поделки

der Buntstift
цветной карандаш m
[t͡svʲɪtnˈoj kərɐndˈaʂ]

die Wasserfarbe
акварель f
[ɐkvɐrʲˈelʲ]

der Wachsmalstift
восковой мелок m
[vəskɐvˈoj mʲɪlˈok]

die Lackfarbe
эмалевая краска f
[ɪmˈalʲɪvəjə krˈaskə]

die Ölkreide
масляная пастель f
[mˈaslʲɪnəjə pɐstʲˈelʲ]

die Kreide
мел m
[mʲˈel]

die Ölfarbe
масляная краска f
[mˈaslʲɪnəjə krˈaskə]

die Acrylfarbe
акриловая краска f
[ɐkrʲˈiləvəjə krˈaskə]

die Pastellkreide
пастель f
[pɐstʲˈelʲ]

der Filzstift
фломастер m
[flɐmˈastʲɪr]

die Tusche
тушь f
[tˈuʂ]

die Zeichenkohle
угольный карандаш m
[ˈugəlʲnɨj kərɐndˈaʂ]

die Gouache
гуашь f
[gʊˈaʂ]

der Klebstoff
клей m
[klʲˈej]

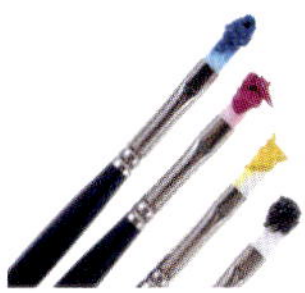

der Pinsel
кисть f
[kʲˈistʲ]

die Palette
палитра m
[pɐlʲˈitrə]

HOBBYS – ХОББИ

Kunst und Basteln – Рисованье и поделки

die *Aquarellmalerei*
акварельная живопись f
[ɐkvɐrʲˈelʲnəjə zʲˈivəpʲɪsʲ]

die *Ölmalerei*
масляная живопись f
[mˈaslʲɪnəjə zʲˈivəpʲɪsʲ]

die *Collage*
коллаж m
[kɐlˈaʂ]

die *Wandmalerei*
настенная живопись f
[nɐstʲˈenːəjə zʲˈivəpʲɪsʲ]

die *Tuschezeichnung*
рисунок пером и тушью m
[rʲɪsˈunək pʲɪrˈom ˈi tˈuʂjʉ]

die *abstrakte Malerei*
абстрактная живопись f
[ɐpstrˈaktnəjə zʲˈivəpʲɪsʲ]

die *Landschaftsmalerei*
пейзажная живопись f
[pʲɪjzˈaʐnəjə zʲˈivəpʲɪsʲ]

die *Porträtmalerei*
портретная живопись f
[pɐrtrʲˈetnəjə zʲˈivəpʲɪsʲ]

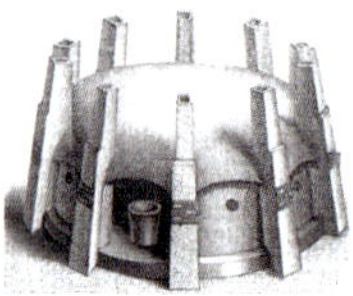

die *Bleistiftzeichnung*
рисунок карандашом m
[rʲɪsˈunək kərəndɐʂˈom]

das *Stillleben*
натюрморт m
[nətʲʉrmˈort]

das *Graffiti*
граффити n
[grɐfʲˈitʲɪ]

der *Siebdruck*
трафаретная печать f
[trəfɐrʲˈetnəjə pʲɪt͡ɕˈætʲ]

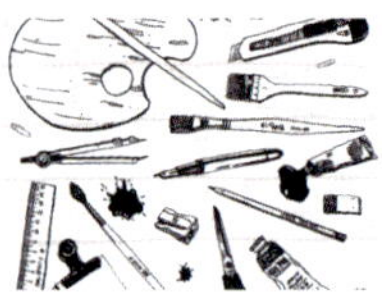

die *Skizze*
набросок m
[nɐbrˈosək]

die *Aktmalerei*
ню n
[nʲˈʉ]

die *Leinwand*
холст m
[xˈolst]

der *Karton*
картон m
[kɐrtˈon]

dic Farbe
цвет m
[t͡svʲˈet]

HOBBYS – ХОББИ

Kunst und Basteln – Рисованье и поделки

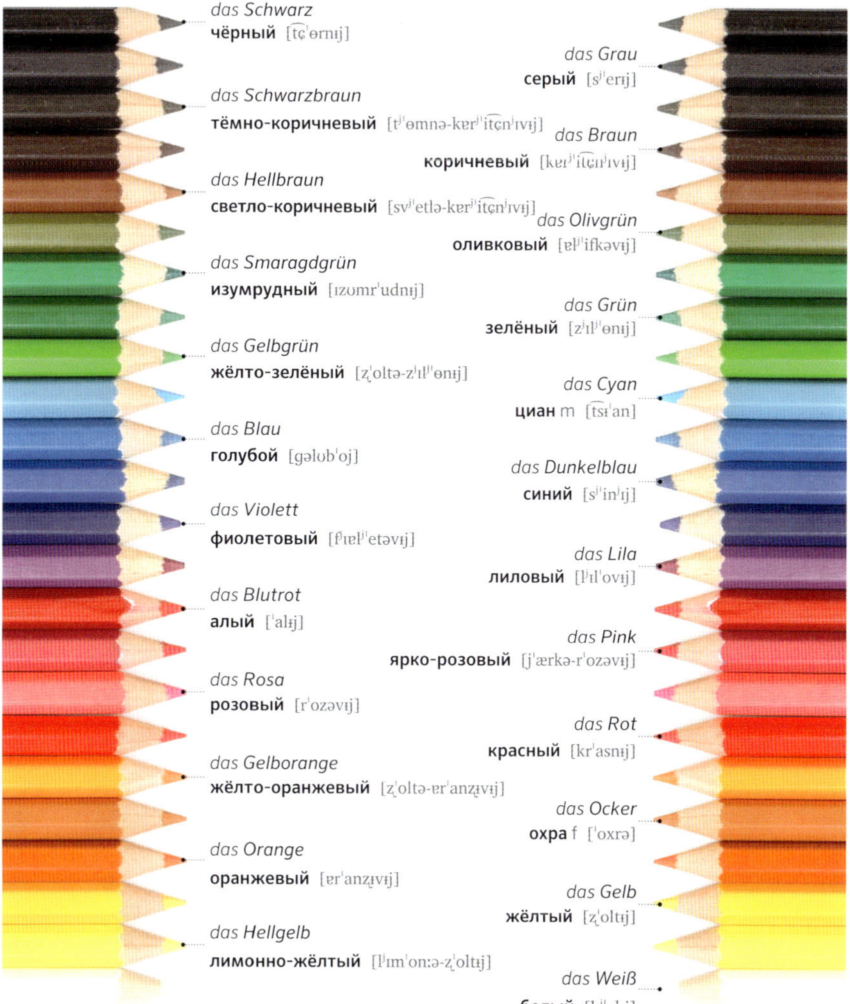

das Schwarz
чёрный [t͡ɕˈornɨj]

das Grau
серый [sʲˈerɨj]

das Schwarzbraun
тёмно-коричневый [tʲˈomnə-kɐrʲˈit͡ɕnʲɪvɨj]

das Braun
коричневый [kɐrʲˈit͡ɕnʲɪvɨj]

das Hellbraun
светло-коричневый [svʲˈetlə-kɐrʲˈit͡ɕnʲɪvɨj]

das Olivgrün
оливковый [ɐlʲˈifkəvɨj]

das Smaragdgrün
изумрудный [ɪzʊmrˈudnɨj]

das Grün
зелёный [zʲɪlʲˈonɨj]

das Gelbgrün
жёлто-зелёный [ʐˈoltə-zʲɪlʲˈonɨj]

das Cyan
циан m [t͡sɪˈan]

das Blau
голубой [ɡəlʊbˈoj]

das Dunkelblau
синий [sʲˈinʲɪj]

das Violett
фиолетовый [fʲɪɐlʲˈetəvɨj]

das Lila
лиловый [lʲɪlˈovɨj]

das Blutrot
алый [ˈalɨj]

das Pink
ярко-розовый [jˈærkə-rˈozəvɨj]

das Rosa
розовый [rˈozəvɨj]

das Rot
красный [krˈasnɨj]

das Gelborange
жёлто-оранжевый [ʐˈoltə-ɐrˈanʐɨvɨj]

das Ocker
охра f [ˈoxrə]

das Orange
оранжевый [ɐrˈanʐɨvɨj]

das Gelb
жёлтый [ʐˈoltɨj]

das Hellgelb
лимонно-жёлтый [lʲɪmˈonːə-ʐˈoltɨj]

das Weiß
белый [bʲˈelɨj]

HOBBYS – ХОББИ

Nähen und Stricken – Шитьё и вязание

der Kopf
головка f
[gɐlʲofkə]

der Fadenhebel
нитепритягиватель m
[nʲɪtʲɪprʲɪtʲɪˈægʲɪvətʲɪlʲ]

die Fadenführung
нитенаправитель m
[nʲɪtʲɪnəprɐvʲˈitʲɪlʲ]

der Garnrollenstift
катушечный стержень m
[kɐtˈuʂɨt͡ɕnɨj stʲˈerʐɨnʲ]

die Nähmaschine
швейная машинка f
[ʂvʲˈejnəjə mɐʂˈɨnkə]

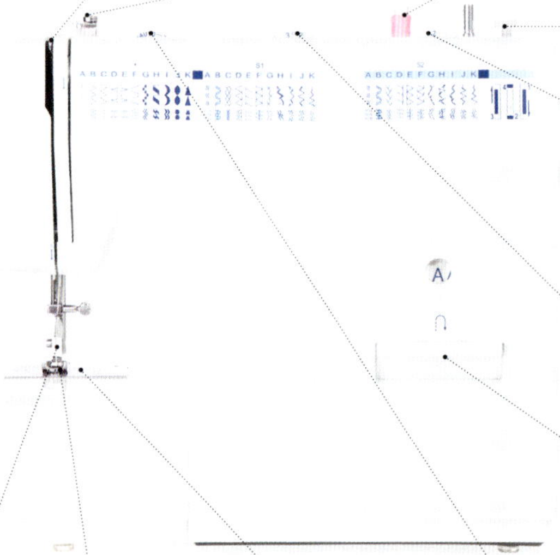

der Spuler
моталка f
[mɐtˈalkə]

der Stichbreitenwähler
ручка регулятора длины стежка f [rˈut͡ɕkə rʲɪgʊlʲˈætərə dlʲɪnʲˈɨ stʲɪʂkˈa]

das Handrad
маховое колесо n
[məxɐvˈojə kəlʲɪsˈo]

der Stichwähler
переключатель строчек m
[pʲɪrʲɪklʲʉt͡ɕˈætʲɪlʲ strˈot͡ɕɪk]

die Rückwärtsnähtaste
рычаг обратной строчки m
[rɪt͡ɕˈæk ɐbrˈatnəj strˈot͡ɕkʲɪ]

die Nadel
игла f
[ɪglˈa]

der Nähfuß
лапка f
[lˈapkə]

die Stichplatte
игольная пластина f
[ɪgˈolʲnəjə plɐstʲˈinə]

der Nähfußdruckregler
узел натяжения моталки m
[ˈuzʲɪl nətʲɪʐˈenʲɪjə mɐtˈalkʲɪ]

die Overlock
оверлок m
[ɐvʲɪrlˈok]

das Maßband
сантиметр m
[səntʲɪmʲˈetr]

die Spule
шпулька f
[ʂpˈulʲkə]

das Nähgarn
швейные нитки pl
[ʂvʲˈejnɨjə nʲˈitkʲɪ]

HOBBYS – ХОББИ

Nähen und Stricken – Шитьё и вязание

die Schneiderpuppe
манекен m
[mənʲɪkʲˈen]

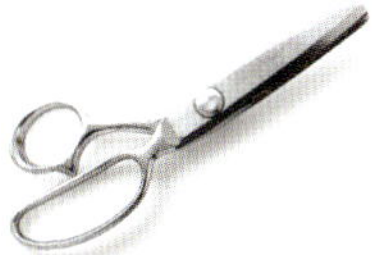

die Schere
ножницы pl
[nˈoʐnʲɪt͡sɨ]

das Nahkastchen
шкатулка для рукоделия f
[ʂkɐtˈulkə dlʲɪ rʊkɐdʲˈelʲɪjə]

das Nadelkissen
подушечка для иголок f
[pɐdˈuʂɨt͡ɕkə dlʲɪ ɪɡˈolək]

das Schnittmuster
выкройка f
[vˈɨkrəjkə]

die Nähnadel
игла f
[ɪɡlˈa]

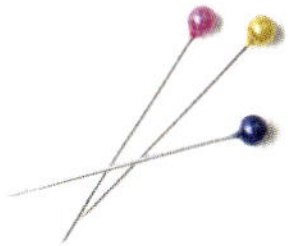

die Stecknadel
булавка f
[bʊlˈafkə]

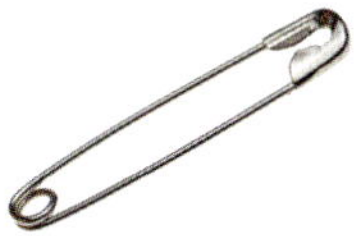

die Sicherheitsnadel
английская булавка f
[ɐnglʲˈijskəjə bʊlˈafkə]

der Stoff
ткань f
[tkˈanʲ]

der Knopf
пуговица f
[pˈuɡəvʲɪt͡sə]

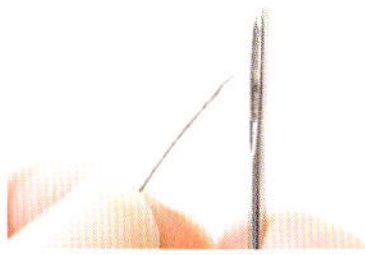

einen Faden einfädeln
вдевать нитку в иголку
[vdʲɪvˈatʲ nʲˈitkʊ v‿ɨɡˈolkʊ]

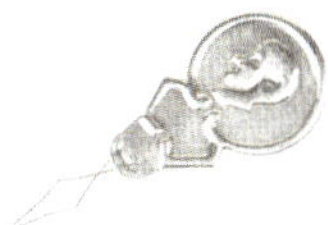

der Einfädler
нитковдеватель m
[nʲɪtkəvdʲɪvˈatʲɪlʲ]

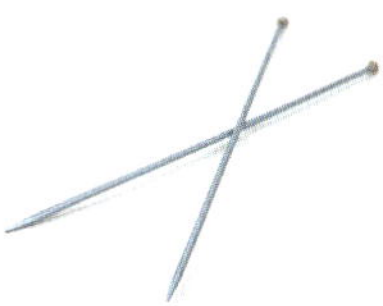

die Stricknadel
вязальные спицы pl
[vʲɪzˈalʲnɨjə spʲˈit͡sɨ]

die Wolle
шерсть f
[ʂˈerstʲ]

der Fingerhut
напёрсток m
[nɐpʲˈorstək]

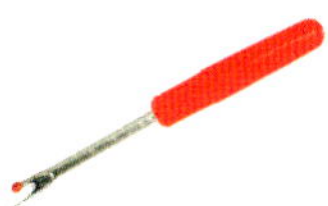

der Nahtauftrenner
распарыватель швов m
[rɐspˈarɨvətʲɪlʲ ʂvˈof]

HOBBYS – ХОББИ

Nähen und Stricken – Шитьё и вязание

nähen
шить
[ʂˈɨtʲ]

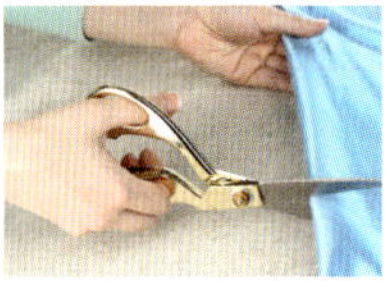

schneiden
кроить
[krɐˈitʲ]

das Patchwork
пэтчворк m
[pɛt͡ɕvˈork]

häkeln
вязать крючком
[vʲɪzˈatʲ krʲʉt͡ɕkˈom]

der Kreuzstich
вышивка крестиком f
[vˈɨ̞ʂɨfkə krʲˈestʲɪkəm]

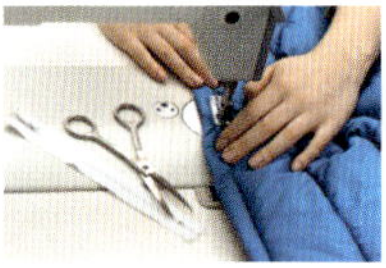

wattieren
подбивать ватой
[pədbʲɪvˈatʲ vˈatəj]

stricken
вязать
[vʲɪzˈatʲ]

stopfen
штопать
[ʂtˈopətʲ]

weben
прясть
[prʲˈæstʲ]

Spitze klöppeln
плести кружева
[plʲɪstʲˈi krʊʐɨvˈa]

einen Teppich knüpfen
плести ковёр
[plʲɪstʲˈi kɐvʲˈɵr]

der Reißverschluss
застёжка-молния f
[zɐstʲˈɵʂkə-mˈolnʲɪjə]

auftrennen
пороть
[pɐrˈotʲ]

sticken	**вышивать** [vɨ̞ʂɨvˈatʲ]
das Leinen	**лён** m [lʲˈɵn]
die Seide	**шёлк** m [ʂˈolk]
das Nylon®	**нейлон®** m [nʲɪjlˈon]
die Baumwolle	**хлопок** m [xlˈopək]
der Polyester	**полиэстр** m [pəlʲɪˈɛstr]
der Stich	**стежок** m [stʲɪʐˈok]
heften	**смётывать** [smʲˈɵtɨvətʲ]

HOBBYS – ХОББИ

Das Kino – Кино

der Kinosaal
кинозал m
[kʲɪnɐzˈal]

① *die Kinoleinwand*
большой экран m
[bɐlʲʂˈoj ɪkrˈan]

② *die Sitzreihe*
ряд m
[rʲˈæt]

die Snackbar
кафе n
[kɐfˈɛ]

das Getränk
напиток m
[nɐpʲˈitək]

das Popcorn
попкорн m
[pɐpkˈorn]

die Kinokasse
билетная касса f
[bʲɪlʲˈetnəjə kˈasːə]

die Komödie
комедия f
[kɐmʲˈedʲɪjə]

der Horrorfilm
фильм ужасов m
[fʲˈilʲm ˈuʐəsəf]

der Liebesfilm
мелодрама f
[mʲɪlɐdrˈamə]

der Zeichentrickfilm	**мультфильм** m [mʊlʲtfʲˈilʲm]
der Western	**вестерн** m [vʲˈestʲɪrn]
die Voraufführung	**предварительный показ фильма** m [prʲɪdvɐrʲˈitʲɪlʲnɨj pɐkˈas fʲˈilʲmə]
das Filmplakat	**афиша** f [ɐfʲˈiʂə]
die Premiere	**премьера** f [prʲɪmʲjˈerə]
der Thriller	**триллер** m [trʲˈilʲːɪr]
der Sciencefictionfilm	**фантастический фильм** m [fəntɐstʲˈit͡ɕɪskʲɪj fʲˈilʲm]
jugendfrei	**разрешено для показа детям** [rəzrʲɪʂɨnˈo dlʲɪ pɐkˈazə dʲˈetʲɪm]

der 3D-Film
фильм в 3D m
[fʲˈilʲm f_trʲˈi-dʲˈi]

HOBBYS – ХОББИ

Fotografieren – Фотография

die Programmwählscheibe
головка управления f
[gɐlˈofkə ʊprɐvlʲˈenʲɪjə]

die Spiegelreflexkamera
зеркальная фотокамера f
[zʲɪrkˈalʲnəjə fətekˈamʲɪrə]

der Blitzschuh
крепление для вспышки n
[krʲɪplʲˈenʲɪjə dlʲɪ fspˈɨşkʲɪ]

der (ausklappbare) Blitz
(встроенная) вспышка f
[(fstrˈojɪnːəjə) fspˈɨşkə]

der/das Zoom
зум m
[zˈum]

das Objektiv
объектив m
[ɐbjɪktʲˈif]

der Auslöser
кнопка затвора f
[knˈopkə zɐtvˈorə]

das Kameragehäuse
корпус фотоаппарата m
[kˈorpʊs fətɐɐpɐrˈatə]

der Blendenregler
колёсико управления n
[kɐlʲˈosʲɪkə ʊprɐvlʲˈenʲɪjə]

das Selbstauslöser-Lichtsignal
сигнал автоспуска m
[sʲɪgnˈal ɐftɐspˈuskə]

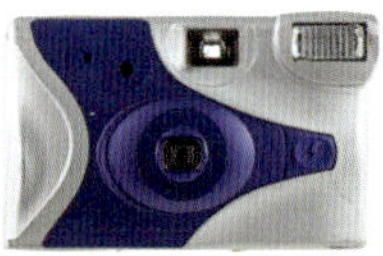

die Einwegkamera
одноразовый фотоаппарат m
[ɐdnɐrˈazəvɨj fətɐɐpɐrˈat]

die Sofortbildkamera
фотоаппарат для мгновенных снимков m [fətɐɐpɐrˈat dlʲɪ mgnɐvʲˈenːɨx snʲˈimkəf]

die Analogkamera
аналоговый фотоаппарат m
[ɐnˈaləgəvɨj fətɐɐpɐrˈat]

die Digitalkamera
цифровой фотоаппарат m
[tsɨfrɐvˈoj fətɐɐpɐrˈat]

das Stativ
штатив m
[ştɐtʲˈif]

der Aufsteckblitz
внешняя вспышка f
[vnʲˈeşnʲɪjə fspˈɨşkə]

der Filter
фильтр m
[fʲˈilʲtr]

der Objektivdeckel
крышка объектива f
[krˈɨşkə ɐbjɪktʲˈivə]

HOBBYS – ХОББИ

Fotografieren – Фотография

der Film
фотоплёнка f
[fətɐplʲˈonkə]

das Fotostudio
фотостудия f
[fətɐstˈudʲɪjə]

ein Foto machen
сделать фотографию
[zdʲˈelətʲ fətɐgrˈafʲɪjʉ]

die Bildbearbeitung
обработка изображения f
[ɐbrɐbˈotkə ɪzəbrɐʐˈenʲɪjə]

die Compact-Flash-Karte
флешка f
[flˈeʂkə]

sich fotografieren lassen
позировать
[pɐzʲˈirəvətʲ]

die Kameratasche
кофр для фотоаппарата m
[kˈofr dlʲɪ fətɐɐpɐrˈatə]

die Dunkelkammer
фотолаборатория f
[fətələbərɐtˈorʲɪjə]

die Speicherkarte
карта памяти f
[kˈartə pˈamʲɪtʲɪ]

unscharf
нерезкий
[nʲɪrʲˈeskʲɪj]

überbelichtet
пересвеченный
[pʲɪrʲɪsvʲˈet͡ɕɪnːɨj]

unterbelichtet
недосвеченный
[nʲɪdəsvʲˈet͡ɕɪnːɨj]

das Hochformat	**вертикальный формат** m [vʲɪrtʲɪkˈalʲnɨj fɐrmˈat]
das Querformat	**горизонтальный формат** m [gərʲɪzɐntˈalʲnɨj fɐrmˈat]
die Vergrößerung	**увеличение** n [ʊvʲɪlʲɪt͡ɕˈenʲɪjə]
der Rote-Augen-Effekt	**эффект красных глаз** m [ɪfʲˈekt krˈasnɨx glˈas]
matt	**матовый** [mˈatəvɨj]
glänzend	**глянцевый** [glʲˈænt͡sɨvɨj]
das Fotoalbum	**фотоальбом** m [fətɐɐlʲbˈom]
das Negativ	**негатив** m [nʲɪgɐtʲˈif]

der digitale Bilderrahmen
цифровая фоторамка f
[t͡sɨfrɐvˈajə fətɐrˈamkə]

HOBBYS – ХОББИ

Spiele – Игры

die Spielkarte
игральная карта f
[ɪɡrˈalʲnəjə kˈartə]

das Karo
бубны pl
[bˈubnɨ]

das Pik
пики pl
[pʲˈikʲɪ]

das Herz
червы pl
[t͡ɕˈervɨ]

das Kreuz
трефы pl
[trʲˈefɨ]

das Ass
туз m
[tˈus]

der Joker
джокер m
[dz̧ˈokʲɪr]

der König
король m
[kɐrˈolʲ]

die Dame
дама f
[dˈamə]

der Bube
валет m
[vɐlʲˈet]

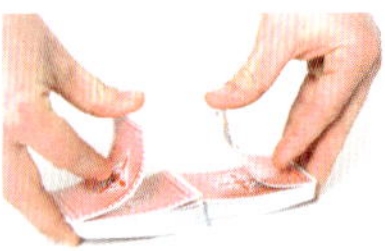

die Karten mischen
тасовать карты
[təsɐvˈatʲ kˈartɨ]

geben
раздавать
[rəzdɐvˈatʲ]

das Blatt
рука f
[rʊkˈa]

Poker spielen
играть в покер
[ɪɡrˈatʲ f_pˈokʲɪr]

der Dominostein
домино n
[dəmʲɪnˈo]

das Backgammon
нарды pl
[nˈardɨ]

das Damespiel
шашки pl
[ʂˈaʂkʲɪ]

das Puzzle
пазл m
[pˈazl]

HOBBYS – ХОББИ

Spiele – Игры

das Schach
шахматы pl
[ʂˈaxmətɨ]

der König
король m
[kɐrˈolʲ]

die Dame
ферзь m
[fʲˈersʲ]

der Läufer
слон m
[slˈon]

der Springer
конь m
[kˈonʲ]

der Turm
ладья f
[lɐdʲjˈæ]

der Bauer
пешка f
[pʲˈeʂkə]

das weiße Feld
белое поле n
[bʲˈeləjə pˈolʲɪ]

das Schachbrett
шахматная доска f
[ʂˈaxmətnəjə dɐskˈa]

das schwarze Feld
чёрное поле n
[t͡ɕˈornəjə pˈolʲɪ]

der Zug
ход m
[xˈot]

das Brettspiel
настольная игра f
[nɐstˈolʲnəjə ɪgrˈa]

das Monopoly®
Монополия® f
[mənɐpˈolʲɪjə]

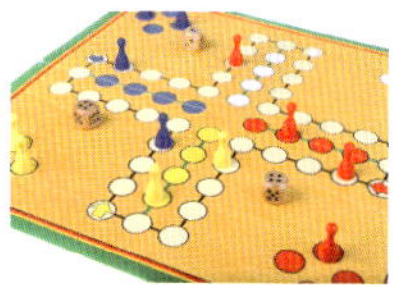

das Mensch ärgere dich nicht®
лудо n
[lˈudə]

würfeln	**бросать кубик**	[brɐsˈatʲ kˈubʲɪk]
mogeln	**жульничать**	[ʐˈulʲnʲɪt͡ɕɪtʲ]
das Glück	**удача** f	[ʊdˈat͡ɕə]
das Pech	**неудача** f	[nʲɪʊdˈat͡ɕə]
Wer ist dran?	**Чей сейчас ход?**	[t͡ɕˈej sʲɪjt͡ɕˈæs xˈot]
Du bist dran.	**Сейчас твой ход.**	[sʲɪjt͡ɕˈæs tvˈoj xˈot]
gewinnen	**выиграть**	[vˈɨɪgrətʲ]
verlieren	**проиграть**	[prəɪgrˈatʲ]

das Jenga®
Дженга® f
[dʐˈɛngə]

der Würfel
кубик m
[kˈubʲɪk]

FERIEN – КАНИКУЛЫ

Am Strand – На пляже

der Strand
пляж m
[plʲˈæʂ]

die Stranddüne
дюна f
[dʲˈʉnə]

der Sonnenuntergang
закат m
[zɐkˈat]

das Meer
море n
[mˈorʲɪ]

der Strandkorb
кресло с тентом n
[krʲˈeslə s_tʲˈentəm]

der Sand
песок m
[pʲɪsˈok]

die Küste
берег m
[bʲˈerʲɪk]

die Strandpromenade
променад m
[prəmʲɪnˈat]

der Liegestuhl
шезлонг m
[ʂɨzlˈonk]

der Wasserball
пляжный мяч m
[plʲˈæʐnɨj mʲˈæt͡ɕ]

das Strandtuch
пляжное полотенце n
[plʲˈæʐnəjə pəlɐtʲˈent͡sɨ]

die Kinderschaufel
совок m
[sɐvˈok]

der Flip-Flop®
шлёпанцы pl
[ʂlʲˈɵpənt͡sɨ]

der Eimer
ведро n
[vʲɪdrˈo]

FERIEN – КАНИКУЛЫ

Am Strand – На пляже

der Sonnenschirm
зонт от солнца m
[zʲont ɐt_sʲontsə]

der Steinstrand
галечный пляж m
[gʲalʲɪtɕnɨj plʲʲæʂ]

die Strandmuschel
пляжная палатка f
[plʲʲæʐnəjə pɐlʲatkə]

die Sandburg
замок из песка m
[zʲamək ɪs_pʲɪskʲa]

der Seetang
водоросли pl
[vʲodərəslʲɪ]

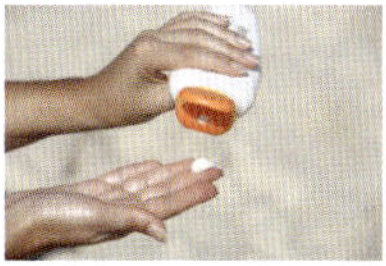

die Sonnencreme
крем от загара m
[krʲʲem ɐd_zɐgʲarə]

das Strandresort
морской курорт m
[mɐrskʲoj kʊrʲort]

der Steg
мол m
[mʲol]

das Kreuzworträtsel
кроссворд m
[krɐsvʲort]

das Sudoku
судоку n
[sʊdʲokʊ]

das Strandhäuschen
домик на пляже m
[dʲomʲɪk nə plʲʲæʐɨ]

die Strandbar
пляжный бар m
[plʲʲæʐnɨj bʲar]

die Ebbe	**отлив** m [ɐtlʲʲif]
die Flut	**прилив** m [prʲɪlʲʲif]
die Strömung	**течение** n [tʲɪtɕʲenʲɪjə]
der FKK-Strand	**нудистский пляж** m [nʊdʲʲiːskʲɪj plʲʲæʂ]
das Strandgut	**вещи, выброшенные морем** pl [vʲʲeɕːɪ vʲɨbrəʂɪnːɨjə mʲorʲɪm]
schnorcheln	**плавать с аквалангом** [plʲavətʲ s_ɐkvɐlʲangəm]
der Sonnenbrand	**солнечный ожог** m [sʲolnʲɪtɕnɨj ɐʐʲok]
die Brandung	**прибой** m [prʲɪbʲoj]

sich sonnen
загорать
[zəgɐrʲatʲ]

FERIEN – КАНИКУЛЫ

Das Zelten – Палаточный отдых

das Wohnmobil
дом на колёсах m
[dom nə kɐlʲˈɵsəx]

der Wohnwagen
жилой автоприцеп m
[zɨlˈoj aftəprʲɪˈt͡sɛp]

der Campingbus
жилой автобус m
[zɨlˈoj ɐftˈobʊs]

das Indianerzelt
типи n
[tʲˈipʲɪ]

der Campingstuhl
складной стул m
[sklɐdnˈoj stˈul]

der Gasbrenner
газовая горелка f
[gˈazəvəjə gɐrʲˈelkə]

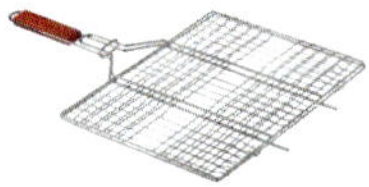

der Grillrost
решётка для гриля f
[rʲɪʂˈotkə dlʲɪ grʲˈilʲə]

die Lagerfeuerstelle
место для костра n
[mʲˈestə dlʲɪ kɐstrˈa]

der Campingplatz
место для кемпинга n
[mʲˈestə dlʲɪ kʲˈempʲɪngə]

das Zelt
палатка f
[pɐlˈatkə]

der Zeltplatz
место под палатку n
[mʲˈestə pət_pɐlˈatkʊ]

das Taschenmesser
складной нож m
[sklɐdnˈoj nˈoʂ]

die Hängematte
гамак m
[gɐmˈak]

die Gasflasche	**газовый баллон** m [gˈazəvɨj bɐlˈon]
das Propangas	**пропан** m [prɐpˈan]
die Stirnlampe	**налобный фонарик** m [nɐlˈobnɨj fɐnˈarʲɪk]
der Stromanschluss	**токопровод** m [təkəprɐvˈot]
die Duschen und Toiletten	**души и туалеты** pl [dˈuʂɨ i tʊɐlʲˈetɨ]
der Feueranzünder	**растопка** f [rɐstˈopkə]
die Holzkohle	**древесный уголь** m [drʲɪvʲˈesnɨj ˈugəlʲ]
der/das Insektenspray	**репеллент** m [rʲɪpʲɪlʲˈent]

FERIEN – КАНИКУЛЫ

Das Zelten – Палаточный отдых

der Schlafsack
спальник m
[spˈalʲnʲɪk]

das Außenzelt
тент m
[tʲˈent]

das Innenzelt
палатка f
[pɐlˈatkə]

der Zelteingang
вход в палатку m
[fxˈot f_pɐlˈatkʊ]

die Zeltstange
каркас палатки m
[kɐrkˈas pɐlˈatkʲɪ]

der Zeltboden
днище палатки n
[dnʲˈiɕːɪ pɐlˈatkʲɪ]

der Reißverschluss
молния f
[mˈolnʲɪjə]

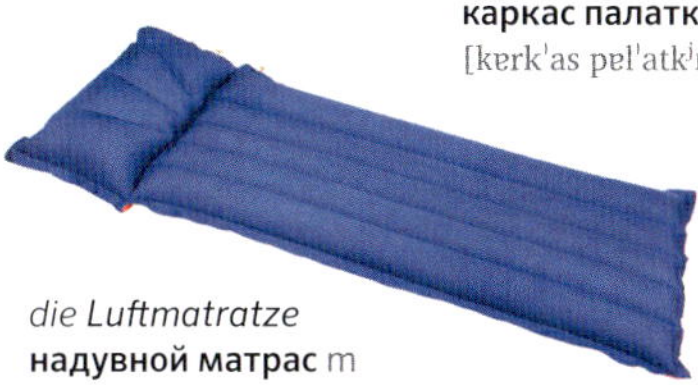

die Luftmatratze
надувной матрас m
[nədʊvnˈoj mɐtrˈas]

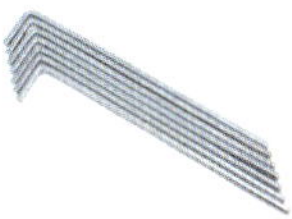

der Hering
колышек m
[kˈolɨʂɨk]

die Taschenlampe
фонарик m
[fɐnˈarʲɪk]

der Rucksack
рюкзак m
[rʲʉgzˈak]

die Isomatte
коврик m
[kˈovrʲɪk]

der Trekkingstock
треккинговые палки pl
[trʲˈekʲɪngəvɨjə pˈalkʲɪ]

der Wanderschuh
туристический ботинок m
[tʊrʲɪstʲˈit͡ɕɪskʲɪj bɐtʲˈinək]

die Petroleumlampe	**керосиновая лампа** f [kʲɪrɐsʲˈinəvəjə lˈampə]
die Luftpumpe	**насос** m [nɐsˈos]
die Campingtoilette	**биотуалет** m [bɪətʊɐlʲˈet]
die Entsorgungsstation	**утилизация отходов** f [ʊtʲɪlʲɪzˈat͡sɨjə ɐtxˈodəf]
die Regenhaut®	**водонепроницаемая ткань** f [vədənʲɪprənʲɪt͡sˈajəməjə tkˈanʲ]
die Thermowäsche	**термобельё** n [tʲɪrməbʲɪlʲjˈɵ]
das Moskitonetz	**накомарник** m [nəkɐmˈarnʲɪk]
ein Zelt aufschlagen	**поставить палатку** [pɐstˈavʲɪtʲ pɐlˈatkʊ]
Kann ich hier mein Zelt aufschlagen?	**Можно поставить здесь палатку?** [mˈoʐnə pɐstˈavʲɪtʲ zdʲˈesʲ pɐlˈatkʊ]

der Wasserkanister
канистра для воды f
[kɐnʲˈistrə dlʲɪ vɐdˈɨ]

KÖRPER UND GESUNDHEIT

ТЕЛО И ЗДОРОВЬЕ

DER KÖRPER – ТЕЛО

der Mann
мужчина m
[mʊɕːˈinə]

die Frau
женщина f
[ʐˈɛnɕːɪnə]

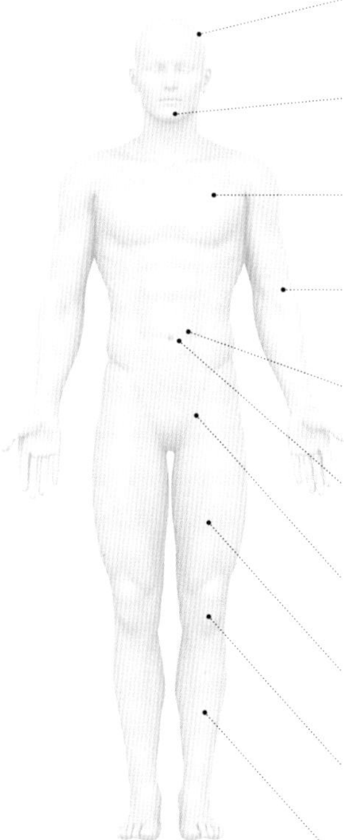

der Kopf
голова f
[gəlɐvˈa]

das Kinn
подбородок m
[pədbɐrˈodək]

der Brustkorb
грудная клетка f
[grʊdnˈajə klʲˈetkə]

der Arm
рука f
[rʊkˈa]

der Bauch
живот m
[ʐɨvˈot]

der Bauchnabel
пупок m
[pʊpˈok]

die Leiste
паховая область f
[pˈaxəvəjə ˈobləstʲ]

der Oberschenkel
бедро n
[bʲɪdrˈo]

das Knie
колено n
[kɐlʲˈenə]

das Schienbein
голень f
[gˈolʲɪnʲ]

der Hals
шея f
[ʂˈɛjə]

die Schulter
плечо n
[plʲɪt͡ɕˈo]

die Achselhöhle
подмышка f
[pɐdmˈɨʂkə]

die Brust
грудь f
[grˈutʲ]

die Brustwarze
сосок m
[sɐsˈok]

die Hüfte
тазобедренный сустав m
[təzɐbʲˈedrʲɪnːɨj sʊstˈaf]

die Schamgegend
лобковая область f
[lɐpkˈovəjə ˈobləstʲ]

das Bein
нога f
[nɐgˈa]

der Unterschenkel
голень f
[gˈolʲɪnʲ]

der Fuß
стопа f
[stɐpˈa]

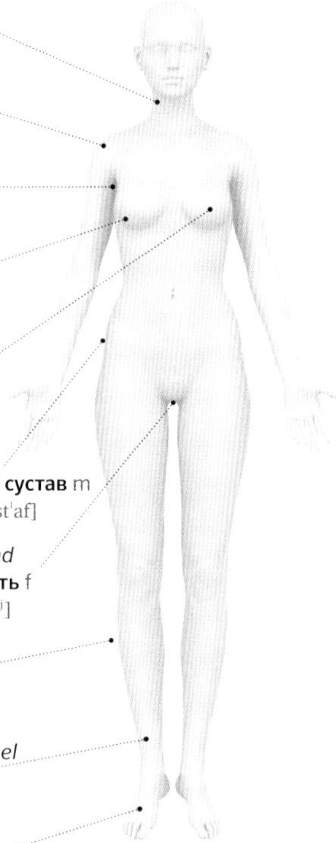

DER KÖRPER – ТЕЛО

die Frau
женщина f
[ʐˈɛnɕːɪnə]

der Mann
мужчина m
[mʊɕːˈinə]

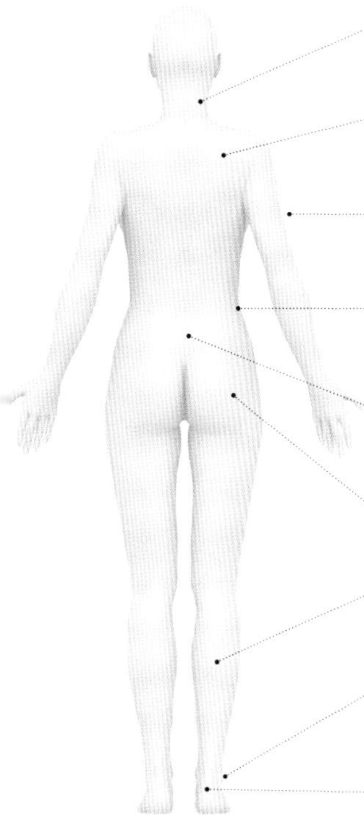

der Nacken
затылок n
[zɐtˈɨlək]

das Schulterblatt
лопатка f
[lɐpˈatkə]

der Arm
рука f
[rʊkˈa]

die Taille
талия f
[tˈalʲɪjə]

die Lende
поясница f
[pəjɪsnʲˈit͡sə]

das Gesäß
ягодицы pl
[jˈæɡədʲɪt͡sɪ]

die Wade
икра f
[ɪkrˈa]

der Knöchel
лодыжка f
[lɐdˈɨʂkə]

die Ferse
пятка f
[pʲˈætkə]

der Oberarm
плечо n
[plʲɪt͡ɕˈɵ]

der Ellbogen
локоть m
[lˈokətʲ]

der Unterarm
предплечье n
[prʲɪtplʲˈet͡ɕjə]

der Rücken
спина f
[spʲɪnˈa]

das Handgelenk
запястье n
[zɐpʲˈæstʲjə]

die Hand
рука f
[rʊkˈa]

die Gesäßbacke
ягодица f
[jˈæɡədʲɪt͡sə]

die Gesäßspalte
ягодичная ложбинка f
[jɪɡədʲˈit͡ɕnəjə lɐʐbʲˈinkə]

die Kniekehle
подколенная ямка f
[pədkɐlʲˈenːəjə jˈamkə]

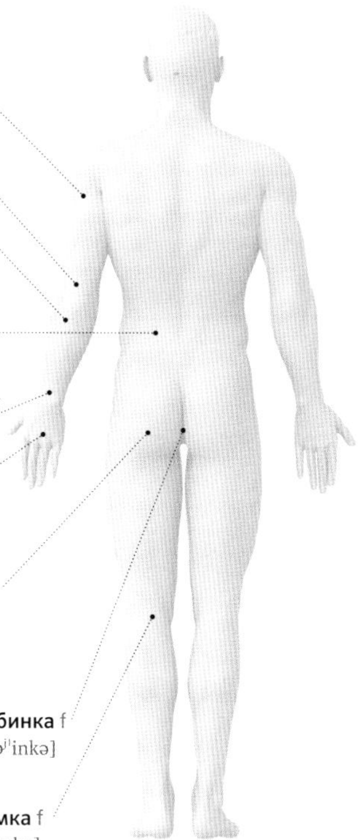

DER KÖRPER – ТЕЛО

Die Hand und der Fuß – Рука и ступня

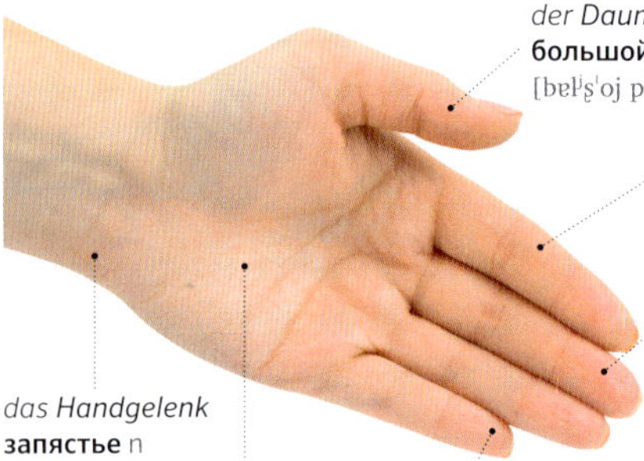

der Daumen
большой палец m
[bɐlʲˈʂoj pˈalʲɪt͡s]

der Zeigefinger
указательный палец m
[ʊkɐzˈatʲɪlʲnɨj pˈalʲɪt͡s]

der Mittelfinger
средний палец m
[srʲˈednʲɪj pˈalʲɪt͡s]

das Handgelenk
запястье n
[zɐpʲˈæstʲjə]

die Handfläche
ладонь f
[lɐdˈonʲ]

die Fingerkuppe
подушечка пальца f
[pɐdˈuʂɪt͡ɕkə pˈalʲt͡sə]

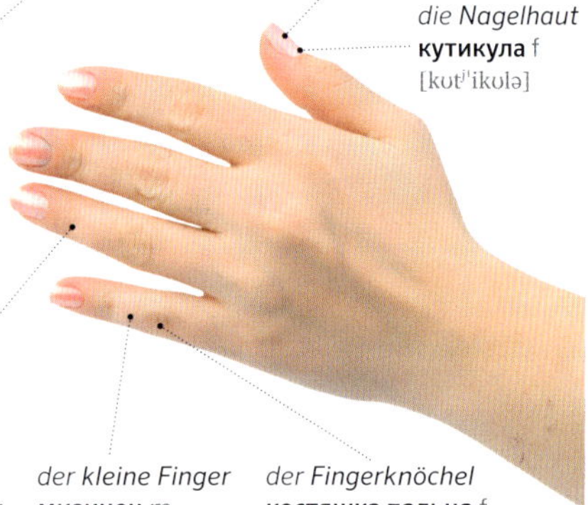

der Fingernagel
ноготь m
[nˈogətʲ]

die Nagelhaut
кутикула f
[kʊtʲˈikʊlə]

der Ringfinger
безымянный палец m
[bʲɪzɨmʲˈænːɨj pˈalʲɪt͡s]

der kleine Finger
мизинец m
[mʲɪzʲˈinʲɪt͡s]

der Fingerknöchel
костяшка пальца f
[kɐstʲˈæʂkə pˈalʲt͡sə]

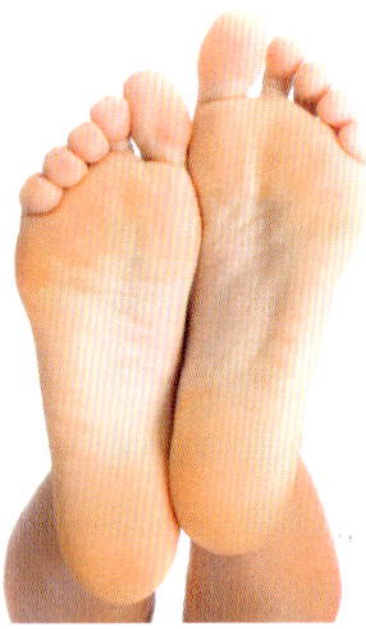

die Fußsohle
подошва f
[pɐdˈoʂvə]

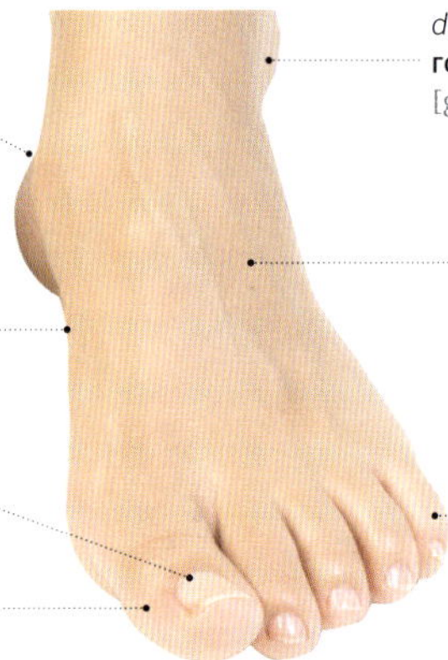

die Ferse
пятка f
[pʲˈætkə]

das Fußgelenk
голеностоп m
[gəlʲɪnɐstˈop]

der Fußrücken
тыл стопы m
[tˈɨl stɐpˈɨ]

das Fußgewölbe
свод стопы m
[svˈot stɐpˈɨ]

der Zehennagel
ноготь m
[nˈogətʲ]

der kleine Zeh
мизинец m
[mʲɪzʲˈinʲɪt͡s]

der große Zeh
большой палец m
[bɐlʲˈʂoj pˈalʲɪt͡s]

DER KÖRPER – ТЕЛО

Der Kopf – Голова

das Gehirn
мозг m
[mˈosk]

das Großhirn
мозг m
[mˈosk]

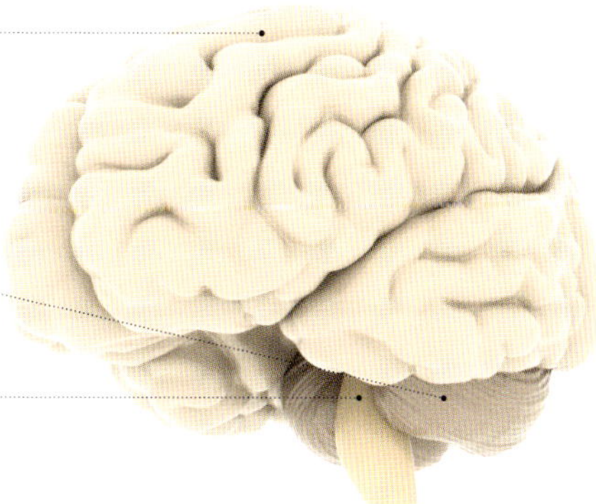

das Kleinhirn
мозжечок m
[məʑːɪt͡ɕˈɵk]

der Hirnstamm
мозговой ствол m
[məzgɐvˈoj stvˈol]

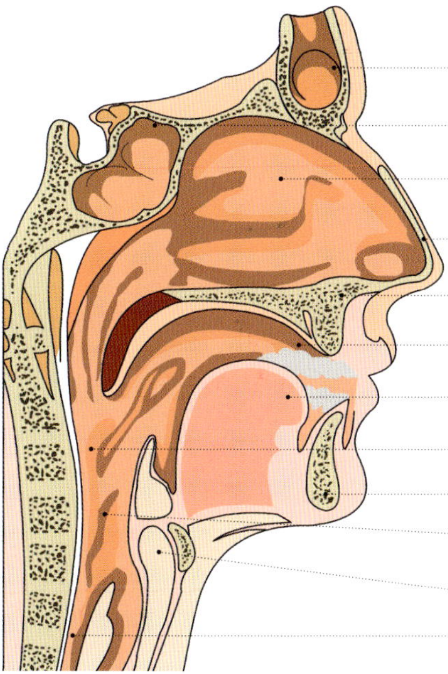

die Stirnhöhle
лобная пазуха f
[lˈobnəjə pˈazʊxə]

die Nasenhöhle
носовая полость f
[nəsɐvˈajə pˈoləstʲ]

der Oberkiefer
верхняя челюсть f
[vʲˈerxnʲɪjə t͡ɕˈelʲʉstʲ]

die Zunge
язык m
[jɪzˈɨk]

der Unterkiefer
нижняя челюсть f
[nʲˈiʐnʲɪjə t͡ɕˈelʲʉstʲ]

der Kehlkopf
гортань f
[gɐrtˈanʲ]

die Keilbeinhöhle
основная пазуха f
[ɐsnɐvnˈajə pˈazʊxə]

das Nasenbein
носовая кость f
[nəsɐvˈajə kˈostʲ]

der Gaumen
нёбо n
[nʲˈɵbə]

der Rachen
зев m
[zʲˈef]

die Kehle
глотка f
[glˈotkə]

die Speiseröhre
пищевод m
[pʲɪɕːɪvˈot]

DER KÖRPER – ТЕЛО

Die Muskeln – Мышцы

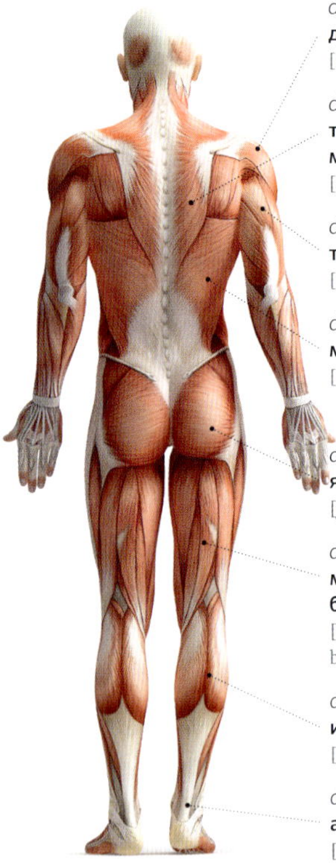

der Deltamuskel
дельтовидная мышца f
[dʲɪlʲtəvʲˈidnəjə mˈɨʂt͡sə]

der Kapuzenmuskel
трапециевидная мышца f
[trəpʲɪt͡sɪvʲˈidnəjə mˈɨʂt͡sə]

der Trizeps
трицепс m
[trʲˈit͡sɪps]

der Rückenmuskel
мышца спины f
[mˈɨʂt͡sə spʲɪnˈɨ]

der Gesäßmuskel
ягодичная мышца f
[jɪgɐdʲˈit͡ɕnəjə mˈɨʂt͡sə]

die ischiocruralen Muskeln
мышцы задней части бедра pl
[mˈɨʂt͡sɨ zˈadnʲɪj t͡ɕˈæstʲɪ bʲɪdrˈa]

der Wadenmuskel
икроножная мышца f
[ɪkrɐnˈoʐnəjə mˈɨʂt͡sə]

die Achillessehne
ахиллово сухожилие n
[ɐxʲˈil:əvə sʊxɐʐˈilʲɪjə]

der Stirnmuskel
лобная мышца f
[lˈobnəjə mˈɨʂt͡sə]

der Brustmuskel
грудная мышца f
[grʊdnˈajə mˈɨʂt͡sə]

der Bizeps
бицепс m
[bʲˈit͡sɪps]

der Bauchmuskel
брюшная мышца f
[brʲʊʂnˈajə mˈɨʂt͡sə]

der Oberschenkelmuskel
мышца бедра f
[mˈɨʂt͡sə bʲɪdrˈa]

der vordere Schienbeinmuskel
передняя большеберцовая мышца f
[pʲɪrʲˈednʲɪjə bəlʲʂɨbʲɪrt͡sˈovəjə mˈɨʂt͡sə]

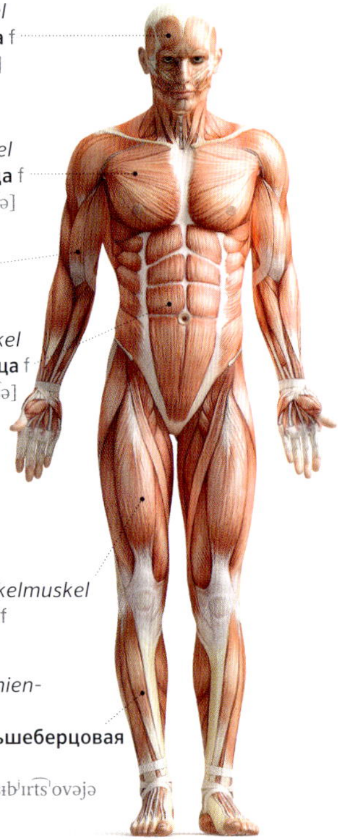

DER KÖRPER – ТЕЛО

Das Skelett – Скелет

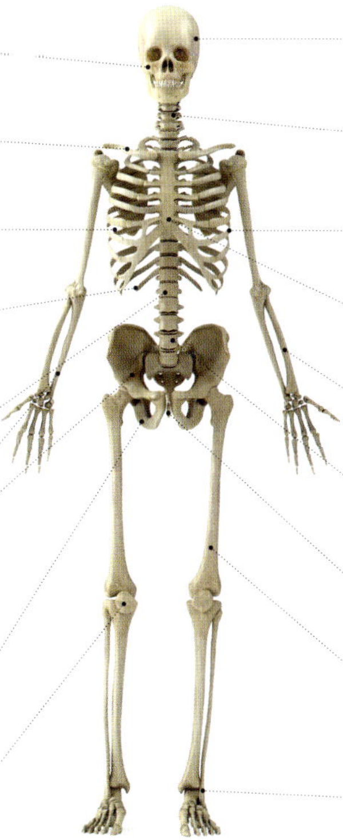

das Jochbein
скула f
[skˈulə]

das Schlüsselbein
ключица f
[klʲʉt͡ɕˈit͡sə]

der Brustkorb
грудная клетка f
[grʊdnˈajə klʲˈetkə]

die freie Rippe
ложное ребро n
[lˈoẓnəjə rʲɪbrˈo]

die Wirbelsäule
позвоночный столб m
[pəzvɐnˈot͡ɕnɨj stˈolp]

die Elle
локтевая кость f
[ləktʲɪvˈajə kˈostʲ]

das Becken
таз m
[tˈas]

das Sitzbein
седалищная кость f
[sʲɪdˈalʲɪɕːnəjə kˈostʲ]

die Kniescheibe
коленная чашечка f
[kɐlʲˈenːəjə t͡ɕˈæʂɪt͡ɕkə]

der Schädel
череп m
[t͡ɕˈerʲɪp]

der Halswirbel
шейный позвонок m
[ʂˈɛjnɨj pəzvɐnˈok]

die Rippe
ребро n
[rʲɪbrˈo]

das Brustbein
грудина f
[grʊdʲˈinə]

die Speiche
лучевая кость f
[lʊt͡ɕɪvˈajə kˈostʲ]

der Lendenwirbel
поясничный позвонок m
[pəjɪsnʲˈit͡ɕnɨj pəzvɐnˈok]

das Steißbein
копчик m
[kˈopt͡ɕɪk]

der Oberschenkelknochen
бедренная кость f
[bʲˈedrʲɪnːəjə kˈostʲ]

das Fersenbein
пяточная кость f
[pʲˈætət͡ɕnəjə kˈostʲ]

DER KÖRPER – ТЕЛО

Die inneren Organe – Внутренние органы

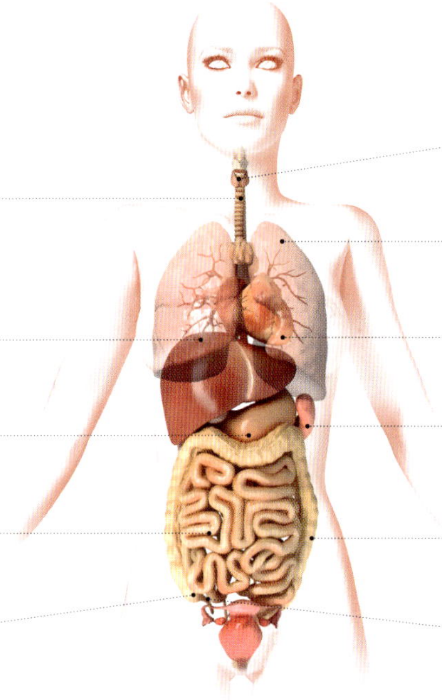

die Niere	**почка** f [pˈot͡ɕkə]
die Bauchspeicheldrüse	**поджелудочная железа** f [pədʐɨlʲˈudət͡ɕnəjə zʲɨlʲɪzˈa]
der Zwölffingerdarm	**двенадцатиперстная кишка** f [dvʲɪnət͡sətʲɪpʲˈersnəjə kʲɪʂkˈa]
die Gallenblase	**желчный пузырь** m [zʲˈelt͡ɕnɨj pʊzˈɨrʲ]
das Zwerchfell	**диафрагма** f [dʲɪɐfrˈagmə]
das Gewebe	**связка** f [svʲˈæskə]
die Sehne	**сухожилие** n [sʊxɐzʲˈilʲɪjə]
die Drüse	**железа** f [zʲɨlʲɪzˈa]
der Knorpel	**хрящ** m [xrʲˈæɕː]

DER KÖRPER – ТЕЛО

Die Körpersysteme – Системы тела

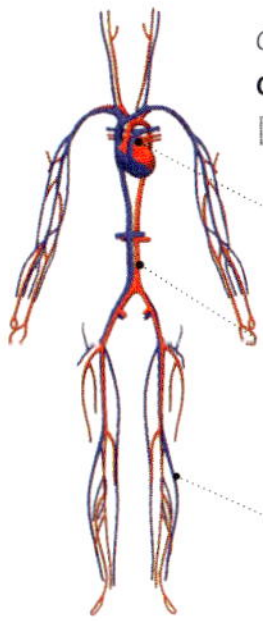

das Herz-Kreislauf-System
сердечно-сосудистая система f
[sʲɪrdʲˈet͡ɕnə-sɐsˈudʲɪstəjə sʲɪstʲˈemə]

das Herz
сердце n
[sʲˈert͡sɪ]

die Arterie
артерия f
[ɐrtʲˈerʲɪjə]

die Vene
вена f
[vʲˈenə]

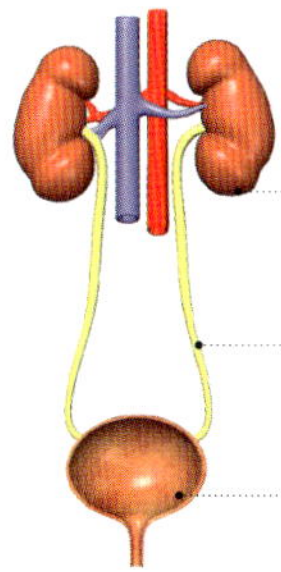

das Harnsystem
мочевые органы pl
[mət͡ɕɪvˈɨjə ˈorgənɪ]

die Niere
почка f
[pˈot͡ɕkə]

der Harnleiter
мочеточник m
[mət͡ɕɪtˈot͡ɕnʲɪk]

die Harnblase
мочевой пузырь m
[mət͡ɕɪvˈoj pʊzˈɨrʲ]

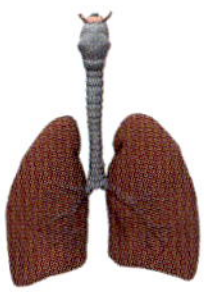

das Atmungssystem
дыхательная система f
[dɨxˈatʲɪlʲnəjə sʲɪstʲˈemə]

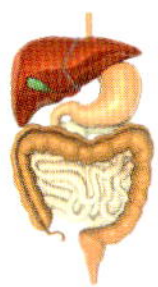

das Verdauungssystem
пищеварительная система f
[pʲɪɕːɪvɐrʲˈitʲɪlʲnəjə sʲɪstʲˈemə]

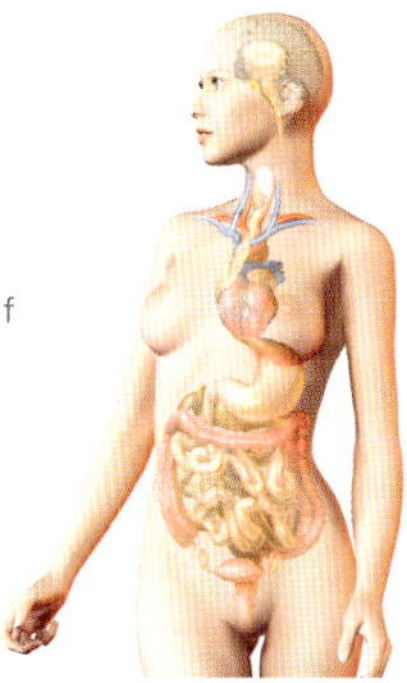

das endokrine System
эндокринная система f
[ɪndɐkrʲˈinːəjə sʲɪstʲˈemə]

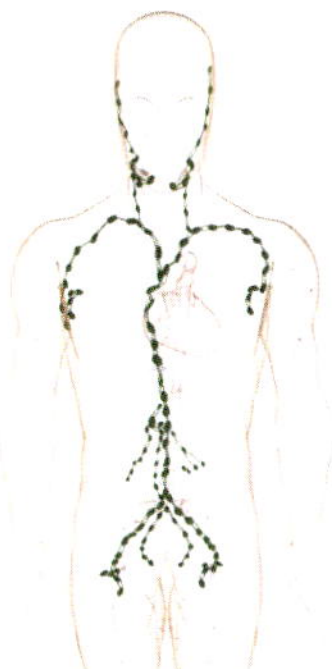

das lymphatische System
лимфатическая система f
[lʲɪmfɐtʲˈit͡ɕɪskəjə sʲɪstʲˈemə]

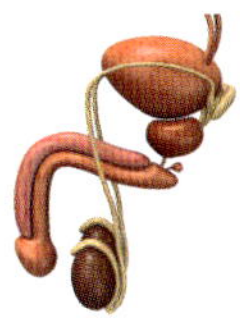

das männliche Fortpflanzungssystem
мужская репродуктивная система f
[mʊʂskˈajə rʲɪprədʊktʲˈivnəjə sʲɪstʲˈemə]

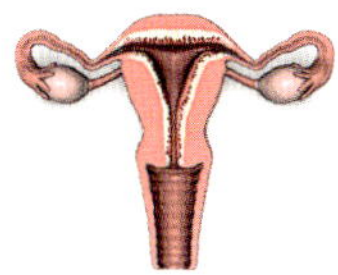

das weibliche Fortpflanzungssystem
женская репродуктивная система f
[ʐˈɛnskəjə rʲɪprədʊktʲˈivnəjə sʲɪstʲˈemə]

das Nervensystem	**нервная система** f [nʲˈervnəjə sʲɪstʲˈemə]
der Blutkreislauf	**кровообращение** n [krəvɐɐbrɐɕːˈenʲɪjə]
der Tastsinn	**осязание** n [ɐsʲɪzˈanʲɪjə]
der Sehsinn	**зрение** n [zrʲˈenʲɪjə]
der Hörsinn	**слух** m [slˈux]
der Geruchssinn	**обоняние** n [ɐbɐnʲˈænʲɪjə]
der Geschmackssinn	**чувство вкуса** n [t͡ɕˈʉstvə fkˈusə]
der Gleichgewichtssinn	**чувство равновесия** n [t͡ɕˈʉstvə rəvnɐvʲˈesʲɪjə]

DER KÖRPER – ТЕЛО

Die Geschlechtsorgane – Половые органы

die männlichen Geschlechtsorgane
мужские половые органы pl
[muʂskʲˈijə pəlɐvˈɨjə ˈorgənɪ]

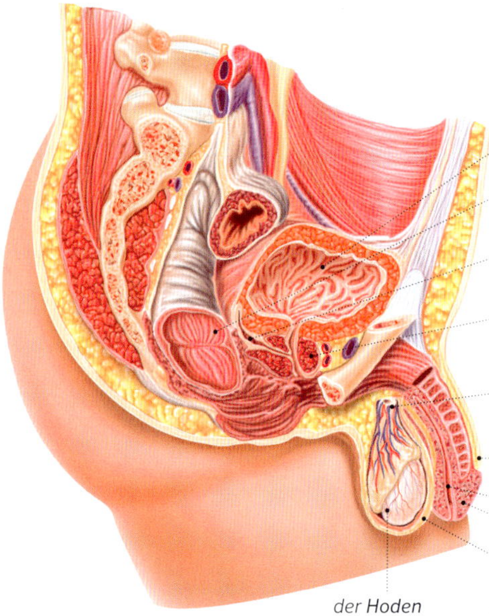

die Harnblase
мочевой пузырь m
[mət͡ɕɪvˈoj pʊzˈɨrʲ]

der Mastdarm
прямая кишка f
[prʲɪmˈajə kʲɪʂkˈa]

das Samenbläschen
семенной пузырёк m
[sʲɪmʲɪnːˈoj pʊzɨrʲˈɵk]

die Prostata
простата f
[prɐstˈatə]

der Samenleiter
семенной проток m
[sʲɪmʲɪnːˈoj prɐtˈok]

der Penis
пенис m
[pʲˈenʲɪs]

die Harnröhre
уретра f
[ʊrʲˈetrə]

der Hoden
яичко n
[jɪˈit͡ɕkə]

der Hodensack
мошонка f
[mɐʂˈonkə]

die Eichel
головка пениса f
[gɐlˈofkə pʲˈenʲɪsə]

die Erektion	**эрекция** f [ɪrʲˈekt͡sɨjə]
die Vorhaut	**крайняя плоть** f [krˈajnʲɪjə plˈotʲ]
die Beschneidung	**обрезание** n [ɐbrʲɪzˈanʲɪjə]
der Samenerguss	**эякуляция** f [ɪjɪkʊlʲˈæt͡sɨjə]
potent/impotent	**не импотент/импотент** [nʲˈe ɪmpɐtʲˈent/ɪmpɐtʲˈent]
das Hormon	**гормон** m [gɐrmˈon]
der Geschlechtsverkehr	**половой акт** m [pəlɐvˈoj ˈakt]
die Geschlechtskrankheit	**венерическое заболевание** n [vʲɪnʲɪrʲˈit͡ɕɪskəjə zəbəlʲɪvˈanʲɪjə]

DER KÖRPER – ТЕЛО

Die Geschlechtsorgane – Половые органы

die weiblichen Geschlechtsorgane
женские половые органы pl
[zˈɛnskʲɪjə pəlɐvˈɪjə ˈorgənɨ]

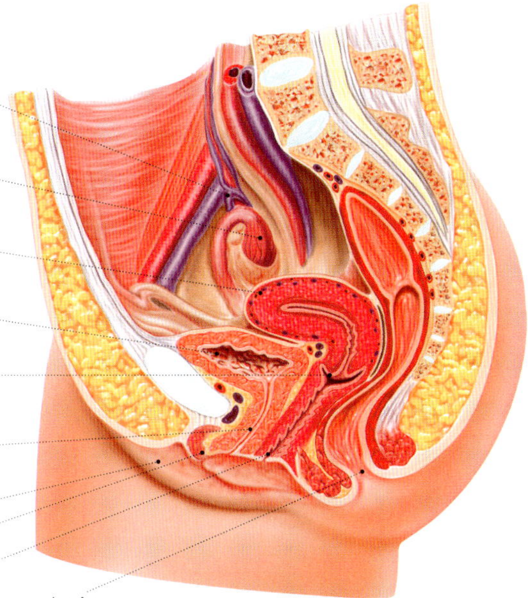

der Eileiter
фаллопиева труба f
[fɐlːˈopʲɪjɪvə trʊbˈa]

der Eierstock
яичник m
[jɪˈit͡ɕnʲɪk]

die Gebärmutter
матка f
[mˈatkə]

die Harnblase
мочевой пузырь m
[mət͡ɕɪvˈoj pʊzˈirʲ]

der Gebärmutterhals
шейка матки f
[ʂˈɛjkə mˈatkʲɪ]

die Harnröhre
уретра f
[ʊrʲˈetrə]

die Schamlippe
половая губа f
[pəlɐvˈajə gʊbˈa]

die Klitoris
клитор m
[klʲˈitər]

die Scheide
влагалище n
[vlɐgˈalʲɪɕːɪ]

der Anus
анус m
[ˈanʊs]

die Spirale	**спираль** f [spʲɪrˈalʲ]
das Pessar	**пессарий** m [pʲɪsːˈarʲɪj]
das Diaphragma	**диафрагма** f [dʲɪɐfrˈagmə]
die Empfängnisverhütung	**контрацепция** f [kəntrɐt͡sˈɛpt͡sɨjə]
der Eisprung	**овуляция** f [ɐvʊlʲˈæt͡sɨjə]
die Menstruation	**менструация** f [mʲɪnstrʊˈat͡sɨjə]
unfruchtbar/fruchtbar	**бесплодный/фертильный** [bʲɪsplˈodnɨj/fʲɪrtʲˈilʲnɨj]
der Schwangerschaftsabbruch	**аборт** m [ɐbˈort]

das Kondom
презерватив m
[prʲɪzʲɪrvɐtʲˈif]

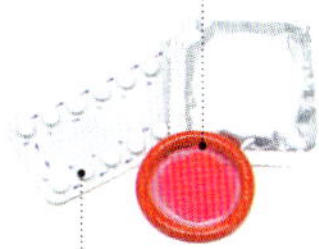

die Pille
противозачаточное n
[prətʲɪvəzɐt͡ɕˈætət͡ɕnəjə]

SCHWANGERSCHAFT UND GEBURT – БЕРЕМЕННОСТЬ И РОДЫ

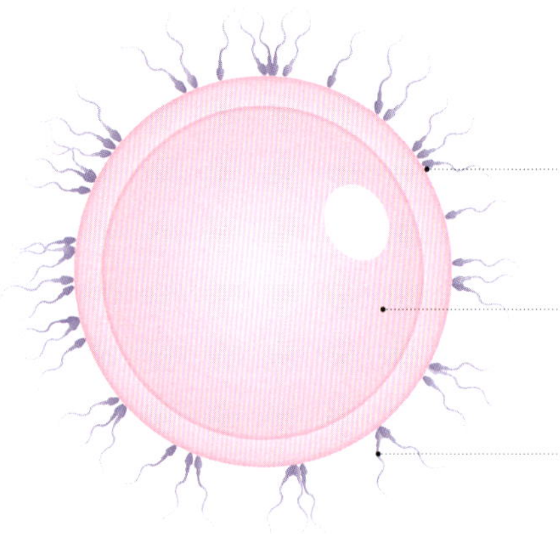

die Empfängnis
зачатие n
[zɐt͡ɕˈætʲɪjə]

die Befruchtung
оплодотворение n
[ɐplədətvərʲˈenʲɪjə]

die Eizelle
яйцеклетка f
[jɪjt͡sɪklʲˈetkə]

das Spermium
сперматозоид m
[spʲɪrmətɐzˈoɪt]

die Ultraschallaufnahme
ультразвуковой снимок m
[ʊlʲtrəzvʊkɐvˈoj snʲˈimək]

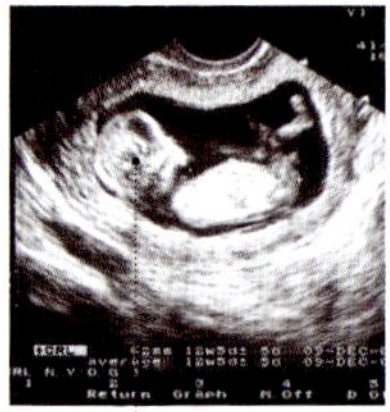

der/das Embryo
эмбрион m
[ɪmbrʲɪˈon]

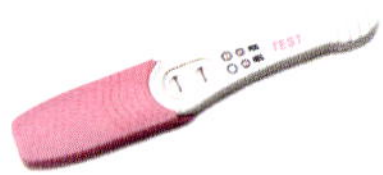

der Schwangerschaftstest
тест на беременность m
[tˈɛst nə bʲɪrʲˈemʲɪnːəstʲ]

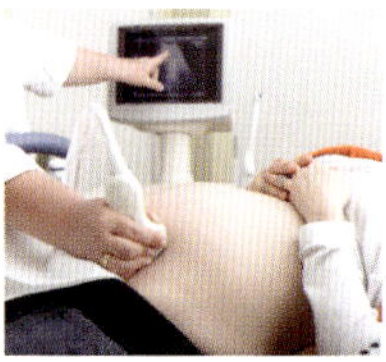

die Ultraschalluntersuchung
УЗИ n
[ʊzʲˈi]

die Hebamme
акушерка f
[ɐkʊʂˈɛrkə]

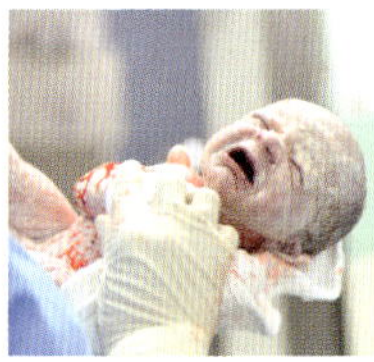

die Geburt
роды pl
[rˈodɨ]

schwanger	**беременная** [bʲɪrʲˈemʲɪnːəjə]
die Wehen	**родовые схватки** pl [rədɐvˈɨjə sxvˈatkʲɪ]
die Geburt einleiten	**вызывать схватки** [vɨzɨvˈatʲ sxvˈatkʲɪ]
pressen	**тужиться** [tˈuʐɨt͡sə]
die Nabelschnur	**пуповина** f [pʊpɐvʲˈinə]
die Plazenta	**плацента** f [plɐt͡sˈɛntə]
das Fruchtwasser	**околоплодные воды** pl [ɐkəlɐplˈodnɨjə vˈodɨ]
die Fruchtblase	**плодный пузырь** m [plˈodnɨj pʊzˈɨrʲ]

SCHWANGERSCHAFT UND GEBURT – БЕРЕМЕННОСТЬ И РОДЫ

das Fläschchen
бутылочка f
[bʊtˈilət͡ɕkə]

der Messlöffel
мерная ложка f
[mʲˈernəjə lˈoʂkə]

das Milchpulver
сухое молоко n
[sʊxˈojə məlɐkˈo]

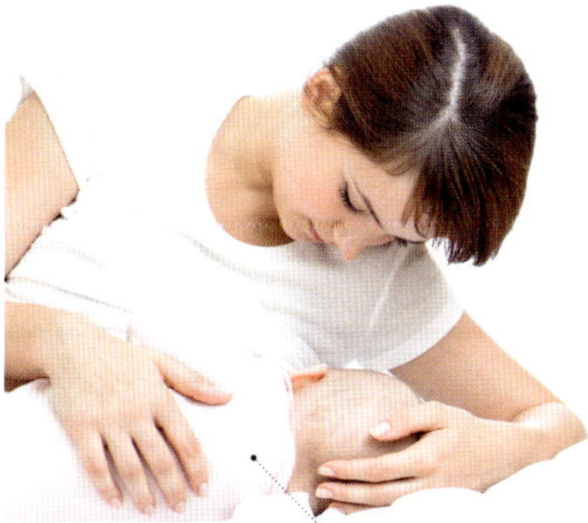

stillen
кормить грудью
[kɐrmʲˈitʲ grˈudʲjʉ]

der Säugling
младенец m
[mlɐdʲˈenʲɪt͡s]

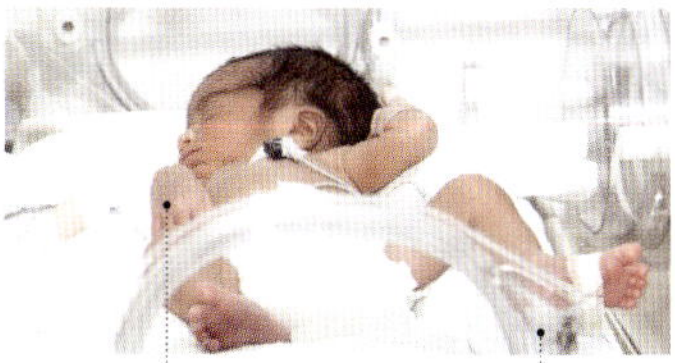

das Frühchen
недоношенный ребёнок m
[nʲɪdɐnˈoʂɪnːɪj rʲɪbʲˈɵnək]

der Brutkasten
кувез m
[kʊvʲˈes]

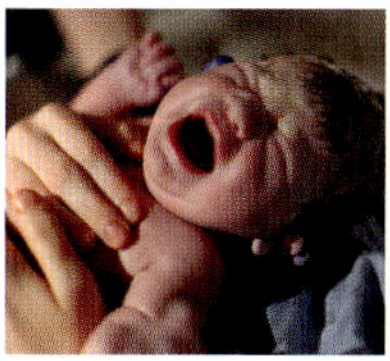

das Neugeborene
новорождённый/ая m/f
[nəvərɐʐdʲˈɵnːɪj(əjə)]

die Milchpumpe
молокоотсос m
[mələkɐɐtsˈos]

der Kreißsaal	**родильная палата** f [rɐdʲˈilʲnəjə pɐlˈatə]
der Kaiserschnitt	**кесарево сечение** n [kʲˈesərʲɪvə sʲɪt͡ɕˈenʲɪjə]
die Frühgeburt	**преждевременные роды** pl [prʲɪʐdʲɪvrʲˈemʲɪnːɨjə rˈodɨ]
die Fehlgeburt	**выкидыш** m [vˈɨkʲɪdɨʂ]
die eineiigen Zwillinge	**однояйцевые близнецы** pl [ɐdnɐjˈæjt͡sɨvɨjə blʲɪznʲɪt͡sˈɨ]
die zweieiigen Zwillinge	**двуяйцевые близнецы** pl [dvʊjˈæjt͡sɨvɨjə blʲɪznʲɪt͡sˈɨ]
das Geburtsgewicht	**вес при рождении** m [vʲˈes prʲɪ rɐʐdʲˈenʲɪɪ]
die Impfung	**прививка** f [prʲɪvʲˈifkə]

mit der Flasche füttern
кормить из бутылочки
[kɐrmʲˈitʲ ɪz_bʊtˈilət͡ɕkʲɪ]

DER ARZTBESUCH – ПОСЕЩЕНИЕ ВРАЧА

den Blutdruck messen
измерять давление
[ɪzmʲɪrʲˈætʲ dɐvlʲˈenʲɪjə]

das Wartezimmer
комната ожидания f
[kˈomnətə ɐʐɨdˈanʲɪjə]

das Rezept
рецепт m
[rʲɪt͡sˈɛpt]

die Ärztin
врач m
[vrˈat͡ɕ]

die Patientin
пациентка f
[pət͡sɪjˈentkə]

die Manschette
манжета f
[mɐnʐˈɛtə]

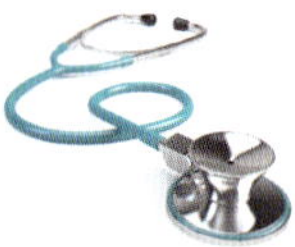

das Stethoskop
стетоскоп m
[stʲɪtɐskˈop]

das Sprechzimmer
кабинет m
[kəbʲɪnʲˈet]

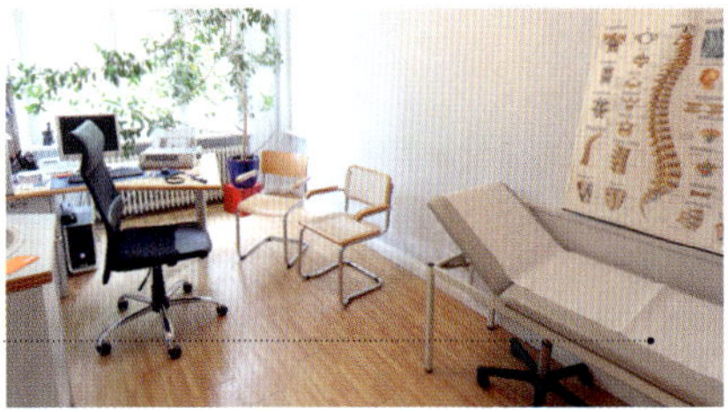

die Untersuchungsliege
кушетка f
[kʊʂˈɛtkə]

das Blutdruckmessgerät
тонометр m
[tɐnˈomʲɪtr]

die Sprechstunde	**часы приёма** pl [t͡ɕɪsˈɨ prʲɪjˈɵmə]
jemandem Blut abnehmen	**брать анализ крови** [brˈatʲ ɐnˈalʲɪs krˈovʲɪ]
der Termin	**назначенное посещение** n [nɐznˈat͡ɕɪn:əjə pəsʲɪɕ:ˈenʲɪjə]
die Behandlung	**лечение** n [lʲɪt͡ɕˈenʲɪjə]
die Diagnose	**диагноз** m [dʲɪˈagnəs]
die Überweisung	**направление** n [nəprɐvlʲˈenʲɪjə]
die Ergebnisse	**результаты** pl [rʲɪzʊlʲtˈatɨ]
die Krankenkasse	**больничная касса** f [bɐlʲnʲˈit͡ɕnəjə kˈas:ə]

SYMPTOME UND KRANKHEITEN – СИМПТОМЫ И ЗАБОЛЕВАНИЯ

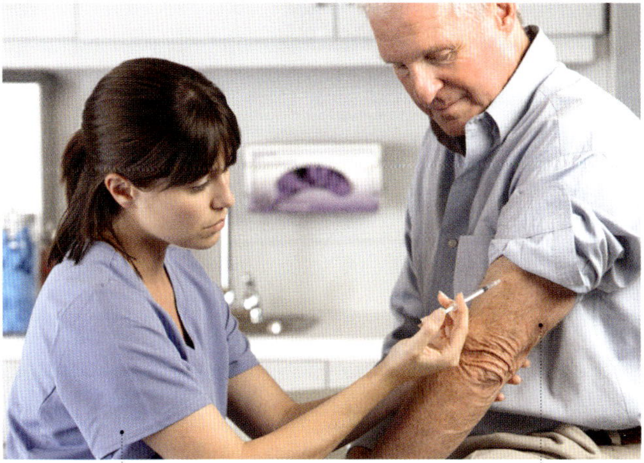

jemandem eine Spritze geben
делать укол
[dʲiˈelətʲ ʊkˈol]

eine Spritze bekommen
получать инъекцию
[pəlʊt͡ɕˈætʲ ɪnjˈekt͡sɨjʉ]

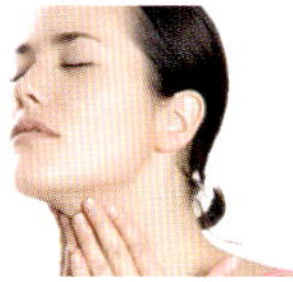

die Halsschmerzen
боль в горле f
[bˈolʲ v_gˈorlʲɪ]

die Kopfschmerzen
головная боль f
[gəlɐvnˈajə bˈolʲ]

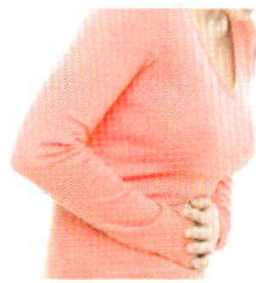

die Magenschmerzen
боль в животе f
[bˈolʲ v_ʐɨvɐtʲˈe]

die Zahnschmerzen
зубная боль f
[zʊbnˈajə bˈolʲ]

das Virus	**вирус** m [vʲˈirʊs]
der Infekt	**инфекция** f [ɪnfʲˈekt͡sɨjə]
die Allergie	**аллергия** f [ɐlʲɪrgʲˈijə]
der Hautausschlag	**сыпь** f [sˈɨpʲ]
das Ekzem	**экзема** f [ɪgzʲˈemə]
die Migräne	**мигрень** f [mʲɪgrʲˈenʲ]
das Nasenbluten	**носовое кровотечение** n [nəsɐvˈojə krəvətʲɪt͡ɕˈenʲɪjə]
die Bindehautentzündung	**конъюнктивит** m [kənjʉnktʲɪvʲˈit]
die Mittelohrentzündung	**воспаление среднего уха** n [vəspɐlʲˈenʲɪjə srʲˈednʲɪvə ˈuxə]
der Durchfall	**диарея** f [dʲɪɐrʲˈejə]
die Darmgrippe	**желудочный грипп** m [ʐɨlˈudət͡ɕnɨj grʲˈip]
der Schwindel	**головокружение** n [gələvəkrʊʐˈɛnʲɪjə]
die Übelkeit	**тошнота** f [təʂnɐtˈa]
der Krampf	**судорога** f [sˈudərəgə]
die Bronchitis	**бронхит** m [brɐnxʲˈit]
die Blasenentzündung	**воспаление мочевого пузыря** n [vəspɐlʲˈenʲɪjə mət͡ɕɪvˈovə pʊzɨrʲˈæ]

SYMPTOME UND KRANKHEITEN – СИМПТОМЫ И ЗАБОЛЕВАНИЯ

krank
больной
[bɐlʲˈnʲoj]

der Schnupfen
насморк m
[nˈasmərk]

der Husten
кашель m
[kˈaʂɨlʲ]

gesund
здоровый
[zdɐrˈovɨj]

die Erkältung
простуда f
[prɐstˈudə]

die Grippe
грипп m
[grʲˈip]

das Niesen
чихание n
[t͡ɕɪxˈanʲɪjə]

das Fieber
жар m
[ʐˈar]

der Heuschnupfen
сенная лихорадка f
[sʲɪnːˈajə lʲɪxɐrˈatkə]

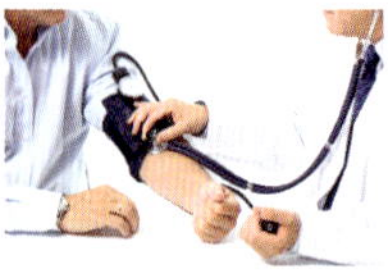

der hohe/niedrige Blutdruck
высокое/низкое давление n
[vɪsˈokəjə/nʲˈiskəjə dɐvlʲˈenʲɪjə]

die Entzündung	**воспаление** n [vəspɐlʲˈenʲɪjə]
die Gürtelrose	**опоясывающий лишай** m [ɐpɐjˈæsɨvəjʉɕːɪj lʲɪʂˈaj]
die Mangelerscheinung	**признак истощения** m [prʲˈiznək ɪstɐɕːˈenʲɪjə]
die Blutvergiftung	**заражение крови** n [zərɐʐˈɛnʲɪjə krˈovʲɪ]
die Schuppenflechte	**псориаз** m [psərʲɪˈas]
die Kinderkrankheit	**детское заболевание** n [dʲˈe͡tskəjə zəbəlʲɪvˈanʲɪjə]
die Röteln	**краснуха** f [krɐsnˈuxə]
der/das Scharlach	**скарлатина** f [skərlɐtʲˈinə]
die Windpocken	**ветряная оспа** f [vʲɪtrʲɪnˈajə ˈospə]
der Mumps	**свинка** f [svʲˈinkə]
der Keuchhusten	**коклюш** m [kɐklʲˈʉʂ]
die Masern	**корь** f [kˈorʲ]
die Kinderlähmung	**полиомиелит** m [pəlʲɪəmʲɪjɪlʲˈit]
der Wundstarrkrampf	**столбняк** m [stɐlbnʲˈæk]
die Tuberkulose	**туберкулёз** m [tʊbʲɪrkʊlʲˈɵs]
die Rachitis	**рахит** m [rɐxʲˈit]
die Hirnhautentzündung	**менингит** m [mʲɪnʲɪngʲˈit]
die Diphtherie	**дифтерия** f [dʲɪftʲɪrʲˈijə]
die Tollwut	**бешенство** n [bʲˈeʂɨnstvə]

SYMPTOME UND KRANKHEITEN – СИМПТОМЫ И ЗАБОЛЕВАНИЯ

das Asthma
астма f
[ˈastmə]

der Inhalator
ингалятор m
[ɪngɐlʲˈætər]

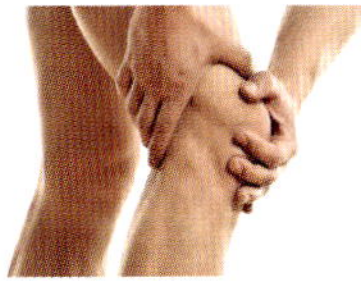

das Rheuma
ревматизм m
[rʲɪvmɐtʲˈizm]

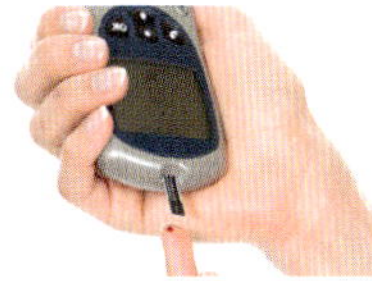

der Diabetes
диабет m
[dʲɪɐbʲˈet]

die Schlafstörung
нарушения сна pl
[nərʊʂˈɛnʲɪjə snˈa]

das Aids
СПИД m
[spʲˈit]

die Atemnot	**удушье** n [ʊdˈuʂjə]
der Alzheimer	**болезнь Альцгеймера** f [bɐlʲˈeznʲ ɐlʲt͡sgˈejmʲɪrə]
die Demenz	**деменция** f [dʲɪmʲˈent͡sɨjə]
die Parkinsonkrankheit	**болезнь Паркинсона** f [bɐlʲˈeznʲ pərkʲɪnsˈonə]
der Krebs	**рак** m [rˈak]
das Geschwür	**воспаление** n [vəspɐlʲˈenʲɪjə]
die Schilddrüsenkrankheit	**заболевание щитовидной железы** n [zəbəlʲɪvˈanʲɪjə ɕːɪtɐvʲˈidnəj ʐɨlʲɪzˈɨ]
der Herzinfarkt	**инфаркт** m [ɪnfˈarkt]
der Schlaganfall	**инсульт** m [ɪnsˈulʲt]
HIV-positiv/negativ	**ВИЧ-позитивный/негативный** [vʲˈit͡ɕ-pəzʲɪtʲˈivnɨj/nʲɪgɐtʲˈivnɨj]
die multiple Sklerose	**рассеянный склероз** m [rɐsʲːˈejɪnːɨj sklʲɪrˈos]
die Epilepsie	**эпилепсия** f [ɪpʲɪlʲˈepsʲɪjə]
die Depression	**депрессия** f [dʲɪprʲˈesʲɪjə]
die Essstörung	**нарушение пищевого поведения** n [nərʊʂˈɛnʲɪjə pʲɪɕːɪvˈovə pəvʲɪdʲˈenʲɪjə
die Sucht	**зависимость** f [zɐvʲˈisʲɪməstʲ]

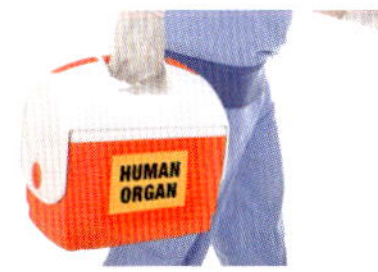

die Transplantation
трансплантация f
[trənsplɐntˈat͡sɨjə]

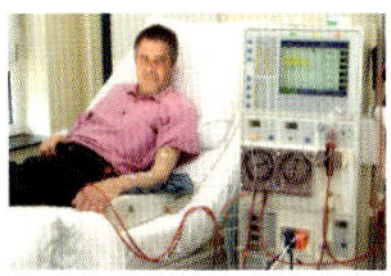

die Dialyse
диализ m
[dʲɪɐlʲˈis]

BEHINDERUNGEN – ИНВАЛИДНОСТЬ

der Blindenhund
собака-поводырь f
[sɐbˈakə-pəvɐdˈirʲ]

der Rollstuhl
инвалидная коляска f
[ɪnvɐlʲˈidnəjə kɐlʲˈæskə]

der Schiebegriff
ручка для перемещения f
[rˈut͡ɕkə dlʲɪ pʲɪrʲɪmʲɪɕːˈenʲɪjə]

die Armlehne
подлокотник m
[pədlɐkˈotnʲɪk]

der Greifreifen
поручень m
[pˈorʊt͡ɕɪnʲ]

die Fußstütze
подножка f
[pɐdnˈoʂkə]

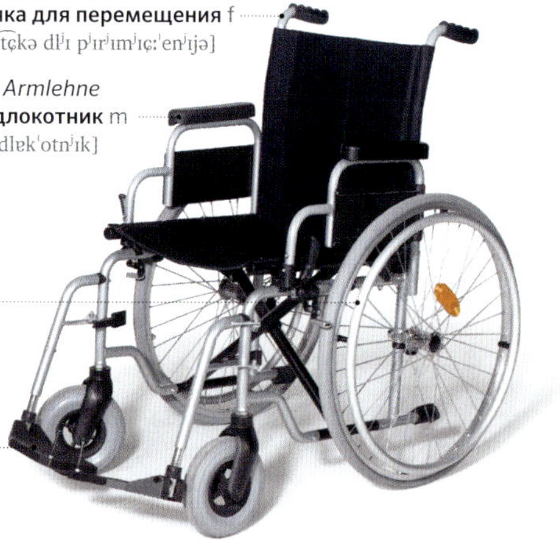

der Blindenstock
белая трость f
[bʲˈeləjə trˈostʲ]

die Gebärdensprache
жестовый язык m
[ʐˈɛstəvɨj jɪzˈɨk]

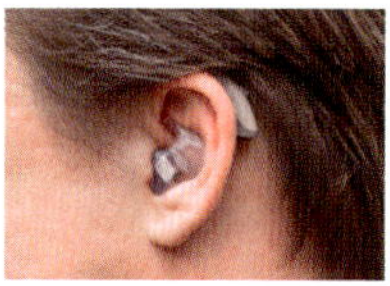

das Hörgerät
слуховой аппарат m
[slʊxɐvˈoj ɐpɐrˈat]

der Rollator
колёсные ходунки pl
[kɐlʲˈɵsnɨjə xədʊnkʲˈi]

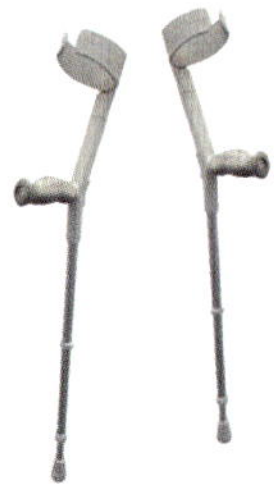

die Krücke
костыль m
[kɐstˈɨlʲ]

die Prothese
протез m
[prɐtʲˈes]

gelähmt	**парализованный** [pərəlʲɪzˈovənːɨj]
die spastische Lähmung	**спастический паралич** m [spɐstʲˈit͡ɕɪskʲɪj pərɐlʲˈit͡ɕ]
hinken	**хромать** [xrɐmˈatʲ]
blind	**слепой** [slʲɪpˈoj]
schwerhörig	**тугоухий** [tʊgɐˈuxʲɪj]
gehörlos	**глухой** [glʊxˈoj]
behindert	**инвалид** m [ɪnvɐlʲˈit]
schwerbehindert	**тяжёлый инвалид** m [tʲɪʐˈolɨj ɪnvɐlʲˈit]

VERLETZUNGEN – ТРАВМЫ

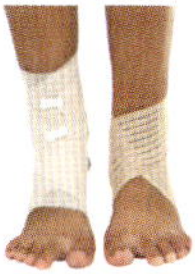

die Verstauchung
растяжение n
[rəstʲɪzʲ'ɛnʲɪjə]

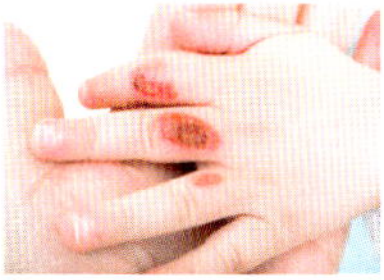

die Verbrennung
ожог m
[ɐzʲ'ok]

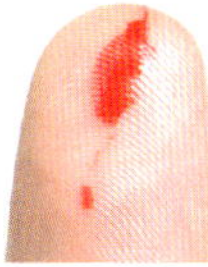

die Schnittwunde
порез m
[pɐrʲ'es]

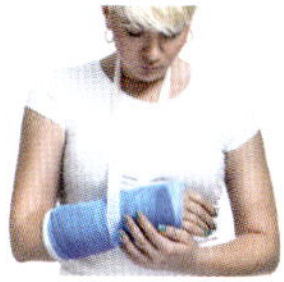

der Knochenbruch
перелом m
[pʲɪrʲɪl'om]

die Vergiftung
отравление n
[ɐtrɐvlʲ'enʲɪjə]

der Insektenstich
укус насекомого m
[ʊk'us nəsʲɪk'oməvə]

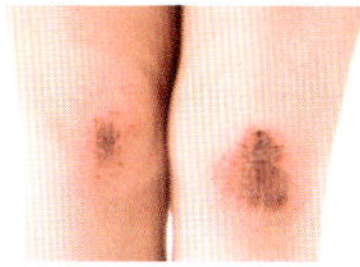

die Schürfwunde
ссадина f
[sː'adʲɪnə]

in Ohnmacht fallen
потерять сознание
[pətʲɪrʲ'ætʲ sɐzn'anʲɪjə]

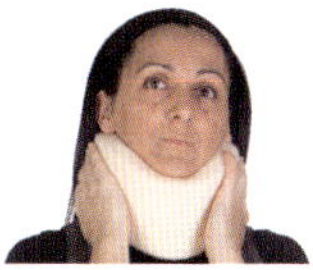

das Schleudertrauma
хлыстовая травма f
[xlɨst'ovəjə tr'avmə]

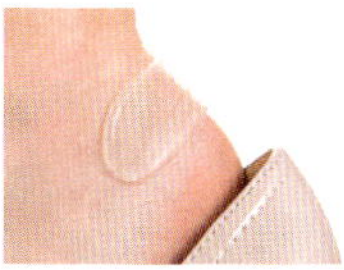

die Blase
водяная мозоль f
[vədʲɪn'ajə mɐz'olʲ]

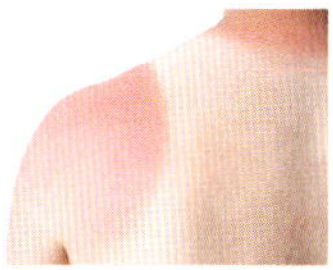

der Sonnenbrand
солнечный ожог m
[s'olnʲɪt͡ɕnɨj ɐzʲ'ok]

der Bandscheibenvorfall
межпозвоночная грыжа f
[mʲɪʂpəzvɐn'ot͡ɕnəjə gr'ɨʐə]

die Wunde	**рана** f [r'anə]
die Brandwunde	**ожоговая рана** f [ɐzʲ'ogəvəjə r'anə]
das Blut	**кровь** f [kr'ofʲ]
bluten	**кровоточить** [krəvətɐt͡ɕ'itʲ]
die Blutung	**кровотечение** n [krəvətʲɪt͡ɕ'enʲɪjə]
die Gehirnerschütterung	**сотрясение мозга** n [sətrʲɪsʲ'enʲɪjə m'ozgə]
sich den Arm/einen Wirbel ausrenken	**вывихнуть руку/позвонок** [v'ɨvʲɪxnʊtʲ r'ukʊ/pəzvɐn'ok]
sich den Fuß verstauchen/brechen	**растянуть/сломать ногу** [rəstʲɪn'ut/ slɐm'atʲ n'ogʊ]

der elektrische Schlag
удар током m
[ʊd'ar t'okəm]

BEIM ZAHNARZT – У ЗУБНОГО ВРАЧА

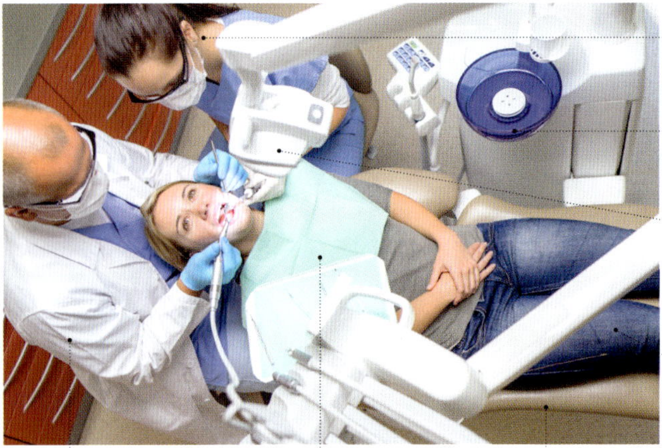

die Zahnarzthelferin
зубоврачебная сестра f
[zʊbəvrɐt͡ɕˈebnəjə sʲɪstrˈa]

das Mundspülbecken
слив-плевательница m
[slʲˈif-plʲɪvˈatʲɪlʲnʲɪt͡sə]

die Behandlungslampe
стоматологическая лампа f
[stəmətəlɐɡʲˈit͡ɕɪskəjə lˈampə]

die Patientin
пациентка f
[pət͡sɨjˈentkə]

der Zahnarzt
зубной врач m
[zʊbnˈoj vrˈat͡ɕ]

der Patientenumhang
стоматологический фартук m
[stəmətəlɐɡʲˈit͡ɕɪskɪj fˈartʊk]

der Zahnarztstuhl
зубоврачебное кресло n
[zʊbəvrɐt͡ɕˈebnəjə krʲˈeslə]

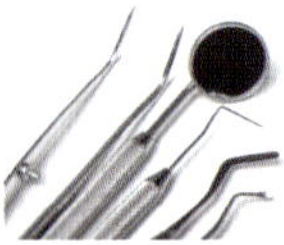

das Zahnarztbesteck
стоматологические инструменты pl
[stəmətəlɐɡʲˈit͡ɕɪskʲɪjə ɪnstrʊmʲˈentɨ]

der Mundschutz
хирургическая маска f
[xʲɪrʊrɡʲˈit͡ɕɪskəjə mˈaskə]

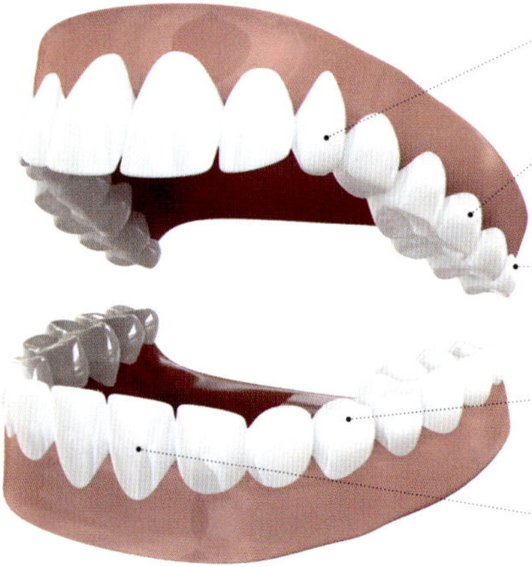

der Eckzahn
клык m
[klˈɨk]

der hintere Backenzahn
глазной зуб m
[ɡlɐznˈoj zˈup]

der Weisheitszahn
зуб мудрости m
[zˈup mˈudrəstʲɪ]

der vordere Backenzahn
премоляр m
[prʲɪmɐlʲˈær]

der Schneidezahn
резец m
[rʲɪzʲˈet͡s]

BEIM ZAHNARZT – У ЗУБНОГО ВРАЧА

der Zahn
зуб m
[zʲup]

der Zahnschmelz
зубная эмаль f
[zʊbnʲajə ɪmʲalʲ]

das Zahnfleisch
десна f
[dʲɪsnʲa]

die Zahnwurzel
корень зуба m
[kʲorʲɪnʲ zʲubə]

der Nerv
нерв m
[nʲʲerf]

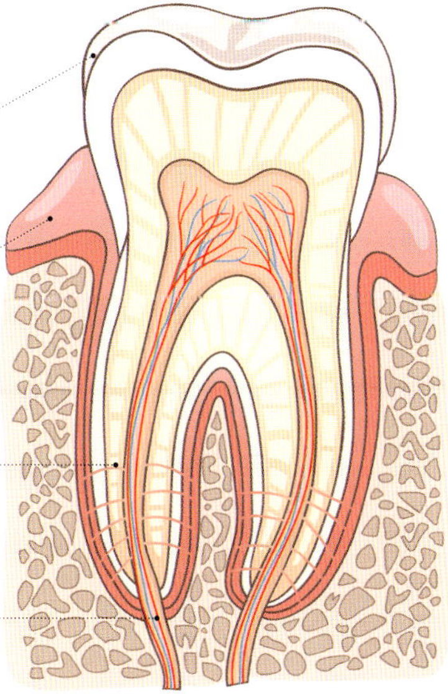

die Zahnprothese
зубной протез m
[zʊbnʲoj prɐtʲʲes]

die Knirscherschiene
шина от скрипа зубами f
[ʂʲɨnə ɐt_skrʲʲipə zʊbʲamʲɪ]

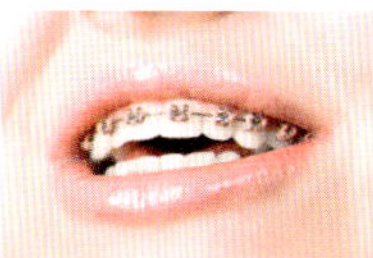

die Zahnspange
брикеты pl
[brʲɪkʲʲetɨ]

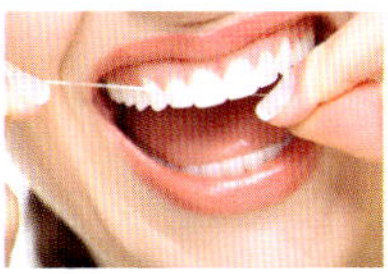

mit Zahnseide reinigen
чистить зубы нитью
[t͡ɕʲistʲɪtʲ zʲubɨ nʲʲitʲjʉ]

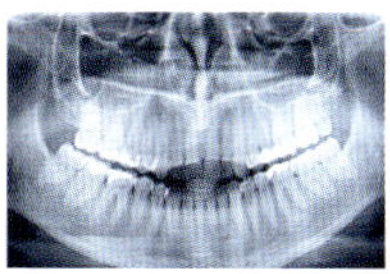

die Röntgenaufnahme
рентгеновский снимок m
[rʲɪndgʲʲenəfskʲɪj snʲʲimək]

die Krone
коронка f
[kɐrʲonkə]

das Implantat	**имплант** m [ɪmplʲant]
einen Zahn ziehen	**вырвать зуб** [vʲɨrvətʲ zʲup]
die örtliche Betäubung	**местное обезболивание** n [mʲʲesnəjə ɐbʲɪzbʲolʲɪvənʲɪjə]
die Mundhygiene	**гигиена рта** f [gʲɪgʲɪjʲenə rtʲa]
der Zahnbelag	**зубной камень** m [zʊbnʲoj kʲamʲɪnʲ]
die Karies	**кариес** m [kʲarʲɪjɪs]
die Zahnfüllung	**зубная пломба** f [zʊbnʲajə plʲombə]
die Wurzelbehandlung	**лечение корня** n [lʲɪt͡ɕʲenʲɪjə kʲornʲə]

das Mundwasser
полоскание для рта n
[pəlɐskʲanʲɪjə dlʲɪ rtʲa]

BEIM AUGENOPTIKER – У ОКУЛИСТА

das Auge
глаз m
[glʲas]

die Pupille
зрачок m
[zrɐt͡ɕʲɵk]

der Sehnerv
зрительный нерв m
[zrʲʲitʲɪlʲnɨj nʲʲerf]

die Linse
хрусталик m
[xrʊstʲalʲɪk]

die Hornhaut
роговица f
[rəgɐvʲʲit͡sə]

die Netzhaut
сетчатка f
[sʲɪt͡ɕːʲætkə]

die Iris
радужка f
[rʲadʊʂkə]

die Brille
очки pl
[ɐt͡ɕkʲʲi]

das Brillengestell
оправа f
[ɐprʲavə]

das Brillenglas
стекло n
[stʲɪklʲo]

der Kontaktlinsenbehälter
контейнер для линз m
[kɐntʲʲejnʲɪr dlʲɪ lʲʲins]

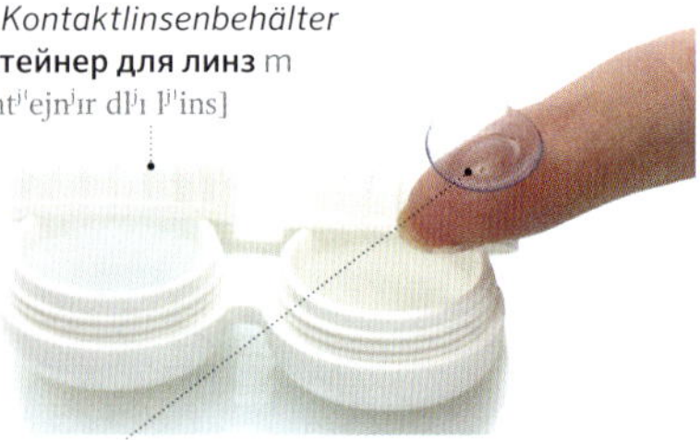

die Kontaktlinse
контактная линза f
[kɐntʲaktnəjə lʲʲinzə]

die Optikerin
окулист m
[ɐkʊlʲʲist]

der Sehtest
проверка зрения f
[prɐvʲʲerkə zrʲʲenʲɪjə]

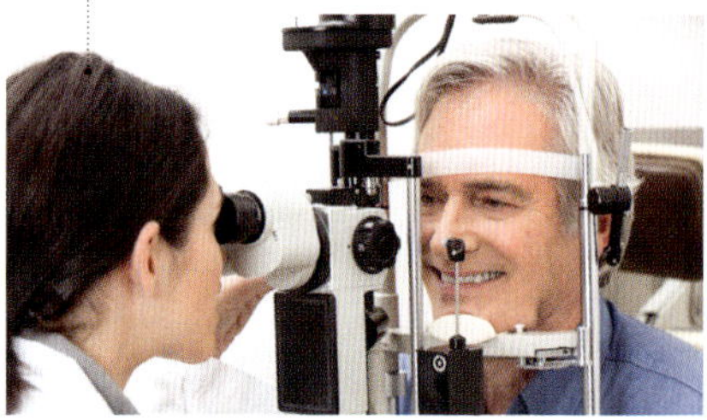

das Brillenputztuch **тряпочка для протирания очков** f [trʲʲæpət͡ɕkə dlʲɪ prətʲɪrʲanʲɪjə ɐt͡ɕkʲof]

die Augentropfen **глазные капли** pl [glɐznʲɨjə kʲaplʲɪ]

die Lesebrille **очки для чтения** pl [ɐt͡ɕkʲʲi dlʲɪ t͡ɕtʲʲenʲɪjə]

weitsichtig **дальнозоркий** [dəlʲnɐzʲorkʲɪj]

kurzsichtig **близорукий** [blʲɪzɐrʲukʲɪj]

die Gleitsichtbrille **очки с прогрессивными линзами** pl [ɐt͡ɕkʲʲi s‿prəgrʲɪsʲʲivnɨmʲɪ lʲʲinzəmʲɪ]

der graue Star **катаракта** f [kətɐrʲaktə]

der grüne Star **глаукома** f [gləʊkʲomə]

IM KRANKENHAUS – В БОЛЬНИЦЕ

das Krankenzimmer
палата f
[pɐlʲˈatə]

das Einzelzimmer
одиночная палата f
[ɐdʲɪnʲˈot͡ɕnəjə pɐlʲˈatə]

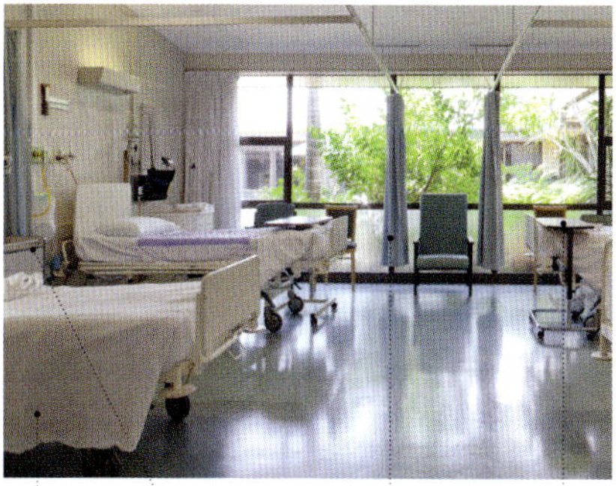

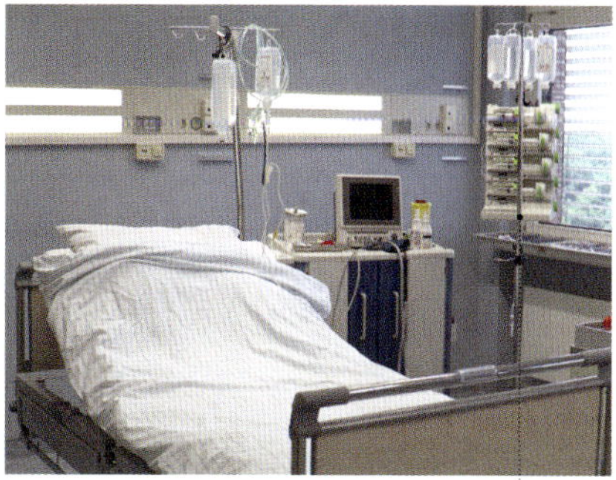

der Nachttisch
прикроватный столик m
[prʲɪkrɐvʲˈatnɨj stʲˈolʲɪk]

der Krankentisch
надкроватный столик m
[nətkrɐvʲˈatnɨj stʲˈolʲɪk]

der Infusionsständer
штатив для капельницы m
[ʂtɐtʲˈif dlʲɪ kʲˈapʲɪlʲnʲɪt͡sɨ]

das Krankenhausbett
больничная кровать f
[bɐlʲnʲˈit͡ɕnəjə krɐvʲˈatʲ]

der Trennvorhang
ширма f
[ʂˈirmə]

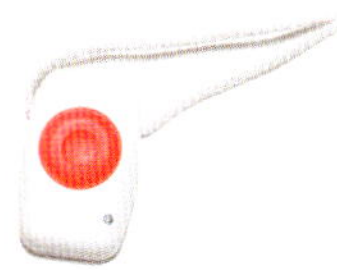

der Notrufknopf
тревожная кнопка f
[trʲɪvˈoʐnəjə knˈopkə]

aufgenommen werden	**быть принятым** [bʲˈitʲ prʲˈinʲɪtɨm]
entlassen werden	**быть выписанным** [bʲˈitʲ vˈipʲɪsən:ɨm]
der ambulante Patient	**амбулаторный пациент** m [ɐmbulɐtˈornɨj pət͡sɨjˈent]
der stationäre Patient	**стационарный пациент** m [stət͡sɨɐnˈarnɨj pət͡sɨjˈent]
die Besuchszeiten	**время посещений** n [vrʲˈemʲə pəsʲɪɕːˈenʲɪj]
die Kinderstation	**детское отделение** n [dʲˈet͡skəjə ɐdʲːɪlʲˈenʲɪjə]
die Neurologie	**неврология** f [nʲɪvrɐlˈogʲɪjə]
die Onkologie	**онкология** f [ɐnkɐlˈogʲɪjə]
die Orthopädie	**ортопедия** f [ɐrtɐpʲˈedʲɪjə]
die Kardiologie	**кардиология** f [kərdʲɪɐlˈogʲɪjə]
die Gastroenterologie	**гастроэнтерология** f [gəstrəɪntʲɪrɐlˈogʲɪjə]
die Gynäkologie	**гинекология** f [gʲɪnʲɪkɐlˈogʲɪjə]
die Abteilung für Hals-Nasen-Ohrenheilkunde	**оториноларингология** f [ɐtərʲɪnələrʲɪngəlˈogʲɪjə]
die Quarantäne	**карантин** m [kərɐntʲˈin]

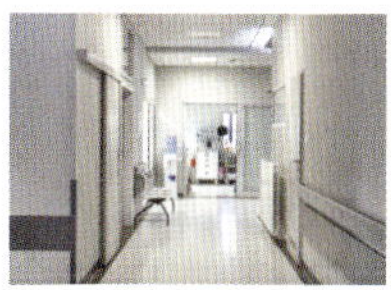

die Station
отделение n
[ɐdʲːɪlʲˈenʲɪjə]

IM KRANKENHAUS – В БОЛЬНИЦЕ

Die Chirurgie – Хирургия

die Operation
операция f
[ɐpʲɪrˈat͡sɨjə]

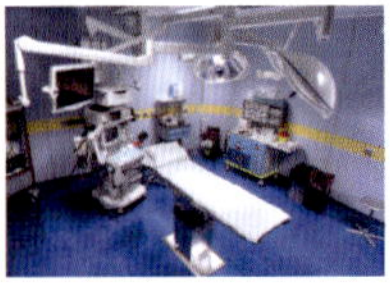

der Operationssaal
операционная f
[ɐpʲɪrət͡sɨˈonːəjə]

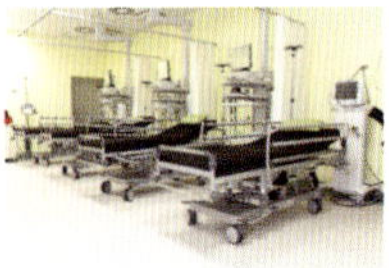

der Aufwachraum
послеоперационная палата f
[pəslʲɪəpʲɪrət͡sɨˈonːəjə pɐlˈatə]

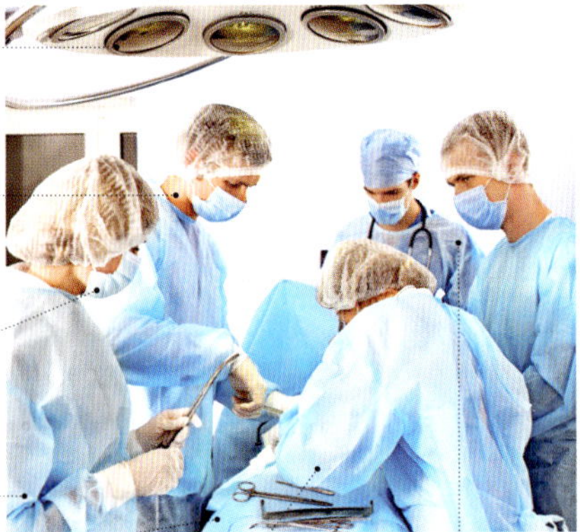

die Operationsleuchte
операционный светильник m
[ɐpʲɪrət͡sɨˈonːɨj svʲɪtʲˈilʲnʲɪk]

der Chirurg
хирург m
[xʲɪrˈurk]

der Mundschutz
хирургическая маска f
[xʲɪrʊrgʲˈit͡ɕɪskəjə mˈaskə]

die OP-Schwester
операционная сестра f
[ɐpʲɪrət͡sɨˈonːəjə sʲɪstrˈa]

der Operationstisch
операционный стол m
[ɐpʲɪrət͡sɨˈonːɨj stˈol]

der OP-Mantel
операционный халат m
[ɐpʲɪrət͡sɨˈonːɨj xɐlˈat]

der Anästhesist
анестезист m
[ɐnəstəzʲˈist]

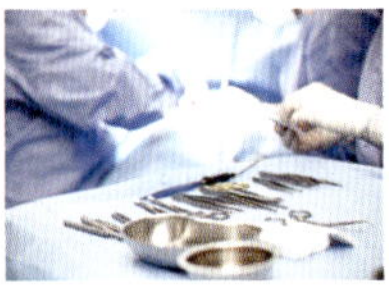

das Operationsbesteck
хирургические инструменты pl
[xʲɪrʊrgʲˈit͡ɕɪskʲɪjə ɪnstrʊmʲˈentɨ]

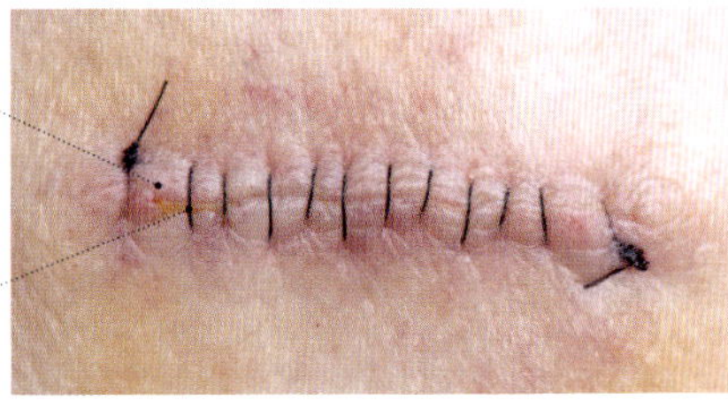

die Narbe
шрам m
[ʂrˈam]

die Fäden
швы pl
[ʂvˈɨ]

die Lokalanästhesie	**местное обезболивание** n [mʲˈesnəjə ɐbʲɪzbˈolʲɪvənʲɪjə]
die Vollnarkose	**общая анестезия** f [ˈopɕːɪjə ɐnʲɪstʲɪzʲˈijə]
die Rehabilitation	**восстановление** n [vəsːtənɐvlʲˈenʲɪjə]
die medizinische Nachversorgung	**послеоперационный уход** m [pəslʲɪəpʲɪrət͡sɨˈonːɨj ʊxˈot]
die Bettruhe	**постельный режим** m [pɐstʲˈelʲnɨj rʲɪʐˈim]
die Genesung	**выздоровление** n [vɨzdərɐvlʲˈenʲɪjə]
tot	**мёртвый** [mʲˈørtvɨj]
der Tod	**смерть** f [smʲˈertʲ]

IM KRANKENHAUS – В БОЛЬНИЦЕ

Die Unfallstation – Пункт скорой помощи

die Intensivstation
отделение реанимации n
[ɐdʲɪlʲˈenʲɪjə rʲɪɐnʲɪmˈatsɨ]

die Notaufnahme
отделение экстренной медицинской помощи n
[ɐdʲɪlʲˈenʲɪjə ˈɛkstrʲɪnːəj mʲɪdʲɪˈtsɨnskəj pˈoməɕːɪ]

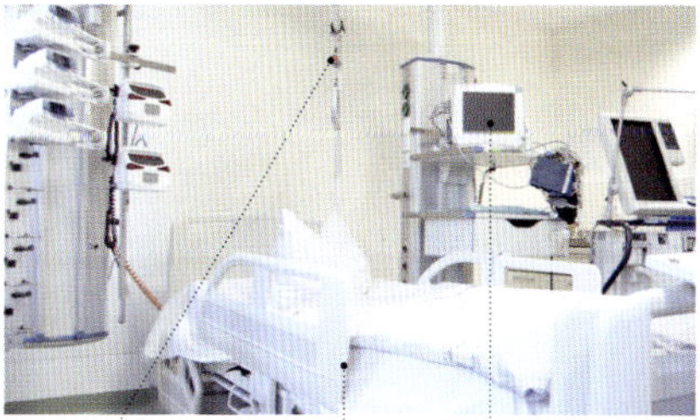

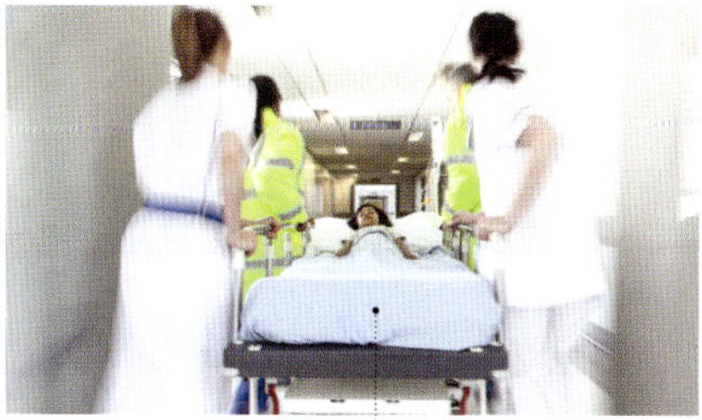

der Rufknopf
кнопка вызова f
[knˈopkə vˈɨzəvə]

der Herzmonitor
кардиомонитор m
[kərdʲɪəmənʲɪtˈor]

die Fahrtrage
каталка f
[kɐtˈalkə]

das Krankenhausbett
больничная кровать f
[bɐlʲnʲˈitɕnəjə krɐvˈatʲ]

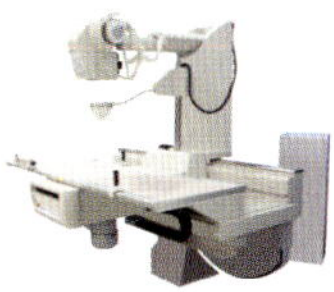

das Röntgengerät
рентгеновский аппарат m
[rʲɪndgʲˈenəfskʲɪj ɐpɐrˈat]

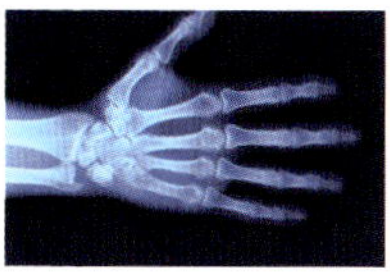

das Röntgenbild
рентгеновский снимок m
[rʲɪndgʲˈenəfskʲɪj snʲˈimək]

der Warteraum
комната ожидания f
[kˈomnətə ɐʐɨdˈanʲɪjə]

die Oberärztin
заведующая отделением f
[zɐvʲˈedʊjʉɕːɪjə ɐdʲɪlʲˈenʲɪjɪm]

die Computertomografie	**компьютерная томография** f [kɐmpʲjˈʉtɨrnəjə təmɐgrˈafʲɪjə]
die Strahlung	**излучение** n [ɪzlʊtɕˈenʲɪjə]
eine Diagnose stellen	**поставить диагноз** [pɐstˈavʲɪtʲ dʲɪˈagnəs]
das Koma	**кома** f [kˈomə]
bewusstlos	**без сознания** [bʲɪs_sɐznˈanʲɪjə]
die Beatmung	**искусственное дыхание** n [ɪskˈustvʲɪnːəjə dɨxˈanʲɪjə]
wieder zu Bewusstsein kommen	**прийти в сознание** [prʲɪjtʲˈi f_sɐznˈanʲɪjə]
wieder gesund werden	**выздороветь** [vˈizdərəvʲɪtʲ]

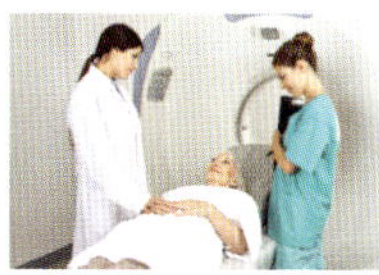

die Kernspintomografie
магнитно-резонансная томография f
[məgnʲˈitnə-rʲɪzɐnˈansnəjə təmɐgrˈafʲɪjə]

DIE APOTHEKE – АПТЕКА

das Medikament
лекарство n
[lʲɪkˈarstvə]

die Kapsel
капсула f
[kˈapsʊlə]

der Hustensaft
микстура от кашля f
[mʲɪkstˈurə ɐt_kˈaʂlʲə]

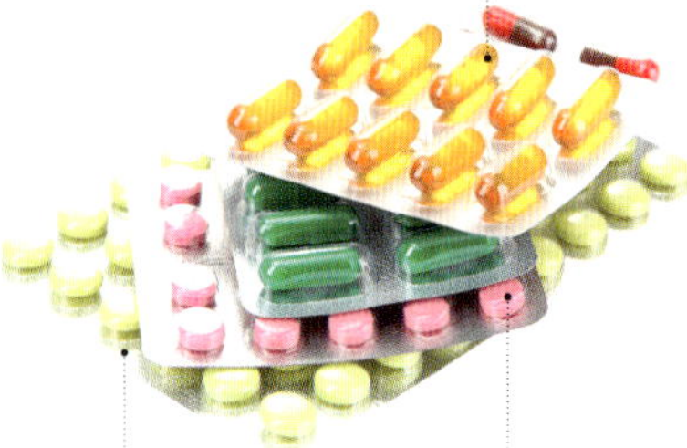

die Sichtverpackung
блистерная упаковка f
[blʲˈistʲɪrnəjə ʊpɐkˈofkə]

die Tablette
таблетка f
[tɐblʲˈetkə]

die Dosierung
дозировка f
[dəzʲɪrˈofkə]

der Messbecher
мензурка f
[mʲɪnzˈurkə]

das Zäpfchen
суппозиторий m
[sʊpːəzʲɪtˈorʲɪj]

die Salbe
мазь f
[mˈasʲ]

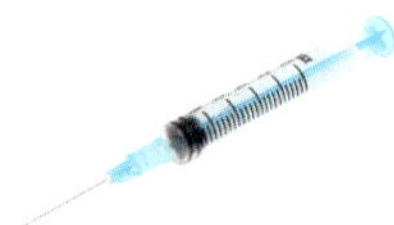

die Spritze
шприц m
[ʂprʲˈit͡s]

die Apothekerin
аптекарь m
[ɐptʲˈekərʲ]

die Tropfen
капли pl
[kˈaplʲɪ]

der/das Spray
спрей m
[sprʲˈej]

die Vitamintablette
витаминная таблетка f
[vʲɪtɐmʲˈinːəjə tɐblʲˈetkə]

die Brausetablette
растворимая таблетка f
[rəstvɐrʲˈiməjə tɐblʲˈetkə]

DIE APOTHEKE – АПТЕКА

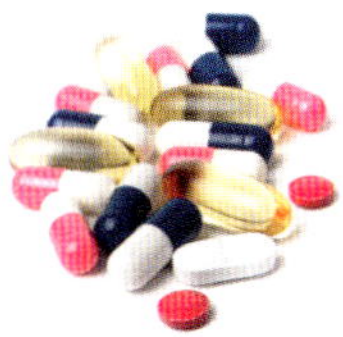

das Nahrungsergänzungsmittel
пищевая добавка f
[pʲɪˈɕːɪvˈajə dɐbˈafkə]

das Sonnenschutzmittel
крем от солнца m
[krʲˈem ɐt_sˈontsə]

der/das Mückenspray
репеллент m
[rʲɪpʲɪlʲˈent]

das/der Fieberthermometer
градусник m
[grˈadʊsnʲɪk]

die Nagelfeile
пилочка для ногтей f
[pʲˈiləʨkə dlʲɪ nɐktʲˈej]

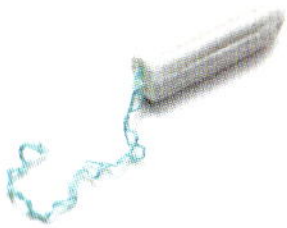

der Tampon
тампон m
[tɐmpˈon]

die Slipeinlage
прокладка f
[prɐklˈatkə]

das Feuchttuch
влажная салфетка f
[vlˈaʐnəjə sɐlfʲˈetkə]

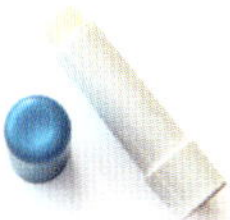

der Lippenpflegestift
бальзам для губ m
[bɐlʲzˈam dlʲɪ gˈup]

die Pinzette
пинцет m
[pʲɪntsˈɛt]

das Deodorant
дезодорант m
[dʲɪzədɐrˈant]

das/der Hustenbonbon
леденец от кашля m
[lʲɪdʲɪnʲˈets ɐt_kˈaʂlʲə]

das Symptom	**симптом** m [sʲɪmptˈom]
die Nebenwirkung	**побочный эффект** m [pɐbˈoʨnɨj ɪfʲˈekt]
der Beipackzettel	**вкладыш с инструкцией** m [fklˈadɨʂ s_ɪnstrˈuktsɨjɪj]
die Hautpflege	**уход за кожей** m [ʊxˈot zə kˈoʐɨj]
das Schmerzmittel	**обезболивающее** n [ɐbʲɪzbˈolʲɪvəjʉɕːɪjə]
das Beruhigungsmittel	**успокоительное** n [ʊspəkɐˈitʲɪlʲnəjə]
die Schlaftablette	**снотворное** n [snɐtvˈornəjə]
das Verfallsdatum	**срок годности** m [srˈok gˈodnəstʲɪ]

der Ohrstöpsel
беруши pl
[bʲɪrʊʂˈɨ]

DIE ALTERNATIVMEDIZIN – АЛЬТЕРНАТИВНАЯ МЕДИЦИНА

die Meditation
медитация f
[mʲɪdʲɪtˈat͡sɨjə]

das Yoga
йога f
[jˈɵgə]

das Tai-Chi
тайчи n
[tɐjt͡ɕˈi]

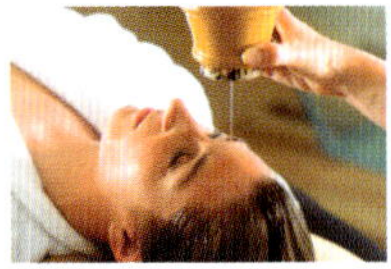

das Ayurveda
аюрведа f
[ɐʉrvʲˈedə]

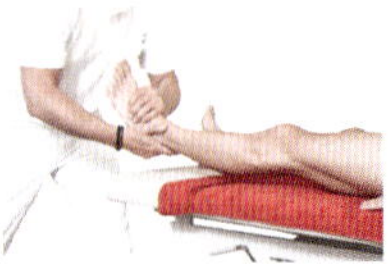

die Osteopathie
остеопатия f
[ɐstʲɪɐpˈatʲɪjə]

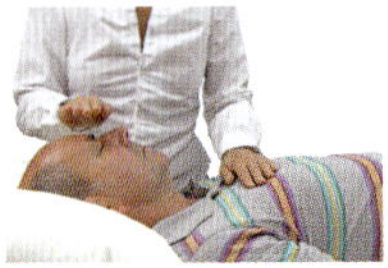

das Reiki
рейки n
[rʲˈejkʲɪ]

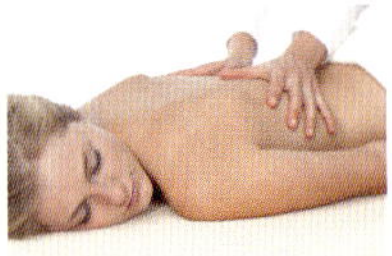

die Massage
массаж m
[mɐsːˈaʂ]

die Hypnose
гипноз m
[gʲɪpnˈos]

die traditionelle chinesische Medizin
традиционная китайская медицина f
[trədʲɪt͡sɨˈonːəjə kʲɪtˈajskəjə mʲɪdʲɪt͡sˈinə]

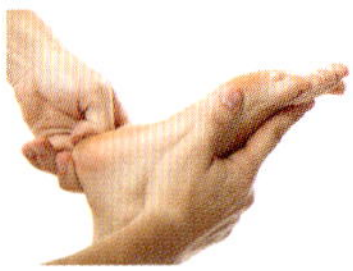

die Fußreflexzonen-massage
рефлексогенный массаж стоп m
[rʲɪflʲɪksɐgʲˈenːɨj mɐsːˈaʂ stˈop]

das homöopathische Heilmittel
гомеопатические средства pl
[gəmʲɪɐpɐtʲˈit͡ɕɪskʲɪjə srʲˈet͡stvə]

die Kräuterheilkunde
траволечение n
[trəvəlʲɪt͡ɕˈenʲɪjə]

die Akupunktur
акупунктура f
[ɐkʊpʊnktˈurə]

die Kur	**курс лечения** m [kˈurs lʲɪt͡ɕˈenʲɪjə]
die Palliativmedizin	**паллиативная медицина** f [pəlʲːɪɐtʲˈivnəjə mʲɪdʲɪt͡sˈinə]
die Entspannung	**релаксация** f [rʲɪlɐksˈat͡sɨjə]
die Entgiftung	**детоксикация** f [dʲɪtəksʲɪkˈat͡sɨjə]
die Entziehungskur	**курс лечения от зависимости** m [kˈurs lʲɪt͡ɕˈenʲɪjə ɐd_zɐvʲˈisʲɪməstʲɪ]
einen Entzug machen	**избавляться от зависимости** [ɪzbɐvlʲˈæt͡sə ɐd_zɐvʲˈisʲɪməstʲɪ]
die Therapie	**терапия** f [tʲɪrɐpʲˈijə]
die Lichttherapie	**светотерапия** f [svʲɪtətʲɪrɐpʲˈijə]

WELLNESS – ОЗДОРОВИТЕЛЬНЫЕ ПРОЦЕДУРЫ

die Gesichtsbehandlung
процедура для лица f
[prət͡sɨdˈurə dlʲɪ lʲɪt͡sˈa]

die Kosmetikerin
косметолог m
[kəsmʲɪtˈoləg]

die Gesichtsmaske
маска для лица f
[mˈaskə dlʲɪ lʲɪt͡sˈa]

die Sauna
сауна f
[sˈaʊnə]

der Ofen
печь f
[pʲˈet͡ɕ]

die Bank
скамья f
[skɐmʲjˈæ]

der Kopfkeil
подголовник m
[pədgɐlˈovnʲɪk]

der Aufgusskübel
шайка f
[ʂˈajkə]

der Ruheraum
комната отдыха f
[kˈomnətə ˈodːɪxə]

das Mineralbad
минеральная ванна f
[mʲɪnʲɪrˈalʲnəjə vˈanːə]

die Maniküre
маникюр m
[mənʲɪkʲˈʉr]

die Pediküre
педикюр m
[pʲɪdʲɪkʲˈʉr]

die Wachsenthaarung	**восковая депиляция** f [vəskɐvˈajədʲɪpʲɪlʲˈæt͡sɨjə]
das Dampfbad	**паровая баня** f [pərɐvˈajə bˈanʲə]
der Aufguss	**травяной настой** m [trəvʲɪnˈoj nɐstˈoj]
das Peeling	**пилинг** m [pʲˈilʲɪnk]
der Teint	**цвет лица** m [t͡svʲˈet lʲɪt͡sˈa]
reinigen	**чистить** [t͡ɕˈistʲɪtʲ]
Ich habe empfindliche/ trockene/fettige/normale Haut.	**У меня чувствительная/сухая/жирная/нормальная кожа.** [ʊ mʲɪnʲˈæ t͡ɕʊstvʲˈitʲɪlʲnəjə/sʊxˈajə/ʐˈirnəjə/nɐrmˈalʲnəjə kˈoʐə]

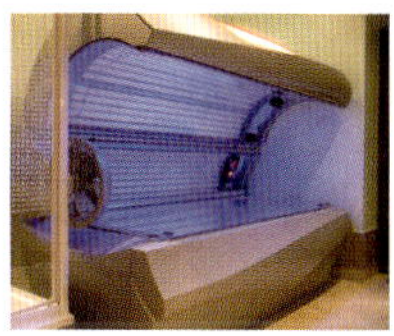

das Solarium
солярий m
[sɐlʲˈærʲɪj]

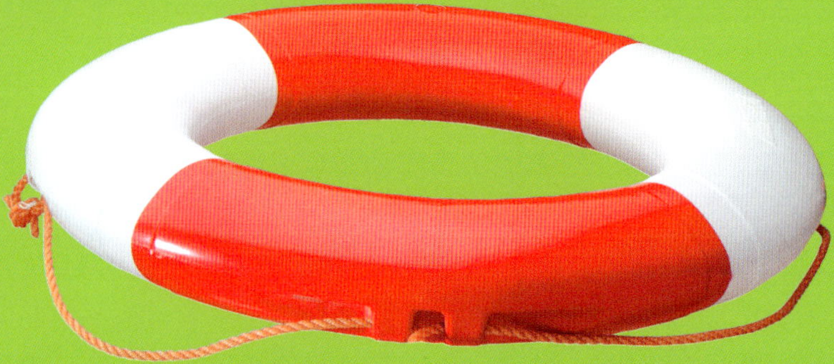

NOTFÄLLE

ЧРЕЗВЫЧАЙНЫЕ СИТУАЦИИ

ERSTE HILFE – ПЕРВАЯ ПОМОЩЬ

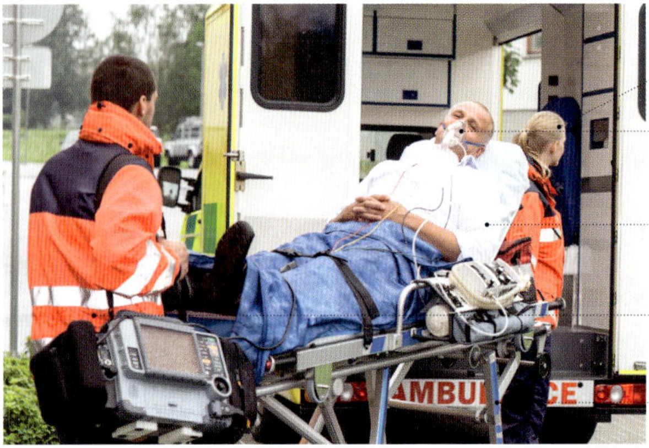

der Rettungswagen
скорая помощь f
[skˈorəjə pˈoməɕː]

die Sanitäterin
санитарка f
[sənʲɪtˈarkə]

die Sauerstoffmaske
кислородная маска f
[kʲɪslɐrˈodnəjə mˈaskə]

das Unfallopfer
пострадавший m
[pəstrɐdˈafʂɨj]

der Sanitäter
санитар m
[sənʲɪtˈar]

die Trage
носилки pl
[nɐsʲˈilkʲɪ]

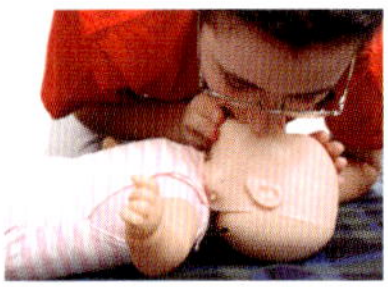

die Mund-zu-Mund-Beatmung
искусственное дыхание n
[ɪskˈustvʲɪnːəjə dɪxˈanʲɪjə]

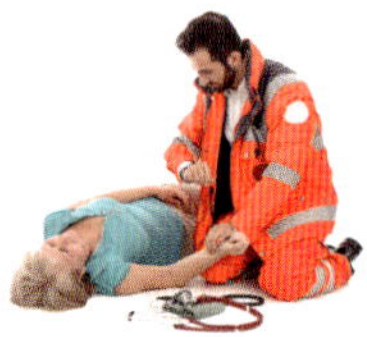

die Pulsmessung
измерение пульса n
[ɪzmʲɪrʲˈenʲɪjə pˈulʲsə]

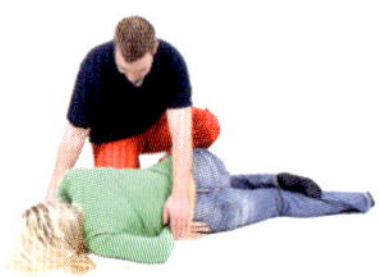

die stabile Seitenlage
спасительное положение n
[spɐsʲˈitʲɪlʲnəjə pəlɐʐˈɛnʲɪjə]

der Unfallort
место происшествия n
[mʲˈestə prəɪʂˈɛstvʲɪjə]

der Rettungsdienst
спасательная служба f
[spɐsˈatʲɪlʲnəjə slˈuʐbə]

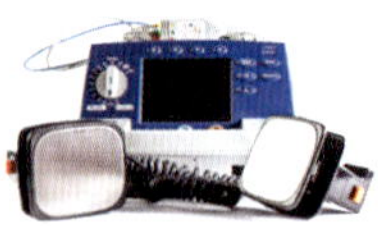

der Defibrillator
дефибриллятор m
[dʲɪfʲɪbrʲɪlʲˈætər]

der Unfall	**несчастный случай** m [nʲɪɕːˈæsnɨj slˈut͡ɕɪj]
die Wiederbelebung	**реанимация** f [rʲɪɐnʲɪmˈat͡sɪjə]
die Herzdruckmassage	**непрямой массаж сердца** m [nʲɪprʲɪmˈoj mɐsːˈaʂ sʲˈert͡sə]
der Puls	**пульс** m [pˈulʲs]
bewusstlos	**без сознания** [bʲɪs_sɐznˈanʲɪjə]
erste Hilfe leisten	**оказывать первую помощь** [ɐkˈazɨvətʲ pʲˈervʊjʉ pˈoməɕː]
der Notarzt	**врач скорой помощи** m [vrˈat͡ɕ skˈorəj pˈoməɕːɪ]
die Notärztin	**врач скорой помощи** f [vrˈat͡ɕ skˈorəj pˈoməɕːɪ]

ERSTE HILFE – ПЕРВАЯ ПОМОЩЬ

das Verbandszeug
перевязочные средства pl
[pʲɪrʲɪvʲˈæzət͡ɕnɨjə srʲˈet͡stvə]

der Verband
перевязка f
[pʲɪrʲɪvʲˈæskə]

das Leukoplast®
лейкопластырь m
[lʲɪjkɐplˈastɨrʲ]

das Pflaster
пластырь m
[plˈastɨrʲ]

die Verbandschere
ножницы для разрезания повязок pl
[nˈoʐnʲɪt͡sɨ dlʲɪ rəzrʲɪzˈanʲɪjə pɐvʲˈæzək]

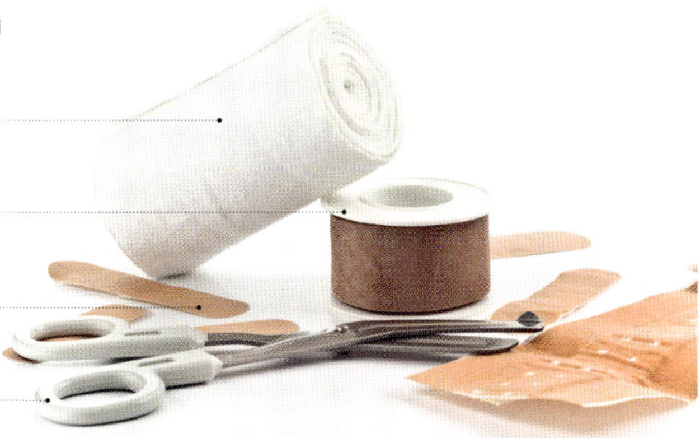

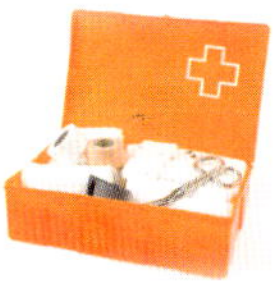

der Erste-Hilfe-Kasten
аптечка первой помощи f
[ɐptʲˈet͡ɕkə pʲˈervəj pˈoməɕːɪ]

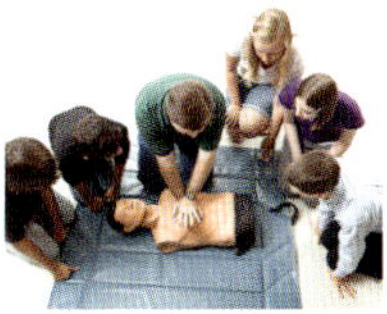

der Erste-Hilfe-Kurs
курсы первой помощи pl
[kˈursɨ pʲˈervəj pˈoməɕːɪ]

das Desinfektions-mittel
дезинфекционное средство n
[dʲɪzɨnfʲɪkt͡sɨˈonːəjə srʲˈet͡stvə]

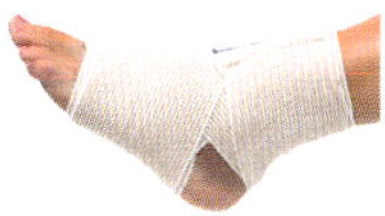

die Bandage
бинт m
[bʲˈint]

steril	**стерильный** [stʲɪrʲˈilʲnɨj]
überleben	**выжить** [vˈiʐɨtʲ]
traumatisiert	**травмированный** [trɐvmʲˈirəvənːɨj]
unter Schock stehen	**быть в шоковом состоянии** [bˈɨtʲ f‿ʂˈokəvəm səstɐjˈænʲɪɪ]
der Schock	**шок** m [ʂˈok]
die Blutspende	**донорство крови** n [dˈonərstvə krˈovʲɪ]
die Organspende	**донорство органов** n [dˈonərstvə ˈorgənəf]
das Adrenalin	**адреналин** m [ɐdrʲɪnɐlʲˈin]

die Mullbinde
марлевый бинт m
[mˈarlʲɪvɨj bʲˈint]

DIE POLIZEI – ПОЛИЦИЯ

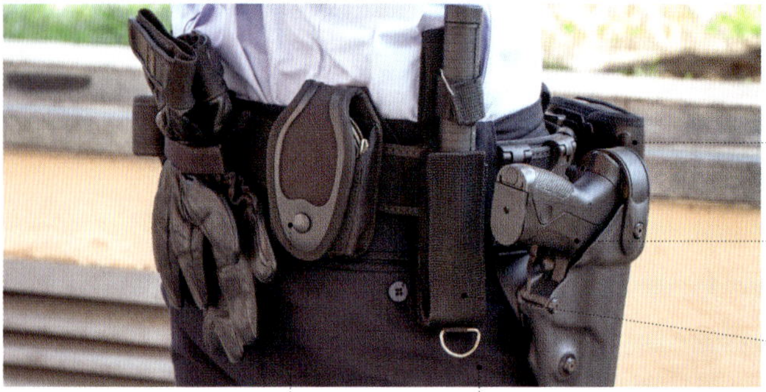

der Dienstgürtel
полицейский ремень m
[pəlʲɪˈt͡sɛjskʲɪj rʲɪmʲˈenʲ]

das Handfunkgerät
рация f
[rˈat͡sɪjə]

die Pistole
табельное оружие n
[tˈabʲɪlʲnəjə ɐrˈuʐɨjə]

der Schlagstock
полицейская дубинка f
[pəlʲɪˈt͡sɛjskəjə dʊbʲˈinkə]

die Handschellen
наручники pl
[nɐrˈut͡ɕnʲɪkʲɪ]

die Uniform
форма f
[fˈormə]

der Fingerabdruck
отпечаток пальца m
[ɐtpʲɪt͡ɕˈætək pˈalʲt͡sə]

der Tatort
место происшествия n
[mʲˈestə prəɪʂˈɛstvʲɪjə]

die Polizistin
полицейский m
[pəlʲɪˈt͡sɛjskʲɪj]

der Polizist
полицейский m
[pəlʲɪˈt͡sɛjskʲɪj]

das Polizeiabzeichen
жетон полицейского m
[ʐɨtˈon pəlʲɪˈt͡sɛjskəvə]

der Zeuge	**свидетель** m [svʲɪdʲˈetʲɪlʲ]
die Zeugin	**свидетельница** f [svʲɪdʲˈetʲɪlʲnʲɪt͡sə]
der Verbrecher	**преступник** m [prʲɪstˈupnʲɪk]
die Verbrecherin	**преступница** f [prʲɪstˈupnʲɪt͡sə]
der Kriminalbeamte	**сотрудник уголовного розыска** m [sɐtrˈudnʲɪk ʊgɐlˈovnəvə rˈozɪskə]
die Kriminalbeamtin	**сотрудница уголовного розыска** f [sɐtrˈudnʲɪt͡sə ʊgɐlˈovnəvə rˈozɪskə]
der/die Verdächtige	**подозреваемый/ая** m/f [pədəzrʲɪvˈajɪmɨj/əjə]
die Ermittlung	**следствие** n [slʲˈet͡stvʲɪjə]

DIE POLIZEI – ПОЛИЦИЯ

das Polizeiauto
полицейская машина f
[pəlʲɪt͡sˈɛjskəjə mɐʂˈɨnə]

die Lichtleiste
мигалка f
[mʲɪɡˈalkə]

das Martinshorn
сирена f
[sʲɪrʲˈenə]

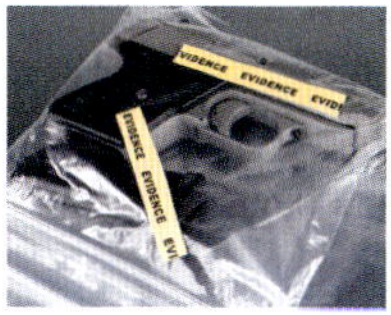

das Beweisstück
улика f
[ʊlʲˈikə]

das Gefängnis
тюрьма f
[tʲʉrʲmʲˈa]

der Einbruch
взлом m
[vzlˈom]

der Diebstahl
кража f
[krˈaʐə]

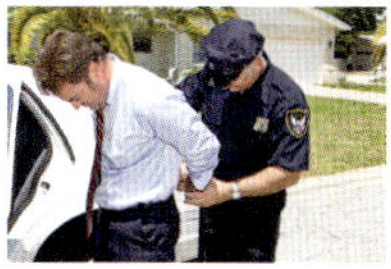

die Festnahme
арест m
[ɐrʲˈest]

die Gewalt
насилие n
[nɐsʲˈilʲɪjə]

der Raubüberfall
разбойное нападение n
[rɐzbˈojnəjə nəpɐdʲˈenʲɪjə]

der Taschendiebstahl
карманная кража f
[kɐrmˈanːəjə krˈaʐə]

die Entführung
похищение n
[pəxʲɪɕːˈenʲɪjə]

die Straftat	**преступление** n [prʲɪstʊplʲˈenʲɪjə]
die Körperverletzung	**увечье** n [ʊvʲˈet͡ɕjə]
die Vergewaltigung	**изнасилование** n [ɪznɐsʲˈiləvənʲɪjə]
der Mord	**убийство** n [ʊbʲˈijstvə]
der Überfall	**нападение** n [nəpɐdʲˈenʲɪjə]
fliehen	**сбежать** [zbʲɪʐˈatʲ]
belästigen	**приставать** [prʲɪstɐvˈatʲ]
die Schuld	**вина** f [vʲɪnˈa]

die Polizeiabsperrung
полицейский кордон m
[pəlʲɪt͡sˈɛjskʲɪj kɐrdˈon]

DIE FEUERWEHR – ПОЖАРНАЯ БРИГАДА

der Feuerlöscher
огнетушитель m
[ɐgnʲɪtʊʂˈitʲɪlʲ]

der Hydrant
гидрант m
[gʲɪdrˈant]

der Feuerwehrmann
пожарный m
[pɐʐˈarnɨj]

das Visier
забрало n
[zɐbrˈalə]

der Feuerwehrhelm
пожарная каска f
[pɐʐˈarnəjə kˈaskə]

die Feuerwehrschutzjacke
защитная одежда для пожарных f
[zɐɕːˈitnəjə ɐdʲˈeʐdə dlʲɪ pɐʐˈarnɨx]

der Reflexstreifen
отражающие полосы pl
[ɐtrɐʐˈajʉɕːɪjə pˈoləsɨ]

der Feuerwehrschlauch
пожарный рукав m
[pɐʐˈarnɨj rʊkˈaf]

die Brandbekämpfung
тушение пожара n
[tʊʂˈɛnʲɪjə pɐʐˈarə]

der Notausgang
аварийный выход m
[ɐvɛrʲˈijnɨj vˈɨxət]

die Axt
топор m
[tɐpˈor]

der Rauchmelder
детектор дыма m
[dʲɪtʲˈektər dˈɨmə]

die Feuerwache
пожарная часть f
[pɐʐˈarnəjə t͡ɕˈæstʲ]

das Löschfahrzeug
пожарная машина f
[pɐʐˈarnəjə mɐʂˈɨnə]

IN DEN BERGEN – В ГОРАХ

der Helm
каска f
[kˈaskə]

der Karabiner
карабин m
[kərɐbʲˈin]

das Seil
верёвка f
[vʲɪrʲˈɵfkə]

die Bergwacht
горноспасательная служба f
[gərnəspɐsˈatʲɪlʲnəjə slˈuʐbə]

der Rettungseinsatz
поисково-спасательные работы pl
[pəɪskˈovə-spɐsˈatʲɪlʲnɨjə rɐbˈotɨ]

die Einsatzkraft
спасатель m
[spɐsˈatʲɪlʲ]

der Rettungsschlitten
сани скорой помощи pl
[sˈanʲɪ skˈorəj pˈoməɕːɪ]

das Schneemobil
снегоход m
[snʲɪgɐxˈot]

das Fangnetz
сеть f
[sʲˈetʲ]

die Lawine
лавина f
[lɐvʲˈinə]

das LVS-Gerät
лавинный передатчик m
[lɐvʲˈinːɨj pʲɪrʲɪdˈat͡ɕːɪk]

der Rettungshund
собака-спасатель f
[sɐbˈakə-spɐsˈatʲɪlʲ]

der Rettungshub-schrauber
спасательный вертолёт m
[spɐsˈatʲɪlʲnɨj vʲɪrtɐlʲˈot]

der Lawinenschutz
защита от лавин f
[zɐɕːˈitə ɐt_lɐvʲˈin]

das Lawinenwarn-schild
предупреждение о лавинной опасности n
[prʲɪdʊprʲɪʐdʲˈenʲɪjə ɐ lɐvʲˈinːəj ɐpˈasnəstʲɪ]

DAS MEER – НА МОРЕ

die Schwimmweste
спасательный жилет m
[spɐsˈatʲɪlʲnɨj ʐɨlʲˈet]

der Rettungsring
спасательный круг m
[spɐsˈatʲɪlʲnɨj krˈuk]

der Sammelpunkt
место сбора n
[mʲˈestə zbˈorə]

der Sturm
шторм m
[ʂtˈorm]

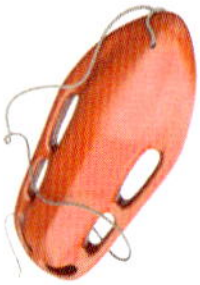

die Rettungsboje
спасательный буй m
[spɐsˈatʲɪlʲnɨj bˈuj]

der Rettungsschwimmer
спасатель m
[spɐsˈatʲɪlʲ]

der Wachturm
наблюдательная вышка f
[nəblʲʉdˈatʲɪlʲnəjə vˈɨʂkə]

der Tsunami
цунами n
[t͡sʊnˈamʲɪ]

das Küstenwachboot
лодка береговой службы f
[lˈotkə bʲɪrʲɪgɐvˈoj slˈuʐbɨ]

das Rettungsboot
спасательная шлюпка f
[spɐsˈatʲɪlʲnəjə ʂlʲˈʉpkə]

kentern
перевернуться
[pʲɪrʲɪvʲɪrnˈut͡sə]

der Schiffbruch
кораблекрушение n
[kərəblʲɪkrʊʂˈɛnʲɪjə]

der/die Vermisste	**пропавший/ая без вести** m/f [prɐpˈafʂɨj/əjə bʲˈez_vʲɪstɪ]
das Rettungstau	**спасательный тросовый леер** m [spɐsˈatʲɪlʲnɨj trˈosəvɨj lʲˈejɪr]
die Wetterbedingungen	**погодные условия** pl [pɐgˈodnɨjə ʊslˈovʲɪjə]
der Seewetterbericht	**прогноз для судоходства** m [prɐgnˈos dlʲɪ sʊdɐxˈot͡stvə]
die Suche	**поиск** m [pˈoɪsk]
ertrinken	**утонуть** [ʊtɐnˈutʲ]
die Havarie	**происшествие на море** n [prəɪʂˈɛstvʲɪjə nə mˈorʲɪ]
in Seenot geraten	**потерпеть бедствие на море** [pətʲɪrpʲˈetʲ bʲˈet͡stvʲɪjə nə mˈorʲɪ]

WEITERE NOTSITUATIONEN – ДРУГИЕ ЧРЕЗВЫЧАЙНЫЕ СЛУЧАИ

die Explosion
взрыв m
[vzrˈɨf]

die Epidemie
эпидемия f
[ɪpʲɪdʲˈemʲɪjə]

die Evakuierung
эвакуация f
[ɪvəkʊˈa͡tsɨjə]

der Bombenalarm
тревога в связи с угрозой взрыва f [trʲɪvˈogə f͜svʲɪzʲˈi s͜ʊgrˈozəj vzrˈɨvə]

die nukleare Katastrophe
ядерная катастрофа f
[jˈædʲɪrnəjə kətɐstrˈofə]

die Notlandung
аварийное приземление n
[ɐvɐrʲˈijnəjə prʲɪzʲɪmlʲˈenʲɪjə]

der Terrorangriff
террористическая атака f
[tʲɪrərʲɪstʲˈi͡tɕɪskəjə ɐtˈakə]

retten
спасать
[spɐsˈatʲ]

die Notrufnummer
телефон службы спасения m
[tʲɪlʲɪfˈon slˈuʐbɨ spɐsʲˈenʲɪjə]

die Überwachungskamera
камера наблюдения f
[kˈamʲɪrə nəblʲʉdʲˈenʲɪjə]

der Verletzte
пострадавший m [pəstrɐdˈafʂɨj]

die Verletzung
травма f
[trˈavmə]

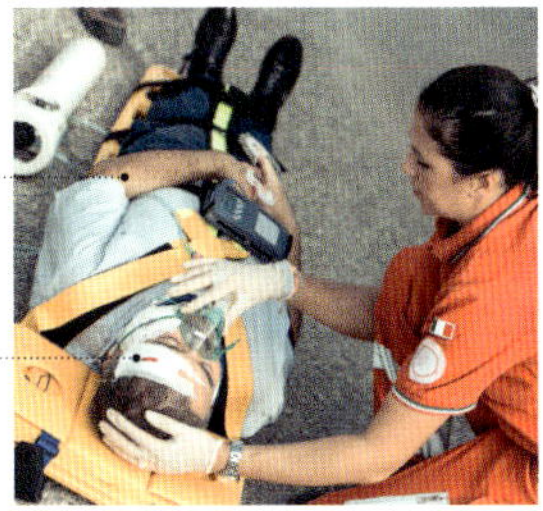

der/die Vermisste	**пропавший/ая без вести** m/f [prɐpˈafʂɨj/əjə bʲˈez͜vʲɪstʲɪ]
die Suchmannschaft	**поисковая команда** f [pəiskˈovəjə kɐmˈandə]
die Gefahr	**опасность** f [ɐpˈasnəstʲ]
Hilfe!	**На помощь!** [nə pˈoməɕː]
Es ist ein Unfall passiert!	**Несчастный случай!** [nʲɪɕːˈæsnɨj slˈu͡tɕɪj]
Rufen Sie einen Rettungswagen!	**Вызовите скорую!** [vˈɨzəvʲɪtʲɪ skˈorʊjʉ]
Rufen Sie die Polizei!	**Позвоните в полицию!** [pəzvɐnʲˈitʲɪ f͜pɐlʲˈi͡tsɨjʉ]
Rufen Sie die Feuerwehr!	**Вызовите пожарных!** [vˈɨzəvʲɪtʲɪ pɐʐˈarnɨx]

Achtung, Gefahr!
Внимание! Опасность!
[vnʲɪmˈanʲɪjə ɐpˈasnəstʲ]

ERDE UND NATUR

ЗЕМЛЯ И ПРИРОДА

DER WELTRAUM – КОСМОС

das Sonnensystem
солнечная система f
[sˈolnʲɪt͡ɕnəjə sʲɪstʲˈemə]

① *die Sonne*
Солнце n
[sˈont͡sɪ]

② *der Merkur*
Меркурий m
[mʲɪrkˈurʲɪj]

③ *die Venus*
Венера f
[vʲɪnʲˈerə]

④ *die Erde*
Земля f
[zʲɪmlʲˈæ]

⑤ *der Mars*
Марс m
[mˈars]

die Mondphasen
фазы луны pl
[fˈazɨ lʊnˈɨ]

⑤ *die Mondsichel*
месяц m
[mʲˈesʲɪt͡s]

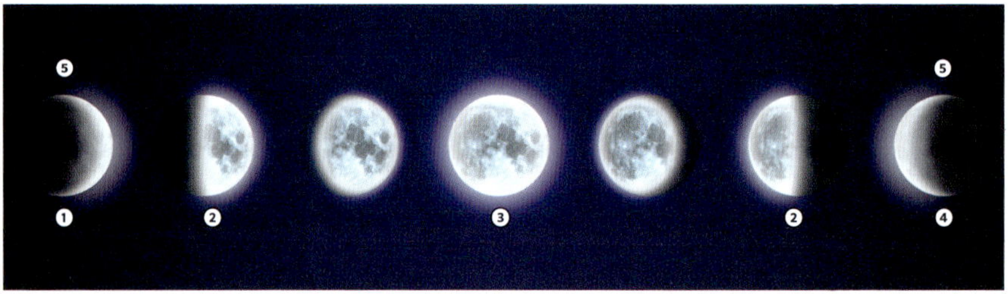

① *der zunehmende Mond*
растущая луна f
[rɐstˈuɕːɪjə lʊnˈa]

② *der Halbmond*
полумесяц m
[pəlomʲˈesʲɪt͡s]

③ *der Vollmond*
полная луна f
[pˈolnəjə lʊnˈa]

④ *der abnehmende Mond*
убывающая луна f
[ʊbɨvˈajʉɕːəjə lʊnˈa]

DER WELTRAUM – КОСМОС

⑥ *der Jupiter*
Юпитер m
[jʉpʲˈitʲɪr]

⑦ *der Saturn*
Сатурн m
[sɐtˈurn]

⑧ *der Uranus*
Уран m
[ʊrˈan]

⑨ *der Neptun*
Нептун m
[nʲɪptˈun]

das Raumschiff
космический корабль m
[kɐsmʲˈit͡ɕɪskʲɪj kɐrˈabʲlʲ]

① *der Außentank*
внешний топливный бак m
[vnʲˈeʂnʲɪj tˈoplʲɪvnɨj bak]

② *der Booster*
разгонный блок m
[rɐzgˈonːɨj blˈok]

③ *der Orbiter*
орбитальный модуль m
[ɐrbʲɪtˈalʲnɨj mˈodʊlʲ]

DER WELTRAUM – КОСМОС

die Sonnenfinsternis
солнечное затмение n
[sˈolnʲɪt͡ɕnəjə zɐtmʲˈenʲɪjə]

die Galaxie
галактика f
[ɡɐlˈaktʲɪkə]

die Milchstraße
Млечный Путь m
[mlʲˈet͡ɕnɨj pˈutʲ]

der Komet
комета f
[kɐmʲˈetə]

der Asteroid
астероид m
[ɐstʲɪrˈoɪt]

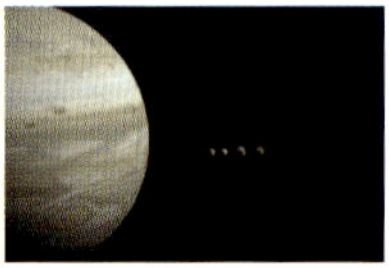

der Planet
планета f
[plɐnʲˈetə]

der Meteor
метеорит m
[mʲɪtʲɪɐrʲˈit]

das Universum
вселенная f
[fsʲɪlʲˈenːəjə]

der Astronaut
астронавт m
[ɐstrɐnˈaft]

der Satellit
спутник m
[spˈutnʲɪk]

die Sternwarte
обсерватория f
[ɐpsʲɪrvɐtˈorʲɪjə]

das Radioteleskop
радиотелескоп m
[rədʲɪɐtʲɪlʲɪskˈop]

der Nebel
туманность f
[tʊmˈanːəstʲ]

das schwarze Loch	**чёрная дыра** f [t͡ɕˈornəjə dɨrˈa]
die Schwerkraft	**гравитация** f [ɡrəvʲɪtˈat͡sɨjə]
die Umlaufbahn	**орбита** f [ɐrbʲˈitə]
das Lichtjahr	**световой год** m [svʲɪtɐvˈoj ɡˈot]
der Urknall	**Большой взрыв** m [bɐlʲʂˈoj vzrˈɨf]
der Stern	**звезда** f [zvʲɪzdˈa]
die Raumstation	**космическая станция** f [kɐsmʲˈit͡ɕɪskəjə stˈant͡sɨjə]
die Astronomie	**астрономия** f [ɐstrɐnˈomʲɪjə]

DIE ERDE – ПЛАНЕТА ЗЕМЛЯ

① *der Nordpol*
Северный полюс m
[sʲˈevʲɪrnɨj pˈolʲʉs]

② *das Binnenmeer*
внутреннее море n
[vnˈutrʲɪnʲːɪjə mˈorʲɪ]

③ *die Halbinsel*
полуостров m
[pəlʊˈostrəf]

④ *die Meerenge*
пролив m
[prɐlʲˈif]

⑤ *der Golf*
залив m
[zɐlʲˈif]

⑥ *der Kontinent*
континент m
[kəntʲɪnʲˈent]

⑦ *das Meer*
море n
[mˈorʲɪ]

⑧ *das Land*
суша f
[sˈuʂə]

⑨ *die Gebirgskette*
горная цепь f
[gˈornəjə t͡sˈɛpʲ]

⑩ *der Südpol*
Южный полюс m
[jˈʉʐnɨj pˈolʲʉs]

⑪ *der See*
озеро n
[ˈozʲɪrə]

⑫ *die Insel*
остров m
[ˈostrəf]

⑬ *die Bucht*
бухта f
[bˈuxtə]

die Atmosphäre	**атмосфера** f [ɐtmɐsfʲˈerə]
der Erdmantel	**мантия Земли** f [mˈantʲɪjə zʲɪmlʲˈi]
die Erdkruste	**земная кора** f [zʲɪmnˈajə kɐrˈa]
der innere Erdkern	**внутреннее ядро Земли** n [vnˈutrʲɪnʲːɪjə jɪdrˈo zʲɪmlʲˈi]
der äußere Erdkern	**внешнее ядро Земли** n [vnʲˈeʂnʲɪjə jɪdrˈo zʲɪmlʲˈi]
die Platte	**плато** n [plɐtˈo]
das Grundgestein	**коренная порода** f [kərʲɪnːˈajə pɐrˈodə]
die Erde	**почва** f [pˈot͡ɕvə]

DIE WELTKARTE – КАРТА МИРА

① *das Nordpolarmeer*
Северный Ледовитый океан m
[sʲˈevʲɪrnɨj lʲɪdɐvʲˈitɨj ɐkʲɪˈan]

⑥ *der Pazifische Ozean*
Тихий океан m
[tʲˈixʲɪj ɐkʲɪˈan]

⑦ *der Atlantische Ozean*
Атлантический океан m
[ɐtlɐntʲˈit͡ɕɪskʲɪj ɐkʲɪˈan]

⑧ *der Indische Ozean*
Индийский океан m
[ɪndʲˈijskʲɪj ɐkʲɪˈan]

⑨ *das Arabische Meer*
Аравийское море n
[ɐrɐvˈijskəjə mˈorʲɪ]

⑩ *das Karibische Meer*
Карибское море n
[kɐrʲˈipskəjə mˈorʲɪ]

⑪ *das Mittelmeer*
Средиземное море n
[srʲɪdʲɪzʲˈemnəjə mˈorʲɪ]

⑫ *die Nordsee*
Северное море n
[sʲˈevʲɪrnəjə mˈorʲɪ]

⑬ *die Ostsee*
Балтийское море n
[bɐltʲˈijskəjə mˈorʲɪ]

⑭ *das Kaspische Meer*
Каспийское море n
[kɐspʲˈijskəjə mˈorʲɪ]

⑮ *das Schwarze Meer*
Чёрное море n
[t͡ɕˈɵrnəjə mˈorʲɪ]

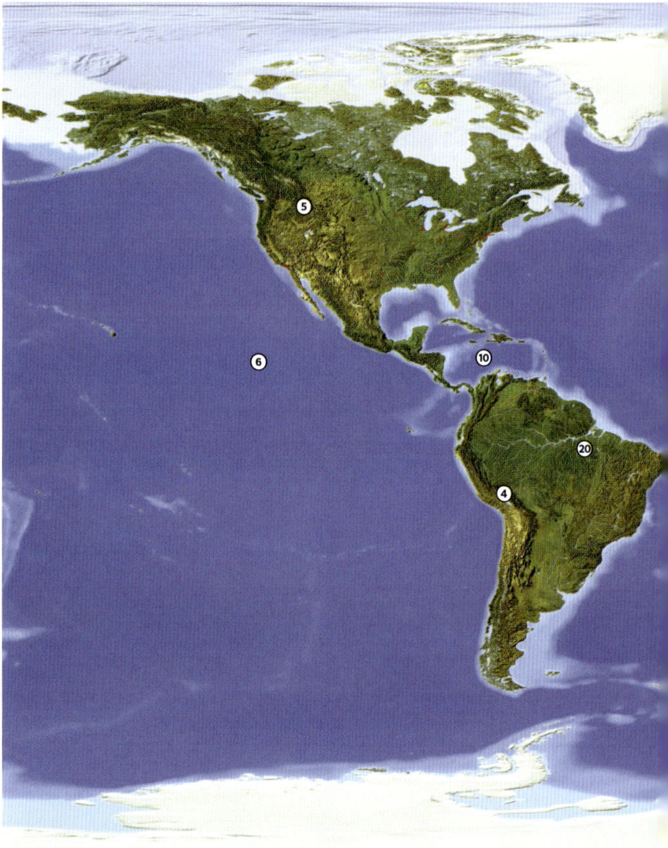

⑯ *der Ärmelkanal*
пролив Ла-Манш m
[prɐlʲˈif lˈa-mˈanʂ]

⑰ *das Rote Meer*
Красное море n
[krˈasnəjə mˈorʲɪ]

⑱ *das Südpolarmeer*
Южный Ледовитый океан m
[jˈuʐnɨj lʲɪdɐvʲˈitɨj ɐkʲɪˈan]

② *der Himalaja*
Гималаи pl
[gʲɪmɐlˈaɪ]

③ *die Alpen*
Альпы pl
[ˈalʲpɨ]

④ *die Anden*
Анды pl
[ˈandɨ]

⑤ *die Rocky Mountains*
Скалистые горы pl
[skɐlʲˈistɨjə gˈorɨ]

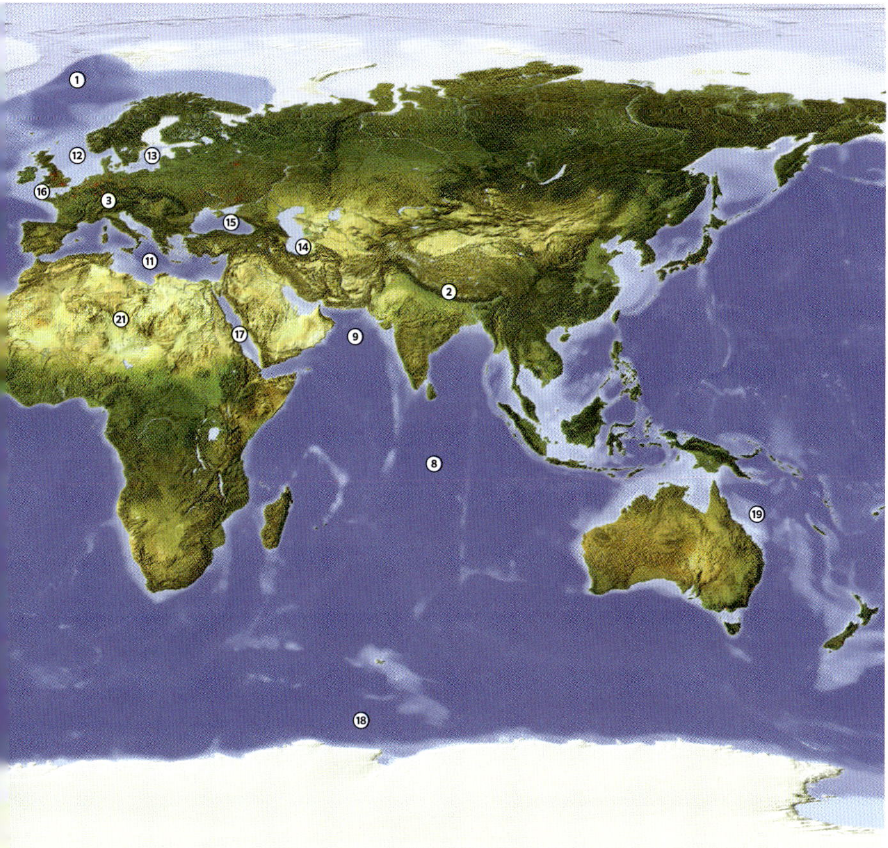

⑲ *das Great Barrier Reef*
Большой Барьерный риф m
[bɐlʲʂˈoj bɐrʲjˈernɨj rʲˈif]

⑳ *Amazonien*
Амазонская низменность f
[ɐmɐzˈonskəjə nʲˈizmʲɪnːəstʲ]

㉑ *die Sahara*
Сахара f
[sɐxˈarə]

DIE WELTKARTE – КАРТА МИРА

die Nordhalbkugel
Северное полушарие n
[sʲˈevʲɪrnəjə pəlʊʂˈarʲɪjə]

die Arktis
Арктика f
[ˈarktʲɪkə]

der nördliche Wendekreis
тропик Рака m
[trˈopʲɪk rˈakə]

die westliche Hemisphäre
Западное полушарие n
[zˈapədnəjə pəlʊʂˈarʲɪjə]

die östliche Hemisphäre
Восточное полушарие n
[vɐstˈot͡ɕnəjə pəlʊʂˈarʲɪjə]

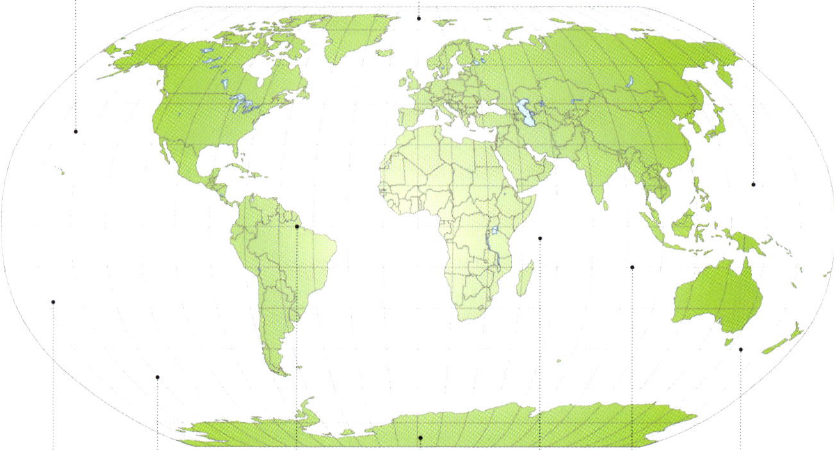

die geografische Länge
долгота f
[dəlgɐtˈa]

die Antarktis
Антарктика f
[ɐntˈarktʲɪkə]

die geografische Breite
широта f
[ʂɨrɐtˈa]

die Südhalbkugel
Южное полушарие n
[jˈʉʐnəjə pəlʊʂˈarʲɪjə]

der Äquator
экватор m
[ɪkvˈatər]

die Tropen
тропики pl
[trˈopʲɪkʲɪ]

der südliche Wendekreis
тропик Козерога m
[trˈopʲɪk kəzʲɪrˈogə]

der nördliche Polarkreis	**Северный полярный круг** m [sʲˈevʲɪrnɨj pɐlʲˈærnɨj krˈuk]
der südliche Polarkreis	**Южный полярный круг** m [jˈʉʐnɨj pɐlʲˈærnɨj krˈuk]
das Land	**страна** f [strɐnˈa]
der Staat	**государство** n [gəsʊdˈarstvə]
die Nation	**нация** f [nˈat͡sɨjə]
das Territorium	**территория** f [tʲɪrʲɪtˈorʲɪjə]

das Fürstentum	**княжество** n [knʲˈæʐɨstvə]
das Königreich	**королевство** n [kərɐlʲˈefstvə]
die Republik	**республика** f [rʲɪspˈublʲɪkə]
die Kolonie	**колония** f [kɐlˈonʲɪjə]
die Provinz	**провинция** f [prɐvʲˈint͡sɨjə]
die Zone	**зона** f [zˈonə]
die Region	**регион** m [rʲɪgʲɪˈon]
die Hauptstadt	**столица** f [stɐlʲˈit͡sə]

UN-MITGLIEDSSTAATEN – ГОСУДАРСТВА - ЧЛЕНЫ ООН

Europa – Европа

Albanien
Албания f
[ɐlbˈanʲɪjə]

Andorra
Андорра f
[ɐndˈorə]

Belgien
Бельгия f
[bʲˈelʲgʲɪjə]

Bosnien und Herzegowina
Босния и Герцеговина pl
[bˈosnʲɪjə ˈi gʲɪr͡tsɪgɐvʲˈinə]

Bulgarien
Болгария f
[bɐlgˈarʲɪjə]

Dänemark
Дания f
[dˈanʲɪjə]

Deutschland
Германия f
[gʲɪrmˈanʲɪjə]

die ehemalige jugoslawische Republik Mazedonien
бывшая югославская республика Македония f
[bˈɨfʂəjə jʉgəslˈafskəjə rʲɪspˈublʲɪkə məkʲɪdˈonʲɪjə]

Estland
Эстония f
[ɪstˈonʲɪjə]

Finnland
Финляндия f
[fʲɪnlʲˈændʲɪjə]

Frankreich
Франция f
[frˈan͡tsɪjə]

Griechenland
Греция f
[grʲˈe͡tsɪjə]

Irland
Ирландия f
[ɪrlˈandʲɪjə]

Island
Исландия f
[ɪslˈandʲɪjə]

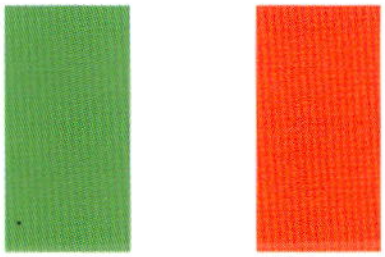

Italien
Италия f
[ɪtˈalʲɪjə]

Kroatien
Хорватия f
[xɐrvˈatʲɪjə]

UN-MITGLIEDSSTAATEN – ГОСУДАРСТВА - ЧЛЕНЫ ООН

Europa – Европа

Lettland
Латвия f
[lˈatvʲɪjə]

Liechtenstein
Лихтенштейн m
[lʲɪxtʲɪnʂtʲˈejn]

Litauen
Литва f
[lʲɪtvˈa]

Luxemburg
Люксембург m
[lʲʉksʲɪmbˈurk]

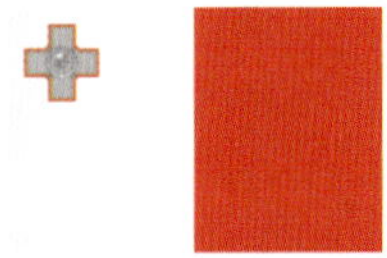

Malta
Мальта f
[mˈalʲtə]

Moldawien
Молдавия f
[məldˈavʲɪjə]

Monaco
Монако n
[mɐnˈakə]

Montenegro
Черногория f
[t͡ɕɪrnɐgˈorʲɪjə]

die Niederlande
Нидерланды pl
[nʲɪdʲɪrlˈandɨ]

Norwegen
Норвегия f
[nɐrvʲˈegʲɪjə]

Österreich
Австрия f
[ˈafstrʲɪjə]

Polen
Польша f
[pˈolʲʂə]

Portugal
Португалия f
[pərtʊgˈalʲɪjə]

Rumänien
Румыния f
[rʊmˈɨnʲɪjə]

Russland
Россия f
[rɐsʲˈijə]

San Marino
Сан-Марино n
[sˈan-mɐrʲˈinə]

UN-MITGLIEDSSTAATEN – ГОСУДАРСТВА - ЧЛЕНЫ ООН

Europa – Европа

Schweden
Швеция f
[ʂvʲɪˈet͡sɨjə]

die Schweiz
Швейцария f
[ʂvʲɪjˈt͡sarʲɪjə]

Serbien
Сербия f
[sʲɪˈerbʲɪjə]

die Slowakei
Словакия f
[slɐvˈakʲɪjə]

Slowenien
Словения f
[slɐvˈenʲɪjə]

Spanien
Испания f
[ɪspˈanʲɪjə]

Tschechien
Чехия f
[t͡ɕˈexʲɪjə]

die Ukraine
Украина f
[ʊkrɐˈinə]

Ungarn
Венгрия f
[vʲɪˈengrʲɪjə]

das Vereinigte Königreich
Великобритания f
[vʲɪlʲɪkəbrʲɪtˈanʲɪjə]

Weißrussland
Беларусь f
[bʲɪlɐrˈusʲ]

Zypern
Кипр m
[kʲɪˈipr]

Nord- und Mittelamerika – Северная и Центральная Америка

Antigua und Barbuda
Антигуа и Барбуда pl
[ɐntʲɪˈiguə i bɐrbˈudə]

die Bahamas
Багамские острова pl
[bɐgˈamskʲɪjə ɐstrɐvˈa]

Barbados
Барбадос m
[bɐrbˈadəs]

Belize
Белиз m
[bʲɪlʲˈɪs]

UN-MITGLIEDSSTAATEN – ГОСУДАРСТВА - ЧЛЕНЫ ООН

Nord- und Mittelamerika – Северная и Центральная Америка

Costa Rica
Коста-Рика f
[kˈostə-rʲɪkə]

Dominica
Доминика f
[dɐmʲˈinʲɪkə]

die Dominikanische Republik
Доминиканская республика f
[dəmʲinʲɪkˈanskəjə rʲɪspˈublʲɪkə]

El Salvador
Сальвадор m
[səlʲvedˈor]

Grenada
Гренада f
[grʲɪnˈadə]

Guatemala
Гватемала f
[gvətʲɪmˈalə]

Haiti
Гаити n
[gɐˈitʲɪ]

Honduras
Гондурас m
[gəndʊrˈas]

Jamaika
Ямайка f
[jɐmˈajkə]

Kanada
Канада f
[kɐnˈadə]

Kuba
Куба f
[kˈubə]

Mexiko
Мексика f
[mʲˈeksʲɪkə]

Nicaragua
Никарагуа n
[nʲɪkɐrˈagʊɐ]

Panama
Панама f
[pɐnˈamə]

St. Kitts und Nevis
Сент-Китс и Невис m
[sʲˈent-kʲˈit͡s ˈi nʲˈevʲɪs]

St. Lucia
Сент-Люсия f
[sʲˈent-lʲʉsˈijə]

UN-MITGLIEDSSTAATEN – ГОСУДАРСТВА – ЧЛЕНЫ ООН

Nord- und Mittelamerika – Северная и Центральная Америка

St. Vincent und die Grenadinen
Сент-Винсент и Гренадины m
[sʲˈent-vʲɪnsʲˈent ˈi grʲɪnɐdʲˈinɨ]

Trinidad und Tobago
Тринидад и Тобаго pl
[trʲɪnʲɪdˈat ˈi tɐbˈagə]

die Vereinigten Staaten
Соединённые Штаты Америки pl
[səjɪdʲɪnʲˈonːɨjə ʂtˈatɨ ɐmʲˈerʲɪkʲɪ]

Südamerika – Южная Америка

Argentinien
Аргентина f
[ɐrgʲɪntʲˈinə]

Bolivien
Боливия f
[bɐlʲˈivʲɪjə]

Brasilien
Бразилия f
[brɐzʲˈilʲɪjə]

Chile
Чили n
[t͡ɕˈilʲɪ]

Ecuador
Эквадор m
[ɪkvɐdˈor]

Guyana
Гайана f
[gɐjˈænə]

Kolumbien
Колумбия f
[kɐlˈumbʲɪjə]

Paraguay
Парагвай m
[pərɐgvˈaj]

Peru
Перу m
[pʲɪrˈu]

Suriname
Суринам m
[sʊrʲɪnˈam]

Uruguay
Уругвай m
[ʊrʊgvˈaj]

Venezuela
Венесуэла f
[vʲɪnʲɪsʊˈɛlə]

UN-MITGLIEDSSTAATEN – ГОСУДАРСТВА - ЧЛЕНЫ ООН

Afrika – Африка

Ägypten
Египет m
[jɪɡʲˈipʲɪt]

Algerien
Алжир m
[ɐlʐˈir]

Angola
Ангола f
[ɐnɡˈolə]

Äquatorialguinea
Экваториальная Гвинея f
[ɪkvətərʲɪˈalʲnəjə ɡvʲɪnʲˈejə]

Äthiopien
Эфиопия f
[ɪfʲɪˈopʲɪjə]

Benin
Бенин m
[bʲɪnʲˈin]

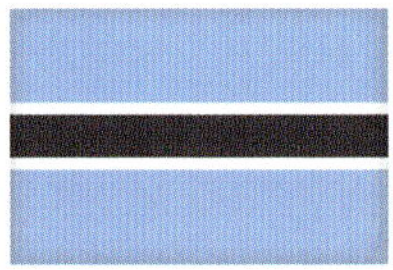

Botswana
Ботсвана f
[bɐt͡svˈanə]

Burkina Faso
Буркина-Фасо n
[bʊrkʲɪnˈa-fɐsˈo]

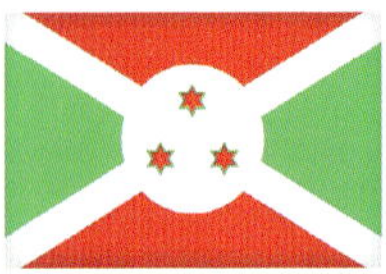

Burundi
Бурунди n
[bʊrˈundʲɪ]

die Demokratische Republik Kongo
Демократическая республика Конго f
[dʲɪməkrɐtʲˈit͡ɕɪskəjə rʲɪspˈublʲɪkə kˈonɡə]

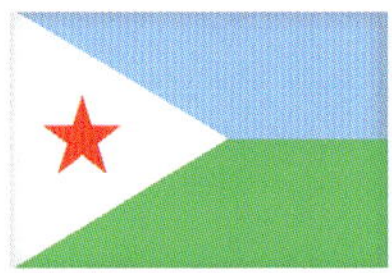

Dschibuti
Джибути n
[d͡ʐɨbʊtʲˈi]

die Elfenbeinküste
Кот-д'Ивуар m
[kˈot-dʲɪvʊˈar]

Eritrea
Эритрея f
[ɪrʲɪtrʲˈejə]

Gabun
Габон m
[ɡɐbˈon]

Gambia
Гамбия f
[ɡˈambʲɪjə]

Ghana
Гана f
[ɡˈanə]

UN-MITGLIEDSSTAATEN – ГОСУДАРСТВА - ЧЛЕНЫ ООН

Afrika – Африка

Guinea
Гвинея f
[gvʲɪnʲˈejə]

Guinea-Bissau
Гвинея-Бисау f
[gvʲɪnʲˈejə-bʲɪsˈaʊ]

Kamerun
Камерун m
[kəmʲɪrˈun]

Kap Verde
Кабо-Верде n
[kˈabo-vʲˈerdʲɪ]

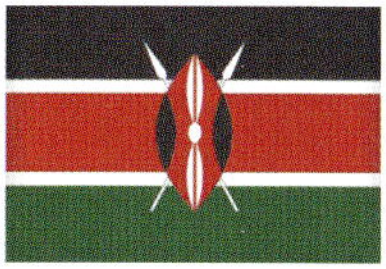

Kenia
Кения f
[kʲˈenʲɪjə]

die Komoren
Коморы pl
[kɐmˈorɪ]

Lesotho
Лесото n
[lʲɪsˈotə]

Liberia
Либерия f
[lʲɪbʲˈerʲɪjə]

Libyen
Ливия f
[lʲˈivʲɪjə]

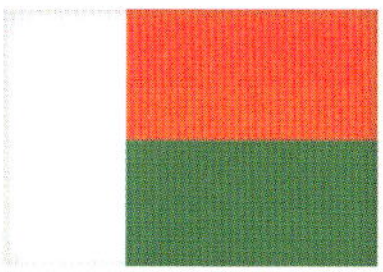

Madagaskar
Мадагаскар m
[mədəgɐskˈar]

Malawi
Малави n
[mɐlˈavʲɪ]

Mali
Мали m
[mɐlʲˈi]

Mauretanien
Мавритания f
[məvrʲɪtˈanʲɪjə]

Mauritius
Маврикий m
[mɐvrʲˈikʲɪj]

Marokko
Марокко n
[mɐrˈokə]

Mosambik
Мозамбик m
[məzɐmbʲˈik]

UN-MITGLIEDSSTAATEN – ГОСУДАРСТВА - ЧЛЕНЫ ООН

Afrika – Африка

Namibia
Намибия f
[nɐmʲˈibʲɪjə]

(der) Niger
Нигер m
[nʲˈigʲɪr]

Nigeria
Нигерия f
[nʲɪgʲˈerʲɪjə]

die Republik Kongo
Республика Конго f
[rʲɪspˈublʲɪkə kˈongə]

Ruanda
Руанда f
[rʊˈandə]

Sambia
Замбия f
[zˈambʲɪjə]

São Tomé und Príncipe
Сан-Томе и Принсипи n
[sˈan-tɐmʲˈe ˈi prʲinsʲˈipʲɪ]

(der) Senegal
Сенегал m
[sʲɪnʲɪgˈal]

die Seychellen
Сейшельские острова pl
[sʲɪjʂˈɛlʲskʲɪjə ɐstrɐvˈa]

Sierra Leone
Сьерра-Леоне n
[sʲjˈerə-lʲɪˈonə]

Simbabwe
Зимбабве n
[zʲɪmbˈabvʲɪ]

Somalia
Сомали n
[səmɐlʲˈi]

Südafrika
Южная Африка f
[jˈuʐnəjə ˈafrʲɪkə]

der Sudan
Судан m
[sʊdˈan]

der Südsudan
Южный Судан m
[jˈuʐnɨj sʊdˈan]

Swasiland
Свазиленд m
[svəzʲɪlʲˈent]

UN-MITGLIEDSSTAATEN – ГОСУДАРСТВА - ЧЛЕНЫ ООН

Afrika – Африка

Tansania
Танзания f
[tɐnzˈanʲɪjə]

Togo
Того n
[tˈogə]

der Tschad
Чад m
[t͡ɕˈæt]

Tunesien
Тунис m
[tʊnʲˈis]

Uganda
Уганда f
[ʊgˈandə]

die Zentralafrikanische Republik
Центральноафриканская Республика f
[t͡sɨntrˈalʲnə-afrʲɪkˈanskəjə rʲɪspˈublʲɪkə]

Asien – Азия

Afghanistan
Афганистан m
[ɐvgənʲɪstˈan]

Armenien
Армения f
[ɐrmʲˈenʲɪjə]

Aserbaidschan
Азербайджан m
[ɐzʲɪrbɐjdz̨ˈan]

Bahrain
Бахрейн m
[bɐxrʲˈejn]

Bangladesch
Бангладеш m
[bənglɐdʲˈeʂ]

Bhutan
Бутан m
[bʊtˈan]

Brunei
Бруней m
[brʊnʲˈej]

China
Китай m
[kʲɪtˈaj]

UN-MITGLIEDSSTAATEN – ГОСУДАРСТВА - ЧЛЕНЫ ООН

Asien – Азия

Georgien
Грузия f
[grˈuzʲɪjə]

Indien
Индия f
[ˈindʲɪjə]

Indonesien
Индонезия f
[ɪndɐnʲˈezʲɪjə]

(der) Irak
Ирак m
[ɪrˈak]

(der) Iran
Иран m
[ɪrˈan]

Israel
Израиль m
[ɪzrˈaɪlʲ]

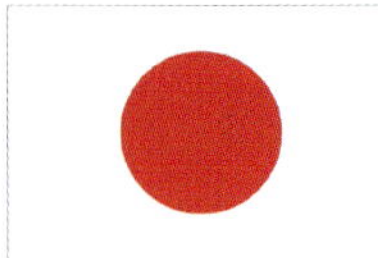

Japan
Япония f
[jɪpˈonʲɪjə]

(der) Jemen
Йемен m
[jˈemʲɪn]

Jordanien
Иордания f
[ɪɐrdˈanʲɪjə]

Kambodscha
Камбоджа f
[kambˈodʐɨ]

Kasachstan
Казахстан m
[kəzɐxstˈan]

Kirgisistan
Кыргызстан m
[kɨrgɨsːtˈan]

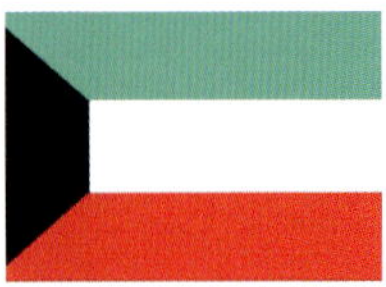

Kuwait
Кувейт m
[kʊvʲˈejt]

Laos
Лаос m
[lɐˈos]

(der) Libanon
Ливан m
[lʲɪvˈan]

Katar
Катар m
[kɐtˈar]

UN-MITGLIEDSSTAATEN – ГОСУДАРСТВА - ЧЛЕНЫ ООН

Asien – Азия

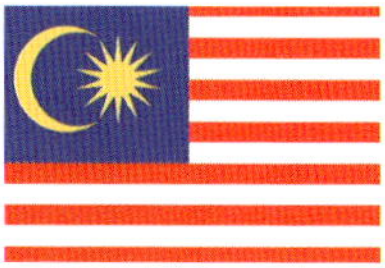

Malaysia
Малайзия f
[mɐlˈajzʲɪjə]

die Malediven
Мальдивы pl
[mɐlʲdʲˈivɨ]

die Mongolei
Монголия f
[mɐngˈolʲɪjə]

Myanmar
Мьянма f
[mʲjˈænmə]

Nepal
Непал m
[nʲɪpˈal]

Nordkorea
Северная Корея f
[sʲˈevʲɪrnəjə kɐrʲˈejə]

Oman
Оман m
[ɐmˈan]

Osttimor
Восточный Тимор m
[vɐstˈot͡ɕnɨj tʲɪmˈor]

Pakistan
Пакистан m
[pəkʲɪstˈan]

die Philippinen
Филиппины pl
[fʲɪlʲɪpʲˈinɨ]

Saudi-Arabien
Саудовская Аравия f
[sɐˈudəfskəjə ɐrˈavʲɪjə]

Singapur
Сингапур m
[sʲɪngɐpˈur]

Sri Lanka
Шри-Ланка f
[ʂrʲˈi-lˈankə]

Südkorea
Южная Корея f
[jˈuʐnəjə kɐrʲˈejə]

Syrien
Сирия f
[sʲˈirʲɪjə]

Tadschikistan
Таджикистан m
[tədʐɨkʲɪstˈan]

UN-MITGLIEDSSTAATEN – ГОСУДАРСТВА - ЧЛЕНЫ ООН

Asien – Азия

Thailand
Тайланд m
[tɐjlˈant]

die Türkei
Турция f
[tˈurt͡sɨjə]

Turkmenistan
Туркменистан m
[tʊrkmʲɪnʲɪstˈan]

Usbekistan
Узбекистан m
[ʊzbʲɪkʲɪstˈan]

die Vereinigten Arabischen Emirate
Объединённые Арабские Эмираты pl
[ɐbjɪdʲɪnʲˈɵnːɨjə ɐrˈapskʲɪjə ɪmʲɪrˈatɨ]

Vietnam
Вьетнам m
[vʲjɪtnˈam]

Ozeanien – Океания

Australien
Австралия f
[ɐfstrˈalʲɪjə]

Fidschi
Фиджи m
[fʲˈid͡ʐɨ]

Kiribati
Кирибати n
[kʲɪrʲɪbɐtʲˈi]

die Marshallinseln
Маршалловы Острова pl
[mɐrʂˈaləvɨ ɐstrɐvˈa]

Mikronesien
Микронезия f
[mʲɪkrənʲˈezɪjə]

Nauru
Науру n
[nɐˈurʊ]

Neuseeland
Новая Зеландия f
[nˈovəjə zʲɪlˈandʲɪjə]

Palau
Палау n
[pɐlˈaʊ]

UN-MITGLIEDSSTAATEN – ГОСУДАРСТВА - ЧЛЕНЫ ООН

Ozeanien – Океания

Papua-Neuguinea
Папуа-Новая Гвинея f
[pʲapʊə-nʲovəjə gvʲɪnʲˈejə]

die Salomonen
Соломоновы Острова pl
[səlɐmˈonəvɨ ɐstrɐvˈa]

Samoa
Самоа m
[səmɐˈa]

Tonga
Тонга m
[tˈongə]

Tuvalu
Тувалу n
[tʊvˈalʊ]

Vanuatu
Вануату n
[vɐnʊˈatʊ]

Internationale Organisationen – Международные организации

die Europäische Union (EU)
Европейский Союз (ЕС) m
[jɪvrɐpʲˈejskʲɪj sɐjˈʉs]

die Vereinten Nationen (UN)
Организация Объединённых Наций (ООН) f
[ɐrgənʲɪzˈat͡sɨjə ɐbjɪdʲɪnʲˈonːɨx nˈat͡sɨj]

die Organisation des Nordatlantikvertrags (NATO)
Организация Североатлантического договора f
[ɐrgənʲɪzˈat͡sɨjə sʲɪvʲɪrəɐtlɐntʲˈit͡ɕɪskəvə dəgɐvˈorə]

die Afrikanische Union
Африканский союз m
[ɐfrʲɪkˈanskʲɪj sɐjˈʉs]

die Arabische Liga
Лига арабских государств f
[lʲˈigə ɐrˈapskʲɪx gəsʊdˈarstf]

die UNESCO
ЮНЕСКО n
[jʉnʲˈeskə]

das Commonwealth
Содружество n
[sɐdrˈuʐɨstvə]

DAS WETTER – ПОГОДА

sonnig
солнечный
[sʲˈolnʲɪt͡ɕnɨj]

wolkig
облачный
[ˈoblət͡ɕnɨj]

neblig
туманный
[tʊmˈanːɨj]

windig
ветреный
[vʲˈetrʲɪnɨj]

heiß
жаркий
[zˌarkʲɪj]

warm
тёплый
[tʲˈɵplɨj]

kalt
холодный
[xɐlˈodnɨj]

bedeckt
пасмурный
[pˈasmʊrnɨj]

vereist
обледенелый
[ɐblʲɪdʲɪnʲˈelɨj]

verschneit
заснеженный
[zɐsnʲˈeʐɨnːɨj]

regnerisch
дождливый
[dɐʐdlʲˈivɨj]

stürmisch
штормовой
[ʂtərmɐvˈoj]

feucht
влажный
[vlˈaʐnɨj]

die Temperatur	**температура** f [tʲɪmpʲɪrɐtˈurə]
der Grad	**градус** m [grˈadʊs]
Celsius	**Цельсий** m [t͡sˈɛlʲsʲɪj]
Fahrenheit	**Фаренгейт** m [fərʲɪngʲˈejt]
die Wettervorhersage	**прогноз погоды** m [prɐgnˈos pɐgˈodɨ]
Wie ist das Wetter?	**Как погода?** [kˈak pɐgˈodə]
Es ist schön/trüb/nasskalt.	**Ясно/пасмурно/холодно и мокро.** [jˈæsnə/pˈasmʊrnə/xˈolədnə i mˈokrə]
Es regnet/schneit.	**Идёт дождь/снег.** [ɪdʲˈɵt dˈoʂtʲ/snʲˈek]

DAS WETTER – ПОГОДА

der Regen
дождь m
[dˈoʂtʲ]

der Regenbogen
радуга f
[rˈadʊgə]

der Sonnenschein
солнечный свет m
[sˈolnʲɪt͡ɕnɨj svʲˈet]

der Wind
ветер m
[vʲˈetʲɪr]

das Gewitter
гроза f
[grɐzˈa]

der Donner
гром m
[grˈom]

der Blitz
молния f
[mˈolnʲɪjə]

der Hagel
град m
[grˈat]

der Raureif
изморозь f
[ˈizmərəsʲ]

der Schnee
снег m
[snʲˈek]

der Frost
мороз m
[mɐrˈos]

das Eis
лёд m
[lʲˈot]

die Brise	**бриз** m [brʲˈis]
die Windgeschwindigkeit	**скорость ветра** f [skˈorəstʲ vʲˈetrə]
der Pollenflug	**распространение пыльцы** n [rəsprəstrɐnʲˈenʲɪjə pɨlʲt͡sˈɨ]
die UV-Strahlen	**ультрафиолетовые лучи** pl [ʊlʲtrəfʲɪɐlʲˈetəvɨjə lʊt͡ɕˈi]
der Ozon	**озон** m [ɐzˈon]
die Ozonschicht	**озоновый слой** m [ɐzˈonəvɨj slˈoj]
die Stratosphäre	**стратосфера** f [strətɐsfʲˈerə]
die Troposphäre	**тропосфера** f [trəpɐsfʲˈerə]

der Smog
смог m
[smˈok]

DAS WETTER – ПОГОДА

Naturkatastrophen – Стихийные бедствия

die Dürre
засуха f
[zˈasʊxə]

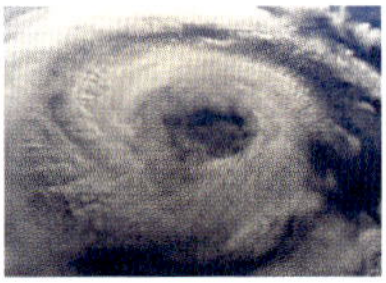

der Hurrikan
ураган m
[ʊrɐɡˈan]

der Tornado
торнадо m
[tɐrnˈadə]

der Monsun
муссон m
[mʊsˈon]

die Überschwemmung
наводнение n
[nəvɐdnʲˈenʲɪjə]

das Erdbeben
землетрясение n
[zʲɪmlʲɪtrʲɪsʲˈenʲɪjə]

der Vulkanausbruch
извержение вулкана n
[ɪzvʲɪrʐˈenʲɪjə vʊlkˈanə]

der Tsunami
цунами n
[t͡sʊnˈamʲɪ]

der Erdrutsch
оползень m
[ˈopəlzʲɪnʲ]

der Waldbrand
лесной пожар m
[lʲɪsnˈoj pɐʐˈar]

die Hitzewelle
аномальная жара f
[ɐnɐmˈalʲnəjə ʐɐrˈa]

der Sturm
шторм m
[ʂtˈorm]

die Lawine
лавина f
[lɐvʲˈinə]

der Schneesturm
пурга f
[pʊrɡˈa]

der (tropische) Wirbelsturm
(тропический) шторм m
[(trɐpʲˈit͡ɕɪskʲɪj) ʂtˈorm]

die Pandemie
пандемия f
[pɐndʲɪmʲˈijə]

DIE LANDSCHAFT – ЛАНДШАФТ

der Berg
гора f
[gɐrˈa]

der Gipfel
вершина f
[vʲɪrʂˈinə]

das Gebirge
горная цепь f
[gˈornəjə t͡sˈɛpʲ]

der Wald
лес m
[lʲˈes]

der Berghang
склон горы m
[sklˈon gɐrˈɨ]

der See
озеро n
[ˈozʲɪrə]

der Felsen
скала f
[skɐlˈa]

das Tal
долина f
[dɐlʲˈinə]

der Fluss
река f
[rʲɪkˈa]

die Flussmündung
устье реки n
[ˈustʲjə rʲɪkʲˈi]

die Höhle
пещера f
[pʲɪɕːˈerə]

die Klippe
утёс m
[ʊtʲˈɵs]

die Küste
берег m
[bʲˈerʲɪk]

der Gletscher
ледник m
[lʲɪdnʲˈik]

der Wasserfall
водопад m
[vədɐpˈat]

DIE LANDSCHAFT – ЛАНДШАФТ

das Plateau
плато n
[plɐtˈo]

der Hügel
холм m
[xˈolm]

die Ebene
равнина f
[rɐvnʲˈinə]

die Schlucht
ущелье n
[ʊɕːˈelʲjə]

die Wüste
пустыня f
[pʊstˈɨnʲə]

die Wiese
луг m
[lˈuk]

das Feuchtgebiet
водно-болотное угодье n
[vˈodnə-bɐlˈotnəjə ʊgˈodʲjə]

die Heide
пустошь f
[pˈustəʂ]

das Grasland
пастбище n
[pˈazdbʲɪɕːɪ]

der Geysir
гейзер m
[gʲˈejzʲɪr]

die Thermalquelle
термальный источник m
[tʲɪrmˈalʲnɨj ɪstˈot͡ɕnʲɪk]

der Vulkan
вулкан m
[vʊlkˈan]

die Bucht
бухта f
[bˈuxtə]

das Korallenriff
коралловый риф m
[kɐrˈaləvɨj rʲˈif]

die Insel
остров m
[ˈostrəf]

der Gebirgsbach
горный ручей m
[gˈornɨj rʊt͡ɕˈej]

STEINE UND MINERALIEN – КАМНИ И МИНЕРАЛЫ

das Eisenerz
железняк m
[zɨlʲɪznʲˈæk]

der Sandstein
песчаник m
[pʲɪɕːˈænʲɪk]

der Asphalt
асфальт m
[ɐsfˈalʲt]

der Granit
гранит m
[grɐnʲˈit]

der Kalkstein
известняк m
[ɪzvʲɪsnʲˈæk]

die Kreide
мел m
[mʲˈel]

die Kohle
уголь m
[ˈugəlʲ]

der Schiefer
сланец m
[slˈanʲɪt͡s]

der Marmor
мрамор m
[mrˈamər]

der Schwefel
сера f
[sʲˈerə]

der Grafit
графит m
[grɐfʲˈit]

das Gold
золото n
[zˈolətə]

das Silber
серебро n
[sʲɪrʲɪbrˈo]

das Kupfer
медь f
[mʲˈetʲ]

das Quecksilber
ртуть f
[rtˈutʲ]

der Bauxit
боксит m
[bɐksʲˈit]

STEINE UND MINERALIEN – КАМНИ И МИНЕРАЛЫ

Edel- und Halbedelsteine – Драгоценные и полудрагоценные камни

der Rubin
рубин m
[rʊbʲˈin]

der Aquamarin
аквамарин m
[ɐkvəmɐrʲˈin]

der Jade
жад m
[ʐˈat]

der Smaragd
изумруд m
[ɪzʊmrˈut]

der Saphir
сапфир m
[sɐpfʲˈir]

der Amethyst
аметист m
[ɐmʲɪtʲˈist]

der Quarz
кварц m
[kvˈart͡s]

der Diamant
алмаз m
[ɐlmˈas]

der Turmalin
турмалин m
[tʊrmɐlʲˈin]

der Topas
топаз m
[tɐpˈas]

der Granat
гранат m
[grɐnˈat]

das/der Tigerauge
тигровый глаз m
[tʲɪgrˈovɨj glˈas]

der Opal
опал m
[ɐpˈal]

der Bernstein
янтарь m
[jɪntˈarʲ]

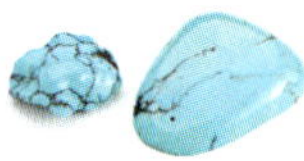

der Türkis
бирюза f
[bʲɪrʲʉzˈa]

der Rosenquarz
розовый кварц m
[rˈozəvɨj kvˈart͡s]

der Onyx
оникс m
[ˈonʲɪks]

die Perle
жемчуг m
[ʐˈɛmt͡ɕʉk]

der Lapislazuli
лазурит m
[ləzʊrʲˈit]

der Citrin
цитрин m
[t͡sɨtrʲˈin]

PFLANZEN – РАСТЕНИЯ

Bäume – Деревья

die Eiche
дуб m
[dˈup]

das Laub
листва f
[lʲɪstvˈa]

der Ast
ветка f
[vʲˈetkə]

der Stamm
ствол m
[stvˈol]

die Wurzel
корень m
[kˈorʲɪnʲ]

die Krone
крона f
[krˈonə]

das Blatt
лист m
[lʲˈist]

die Borke
кора f
[kɐrˈa]

die Seitenwurzel
боковой корень m
[bəkɐvˈoj kˈorʲɪnʲ]

die Pfahlwurzel
центральный корень m
[t͡sɨntrˈalʲnɨj kˈorʲɪnʲ]

die Weide
ива f
[ˈivə]

die Esche
ясень m
[jˈæsʲɪnʲ]

die Buche
бук m
[bˈuk]

die Ulme
вяз m
[vʲˈæs]

die Birke	**берёза** f [bʲɪrʲˈozə]
der Ahorn	**клён** m [klʲˈon]
die Linde	**липа** f [lʲˈipə]
die Tanne	**ель** f [jˈelʲ]
die Fichte	**пихта** f [pʲˈixtə]
der Nadelbaum	**хвойное дерево** n [xvˈojnəjə dʲˈerʲɪvə]
der Laubbaum	**лиственное дерево** n [lʲˈistvʲɪn:əjə dʲˈerʲɪvə]
der immergrüne Baum	**вечнозелёное дерево** n [vʲɪt͡ɕnəzʲɪlʲˈonəjə dʲˈerʲɪvə]

der Eukalyptus
эвкалипт m
[ɪfkɐlʲˈipt]

PFLANZEN – РАСТЕНИЯ

Wildpflanzen – Дикие растения

die Flechte
лишайник m
[lʲɪʂˈajnʲɪk]

das Moos
мох m
[mˈox]

die Distel
чертополох m
[t͡ɕɪrtəpɐlˈox]

der Pilz
гриб m
[grʲˈip]

die Brennnessel
крапива f
[krɐpʲˈivə]

der Fingerhut
наперстянка f
[nəpʲɪrstʲˈænkə]

der Bärenklau
борщевик m
[bərɕːɪvʲˈik]

der Löwenzahn
одуванчик m
[ɐdʊvˈant͡ɕɪk]

das Gänseblümchen
маргаритка f
[mərgɐrʲˈitkə]

das Heidekraut
вереск m
[vʲˈerʲɪsk]

das Hasenglöckchen
колокольчик m
[kəlɐkˈolʲt͡ɕɪk]

der Klee
клевер m
[klʲˈevʲɪr]

die Kamille
ромашка f
[rɐmˈaʂkə]

das Maiglöckchen
ландыш m
[lˈandɨʂ]

die Pusteblume
одуванчик в пуху m
[ɐdʊvˈant͡ɕɪk f_pʊxˈu]

die Butterblume
лютик m
[lʲˈʉtʲɪk]

PFLANZEN – РАСТЕНИЯ

Zierblumen – Декоративные цветы

das Schneeglöckchen
подснежник m
[pɐdsnʲˈeʐnʲɪk]

der Krokus
крокус m
[krˈokʊs]

die Seerose
водяная лилия f
[vədʲɪnˈajə lʲˈilʲɪjə]

der Lavendel
лаванда f
[lɐvˈandə]

der Flieder	**сирень** f [sʲɪrʲˈenʲ]
der/das Rhododendron	**рододендрон** m [rədɐdʲˈendrən]
blühen	**цвести** [t͡svʲɪstʲˈi]
duften	**пахнуть** [pˈaxnʊtʲ]
verwelken	**вянуть** [vʲˈænʊtʲ]
keimen	**пускать ростки** [pʊskˈatʲ rɐstkʲˈi]
die Frühlingsblume	**весенний цветок** m [vʲɪsʲˈenʲːɪj t͡svʲɪtˈok]
der Nachtblüher	**ночной цветок** m [nɐt͡ɕnˈoj t͡svʲɪtˈok]

die Petunie
петуния f
[pʲɪtˈunʲɪjə]

PFLANZEN – РАСТЕНИЯ

Zierblumen – Декоративные цветы

die Nelke
гвоздика f
[gvɐzdʲˈikə]

die Primel
примула f
[prʲˈimʊlə]

die Gerbera
гербера f
[gʲɪrbˈerə]

die Tulpe
тюльпан m
[tʲʉlʲpˈan]

die Narzisse
нарцисс m
[nɐrt͡sˈɨs]

die Iris
ирис m
[ˈirʲɪs]

die Chrysantheme
хризантема f
[xrʲɪzɐntʲˈemə]

die Hyazinthe
гиацинт m
[gʲɪɐt͡sˈɨnt]

die Ringelblume
ноготки pl
[nəgɐtkʲˈi]

das Stiefmütterchen
анютины глазки pl
[ɐnʲˈʉtʲɪnɨ glˈaskʲɪ]

die Orchidee
орхидея f
[ɐrxʲɪdʲˈejə]

der Rosenstrauch
куст роз m
[kˈust rˈos]

die Lilie
лилия f
[lʲˈilʲɪjə]

die Sonnenblume
подсолнух m
[pɐtsˈolnʊx]

die Geranie
герань f
[gʲɪrˈanʲ]

die Hortensie
гортензия f
[gɐrtʲˈenzʲɪjə]

PFLANZEN – РАСТЕНИЯ

Gartenpflanzen – Садовые растения

der/das Efeu
плющ m
[plʲˈɥɕː]

der Obstbaum
фруктовое дерево n
[frʊktˈovəjə dʲˈerʲɪvə]

die Baumblüte
цветение деревьев n
[t͡svʲɪtʲˈenʲɪjə dʲɪrʲˈevʲjɪf]

der Trieb
побег m
[pɐbʲˈek]

der Formschnitt
фигурное дерево n
[fʲɪgˈurnəjə dʲˈerʲɪvə]

das Unkraut
сорняк m
[sɐrnʲˈæk]

blühen
цвести
[t͡svʲɪstʲˈi]

verwelken
вянуть
[vʲˈænʊtʲ]

die Palme
пальма f
[pˈalʲmə]

der Rasen
газон m
[gɐzˈon]

die Blumenwiese
цветочный луг m
[t͡svʲɪtˈot͡ɕnɨj lˈuk]

die Mohnblume
мак m
[mˈak]

die Kletterpflanze
ползучее растение n
[pɐlzˈut͡ɕɪjə rɐstʲˈenʲɪjə]

einjährig
однолетний
[ɐdnɐlʲˈetnʲɪj]

zweijährig
двухлетний
[dvʊxlʲˈetnʲɪj]

mehrjährig
многолетний
[mnəgɐlʲˈetnʲɪj]

TIERE – ЖИВОТНЫЕ

Säugetiere – Млекопитающие

die Ratte
крыса f
[krˈɨsə]

der Maulwurf
крот m
[krˈot]

die Katze
кошка f
[kˈoʂkə]

der Hund
собака f
[sɐbˈakə]

das Kaninchen
кролик m
[krˈolʲɪk]

das Meerschweinchen
морская свинка f
[mɐrskˈajə svʲˈinkə]

die Maus
мышь f
[mˈɨʂ]

der Hamster
хомяк m
[xɐmʲˈæk]

die Fledermaus
летучая мышь f
[lʲɪtˈut͡ɕijə mˈɨʂ]

das Eichhörnchen
белка f
[bʲˈelkə]

der Igel
ёж m
[jˈɵʂ]

das Frettchen
хорёк m
[xɐrʲˈɵk]

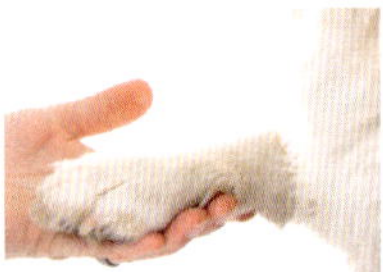

die Pfote
лапа f
[lˈapə]

das Schnurrhaar	**усы** pl [ʊsˈɨ]
das Fell	**мех** m [mʲˈex]
das Maul	**пасть** f [pˈastʲ]
der Schwanz	**хвост** m [xvˈost]
das Horn	**рог** m [rˈok]
die Kralle	**коготь** m [kˈogətʲ]
die Tatze	**лапа** f [lˈapə]
der Huf	**копыто** n [kɐpˈɨtə]

TIERE – ЖИВОТНЫЕ

Säugetiere – Млекопитающие

der Gepard
гепард m
[gʲɪpˈart]

der Puma
пума f
[pˈumə]

der Wolf
волк m
[vˈolk]

der Waschbär
енот m
[jɪnˈot]

das Stinktier
скунс m
[skˈuns]

das Erdmännchen
сурикат m
[sʊrʲɪkˈat]

der Leopard
леопард m
[lʲɪɐpˈart]

der Dachs
барсук m
[bɐrsˈuk]

der Fuchs
лиса f
[lʲɪsˈa]

der Jaguar
ягуар m
[jɪgʊˈar]

der Löwe
лев m
[lʲˈef]

der Tiger
тигр m
[tʲˈigr]

der Bär
медведь m
[mʲɪdvʲˈetʲ]

der Eisbär
белый медведь m
[bʲˈelɨj mʲɪdvʲˈetʲ]

der Koala
коала f
[kɐˈalə]

der Pandabär
панда f
[pˈandə]

TIERE – ЖИВОТНЫЕ

Säugetiere – Млекопитающие

das Schwein
свинья f
[svʲɪnʲjˈæ]

die Ziege
коза f
[kɐzˈa]

das Pferd
лошадь f
[lˈoʂətʲ]

die Giraffe
жираф m
[ʐɨrˈaf]

das Schaf
овца f
[ɐft͡sˈa]

das Lama
лама f
[lˈamə]

der Esel
осёл m
[ɐsʲˈɵl]

das Reh
косуля f
[kɐsˈulʲə]

das Rentier
северный олень m
[sʲˈevʲɪrnɨj ɐlʲˈenʲ]

das Kamel
верблюд m
[vʲɪrblʲˈʉt]

die Kuh
корова f
[kɐrˈovə]

der Stier
бык m
[bˈɨk]

das Nilpferd
бегемот m
[bʲɪgʲɪmˈot]

das Nashorn
носорог m
[nəsɐrˈok]

der Elefant
слон m
[slˈon]

das Zebra
зебра f
[zʲˈebrə]

TIERE – ЖИВОТНЫЕ

Säugetiere – Млекопитающие

das Walross
морж m
[mˈorʂ]

der Seelöwe
морской лев m
[mɐrskˈoj lʲˈef]

der Seehund
тюлень m
[tʲʉlʲˈenʲ]

der Delfin
дельфин m
[dʲɪlʲfʲˈin]

der Schwertwal
косатка f
[kɐsˈatkə]

der Otter
выдра f
[vˈɨdrə]

die Biberratte
нутрия f
[nˈutrʲɪjə]

der Gorilla
горилла f
[gɐrʲˈilə]

der Orang-Utan
орангутан m
[ɐrəngʊtˈan]

der Gibbon
гиббон m
[gʲɪbˈon]

der Pavian
павиан m
[pəvʲɪˈan]

der Schimpanse
шимпанзе m
[ʂɨmpɐnzʲˈe]

das Faultier
ленивец m
[lʲɪnʲˈivʲɪt͡s]

der Ameisenbär
муравьед m
[mʊrɐvʲjˈet]

das Känguru
кенгуру m
[kʲɪngʊrˈu]

das Jungtier
детёныш m
[dʲɪtʲˈɵnɨʂ]

TIERE – ЖИВОТНЫЕ

Vögel – Птицы

der Specht
дятел m
[dʲˈætʲɪl]

der Spatz
воробей m
[vərɐbʲˈej]

der Kolibri
колибри m/f
[kɐlʲˈibrʲɪ]

der Tukan
тукан m
[tʊkˈan]

das Rotkehlchen
малиновка f
[mɐlʲˈinəfkə]

die Schwalbe
ласточка f
[lˈastət͡ɕkə]

der Habicht
ястреб m
[jˈæstrʲɪp]

die Taube
голубь m
[gˈolʊpʲ]

der Rabe
ворон m
[vˈorən]

die Krähe
ворона f
[vɐrˈonə]

der Fink
зяблик m
[zʲˈæblʲɪk]

die Möwe
чайка f
[t͡ɕˈæjkə]

der Kanarienvogel
канарейка f
[kənɐrʲˈejkə]

der Schnabel	**клюв** m [klʲˈʉf]
das Küken	**молодняк** m [məlɐdnʲˈæk]
der Flügel	**крыло** n [krɨlˈo]
die Kralle	**коготь** m [kˈogətʲ]
die Feder	**перо** n [pʲɪrˈo]
das Federkleid	**оперение** n [ɐpʲɪrʲˈenʲɪjə]
zwitschern	**чирикать** [t͡ɕɪrʲˈikətʲ]
flattern	**порхать** [pɐrxˈatʲ]

TIERE – ЖИВОТНЫЕ

Vögel – Птицы

der Storch
аист m
[ˈaɪst]

der Flamingo
фламинго m
[flɐmʲˈingə]

der Strauß
страус m
[strˈaʊs]

der Adler
орёл m
[ɐrʲˈɵl]

der Pinguin
пингвин m
[pʲɪngvʲˈin]

der Kakadu
какаду m
[kəkɐdˈu]

der Papagei
попугай m
[pəpʊgˈaj]

die Eule
сова f
[sɐvˈa]

der Truthahn
индейка f
[ɪndʲˈejkə]

der Schwan
лебедь m
[lʲˈebʲɪtʲ]

die Gans
гусь m
[gˈusʲ]

die Ente
утка f
[ˈutkə]

der Hahn
петух m
[pʲɪtˈux]

das Huhn
курица f
[kˈurʲɪt͡sə]

die Wachtel
перепел m
[pʲˈerʲɪpʲɪl]

der Pfau
павлин m
[pɐvlʲˈin]

TIERE – ЖИВОТНЫЕ

Reptilien und Amphibien – Рептилии и амфибии

die Schlange
змея f
[zmʲɪjˈæ]

das Krokodil
крокодил m
[krəkɐdʲˈil]

der Alligator
аллигатор m
[ɐlʲɪgˈatər]

die Eidechse
ящерица f
[jˈæɕːɪrʲɪt͡sə]

das Chamäleon
хамелеон m
[xəmʲɪlʲɪˈon]

der Leguan
игуана f
[ɪgʊˈanə]

die Schildkröte
черепаха f
[t͡ɕɪrʲɪpˈaxə]

die Wasserschildkröte
морская черепаха f
[mɐrskˈajə t͡ɕɪrʲɪpˈaxə]

der Frosch
лягушка f
[lʲɪgˈuʂkə]

die Kröte
жаба f
[ʐˈabə]

die Kaulquappe
головастик m
[gəlɐvˈastʲɪk]

der Salamander
саламандра f
[səlɐmˈandrə]

der Gecko
геккон m
[gɪkːˈon]

der Panzer	**панцирь** m [pˈant͡sɨrʲ]
die Schuppen	**чешуя** f [t͡ɕɪʂʊjˈæ]
das Gift	**яд** m [jˈæt]
der Giftzahn	**ядовитый зуб** m [jɪdɐvʲˈitɨj zˈup]
das wechselwarme Tier	**холоднокровное животное** n [xələdnɐkrˈovnəjə ʐɨvˈotnəjə]
kriechen	**ползти** [pɐlstʲˈi]
zischen	**шипеть** [ʂɨpʲˈetʲ]
quaken	**квакать** [kvˈakətʲ]

TIERE – ЖИВОТНЫЕ

Fische – Рыба

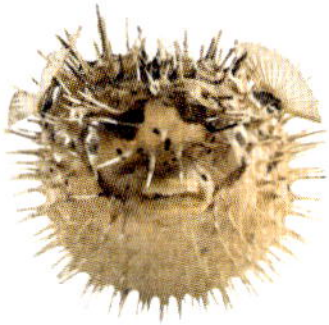

der Kugelfisch
иглобрюх m
[ɪglɐbrʲˈʉx]

der Hornhecht
сарган m
[sɐrgˈan]

der Piranha
пиранья f
[pʲɪrˈanʲjə]

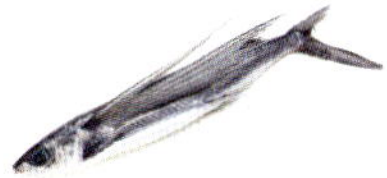

der Fliegende Fisch
летучая рыба f
[lʲɪtˈut͡ɕɪjə rˈɨbə]

der Fächerfisch
атлантический парусник m
[ɐtlɐntʲˈit͡ɕɪskʲɪj pˈarʊsnʲɪk]

der Rochen
скат m
[skˈat]

der Weiße Hai
белая акула f
[bʲˈeləjə ɐkˈulə]

der Tigerhai
тигровая акула f
[tʲɪgrˈovəjə ɐkˈulə]

der Goldfisch
золотая рыбка f
[zəlɐtˈajə rˈɨpkə]

der Koi
карп кои m
[kˈarp kˈoɪ]

der Aal
угорь m
[ˈugərʲ]

der Wels
сом m
[sˈom]

der Fischschwarm	**косяк рыбы** m [kɐsʲˈæk rˈɨbɨ]
die Flosse	**плавник** m [plɐvnʲˈik]
die Kiemen	**жабры** pl [ʐˈabrɨ]
das Tiefseetier	**глубоководное животное** n [glʊbəkɐvˈodnəjə ʐɨvˈotnəjə]
der Rogen	**икра** f [ɪkrˈa]
der Süßwasserfisch	**пресноводная рыба** f [prʲɪsnɐvˈodnəjə rˈɨbə]
der Seefisch	**морская рыба** f [mɐrskˈajə rˈɨbə]
das Aquarium	**аквариум** m [ɐkvˈarʲɪʊm]

das Seepferdchen
морской конёк m
[mɐrskˈoj kɐnʲˈøk]

TIERE – ЖИВОТНЫЕ

Insekten und Spinnen – Насекомые и пауки

der Schmetterling
бабочка f
[bˈabət͡ɕkə]

die Raupe
гусеница f
[gˈusʲɪnʲɪt͡sə]

die Puppe
куколка f
[kˈukəlkə]

der Nachtfalter
ночная бабочка f
[nɐt͡ɕnˈajə bˈabət͡ɕkə]

die Biene
пчела f
[pt͡ɕɪlˈa]

die Hummel
шмель m
[ʂmʲˈelʲ]

die Wespe
оса f
[ɐsˈa]

die Hornisse
шершень m
[ʂˈɛrʂɪnʲ]

die Fliege
муха f
[mˈuxə]

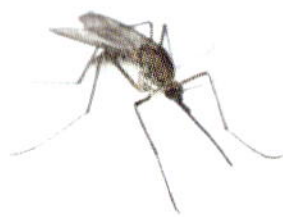

die Stechmücke
комар m
[kɐmˈar]

die Zikade
цикада f
[t͡sɨkˈadə]

der Maikäfer
майский жук m
[mˈajskʲɪj ʐˈuk]

die Libelle
стрекоза f
[strʲɪkɐzˈa]

die Gottesanbeterin
богомол m
[bəgɐmˈol]

die Heuschrecke
кузнечик m
[kʊznʲˈet͡ɕɪk]

die Grille
сверчок m
[svʲɪrt͡ɕˈɵk]

TIERE – ЖИВОТНЫЕ

Insekten und Spinnen – Насекомые и пауки

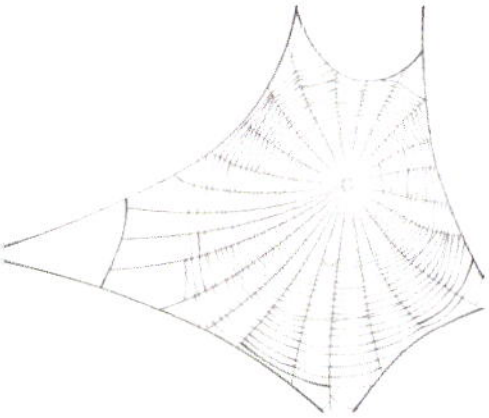

das Spinnennetz
паутина f
[pəʊtʲˈinə]

die Spinne
паук m
[pɐˈuk]

der Floh
блоха f
[blɐxˈa]

die Assel
мокрица f
[mɐkrʲˈit͡sə]

die Stinkwanze
древесный клоп m
[drʲɪvʲˈesnɨj klˈop]

der Marienkäfer
божья коровка f
[bˈozjə kɐrˈofkə]

die Schabe
таракан m
[tərɐkˈan]

der Wasserläufer
водомерка f
[vədɐmʲˈerkə]

der Hundertfüßer
многоножка f
[mnəgɐnˈoʂkə]

die Nacktschnecke
слизень m
[slʲˈizʲɪnʲ]

die Schnecke
улитка f
[ʊlʲˈitkə]

der Wurm
червяк m
[t͡ɕɪrvʲˈæk]

die Termite
термит m
[tʲɪrmʲˈit]

die Ameise
муравей m
[mʊrɐvʲˈej]

die Zecke
клещ m
[klʲˈeɕː]

der Skorpion
скорпион m
[skərpʲɪˈon]

ZAHLEN UND MASSE

ЧИСЛИТЕЛЬНЫЕ И ИЗМЕРЕНИЯ

DIE ZAHLEN – ЧИСЛИТЕЛЬНЫЕ

Die Kardinalzahlen – Количественные числительные

null
ноль
[nˈolʲ]

eins
один
[ɐdʲˈin]

zwei
два
[dvˈa]

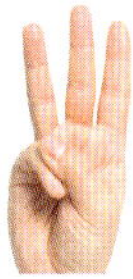

drei
три
[trʲˈi]

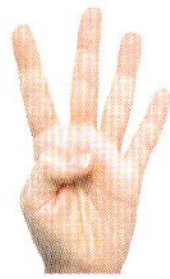

vier
четыре
[t͡ɕɪtˈirʲɪ]

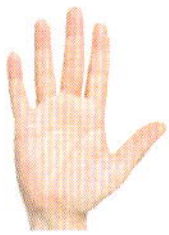

fünf
пять
[pʲˈætʲ]

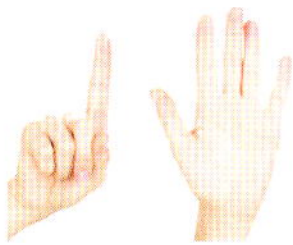

sechs
шесть
[ʂˈɛstʲ]

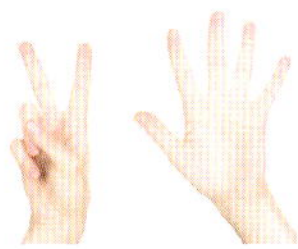

sieben
семь
[sʲˈemʲ]

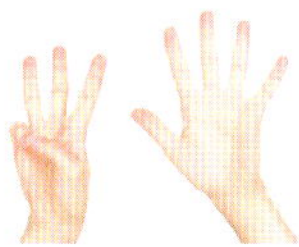

acht
восемь
[vˈosʲɪmʲ]

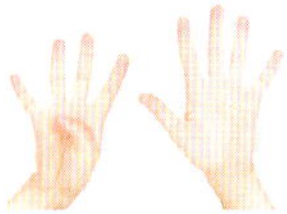

neun
девять
[dʲˈevʲɪtʲ]

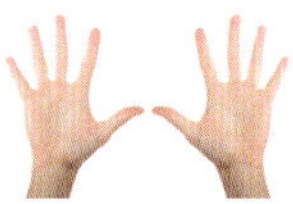

zehn
десять
[dʲˈesʲɪtʲ]

elf	**одиннадцать** [ɐdʲˈinət͡sətʲ]
zwölf	**двенадцать** [dvʲɪnˈat͡sətʲ]
dreizehn	**тринадцать** [trʲɪnˈat͡sətʲ]
vierzehn	**четырнадцать** [t͡ɕɪtˈɨrnət͡sətʲ]
fünfzehn	**пятнадцать** [pʲɪtnˈat͡sətʲ]
sechzehn	**шестнадцать** [ʂɨsnˈat͡sətʲ]
siebzehn	**семнадцать** [sʲɪmnˈat͡sətʲ]
achtzehn	**восемнадцать** [vəsʲɪmnˈat͡sətʲ]
neunzehn	**девятнадцать** [dʲɪvʲɪtnˈat͡sətʲ]
zwanzig	**двадцать** [dvˈat͡sətʲ]
einundzwanzig	**двадцать один** [dvˈat͡sətʲ ɐdʲˈin]
zweiundzwanzig	**двадцать два** [dvˈat͡sətʲ dvˈa]
dreiundzwanzig	**двадцать три** [dvˈat͡sətʲ trʲˈi]
dreißig	**тридцать** [trʲˈit͡sətʲ]
vierzig	**сорок** [sˈorək]
fünfzig	**пятьдесят** [pʲɪdʲːɪsʲˈæt]
sechzig	**шестьдесят** [ʂɪsdʲːɪsʲˈæt]
siebzig	**семьдесят** [sʲˈemʲdʲɪsʲɪt]
achtzig	**восемьдесят** [vˈosʲɪmʲdʲɪsʲɪt]
neunzig	**девяносто** [dʲɪvʲɪnˈostə]
hundert	**сто** [stˈo]

DIE ZAHLEN – ЧИСЛИТЕЛЬНЫЕ

zweihundertzweiundzwanzig	**двести двадцать два** [dvʲˈestʲɪ dvˈat͡sətʲ dvˈa]
tausend	**тысяча** [tˈɨsʲɪt͡ɕə]
zehntausend	**десять тысяч** [dʲˈesʲɪtʲ tˈɨsʲɪt͡ɕ]
zwanzigtausend	**двадцать тысяч** [dvˈat͡sətʲ tˈɨsʲɪt͡ɕ]
fünfzigtausend	**пятьдесят тысяч** [pʲɪdʲːɪsʲˈæt tˈɨsʲɪt͡ɕ]
fünfundfünfzigtausend	**пятьдесят пять тысяч** [pʲɪdʲːɪsʲˈæt pʲˈætʲ tˈɨsʲɪt͡ɕ]
hunderttausend	**сто тысяч** [stˈo tˈɨsʲɪt͡ɕ]
eine Million	**миллион** [mʲɪlʲɪˈon]
eine Milliarde	**миллиард** [mʲɪlʲɪˈart]
eine Billion	**триллион** [trʲɪlʲɪˈon]

Die Ordinalzahlen – Порядковые числительные

erste(r, s)	**первый/ая/ое** [pʲˈervɨj/əjə/əjə]
zweite(r, s)	**второй/ая/ое** [ftɐrˈoj/ˈajə/ˈojə]
dritte(r, s)	**третий/ья/ье** [trʲˈetʲɪj/jə/jə]
vierte(r, s)	**четвёртый/ая/ое** [t͡ɕɪtvʲˈortɨj/əjə/əjə]
fünfte(r, s)	**пятый/ая/ое** [pʲˈætɨj/əjə/əjə]
sechste(r, s)	**шестой/ая/ое** [ʂɨstˈoj/ˈajə/ˈojə]
siebte(r, s)	**седьмой/ая/ое** [sʲɪdʲmˈoj/ˈajə/ˈojə]
achte(r, s)	**восьмой/ая/ое** [vɐsʲmˈoj/ˈajə/ˈojə]
neunte(r, s)	**девятый/ая/ое** [dʲɪvʲˈætɨj/əjə/əjə]
zehnte(r, s)	**десятый/ая/ое** [dʲɪsʲˈætɨj əjə/əjə]
elfte(r, s)	**одиннадцатый/ая/ое** [ɐdʲˈinət͡sətɨj/əjə/əjə]
zwölfte(r, s)	**двенадцатый/ая/ое** [dvʲɪnˈat͡sətɨj/əjə/əjə]
dreizehnte(r, s)	**тринадцатый/ая/ое** [trʲɪnˈat͡sətɨj/əjə/əjə]
vierzehnte(r, s)	**четырнадцатый/ая/ое** [t͡ɕɪtˈɨrnət͡sətɨj/əjə/əjə]
fünfzehnte(r, s)	**пятнадцатый/ая/ое** [pʲɪtnˈat͡sətɨj/əjə/əjə]
sechzehnte(r, s)	**шестнадцатый/ая/ое** [ʂɨsnˈat͡sətɨj/əjə/əjə]
siebzehnte(r, s)	**семнадцатый/ая/ое** [sʲɪmnˈat͡sətɨj/əjə/əjə]
achtzehnte(r, s)	**восемнадцатый/ая/ое** [vəsʲɪmnˈat͡sətɨj/əjə/əjə]
neunzehnte(r, s)	**девятнадцатый/ая/ое** [dʲɪvʲɪtnˈat͡sətɨj/əjə/əjə]
zwanzigste(r, s)	**двадцатый/ая/ое** [dvɐt͡sˈatɨj/əjə/əjə]
einundzwanzigste(r, s)	**двадцать первый/ая/ое** [dvˈat͡sətʲ pʲˈervɨj/əjə/əjə]
zweiundzwanzigste(r, s)	**двадцать второй/ая/ое** [dvˈat͡sətʲ ftɐrˈoj/ˈajə/ˈojə]

DIE ZAHLEN – ЧИСЛИТЕЛЬНЫЕ

dreißigste(r, s)	**тридцатый/ая/ое** [trʲɪˈt͡satɨj/əjə/əjə]
vierzigste(r, s)	**сороковой/ая/ое** [sərəkɐvˈoj/ˈajə/ˈojə]
fünfzigste(r, s)	**пятидесятый/ая/ое** [pʲɪtʲɪdʲɪsʲˈætɨj/əjə/əjə]
sechzigste(r, s)	**шестидесятый/ая/ое** [ʂɨstʲɪdʲɪsʲˈætɨj/əjə/əjə]
siebzigste(r, s)	**семидесятый/ая/ое** [sʲɪmʲɪdʲɪsʲˈætɨj/əjə/əjə]
achtzigste(r, s)	**восьмидесятый/ая/ое** [vəsʲmʲɪdʲɪsʲˈætɨj/əjə/əjə]
neunzigste(r, s)	**девяностый/ая/ое** [dʲɪvʲɪnˈostɨj/əjə/əjə]
hundertste(r, s)	**сотый/ая/ое** [sˈotɨj/əjə/əjə]
zweihunderterste(r, s)	**двухсотый/ая/ое** [dvʊxsˈotɨj/əjə/əjə]
zweihundertfünfundzwanzigste(r, s)	**двести двадцать пятый/ая/ое** [dvʲˈestʲɪ dvˈat͡sətʲ pʲˈætɨj/əjə/əjə]
dreihundertste(r, s)	**трёхсотый/ая/ое** [trʲˈɵxsətɨj/əjə/əjə]
tausendste(r, s)	**тысячный/ая/ое** [tˈisʲɪt͡ɕnɨj əjə/əjə]
zehntausendste(r, s)	**десятитысячный/ая/ое** [dʲɪsʲɪtʲɪtˈisʲɪt͡ɕnɨj/əjə/əjə]
millionste(r, s)	**миллионный/ая/ое** [mʲɪlʲɪˈonːɨj/əjə/əjə]
zehnmillionste(r, s)	**десятимиллионный/ая/ое** [dʲɪsʲɪtʲɪmʲɪlʲɪˈonːɨj/əjə/əjə]
vorletzte(r, s)	**предпоследний/яя/ее** [prʲɪtpɐslʲˈednʲɪj/ɪjə/ɪjə]
letzte(r, s)	**последний/яя/ее** [pɐslʲˈednʲɪj/ɪjə/ɪjə]

Die Bruchzahlen – Дроби

ein halber/ein halbes/eine halbe	**половина** f [pəlɐvʲˈinə]
ein Drittel	**треть** f [trʲˈetʲ]
ein Viertel	**четверть** f [t͡ɕˈetvʲɪrtʲ]
ein Fünftel	**пятая часть** f [pʲˈætəjə t͡ɕˈæstʲ]
ein Achtel	**восьмая часть** f [vɐsʲmˈajə t͡ɕˈæstʲ]
drei Viertel	**три четверти** [trʲˈi t͡ɕˈetvʲɪrtʲɪ]
zwei Fünftel	**две пятых** [dvʲˈe pʲˈætɨx]
siebeneinhalb	**семь с половиной** [sʲˈemʲ s_pəlɐvʲˈinəj]
zwei Siebzehntel	**две семнадцатых** [dvʲˈe sʲɪmnˈat͡sətɨx]
fünf und drei Achtel	**пять и три восьмых** [pʲˈætʲ ˈi trʲˈi vɐsʲmˈix]

DIE ZAHLEN – ЧИСЛИТЕЛЬНЫЕ

Weitere Zahlwörter – Другие числительные

einmal	**один раз** [ɐdʲˈin rˈas]
zweimal	**два раза** [dvˈa rˈazə]
dreimal	**три раза** [trʲˈi rˈazə]
viermal	**четыре раза** [t͡ɕɪtˈirʲɪ rˈazə]
mehrmals	**неоднократно** [nʲɪɐdnɐkrˈatnə]
manchmal	**иногда** [ɪnɐgdˈa]
niemals	**никогда** [nʲɪkɐgdˈa]
einfach	**однажды** [ɐdnˈaʐdɨ]
doppelt/zweifach	**дважды** [dvˈaʐdɨ]
dreifach	**трижды** [trʲˈiʐdɨ]
vierfach	**четырежды** [t͡ɕɪtˈirʲɪʐdɨ]
fünffach	**пять раз** [pʲˈætʲ rˈas]
sechsfach	**шесть раз** [ʂˈɛstʲ rˈas]
mehrfach/vielfach	**многократно** [mnəgɐkrˈatnə]

ein Paar	**пара** [pˈarə]
ein halbes Dutzend	**полдюжины** [pɐldʲˈʉʐɨnɨ]
ein Dutzend	**дюжина** f [dʲˈʉʐɨnə]
ein Gros	**бóльшая часть** f [bˈolʲʂəjə t͡ɕˈæstʲ]
ein paar	**несколько** [nʲˈeskəlʲkə]
wenige	**немного** [nʲɪmnˈogə]
einige	**некоторые** [nʲˈekətərɨjə]
etliche	**довольно много** [dɐvˈolʲnə mnˈogə]
manche	**некоторые** [nʲˈekətərɨjə]
viele	**многие** [mnˈogʲɪjə]
beide	**оба** [ˈobə]
sämtliche	**все** [fsʲˈe]
alle	**все** [fsʲˈe]
jeder/jede/jedes	**каждый/ая/ое** [kˈaʐdɨj/əjə/əjə]

der Taschenrechner
калькулятор m
[kəlʲkʊlʲˈætər]

die Quadratwurzel
квадратный корень m
[kvɐdrˈatnɨj kˈorʲɪnʲ]

das Prozent
процент m
[prɐt͡sˈɛnt]

die Ziffer
цифра f
[t͡sˈifrə]

der Dezimalpunkt
запятая в дроби f
[zəpʲɪtˈajə v_drˈobʲɪ]

dividieren
делить
[dʲɪlʲˈitʲ]

multiplizieren
умножать
[ʊmnɐʐˈatʲ]

subtrahieren
вычитать
[vɨt͡ɕɪtˈatʲ]

addieren
складывать
[sklˈadɨvətʲ]

ist gleich
равно
[rɐvnˈo]

DIE ZEIT – ВРЕМЯ

Die Uhrzeit – Время дня

ein Uhr
час ночи
[t͡ɕ'æs n'ot͡ɕɪ]

zwei Uhr
два часа ночи
[dv'a t͡ɕɪs'a n'ot͡ɕɪ]

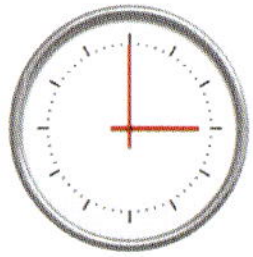

drei Uhr
три часа ночи
[trʲ'i t͡ɕɪs'a n'ot͡ɕɪ]

vier Uhr
четыре часа ночи
[t͡ɕɪt'ɨrʲɪ t͡ɕɪs'a n'ot͡ɕɪ]

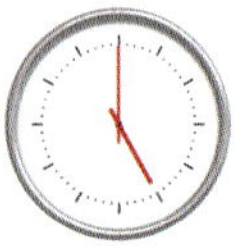

fünf Uhr
пять часов утра
[pʲ'ætʲ t͡ɕɪs'of ʊtr'a]

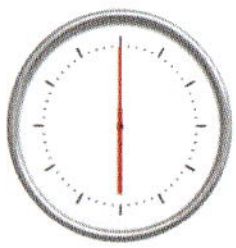

sechs Uhr
шесть часов утра
[ʂ'ɛstʲ t͡ɕɪs'of ʊtr'a]

sieben Uhr
семь часов утра
[sʲ'emʲ t͡ɕɪs'of ʊtr'a]

acht Uhr
восемь часов утра
[v'osʲɪmʲ t͡ɕɪs'of ʊtr'a]

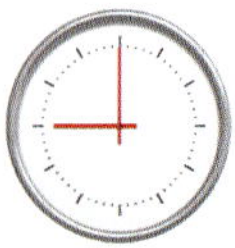

neun Uhr
девять часов утра
[dʲ'evʲɪtʲ t͡ɕɪs'of ʊtr'a]

zehn Uhr
десять часов утра
[dʲ'esʲɪtʲ t͡ɕɪs'of ʊtr'a]

elf Uhr
одиннадцать часов утра
[ɐdʲ'inətsətʲ t͡ɕɪs'of ʊtr'a]

zwölf Uhr mittags
полдень m
[p'oldʲɪnʲ]

dreizehn Uhr
час дня
[t͡ɕ'æs dnʲ'æ]

die Stunde	**час** m [t͡ɕ'æs]
die Minute	**минута** f [mʲɪn'utə]
eine halbe Stunde	**полчаса** [pəlt͡ɕɪs'a]
die Sekunde	**секунда** f [sʲɪk'undə]
Wie viel Uhr ist es?	**Который час?** [kɐt'orɪj t͡ɕ'æs]
Es ist zwei Uhr.	**Два часа.** [dv'a t͡ɕɪs'a]
Um wie viel Uhr?	**В котором часу?** [f_kɐt'orəm t͡ɕ'æsʊ]
Um sieben Uhr.	**В семь часов.** [f_sʲ'emʲ t͡ɕɪs'of]

DIE ZEIT – ВРЕМЯ

Die Uhrzeit – Время дня

vierzehn Uhr
два часа дня
[dvˈa t͡ɕɪsˈa dnʲˈæ]

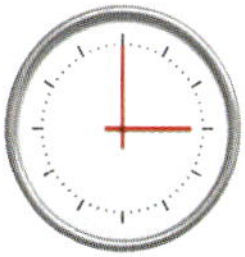

fünfzehn Uhr
три часа дня
[trʲˈi t͡ɕɪsˈa dnʲˈæ]

sechzehn Uhr
четыре часа дня
[t͡ɕɪtˈirʲɪt͡ɕɪsˈa dnʲˈæ]

siebzehn Uhr
пять вечера
[pʲˈætʲ vʲˈet͡ɕɪrə]

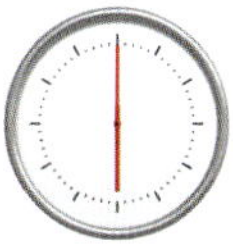

achtzehn Uhr
шесть вечера
[ʂˈɛstʲ vʲˈet͡ɕɪrə]

neunzehn Uhr
семь вечера
[sʲˈemʲ vʲˈet͡ɕɪrə]

zwanzig Uhr
восемь вечера
[vˈosʲɪmʲ vʲˈet͡ɕɪrə]

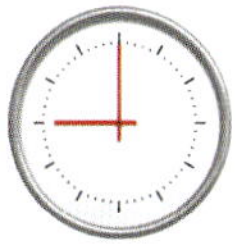

einundzwanzig Uhr
девять вечера
[dʲˈevʲɪtʲ vʲˈet͡ɕɪrə]

zweiundzwanzig Uhr
десять вечера
[dʲˈesʲɪtʲ vʲˈet͡ɕɪrə]

dreiundzwanzig Uhr
одиннадцать вечера
[ɐdʲˈinət͡sətʲ vʲˈet͡ɕɪrə]

Mitternacht
полночь f
[pˈolnət͡ɕ]

fünf nach zwölf
пять минут первого
[pʲˈætʲ mʲɪnˈut pʲˈervəvə]

halb elf	**половина одиннадцатого** [pəlɐvʲˈinə ɐdʲˈinət͡sətəvə]
zwanzig vor sieben	**без двадцати семь** [bʲɪz_dvət͡sɐtʲˈi sʲˈemʲ]
Viertel vor zwölf	**без четверти двенадцать** [bʲɪs_t͡ɕˈetvʲɪrtʲɪ dvʲɪnˈat͡sətʲ]
Wann?	**Когда?** [kɐgdˈa]
Vor zehn Minuten.	**Десять минут назад.** [dʲˈesʲɪtʲ mʲɪnˈut nɐzˈat]
Gegen Mittag.	**Около полудня.** [ˈokələ pˈoludnʲɪ]
Seit wann?	**С каких пор?** [s_kɐkʲˈix pˈor]
Seit gestern.	**Со вчерашнего дня.** [sə ft͡ɕɪrˈaʂnʲɪvə dnʲˈæ]

Viertel nach neun
четверть десятого
[t͡ɕˈetvʲɪrtʲ dʲɪsʲˈætəvə]

DIE ZEIT – ВРЕМЯ

Tag und Nacht – День и ночь

die Mitternacht
полночь f
[pˈolnət͡ɕ]

die Morgendämmerung
рассвет m
[rɐsːvʲˈet]

der Sonnenaufgang
восход m
[vɐsxˈot]

der Morgen
утро n
[ˈutrə]

der Mittag
полдень m
[pˈoldʲɪnʲ]

der Nachmittag
вторая половина дня f
[ftɐrˈajə pəlɐvʲˈinə dnʲˈæ]

der Sonnenuntergang
закат m
[zɐkˈat]

die Abenddämmerung
сумерки pl
[sˈumʲɪrkʲɪ]

der Abend
вечер m
[vʲˈet͡ɕɪr]

der Frühling
весна f
[vʲɪsnʲˈa]

der Sommer
лето n
[lʲˈetə]

der Herbst
осень f
[ˈosʲɪnʲ]

der Winter
зима f
[zʲɪmˈa]

heute	**сегодня** [sʲɪvˈodnʲə]
morgen	**завтра** [zˈaftrə]
übermorgen	**послезавтра** [pəslʲɪzˈaftrə]
gestern	**вчера** [ft͡ɕɪrˈa]
vorgestern	**позавчера** [pəzəft͡ɕɪrˈa]
Welches Datum haben wir heute?	**Какое сегодня число?** [kɐkˈojə sʲɪvˈodnʲə t͡ɕɪslˈo]
der 9. September 2017	**9 сентября 2017 года** [dʲɪvʲˈætəjə sʲɪntʲɪbrʲˈæ dvʲˈe tʲɪsʲɪt͡ɕɪ sʲɪmnˈat͡sətəvə gˈodə]
der Feiertag	**праздник** m [prˈazʲnʲɪk]

DIE ZEIT – ВРЕМЯ

Der Kalender – Календарь

der Sonntag
воскресенье n
[vəskrʲɪsʲˈenʲjə]

der Dienstag
вторник m
[ftˈornʲɪk]

der Donnerstag
четверг m
[t͡ɕɪtvʲˈerk]

der Monat
месяц m
[mʲˈesʲɪt͡s]

der Montag
понедельник m
[pənʲɪdʲˈelʲnʲɪk]

der Mittwoch
среда f
[srʲɪdˈa]

der Freitag
пятница f
[pʲˈætnʲɪt͡sə]

der Samstag
суббота f
[sʊbˈotə]

der Wochentag
день недели m
[dʲˈenʲ nʲɪdʲˈelʲɪ]

die Woche
неделя f
[nʲɪdʲˈelʲə]

der Tag
день m
[dʲˈenʲ]

das Wochenende
выходные pl
[vɨxʊdnˈɨjə]

das Datum
дата f
[dˈatə]

das Jahr
год m
[gˈot]

der Januar	**январь** m [jɪnvˈarʲ]	*der Juli*	**июль** m [ɪjˈʉlʲ]
der Februar	**февраль** m [fʲɪvrˈalʲ]	*der August*	**август** m [ˈavgʊst]
der März	**март** m [mˈart]	*der September*	**сентябрь** m [sʲɪntʲˈæbrʲ]
der April	**апрель** m [ɐprʲˈelʲ]	*der Oktober*	**октябрь** m [ɐktʲˈæbrʲ]
der Mai	**май** m [mˈaj]	*der November*	**ноябрь** m [nɐjˈæbrʲ]
der Juni	**июнь** m [ɪjˈʉnʲ]	*der Dezember*	**декабрь** m [dʲɪkˈabrʲ]

MASSE – СИСТЕМА МЕР И ВЕСОВ

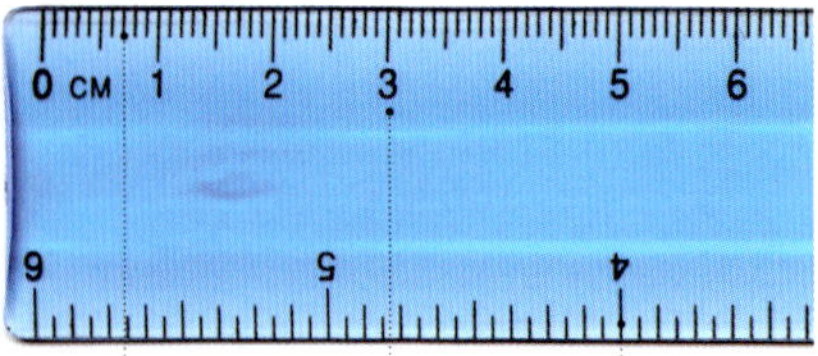

der/das Millimeter
миллиметр m
[mʲɪlʲɪmʲˈetr]

der/das Zentimeter
сантиметр m
[səntʲɪmʲˈetr]

der Zoll
дюйм m
[dʲˈʉjm]

der/das Liter
литр m
[lʲˈitr]

der/das Milliliter
миллилитр m
[mʲɪlʲɪlʲˈitr]

die Unze
унция f
[ˈunt͡sɨjə]

das Pint
пинта f
[pʲˈintə]

der Kilometer
километр m
[kʲɪlɐmʲˈetr]

die Meile
миля f
[mʲˈilʲə]

das Yard
ярд m
[jˈært]

der Acre/Morgen
акр m
[ˈakr]

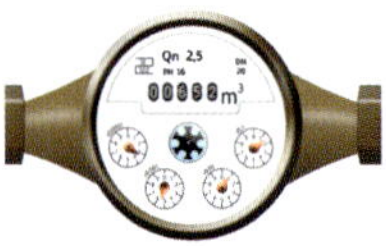

der/das Kubikmeter
кубический метр m
[kʊbʲˈit͡ɕɪskʲɪj mʲˈetr]

der Fuß	**фут** m [fˈut]
der/das Meter	**метр** m [mʲˈetr]
der/das Quadratmeter	**квадратный метр** m [kvɐdrˈatnɨj mʲˈetr]
der Quadratfuß	**квадратный фут** m [kvɐdrˈatnɨj fˈut]
der/das Hektar	**гектар** m [gʲɪktˈar]
die Tasse	**чашка** f [t͡ɕˈæʂkə]
der Esslöffel	**столовая ложка** f [stɐlˈovəjə lˈoʂkə]
der Teelöffel	**чайная ложка** f [t͡ɕˈæjnəjə lˈoʂkə]

DAS GEWICHT – ВЕС

die Tonne
тонна f
[tˈonːə]

das Kilogramm
килограмм m
[kʲɪlɐgrˈam]

das Gramm
грамм m
[grˈam]

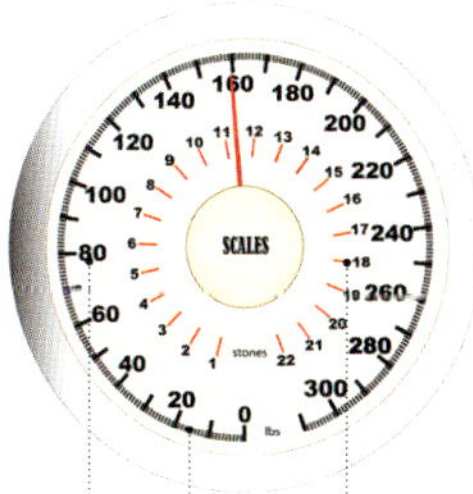

das Pfund
фунт m
[fˈunt]

die Unze
унция f
[ˈunt͡sɨjə]

das Stone
(= 6,35 kg)
стоун m
[stˈoʊn]

DIE WÄHRUNG – ВАЛЮТА

der Dollar
доллар m
[dˈolːər]

das Pfund
фунт m
[fˈunt]

der Euro
евро m
[jˈevrə]

der Yen
йена f
[jˈenə]

die Rupie	**рупия** f [rˈupʲɪjə]
der Dinar	**динар** m [dʲɪnˈar]
der Franc	**франк** m [frˈank]
der Schweizer Franken	**швейцарский франк** m [svʲɪjt͡sˈarskʲɪj frˈank]
die Krone	**крона** f [krˈonə]

der Rand	**ранд** m [rˈant]
der Peso	**песо** m [pʲˈesə]
der Real	**реал** m [rʲɪˈal]
der Yuan	**юань** m [jʉˈanʲ]
die Lira	**лира** f [lʲˈirə]
der Rubel	**рубль** m [rˈublʲ]

DIE WICHTIGSTEN SÄTZE – САМЫЕ НУЖНЫЕ ПРЕДЛОЖЕНИЯ

DIE VERBEN – ГЛАГОЛЫ

INDEX – ОГЛАВЛЕНИЕ

DIE WICHTIGSTEN SÄTZE – САМЫЕ НУЖНЫЕ ПРЕДЛОЖЕНИЯ

Mit diesen nützlichen Wörtern und Sätzen drücken Sie sich in den wichtigsten und häufigsten Situationen mit Sicherheit aus.

IM GESPRÄCH – В РАЗГОВОРЕ

BEGRÜẞEN UND VERABSCHIEDEN – ПРИВЕТСТВОВАТЬ И ПРОЩАТЬСЯ

Guten Tag!	Здравствуйте! [zdrˈastvʊjtʲɪ]
Guten Abend!	Добрый вечер! [dˈobrɨj vʲˈet͡ɕɪr]
Hallo!	Привет! [prʲɪvʲˈet]
Auf Wiedersehen!	До свидания! [də svʲɪdˈanʲɪjə]
Tschüss!	Пока! [pɐkˈa]

HÖFLICHKEIT – ВЕЖЛИВОСТЬ

bitte	пожалуйста [pɐʐˈaləstə]
danke	спасибо [spɐsʲˈibə]
bitte schön	пожалуйста [pɐʐˈaləstə]
Ja, bitte.	Да, пожалуйста. [dˈa pɐʐˈaləstə]
Nein, danke.	Нет, спасибо. [nʲˈet spɐsʲˈibə]
Keine Ursache!	Не за что! [nʲˈe zə ʂtˈo]
Entschuldigung!	Извините! [ɪzvʲɪnʲˈitʲɪ]
Entschuldigen Sie, …	Извините, … [ɪzvʲɪnʲˈitʲɪ …]
Das tut mir leid.	Мне очень жаль. [mnʲˈe ˈot͡ɕɪnʲ ʐˈalʲ]
Wie geht's?	Как дела? [kˈak dʲˈelə]
Danke, gut. Und Ihnen/dir?	Спасибо, хорошо. А у Вас/тебя? [spɐsʲˈibə xərɐʂˈo ˈa ʊ vˈas/tʲɪbʲˈæ]

KOMMUNIKATION – ОБЩЕНИЕ

Wie bitte?	Простите, что Вы сказали? [prɐsʲtʲˈitʲɪ ʂtˈo vˈɨ skɐzˈalʲɪ]
Ich verstehe.	Понимаю. [pənʲɪmˈajʉ]
Ich verstehe nicht.	Я не понимаю. [jˈæ nʲˈe pənʲɪmˈajʉ]
Könnten Sie das bitte wiederholen?	Вы не могли бы повторить, пожалуйста? [vˈɨ nʲˈe mɐglʲˈi bˈɨ pəftɐrʲˈitʲ pɐʐˈaləstə]
Könnten Sie bitte langsamer sprechen?	Говорите, пожалуйста, медленнее. [gəvɐrʲˈitʲɪ pɐʐˈaləstə mʲˈedlʲɪnʲːɪjə]
Könnten Sie das bitte aufschreiben?	Вы не могли бы это, пожалуйста, написать? [vˈɨ nʲˈe mɐglʲˈi bˈɨ ˈɛtə pɐʐˈaləstə nəpʲɪsˈatʲ]
Was bedeutet …?	Что значит …? [ʂtˈo znˈat͡ɕɪt …]

SICH VORSTELLEN – ПРЕДСТАВЛЯТЬСЯ

Wie heißt du?	Как тебя зовут? [kˈak tʲɪbʲˈæ zɐvˈut]
Wie heißen Sie?	Как Вас зовут? [kˈak vˈas zɐvˈut]
Ich heiße …	Меня зовут … [mʲɪnʲˈæ zɐvˈut …]
Woher kommen Sie?	Откуда Вы? [ɐtkˈudə vˈɨ]
Woher kommst du?	Откуда ты? [ɐtkˈudə tˈɨ]
Ich komme aus …	Я из … [jˈæ is̬ …]

Das ist mein Mann.	Это мой муж. [ˈɛtə mˈoj mˈuʂ]
Das ist meine Frau.	Это моя жена. [ˈɛtə mɐjˈæ ʐɨnˈa]
Das ist mein Partner.	Это мой молодой человек. [ˈɛtə mˈoj məlɐdˈoj t͡ɕɪlɐvʲˈek]
Das ist meine Partnerin.	Это моя девушка. [ˈɛtə mɐjˈæ dʲˈevʊʂkə]
Das ist mein Sohn.	Это мой сын. [ˈɛtə mˈoj sˈɨn]
Das ist meine Tochter.	Это моя дочь. [ˈɛtə mɐjˈæ dˈot͡ɕ]
Hier ist meine E-Mail-Adresse.	Вот адрес моей электронной почты. [vˈot ˈadrʲɪs mɐjˈej ɪlʲɪktrˈonːəj pˈot͡ɕtɨ]
Hier ist meine Telefonnummer.	Вот мой номер телефона. [vˈot mˈoj nˈomʲɪr tʲɪlʲɪfˈonə]

BEIM TELEFONIEREN – ГОВОРИТЬ ПО ТЕЛЕФОНУ

Ich hätte gern eine SIM-Karte, bitte.	Мне SIM-карту, пожалуйста. [mnʲˈe sʲˈim-kˈartʊ pɐʐˈaləstə]
Mein Akku ist leer.	У меня разрядился телефон. [ʊ mʲɪnʲˈæ rəzrʲɪdʲˈilsʲə tʲɪlʲɪfˈon]
Hier spricht …	Говорит … [gəvɐrʲˈit …]
Mit wem spreche ich bitte?	Извините, с кем я говорю? [ɪzvʲɪnʲˈitʲɪ s‿ kʲˈem jˈæ gəvɐrʲˈʉ]
Kann ich bitte Herrn/Frau … sprechen?	Можно поговорить с господином/госпожой … [mˈoʐnə pəgəvɐrʲˈitʲ z‿ gəspɐdʲˈinəm/gəspɐʐˈoj …]
Tut mir leid, er/sie ist nicht da.	К сожалению, его/её нет. [k‿ səʐɨlʲˈenʲɪjʉ jɪvˈo/jˈeë nʲˈet]

Kann er/sie Sie zurückrufen?	Может он/она Вам перезвонить? [mˈoʐɨt ˈon/ɐnˈa vˈam pʲɪrʲɪzvɐnʲˈitʲ]

UNTERWEGS – В ПУТИ

TOILETTE UND BAD – ТУАЛЕТ И ВАННАЯ

Wo ist bitte die Toilette?	Извините, где здесь туалет? [ɪzvʲɪnʲˈitʲɪ gdʲˈe zʲdʲˈesʲ tʊɐlʲˈet]
Damen	Женский (Ж) [ʐˈɛnskʲɪj]
Herren	Мужской (М) [mʊʂskˈoj]
die Damentoilette	женский туалет [ʐˈɛnskʲɪj tʊɐlʲˈet]
die Herrentoilette	мужской туалет [mʊʂskˈoj tʊɐlʲˈet]

BAHN – ПОЕЗД

Wann fährt der nächste Zug ab?	Когда отходит следующий поезд? [kɐgdˈa ɐtxˈodʲɪt slʲˈedʊjʉɕːɪj pˈojɪst]
Wo muss ich umsteigen?	Где мне надо пересаживаться? [gdʲˈe mnʲˈe nˈadə pʲɪrʲɪsˈaʐɨvət͡sə]
Von welchem Gleis fährt der Zug nach …?	С какого перрона отходит поезд до …? [s‿ kɐkˈovə pʲɪrˈonə ɐtxˈodʲɪt pˈojɪst də …]
Ist dieser Platz noch frei?	Тут свободно? [tˈut svɐbˈodnə]
Hält dieser Zug in …?	Этот поезд останавливается в …? [ˈɛtət pˈojɪst ɐstɐnˈavlʲɪvəjɪt͡sə f …]

BUS – АВТОБУС

Welche Linie fährt nach …?	Какой номер автобуса идет до …? [kɐkˈoj nˈomʲɪr ɐftˈobʊsə ɪdʲˈøt də …]

Welche Linie fährt zum Bahnhof?
На чём я могу доехать до вокзала? [nə t͡ɕˈøm jˈæ mɐgˈu dɐjˈexətʲ də vɐgzˈalə]

Wann fährt der nächste Bus nach …?
Когда отходит следующий автобус до …? [kɐgdˈa ɐtxˈodʲɪt slʲˈedʊjʉɕːɪj ɐftˈobʊs də …]

Wo muss ich aussteigen?
Где мне надо выходить? [gdʲˈe mnʲˈe nˈadə vɨxɐdʲˈitʲ]

Wie viele Haltestellen sind es?
Через сколько остановок? [t͡ɕˈerʲɪs skˈolʲkə ɐstɐnˈovək]

Fährt dieser Bus nach …?
Этот автобус идет до …? [ˈɛtət ɐftˈobʊs ɪdʲˈøt də …]

AUTO – МАШИНА

der Führerschein
водительские права [vɐdʲˈitʲɪlʲskʲɪjə prɐvˈa]

Entschuldigen Sie bitte, wie komme ich nach …?
Извините, как мне проехать до …? [ɪzvʲɪnʲˈitʲɪ kˈak mnʲˈe prɐjˈexətʲ də …]

Entschuldigen Sie bitte, wo ist …?
Извините, где …? [ɪzvʲɪnʲˈitʲɪ gdʲˈe …]

Wie weit ist es?
Как далеко до …? [kˈak dəlʲɪkˈo də …]

BEIM ARZT – У ВРАЧА

Ich bin krankenversichert.
У меня есть медицинская страховка. [ʊ mʲɪnʲˈæ jˈesʲtʲ mʲɪdʲɪt͡sˈinskəjə strɐxˈofkə]

Ich möchte von einer Ärztin behandelt werden, bitte.
Я хотела бы обследоваться у врача-женщины. [jˈæ xɐtʲˈelə bˈɨ ɐpslʲˈedəvət͡sə ʊ vrɐt͡ɕˈæ-ʐˈɛnʲɕːɪnɨ]

Es tut hier weh.
Здесь болит. [zʲdʲˈesʲ bɐlʲˈit]

Ich bin ohnmächtig geworden.
Я потерял(а) сознание. [jˈæ pətʲɪrʲˈæl(a) sɐznʲˈanʲɪjə]

Ich habe mich erbrochen.
Меня вырвало. [mʲɪnʲˈæ vˈɨrvələ]

Ich habe Herzbeschwerden.
У меня болит сердце. [ʊ mʲɪnʲˈæ bɐlʲˈit sʲˈert͡sɨ]

Ich habe Atembeschwerden.
Мне трудно дышать. [mnʲˈe trˈudnə dɨʂˈatʲ]

Ich habe Zahnschmerzen.
У меня болит зуб. [ʊ mʲɪnʲˈæ bɐlʲˈit zˈup]

Ich habe eine Füllung verloren.
У меня выпала пломба. [ʊ mʲɪnʲˈæ vˈɨpələ plˈombə]

Ich bin allergisch gegen Antibiotika.
У меня аллергия на антибиотики. [ʊ mʲɪnʲˈæ ɐlʲɪrgʲˈijə nə ɐnʲtʲɪbʲɪˈotʲɪkʲɪ]

Ich bin allergisch gegen Bienen.
У меня аллергия на пчелиные укусы. [ʊ mʲɪnʲˈæ ɐlʲɪrgʲˈijə nə pt͡ɕɪlʲˈinɨjɪ ʊkˈusɨ]

Ich bin allergisch gegen Pollen.
У меня аллергия на цветение. [ʊ mʲɪnʲˈæ ɐlʲɪrgʲˈijə nə t͡svʲɪtʲˈenʲɪjə]

Ich bin Diabetiker/Diabetikerin.
Я диабетик. [jˈæ dʲɪɐbʲˈetʲɪk]

Ist es ansteckend?
Это заразно? [ˈɛtə zɐrˈaznə]

Ich brauche ein Rezept für …
Мне нужен рецепт на … [mnʲˈe nˈuʐɨn rʲɪt͡sˈɛpt nə …]

Ich nehme Medikamente gegen …
Я принимаю лекарства от … [jˈæ prʲɪnʲɪmˈajʉ lʲɪkˈarstvə ˈot …]

DIE VERBEN – ГЛАГОЛЫ

Wenn es darum geht, eigene Sätze zu bilden, hilft Ihnen unsere ausführliche Verbliste, wo Sie auch abstrakte Verben, die sich nicht abbilden lassen, nachschlagen und übersetzen können.

A

abbeißen	откусывать [ɐˈtkusɨvətʲ]
abbiegen	поворачивать [pəvɐˈrat͡ɕɪvətʲ]
abbringen	отговаривать [ɐdgɐˈvarʲɪvətʲ]
abfahren	отъезжать [ɐtjɪˈʐːatʲ]
abfärben	линять [lʲɪˈnʲætʲ]
abfinden, sich	примириться [prʲɪmʲɪˈrʲit͡sə]
abfragen	спрашивать [ˈspraʂɨvətʲ]
abführen	уводить [ʊvɐˈdʲitʲ]
abfüllen	разливать [rəzlʲɪˈvatʲ]
abgeben	отдавать [ɐdːɐˈvatʲ]
abgewöhnen	отучать [ɐtʊˈt͡ɕætʲ]
abgrenzen	отмежеваться [ɐtmʲɪʐɨˈvat͡sːə]
abhaken	ставить галочку [ˈstavʲɪtʲ ˈgalət͡ɕkʊ]
abhalten	удерживать [ʊˈdʲerʐɨvətʲ]
abhärten	закалять [zəkɐˈlʲætʲ]
abhauen	удирать [ʊdʲɪˈratʲ]
abheben	взлетать [vzlʲɪˈtatʲ]
abholen	забирать [zəbʲɪˈratʲ]
abklären	выяснять [vɨjɪˈsʲnʲætʲ]
abklingen	утихать [ʊtʲɪˈxatʲ]
abkochen	кипятить [kʲɪpʲɪˈtʲitʲ]
abkühlen	охлаждать [ɐxlɐˈʐdatʲ]
abkürzen	сокращать [səkrɐˈɕːætʲ]
abladen	разгружать [rəzgrʊˈʐatʲ]
ablaufen	истекать [ɪsʲtʲɪˈkatʲ]
ablecken	облизывать [ɐˈblʲizɨvətʲ]
ablegen	класть [ˈklasʲtʲ]
ablehnen	отклонять [ɐtklɐˈnʲætʲ]
ablenken	отвлекать [ɐtvlʲɪˈkatʲ]
abmagern	похудеть [pəxʊˈdʲetʲ]
abmalen	срисовывать [srʲɪˈsovɪvətʲ]
abmelden	снимать с учёта [sʲnʲɪˈmatʲ s ʊˈt͡ɕɵtə]
abmessen	мерить [mʲˈerʲɪt]
abnehmen	худеть [xʊdʲˈetʲ]
abnutzen	изнашивать [ɪzˈnaʂɨvətʲ]
abonnieren	подписываться [pɐtˈpʲisɨvət͡sə]
abprallen	отскакивать [ɐt͡sˈskakʲɪvətʲ]
abputzen	очищать [ɐt͡ɕɪˈɕːætʲ]
abraten	отговаривать [ɐdgɐˈvarʲɪvətʲ]
abräumen	убирать [ʊbʲɪˈratʲ]
abreagieren	вымещать [vɨmɪˈɕːætʲ]
abrechnen	высчитать [ˈvɨɕːɪtətʲ]
abregen, sich	успокоиться [ʊspɐkˈoɪt͡sə]
abreisen	уезжать [ʊjɪˈʐːatʲ]
abreißen	отрывать [ɐtrɨvˈatʲ]
abrunden	округлять [ɐkrʊˈglʲætʲ]
abrutschen	сползать [spɐlˈzatʲ]
absagen	отказывать [ɐtˈkazɨvətʲ]
abschaffen	отменять [ɐtmʲɪˈnʲætʲ]
abschalten	выключать [vɨklʲʉˈt͡ɕætʲ]

abschätzen	оценивать	[ɐt͡sˈɛnʲɪvətʲ]
abschauen	списывать	[spʲˈisɨvətʲ]
abschicken	отправлять	[ɐtprɐvlʲˈætʲ]
abschleppen *Auto*	отбуксировать	[ɐtbʊkˈsʲirəvətʲ]
abschließen	запирать	[zəpʲɪˈratʲ]
abschminken	снимать косметику	[sʲnʲɪmˈatʲ kɐsˈmʲetʲɪkʊ]
abschneiden	отрезать	[ɐtrʲˈezətʲ]
abschreiben	списывать	[spʲˈisɨvətʲ]
abschwächen	смягчать	[smʲɪxˈt͡ɕætʲ]
abschweifen *vom Thema*	отклоняться от темы	[ɐtklɐˈnʲat͡sːə ɐt‿tʲˈemɨ]
abschwellen	спадать	[spɐˈdatʲ]
absehen	отказаться от	[ɐtkɐzˈat͡sə ɐt]
absenden	отсылать	[ɐt͡ssɨˈlatʲ]
absetzen	снимать	[sʲnʲɪmˈatʲ]
absichern	обеспечивать	[ɐbʲɪˈspʲet͡ɕɪvətʲ]
absinken	снижаться	[sʲnʲɪzˈat͡sə]
abspeichern	сохранять	[səxrɐnʲˈætʲ]
abspielen	происходить	[prəɪsxɐdʲˈitʲ]
abspringen	спрыгивать	[ˈsprɨɡʲɪvətʲ]
abspülen	смывать	[smɨˈvatʲ]
abstammen	происходить от	[prəɪsxɐdʲˈitʲ ɐt]
abstehen	торчать	[tɐrt͡ɕˈætʲ]
abstellen	ставить	[stˈavʲɪtʲ]
absterben	отмирать	[ɐtmʲɪˈratʲ]
abstimmen	голосовать	[ɡələsɐvˈatʲ]
abstoßen	отталкивать	[ɐˈtːalkʲɪvətʲ]
abstreiten	отрицать	[ɐtrʲɪt͡sˈatʲ]

abstumpfen *Gefühle*	притуплять	[prʲɪtʊpˈlʲætʲ]
abstürzen	падать	[pˈadətʲ]
abstützen	поддерживать	[pɐdʲːˈerʐɨvətʲ]
absuchen	обыскивать	[ɐˈbɨskʲɪvətʲ]
abtreiben	делать аборт	[dʲˈelətʲ ɐbˈort]
abtrocknen	вытирать	[vɨtʲɪrˈatʲ]
abtropfen	стекать	[sʲtʲɪˈkatʲ]
abverlangen	требовать	[trʲˈebəvətʲ]
abwägen	взвешивать	[ˈvzvʲeʂɨvətʲ]
abwarten	ждать	[ʐdˈatʲ]
abwaschen	мыть посуду	[mɨtʲ pɐsˈudʊ]
abwechseln	чередоваться	[t͡ɕɪrʲɪdɐˈvat͡sːə]
abwehren	отражать	[ɐtrɐʐˈatʲ]
abweichen	отклоняться	[ɐtklɐˈnʲat͡sːə]
abweisen	отклонять	[ɐtklɐˈnʲætʲ]
abwerten	обесценивать	[ɐbʲɪˈst͡sɛnʲɪvətʲ]
abwischen	вытирать	[vɨtʲɪrˈatʲ]
abzahlen	рассчитаться	[rəɕːɪtˈat͡sə]
abziehen	снимать	[sʲnʲɪmˈatʲ]
achten	уважать	[ʊvɐʐˈatʲ]
ächzen	кряхтеть	[krʲɪxˈtʲetʲ]
addieren	прибавлять	[prʲɪbɐˈvlʲætʲ]
adoptieren	адоптировать	[ɐdɐˈptʲirəvətʲ]
adressieren	адресовать	[ɐdrʲɪsɐˈvatʲ]
agieren	действовать	[dʲˈejstvəvətʲ]
ähneln	быть похожим	[bɨtʲ pɐxˈoʐɨm]
ahnen	догадываться	[dɐɡˈadɨvət͡sə]

aktivieren	активизировать [ɐktʲɪvʲɪˈzʲirəvətʲ]
aktualisieren	актуализировать [ɐktʊəlʲɪˈzʲirəvətʲ]
akzeptieren	признавать [prʲɪznɐˈvatʲ]
alarmieren	поднять тревогу [pɐdnʲˈætʲ trʲɪvˈogʊ]
amputieren	ампутировать [ɐmpʊˈtʲɪrəvətʲ]
amüsieren	развлекать [rəzvlʲɪˈkatʲ]
analysieren	анализировать [ɐnəlʲɪˈzʲirəvətʲ]
anbauen	разводить [rəzvedʲˈitʲ]
anbeten	боготворить [bəgətveˈrʲitʲ]
anbiedern, sich	втираться в доверие [ftʲɪˈrat͡sːə v‿dɐvʲˈerʲɪjə]
anbieten	предлагать [prʲɪdlɐgˈatʲ]
anblicken	смотреть на [smɐˈtrʲetʲ na]
anbrüllen	кричать на [krʲɪˈt͡ɕætʲ na]
andauern	продолжаться [prədɐlˈʐat͡sːə]
ändern	менять [mʲɪˈnʲætʲ]
andeuten	намекать [nəmʲɪˈkatʲ]
androhen	угрожать [ʊgrɐˈʐatʲ]
aneignen	усваивать [ʊsˈvaɪvətʲ]
anekeln	вызывать отвращение [vɨzɨˈvatʲ ɐtvrɐˈɕːenʲɪje]
anerkennen	признавать [prʲɪznɐˈvatʲ]
anfangen	начинать [nət͡ɕɪˈnatʲ]
anfassen	трогать [ˈtrogətʲ]
anfertigen	изготовлять [ɪzgətɐˈvlʲætʲ]
anfeuern *Mannschaft*	болеть за [bɐˈlʲetʲ zə]
anflehen	умолять [ʊmɐˈlʲætʲ]
anfordern	требовать [trʲˈebəvətʲ]
anfreunden	подружиться [pədrʊˈʐɨt͡sːə]
anfühlen	щупать [ˈɕːupətʲ]
anführen	возглавлять [vəzglɐˈvlʲætʲ]
angeben	хвастаться [ˈxvastət͡sə]
angehören	принадлежать [prʲɪnədlʲɪˈʐatʲ]
angeln	удить [ʊˈdʲitʲ]
angewöhnen	приучать [prʲɪʊˈt͡ɕætʲ]
angleichen	приравнивать [prʲɪˈravnʲɪvətʲ]
angreifen	нападать [nəpɐˈdatʲ]
ängstigen	пугать [pʊˈgatʲ]
angucken	смотреть на [smɐˈtrʲetʲ na]
anhaben	носить [nɐˈsʲitʲ]
anhalten	останавливать [ɐstɐˈnavlʲɪvətʲ]
anhängen	посылать в приложении [pəsɨˈlatʲ f prʲɪlɐˈʐɛnʲɪɪ]
anhimmeln	обожать [ɐbɐˈʐatʲ]
anhören	слушать [ˈsluʂətʲ]
anklagen	обвинять [ɐbvʲɪˈnʲætʲ]
ankleben	наклеивать [nɐˈklʲeɪvətʲ]
anklicken	щёлкнуть мышкой [ˈɕːølknʊtʲ ˈmɨʂkəj]
anklopfen	стучаться [stʊˈt͡ɕat͡sːə]
anknüpfen	завязывать [zɐˈvʲazɨvətʲ]
ankommen	приезжать [prʲɪ(j)ɪˈʑːatʲ]
ankreuzen	отметить крестиком [ɐtˈmʲetʲɪtʲ ˈkrʲesʲtʲɪkəm]
ankündigen	объявлять [ɐbjɪˈvlʲætʲ]

anlächeln	улыбаться [ʊlʲiˈbat͡sːə]
anlachen	улыбаться [ʊlʲiˈbat͡sːə]
anlehnen	прислонять [prʲɪslɐˈnʲætʲ]
anleiten	инструктировать [ɪnstrʊkˈtʲirəvətʲ]
anlocken	привлекать [prʲɪvlʲɪˈkatʲ]
anlügen	лгать [lgatʲ]
anmachen	включать [fklʲʉˈt͡ɕætʲ]
anmaßen, sich	иметь наглость [ɪˈmʲetʲ ˈnagləsʲtʲ]
anmelden	уведомлять [ʊvʲɪdɐˈmlʲætʲ]
anmerken	замечать [zəmʲɪˈt͡ɕætʲ]
annähern, sich	приближаться [prʲɪblʲɪˈʐat͡sːə]
annehmen	принимать [prʲɪnʲɪˈmatʲ]
annullieren	отменять [ɐtmʲɪˈnʲætʲ]
anordnen	расставлять [rəsːtɐˈvlʲætʲ]
anpacken	браться за [ˈbrat͡sːə zə]
anpassen	приспосабливать [prʲɪspɐˈsablʲɪvətʲ]
anpflanzen	сажать [sɐˈʐatʲ]
anprobieren	примерять [prʲɪˈmʲerʲætʲ]
anreden	обращаться к [ɐbrɐˈɕːat͡sːə k]
anrufen	звонить [zvɐˈnʲitʲ]
ansagen	объявлять [ɐbjɪˈvlʲætʲ]
ansammeln	накапливать [nɐˈkaplʲɪvətʲ]
anschalten	включать [fklʲʉˈt͡ɕætʲ]
anschauen	посмотреть [pəsmɐˈtrʲetʲ]
anschieben	двигать [ˈdvʲigətʲ]
anschleichen	подкрадываться [pɐtˈkradɨvət͡sə]
anschließen, sich	присоединяться [prʲɪsəjɪdʲɪˈnʲat͡sːə]
anschmiegen	прильнуть [prʲɪlʲˈnutʲ]
anschnallen	пристёгивать [prʲɪˈsʲtʲɵgʲɪvətʲ]
anschnauzen	наорать [nəɐˈratʲ]
anschreien	накричать [nəkrʲɪˈt͡ɕætʲ]
anschuldigen	обвинять [ɐbvʲɪˈnʲætʲ]
anschweigen	молчать [mɐlˈt͡ɕætʲ]
anschwellen	опухать [ɐpʊˈxatʲ]
anschwindeln	обманывать [ɐˈbmanɨvətʲ]
ansehen	рассматривать [rɐsːˈmatrʲɪvətʲ]
anspannen	натягивать [nɐˈtʲægʲɪvətʲ]
anspielen	намекать [nəmʲɪˈkatʲ]
anspitzen	точить [tɐˈt͡ɕitʲ]
anspornen	подстёгивать [pətsˈsʲtʲɵgɨvətʲ]
ansprechen	обращаться к [ɐbrɐˈɕːat͡sːə k]
anspringen *Motor*	заработать [zərɐˈbotətʲ]
anspucken	плевать [plʲɪˈvatʲ]
anstarren	уставиться [ʊˈstavʲɪt͡sə]
anstecken	заражать [zərɐˈʐatʲ]
anstehen	стоять в очереди [stɐˈjætʲ v ˈot͡ɕɪrʲɪdʲɪ]
ansteigen	подниматься [pədʲnʲɪˈmat͡sːə]
anstellen, sich	вставать в очередь [fstɐˈvatʲ v ˈot͡ɕɪrʲɪtʲ]
anstimmen	запевать [zəpʲɪˈvatʲ]
anstoßen	ударяться [ʊdɐˈrʲat͡sːə]
anstrahlen	освещать [ɐsvʲɪˈɕːætʲ]

anstreben	стремиться [strʲɪˈmʲit͡sːə]
anstreichen	красить [ˈkrasʲɪtʲ]
anstrengen, sich	стараться [stɐˈrat͡sːə]
antreffen	встречать [fstrʲɪˈt͡ɕætʲ]
antreiben	подгонять [pədgɐˈnʲætʲ]
antreten	приступать к [prʲɪstʊˈpatʲ k]
antun	причинять [prʲɪt͡ɕɪˈnʲætʲ]
antworten	отвечать [ɐtvʲɪˈt͡ɕætʲ]
anvertrauen	доверять [dəvʲɪˈrʲætʲ]
anweisen	наставлять [nəstɐˈvlʲætʲ]
anwenden	употреблять [ʊpətrʲɪˈblʲætʲ]
anwidern	вызывать отвращение [vɨzɨˈvatʲ ɐtvrɐˈɕːenʲɪje]
anzeigen	указывать [ʊˈkazɨvətʲ]
anziehen	одевать [ɐdʲɪˈvatʲ]
anzünden	зажигать [zəʐɨˈgatʲ]
anzweifeln	сомневаться [səmnʲɪˈvat͡sːə]
applaudieren	аплодировать [ɐplɐˈdʲirəvətʲ]
arbeiten	работать [rɐˈbotətʲ]
ärgern	сердить [sʲɪrˈdʲitʲ]
atmen	дышать [dɨˈʂatʲ]
aufarbeiten	прорабатывать [prərɐˈbatɨvətʲ]
aufatmen	вздохнуть [vzdɐxˈnutʲ]
aufbauen	строить [ˈstroɪtʲ]
aufbewahren	сохранить [səxrɐˈnʲitʲ]
aufblasen	надувать [nədʊˈvatʲ]
aufbleiben	бодрствовать [ˈbodrstvəvətʲ]
aufbrauchen	израсходовать [ɪzrɐˈsxodəvətʲ]
aufbrausen	вспыхивать [ˈfspɨxʲɪvətʲ]
aufbrechen	отправляться в путь [ɐtprɐˈvlʲat͡sːə f putʲ]
aufbringen	мобилизовать [məbʲɪlʲɪzɐˈvatʲ]
aufdecken	раскрывать [rəskrɨˈvatʲ]
aufdrängen	навязывать [nɐˈvʲazɨvətʲ]
aufdrehen	включать [fklʲʉˈt͡ɕætʲ]
aufeinander-folgen	следовать друг за другом [ˈslʲedəvətʲ ˈdrug zɐ ˈdrugəm]
aufessen	съедать [sjɪˈdatʲ]
auffallen	бросаться в глаза [brɐˈsat͡sːə v ˈglazə]
auffangen	подхватывать [pɐtxˈvatɨvətʲ]
auffassen	понимать [pənʲɪˈmatʲ]
auffordern	потребовать [pɐˈtrʲebəvətʲ]
aufführen	исполнять [ɪspɐlˈnʲætʲ]
aufgeben	отказаться [ɐtkɐˈzat͡sə]
aufgreifen	подхватывать [pɐtxˈvatɨvətʲ]
aufhaben	быть открытым [bɨtʲ ɐtˈkrɨtɨm]
aufhalten	останавливать [ɐstɐˈnavlʲɪvətʲ]
aufhängen	вешать [ˈvʲeʂətʲ]
aufheben	поднимать [pədʲnʲɪˈmatʲ]
aufhetzen	подстрекать [pət͡sstrʲɪˈkatʲ]
aufholen	нагонять [nəgɐˈnʲætʲ]
aufhören	прекращать [prʲɪkrɐˈɕːætʲ]
aufkleben	наклеивать [nɐˈklʲeɪvətʲ]
aufladen	заряжать [zərʲɪˈʐatʲ]
auflassen	оставлять открытым [ɐstɐˈvlʲætʲ ɐtˈkrɨtɨm]

auflauern — подкарауливать [pədkərɐˈulʲɨvətʲ]

aufleben — воспрянуть духом [vɐˈsprʲanʊtʲ ˈduxəm]

auflehnen — восставать [vəs:tɐˈvatʲ]

auflockern — разнообразить [rəznɐɐˈbrazʲɪtʲ]

auflösen *Organisation* — распускать [rəspʊˈskatʲ]

aufmachen — открывать [ɐtkrɨˈvatʲ]

aufmuntern — ободрять [ɐbɐˈdrʲætʲ]

aufnehmen — записывать [zɐˈpʲisɨvətʲ]

aufpassen — быть внимательным [bɨtʲ vnʲɪˈmatʲɪlʲnɨm]

aufplatzen — лопаться [ˈlopət͡s:ə]

aufpumpen — накачивать [nɐˈkat͡ɕɪvətʲ]

aufraffen, sich — собираться с силами [səbʲɪˈrat͡s:ə s ˈsʲiləmʲɪ]

aufräumen — убирать [ʊbʲɪˈratʲ]

aufrechterhal-ten — сохранять [səxrɐnʲˈætʲ]

aufregen — раздражать [rəzdrɐˈʐatʲ]

aufrunden — округлять [ɐkrʊˈglʲætʲ]

aufsammeln — собирать [səbʲɪˈratʲ]

aufschieben — откладывать [ɐtˈkladɨvətʲ]

aufschließen — открывать [ɐtkrɨˈvatʲ]

aufschreiben — записывать [zɐˈpʲisɨvətʲ]

aufspringen *Tür* — распахиваться [rɐˈspaxʲɪvət͡sə]

aufstacheln — подстрекать [pət͡sstrʲɪˈkatʲ]

aufstehen — вставать [fstɐˈvatʲ]

aufstellen — ставить [stˈavʲɪtʲ]

aufstützen — подпирать [pətpʲɪˈratʲ]

aufsuchen — навестить [nəvʲɪˈsʲtʲitʲ]

auftauchen — появляться [pəɪˈvlʲat͡s:ə]

aufteilen — разделить [rəzʲdʲɪˈlʲitʲ]

auftragen — поручать [pərʊˈt͡ɕætʲ]

auftreiben — доставать [dəstɐˈvatʲ]

auftreten — встречаться [fstrʲɪˈt͡ɕat͡s:ə]

aufwachen — просыпаться [prəsɨˈpat͡s:ə]

aufwachsen — расти [rɐˈsʲtʲi]

aufwärmen — подогревать [pədəgrʲɪˈvatʲ]

aufwecken — будить [bʊˈdʲitʲ]

aufweichen — размачивать [rɐzˈmat͡ɕɪvətʲ]

aufweisen — предъявлять [prʲɪdjɪˈvlʲætʲ]

aufwischen — вытирать [vɨtʲɪˈratʲ]

aufwühlen — взволновать [vzvəlnɐˈvatʲ]

aufzählen — перечислять [pʲɪrʲɪt͡ɕɪsˈlʲætʲ]

aufzeichnen — записывать [zɐˈpʲisɨvətʲ]

aufzeigen — показывать [pɐkˈazɨvətʲ]

aufzwingen — навязывать [nɐˈvʲazɨvətʲ]

ausarbeiten — разрабатывать [rəzrɐˈbatɨvətʲ]

ausatmen — выдыхать [vɨdɨˈxatʲ]

ausbessern — исправлять [ɪsprɐˈvlʲætʲ]

ausbleiben — не приходить [nʲɪ prʲɪxɐˈdʲitʲ]

ausbrechen *Gefängnis* — совершать побег [səvʲɪrˈʂatʲ pɐˈbʲek]

ausbreiten, sich — расширяться [rəʂ:ɨˈrʲat͡s:ə]

ausdehnen — растягивать [rɐˈsʲtʲægʲɪvətʲ]

ausdenken — выдумывать [vɨˈdumɨvətʲ]

auseinander-brechen — разламывать [rɐzˈlamɨvətʲ]

ausfallen	не состояться	[nʲɪ səstɐˈjat͡sːə]
ausfragen	выспрашивать	[viˈspraʂɨvətʲ]
ausfüllen	заполнять	[zəpɐlˈnʲætʲ]
ausgeben	тратить	[ˈtratʲɪtʲ]
ausgehen	выходить	[vɨxɐˈdʲitʲ]
ausgleichen	компенсировать	[kəmpʲɪnˈsʲirəvətʲ]
aushaben	заканчиваться	[zɐˈkant͡ɕɪvət͡sə]
aushalten	выдержать	[ˈvɨdʲɪrʐətʲ]
aushelfen	выручать	[vɨrʊˈt͡ɕætʲ]
auskennen, sich	разбираться в	[rəzbʲɪˈrat͡sːə v]
auskommen	ладить	[ˈladʲɪtʲ]
auslachen	высмеивать	[vɨsˈmʲeɪvətʲ]
auslaufen *Flasche*	вытекать	[vɨtʲɪˈkatʲ]
ausleeren	выливать	[vɨlʲɪˈvatʲ]
ausleihen	одалживать	[ɐˈdalʐɨvətʲ]
ausloggen, sich	выходить из системы	[vɨxɐˈdʲitʲ ɪs sʲɪˈsʲtʲemɨ]
auslösen	вызывать	[vɨzɨˈvatʲ]
ausmachen	выключать	[vɨklʲʉˈt͡ɕætʲ]
ausmalen, sich	представлять	[prʲɪtstɐˈvlʲætʲ]
ausmessen	измерять	[ɪzmʲɪˈrʲætʲ]
ausnutzen	использовать	[ɪˈspolʲzəvətʲ]
auspacken	распаковывать	[rəspɐˈkovɨvətʲ]
ausplaudern	проболтаться	[prəbɐlˈtat͡sːə]
auspressen	выжимать	[vɨʐɨˈmatʲ]
ausprobieren	пробовать	[ˈprobəvətʲ]
ausrasten	сорваться	[sɐrˈvat͡sːə]
ausrauben	ограбить	[ɐˈgrabʲɪtʲ]
ausrechnen	вычислять	[vɨt͡ɕɪsˈlʲætʲ]
ausreden	договаривать	[dəgɐˈvarʲɪvətʲ]
ausreichen	хватать	[xvɐˈtatʲ]
ausreisen	выезжать	[vɨɪˈzʑːatʲ]
ausrichten	передавать	[pʲɪrʲɪdɐˈvatʲ]
ausruhen	отдыхать	[ɐdːɨˈxatʲ]
ausrutschen	поскользнуться	[pəskɐlʲzˈnut͡sːə]
ausschalten	выключать	[vɨklʲʉˈt͡ɕætʲ]
ausscheiden *Dienst*	уходить	[ʊxɐˈdʲitʲ]
ausschimpfen	отругать	[ɐtrʊˈgatʲ]
ausschlafen	выспаться	[ˈvɨspət͡sə]
ausschließen	исключать	[ɪsklʲʉˈt͡ɕætʲ]
ausschneiden	вырезать	[ˈvɨrʲɪzətʲ]
aussehen	выглядеть	[ˈvɨglʲɪdʲɪtʲ]
äußern	высказывать	[vɨˈskazɨvətʲ]
aussetzen	приостанавливать	[prʲɪəstɐˈnavlʲɪvətʲ]
aussprechen	произносить	[prəɪznɐˈsʲitʲ]
ausstehen	терпеть	[tʲɪrˈpʲetʲ]
aussteigen	выходить	[vɨxɐˈdʲitʲ]
aussterben	вымирать	[vɨmʲɪˈratʲ]
ausstrecken	протягивать	[prɐˈtʲægʲɪvətʲ]
aussuchen	выбирать	[vɨbʲɪˈratʲ]
austauschen	обменивать	[ɐˈbmʲenʲɪvətʲ]
austeilen	раздавать	[rəzdɐˈvatʲ]
austoben *Kinder*	набегаться	[nəˈbʲegət͡sːə]

austreten	выходить [vɨxɐˈdʲitʲ]
austricksen	перехитрить [pʲɪrʲɪxʲɪˈtrʲitʲ]
austrinken	допить [dɐˈpʲitʲ]
ausüben	практиковать [prəktʲɪkɐˈvatʲ]
auswählen	выбирать [vɨbʲɪˈratʲ]
auswandern	эмигрировать [ɨmʲɪˈgrʲirəvətʲ]
auswaschen	смывать [smɨˈvatʲ]
auswechseln	заменять [zəmʲɪˈnʲætʲ]
ausweichen	посторониться [pəstərɐˈnʲit͡sːə]
auswerten	анализировать [ɐnəlʲɪˈzʲirəvətʲ]
auswirken, sich	сказываться [ˈskazɨvət͡sə]
auszählen	подсчитывать [pɐt͡ɕˈɕːitɨvətʲ]
auszeichnen	награждать [nəgrɐʐˈdatʲ]
ausziehen *Kleidung*	снимать [sʲnʲɪˈmatʲ]

B

babysitten	присматривать за ребёнком [prʲɪsˈmatrʲɪvətʲ zə rʲɪˈbʲɵnkəm]
backen	печь [pʲet͡ɕ]
baden	купаться [kʊˈpat͡sːə]
baggern	копать [kɐˈpatʲ]
basteln	мастерить [məsʲtʲɪˈrʲitʲ]
bauen	строить [ˈstroɪtʲ]
beabsichtigen	собираться [səbʲɪˈrat͡sːə]
beachten	уделять внимание [ʊdʲɪˈlʲætʲ vnʲɪˈmanʲɪje]
beängstigen	пугать [pʊˈgatʲ]
beanspruchen	претендовать [prʲɪtʲɪndɐˈvatʲ]
beantragen	подавать заявление [pədɐˈvatʲ zəɪˈvlʲenʲɪje]
beantworten	отвечать [ɐtvʲɪˈt͡ɕætʲ]
bearbeiten	обрабатывать [ɐbrɐˈbatɨvətʲ]
beatmen	делать искусственное дыхание [dʲˈelətʲ ɪˈskustvʲɪnːəjə dɨˈxanʲɪje]
beaufsichtigen	наблюдать [nəblʲʊˈdatʲ]
beauftragen	поручать [pərʊˈt͡ɕætʲ]
bedanken	благодарить [bləgədɐˈrʲitʲ]
bedauern	сожалеть [səʐɨˈlʲetʲ]
bedecken	накрывать [nəkrɨˈvatʲ]
bedenken	подумать [pɐˈdumətʲ]
bedeuten	значить [ˈznat͡ɕɪtʲ]
bedienen	обслуживать [ɐpsˈluʐɨvətʲ]
bedrängen	докучать [dəkʊˈt͡ɕætʲ]
bedrohen	угрожать [ʊgrɐˈʐatʲ]
bedrücken	огорчать [ɐgɐrˈt͡ɕætʲ]

beeilen, sich	спешить [spʲɪˈʂɨtʲ]
beeindrucken	производить впечатление [prəɪzvɐˈdʲitʲ fpʲɪt͡ɕɪtˈlʲenʲɪje]
beeinflussen	влиять [vlʲɪˈjætʲ]
beeinträchtigen	вредить [vrʲɪˈdʲitʲ]
beenden	заканчивать [zɐˈkanʲt͡ɕɪvətʲ]
beerdigen	хоронить [xərɐˈnʲitʲ]
befassen, sich	заниматься [zənʲɪˈmat͡sːə]
befehlen	приказывать [prʲɪˈkazɨvətʲ]
befestigen	прикреплять [prʲɪkrʲɪˈplʲætʲ]
befeuchten	увлажнять [ʊvlɐʐˈnʲætʲ]
befinden, sich	находиться [nəxɐˈdʲit͡sːə]
befolgen	исполнять [ɪspɐlˈnʲætʲ]
befragen	опрашивать [ɐˈpraʂɨvətʲ]
befreien	освобождать [ɐsvəbɐʐˈdatʲ]
befriedigen	удовлетворять [ʊdəvlʲɪtvɐˈrʲætʲ]
befruchten	оплодотворять [ɐplədətvɐˈrʲætʲ]
befürchten	бояться [bɐˈjat͡sːə]
befürworten	выступать за [vɨstʊˈpatʲ zə]
begegnen	встречать [fstrʲɪˈt͡ɕætʲ]
begehen	совершать [səvʲɪrˈʂatʲ]
begehren	жаждать [ˈʐaʐdətʲ]
begeistern	восхищать [vəsxʲɪˈɕːætʲ]
beginnen	начинать [nət͡ɕɪˈnatʲ]
begleiten	сопровождать [səprəvɐʐˈdatʲ]
beglückwünschen	поздравлять [pəzdrɐˈvlʲætʲ]
begraben	хоронить [xərɐˈnʲitʲ]
begreifen	понимать [pənʲɪˈmatʲ]
begrenzen	ограничивать [ɐgrɐˈnʲit͡ɕɪvətʲ]
begründen	обосновывать [ɐbɐˈsnovɨvətʲ]
begrüßen	приветствовать [prʲɪˈvʲet͡stvəvətʲ]
begünstigen	покровительствовать [pəkrɐˈvʲitʲɪlʲstvəvətʲ]
begutachten	рассматривать [rɐsːˈmatrʲɪvətʲ]
behalten	оставлять [ɐstɐˈvlʲætʲ]
behandeln *Krankheit*	лечить [lʲɪˈt͡ɕitʲ]
beharren	настаивать на [nɐˈstaɪvətʲ nɐ]
behaupten	утверждать [ʊtvʲɪrʐˈdatʲ]
beheben	устранять [ʊstrɐˈnʲætʲ]
behelfen, sich	обходиться [ɐpxɐˈdʲit͡sːə]
beherrschen	владеть [vlɐˈdʲetʲ]
beherzigen	принимать во внимание [prʲɪnʲɪˈmatʲ və vnʲɪˈmanʲɪje]
behindern	мешать [mʲɪˈʂatʲ]
behüten	оберегать [ɐbʲɪrʲɪˈgatʲ]
beibehalten	оставлять [ɐstɐˈvlʲætʲ]
beibringen	учить [ʊˈt͡ɕitʲ]
beichten	исповедоваться [ɪspɐˈvʲedəvət͡sə]
beifügen	прилагать [prʲɪlɐˈgatʲ]
beinhalten	содержать [sədʲɪrˈʐatʲ]
beipflichten	соглашаться [səglɐˈʂat͡sːə]
beirren	сбивать с толку [zbʲɪˈvatʲ s ˈtolkʊ]

beißen	кусать [kʊˈsatʲ]
beistehen	помогать [pəmɐˈgatʲ]
beitragen	способствовать [spɐˈsopstvəvətʲ]
beitreten *Organisation*	вступать [fstʊˈpatʲ]
bejahen	одобрять [ɐdɐˈbrʲætʲ]
bejubeln	встречать с восторгом [fstrʲɪˈt͡ɕætʲ s vɐˈstorgəm]
bekämpfen	бороться [bɐˈrot͡sːə]
bekehren	обращать в веру [ɐbrɐˈɕːætʲ v ˈvʲerʊ]
bekennen	признавать [prʲɪznɐˈvatʲ]
beklagen	жаловаться [ˈʐaləvət͡sə]
bekleckern	запачкать [zɐˈpat͡ɕkətʲ]
bekommen	получать [pəlʊˈt͡ɕætʲ]
bekräftigen	подтверждать [pətːvʲɪrʐˈdatʲ]
beladen	нагружать [nəgrʊˈʐatʲ]
belasten	обременять [ɐbrʲɪmʲɪˈnʲætʲ]
belästigen	приставать [prʲɪstɐˈvatʲ]
belauschen	подслушивать [pɐt͡sːˈluʂɨvətʲ]
beleidigen	обижать [ɐbʲɪˈʐatʲ]
bellen	лаять [ˈlaɪtʲ]
belohnen	награждать [nəgrɐʐˈdatʲ]
belügen	обманывать [ɐˈbmanɨvətʲ]
bemerken	замечать [zəmʲɪˈt͡ɕætʲ]
bemitleiden	жалеть [ʐɨˈlʲetʲ]
bemühen, sich	стараться [stɐˈrat͡sːə]
benachrich-tigen	оповещать [ɐpəvʲɪˈɕːætʲ]
benehmen, sich	вести себя [vʲɪˈsʲtʲi sʲɪˈbʲa]
beneiden	завидовать [zɐˈvʲidəvətʲ]
benennen	называть [nəzɨˈvatʲ]
benoten	выставлять оценку [vɨstɐˈvlʲætʲ ɐˈt͡sɛnkʊ]
benötigen	нуждаться в [nʊʐˈdat͡sːə v]
beobachten	наблюдать [nəblʲʊˈdatʲ]
beraten	консультировать [kənsʊlʲˈtʲirəvətʲ]
berechnen	вычислять [vɨt͡ɕɪsˈlʲætʲ]
bereden	обсуждать [ɐpsʊˈʐdatʲ]
bereiten	готовить [gɐˈtovʲɪtʲ]
bereithalten	держать наготове [dʲɪrˈʐatʲ nəgɐˈtovʲe]
bereitmachen	подготавливать [pədgɐˈtavlʲɪvətʲ]
bereuen	сожалеть [səʐɨˈlʲetʲ]
berichten	докладывать [dɐˈkladɨvətʲ]
berichtigen	исправлять [ɪsprɐˈvlʲætʲ]
berücksichtigen	учитывать [ʊˈt͡ɕitɨvətʲ]
beruhigen	успокаивать [ʊspɐˈkaɪvətʲ]
berühren	касаться [kɐˈsat͡sːə]
beschädigen	повредить [pəvrʲɪˈdʲitʲ]
beschaffen	доставать [dəstɐˈvatʲ]
beschäftigen	занимать [zənʲɪˈmatʲ]
bescheinigen	удостоверять [ʊdəstəvʲɪˈrʲætʲ]
beschenken	дарить подарок [dɐˈrʲitʲ pɐˈdarək]
beschimpfen	обругать [ɐbrʊˈgatʲ]
beschleunigen	ускорять [ʊskɐˈrʲætʲ]
beschließen	решать [rʲɪˈʂatʲ]
beschmutzen	загрязнять [zəgrʲɪzʲˈnʲætʲ]

beschränken	ограничивать [ɐɡrɐˈnʲit͡ɕɪvətʲ]
beschreiben	описывать [ɐˈpʲisɨvətʲ]
beschuldigen	обвинять [ɐbvʲɪˈnʲætʲ]
beschützen	защищать [zəɕːɪˈɕːætʲ]
beschweren, sich	жаловаться [ˈʐaləvət͡sə]
beseitigen	устранять [ʊstrɐˈnʲætʲ]
besetzen	занимать [zənʲɪˈmatʲ]
besichtigen	посещать [pəsʲɪˈɕːætʲ]
besiegen	побеждать [pəbʲɪʐˈdatʲ]
besitzen	владеть [vlɐˈdʲetʲ]
besorgen	купить [kʊˈpʲitʲ]
besprechen	обсуждать [ɐpsʊˈʐdatʲ]
bestätigen	подтверждать [pətːvʲɪrʐˈdatʲ]
bestatten	хоронить [xərɐˈnʲitʲ]
bestaunen	восхищаться [vəsxʲɪˈɕːat͡sːə]
bestehen	выдержать [ˈvɨdʲɪrʐətʲ]
bestellen	заказывать [zɐˈkazɨvətʲ]
bestimmen	определять [ɐprʲɪdʲɪˈlʲætʲ]
bestrafen	наказывать [nɐˈkazɨvətʲ]
bestreiten	опровергать [ɐprəvʲɪrˈɡatʲ]
besuchen	посещать [pəsʲɪˈɕːætʲ]
betätigen	включать [fklʲʉˈt͡ɕætʲ]
betäuben	обезболивать [ɐbʲɪˈzbolʲɪvətʲ]
beteiligen, sich	участвовать [ʊˈt͡ɕastvəvətʲ]
beten	молиться [mɐˈlʲit͡sːə]
beteuern	уверять [ʊvʲɪˈrʲætʲ]
betonen	подчёркивать [pɐˈt͡ɕːɵrkʲɪvətʲ]
betören	очаровывать [ɐt͡ɕɪˈrovɨvətʲ]
betrachten	рассматривать [rɐsːˈmatrʲɪvətʲ]
betreuen	ухаживать [ʊˈxaʐɨvətʲ]
betrügen	обманывать [ɐˈbmanɨvətʲ]
betteln	попрошайничать [pəprɐˈʂajnʲɪˈt͡ɕætʲ]
beugen, sich	наклоняться [nəklɐˈnʲat͡sːə]
beunruhigen	тревожить [trʲɪˈvoʐɨtʲ]
beurteilen	судить о [sʊˈdʲitʲ ə]
bevorzugen	предпочитать [prʲɪtpət͡ɕɪˈtatʲ]
bewachen	охранять [ɐxrɐˈnʲætʲ]
bewaffnen	вооружать [vɐɐrʊˈʐatʲ]
bewältigen	справляться [sprɐˈvlʲat͡sːə]
bewegen	двигать [ˈdvʲiɡətʲ]
beweisen	доказывать [dɐˈkazɨvətʲ]
bewerben, sich	подавать заявление о приёме на работу [pədɐvˈatʲ zəɪˈvlʲenʲɪje ə prʲɪˈjɵmʲe nə rɐbˈotʊ]
bewerten	оценивать [ɐt͡sˈɛnʲɪvətʲ]
bewirken	вызывать [vɨzɨˈvatʲ]
bewohnen	жить [ʐɨtʲ]
bewundern	восхищаться [vəsxʲɪˈɕːat͡sːə]
bezahlen	платить [plɐˈtʲitʲ]
bezeichnen	называть [nəzɨˈvatʲ]
bezweifeln	сомневаться [səmnʲɪˈvat͡sːə]
biegen	сгибать [zɡʲɪˈbatʲ]
bieten	предлагать [prʲɪdlɐɡˈatʲ]
bilden	создавать [səzdɐˈvatʲ]
bitten	просить [prɐˈsʲitʲ]
blamieren	опозорить [ɐpɐˈzorʲɪtʲ]
blasen	дуть [dutʲ]

bleiben	оставаться [ɐstɐˈvat͡sːə]
blenden	слепить [slʲɪˈpʲitʲ]
blinken	мигать [mʲɪˈgatʲ]
blinzeln	моргать [mɐrˈgatʲ]
blitzen	сверкать [svʲɪrˈkatʲ]
blockieren	блокировать [blɐˈkʲirəvətʲ]
blühen	цвести [t͡svʲɪˈsʲtʲi]
bluten	кровоточить [krəvətɐˈt͡ɕitʲ]
bohren	сверлить [svʲɪrˈlʲitʲ]
boxen	боксировать [bɐkˈsʲirəvətʲ]
boykottieren	бойкотировать [bəjkɐˈtʲirəvətʲ]
braten	жарить [ˈʐarʲɪtʲ]
brauchen	нуждаться [nʊʐˈdat͡sːə]
brechen	ломать [lɐˈmatʲ]
bremsen	тормозить [tərmɐˈzʲitʲ]
brennen	гореть [gɐˈrʲetʲ]
bringen	приносить [prʲɪnɐˈsʲitʲ]
bröckeln	крошиться [krɐˈʂɨtʲt͡sə]
brüllen	орать [ɐˈratʲ]
brummen	гудеть [gʊˈdʲetʲ]
brüten	высиживать птенцов [vɨˈsiʐɨvətʲ ptʲɪnˈt͡sof]
buchen	бронировать [brɐˈnʲirəvətʲ]
buchstabieren	диктовать по буквам [dʲɪktɐˈvatʲ pə ˈbukvəm]
bücken, sich	нагибаться [nəgʲɪˈbat͡sːə]
bügeln	гладить [ˈgladʲɪtʲ]
bummeln	бродить [brɐˈdʲitʲ]
***bürsten** Haare*	причёсывать щёткой [prʲɪˈt͡ɕosɨvətʲ ˈɕːotkəj]

C

campen	жить в кемпинге [ʐɨtʲ f ˈkempɪnge]
charakterisieren	характеризовать [xərəktʲɪrʲɪzɐˈvatʲ]
chatten	общаться в чате [ɐpˈɕːat͡sːə f ˈt͡ɕætʲe]

D

dableiben	оставаться [ɐstɐˈvat͡sːə]
danebenbenehmen, sich	плохо себя вести [ˈploxə sʲɪˈbʲa vʲɪˈsʲtʲi]
danken	благодарить [bləgədɐˈrʲitʲ]
darstellen	представлять [prʲɪt͡stɐˈvlʲætʲ]
dastehen	стоять [stɐˈjætʲ]
dauern	длиться [ˈdlʲit͡sːə]
decken	накрывать [nəkrɨˈvatʲ]
dehnen	растягивать [rɐˈsʲtʲægʲɪvətʲ]
dementieren	опровергать [ɐprəvʲɪrˈgatʲ]
demonstrieren	демонстрировать [dʲɪmɐnˈstrʲirəvətʲ]
demütigen	унижать [ʊnʲɪˈʐatʲ]
denken	думать [ˈdumətʲ]
deprimieren	угнетать [ʊgnʲɪˈtatʲ]
desinfizieren	дезинфицировать [dʲɪzɪnfɪˈt͡sɨrəvətʲ]
deuten	объяснять [ɐbjɪsʲˈnʲætʲ]
dienen	служить [slʊˈʐɨtʲ]
diskriminieren	дискриминировать [dʲɪskrʲɪmʲɪˈnirəvətʲ]
diskutieren	обсуждать [ɐpsʊˈʐdatʲ]
disqualifizieren	дисквалифицировать [dʲɪskvəlʲɪfʲɪˈt͡sɨrəvətʲ]

distanzieren, sich	отмежеваться [ɐtmʲɪʐɨˈvat͡sːə]
dividieren	делить [dʲɪˈlʲitʲ]
donnern	греметь [grʲɪˈmʲetʲ]
dosieren	дозировать [dɐˈzʲirəvətʲ]
downloaden	загрузить [zəgrʊˈzʲitʲ]
dramatisieren	драматизировать [drəmətʲɪˈzʲirəvətʲ]
dranbleiben	не отступаться [nʲɪ ɐtsstʊˈpat͡sːə]
drängeln	напирать [nəpʲɪˈratʲ]
drängen	оказывать давление [ɐˈkazɨvətʲ dɐˈvlʲenʲɪje]
drankommen	быть на очереди [bɨtʲ nə ˈot͡ɕɪrʲɪdʲɪ]
drehen	поворачивать [pəvɐˈrat͡ɕɪvətʲ]
drohen	угрожать [ʊgrɐˈʐatʲ]
drucken	печатать [pʲɪˈt͡ɕatətʲ]
drücken	нажимать [nəʐɨˈmatʲ]
ducken, sich	нагибаться [nəgʲɪˈbat͡sːə]
duften	пахнуть [ˈpaxnʊtʲ]
dulden	терпеть [tʲɪrˈpʲetʲ]
durchdenken	обдумывать [ɐˈbdumɨvətʲ]
durcheinander-bringen	спутать [ˈsputətʲ]
durchführen	проводить [prəvɐˈdʲitʲ]
durchsagen	сообщать [sɐɐpˈɕːætʲ]
durchschauen	видеть насквозь [ˈvʲidʲɪtʲ nɐskˈvosʲ]
durchsetzen	добиться [dɐˈbʲit͡sːə]
durchsickern	просачиваться [prɐˈsat͡ɕɪvət͡sə]
durchstöbern	перерыть [pʲɪrʲɪˈrɨtʲ]
durchstreichen	перечёркивать [pʲɪrʲɪˈt͡ɕørkʲɪvətʲ]
durchwühlen	перерыть [pʲɪrʲɪˈrɨtʲ]
durchziehen	доводить до конца [dəvɐˈdʲitʲ də kɐnˈt͡sa]
dürfen	иметь право [ɪˈmʲetʲ ˈpravə]
duschen	мыться под душем [ˈmɨt͡sːə pət ˈduʂɨm]
duzen	обращаться на ты [ɐbrɐˈɕːat͡sːə nə tɨ]

E

ebnen	выравнивать [vɨˈravnʲɪvətʲ]
ehren	чествовать [ˈt͡ɕestvəvətʲ]
eignen, sich	подходить [pətxɐˈdʲitʲ]
eilen	спешить [spʲɪˈʂɨtʲ]
einatmen	вдыхать [vdɨˈxatʲ]
einbilden, sich	воображать [vɐɐbrɐˈʐatʲ]
einbrechen	взламывать [ˈvzlamɨvətʲ]
einchecken	регистрироваться [rʲɪgʲɪˈstrʲirəvət͡sə]
eincremen	мазать кремом [ˈmazətʲ ˈkrʲeməm]
eindringen	проникать [prənʲɪˈkatʲ]
eindrücken	вдавливать [ˈvdavlʲɪvətʲ]
einengen	стеснять [sʲtʲɪsʲˈnʲætʲ]
einfädeln	продевать нитку [prədʲɪˈvatʲ ˈnʲitkʊ]
einfahren	прибывать [prʲɪbɨˈvatʲ]
einfallen	приходить на ум [prʲɪxɐˈdʲitʲ nə um]
einfangen	поймать [pɐjˈmatʲ]
einfügen	вставлять [fstɐˈvlʲætʲ]

einfühlen, sich	сопереживать	[səpʲɪrʲɪzʲiˈvatʲ]
einführen	вводить	[vːɐˈdʲitʲ]
eingeben	вводить	[vːɐˈdʲitʲ]
eingestehen	признавать	[prʲɪznɐˈvatʲ]
eingreifen	вмешиваться	[ˈvmʲeʂɨvət͡sə]
eingrenzen	ограничивать	[ɐgrɐˈnʲit͡ɕɪvətʲ]
einholen	догонять	[dəgɐˈnʲætʲ]
einigen, sich	договориться	[dəgəvɐˈrʲit͡sːə]
einkaufen	покупать	[pəkʊˈpatʲ]
einkleben	вклеивать	[fˈklʲeɪvətʲ]
einklemmen	прищемлять	[prʲɪɕːemˈlʲætʲ]
einladen	приглашать	[prʲɪglɐˈʂatʲ]
einleben, sich	адаптироваться	[ɐdɐˈptʲirəvət͡sə]
einlenken	идти на уступки	[ɪˈtʲːi nə ʊˈstupkʲɪ]
einleuchten	становиться ясным	[stənɐˈvʲit͡sːə ˈjasnɨm]
einliefern	доставлять	[dəstɐˈvlʲætʲ]
einloggen	войти в систему	[vɐjˈtʲi v sʲɪˈsʲtʲemʊ]
einlösen *Versprechen*	сдержать	[zʲdʲɪrˈʐatʲ]
einmischen, sich	вмешиваться	[ˈvmʲeʂɨvət͡sə]
einordnen	классифицировать	[kləsʲɪfʲɪˈt͡sirəvətʲ]
einpacken	упаковывать	[ʊpɐˈkovɨvətʲ]
einparken	парковаться	[pərkɐˈvat͡sːə]
einpflanzen	сажать	[sɐˈʐatʲ]
einplanen	запланировать	[zəplɐˈnʲirəvətʲ]
einprägen	запомнить	[zɐˈpomnʲɪtʲ]
einräumen	предоставлять	[prʲɪdəstɐˈvlʲætʲ]
einreden	убеждать	[ʊbʲɪʑˈdatʲ]
einreiben	втирать	[ftʲɪˈratʲ]
einreisen	въезжать	[vjɪˈʑːatʲ]
einrosten	заржаветь	[zərʐɐˈvʲetʲ]
einschalten	включать	[fklʲʉˈt͡ɕætʲ]
einschätzen	оценивать	[ɐt͡sˈɛnʲɪvətʲ]
einschenken	наливать	[nəlʲɪˈvatʲ]
einschlafen	засыпать	[zəsɨˈpatʲ]
einschließen	запирать	[zəpʲɪˈratʲ]
einschränken	ограничивать	[ɐgrɐˈnʲit͡ɕɪvətʲ]
einschreiten	вмешиваться	[ˈvmʲeʂɨvət͡sə]
einschüchtern	запугивать	[zɐˈpugʲɪvətʲ]
einschulen	записывать в школу	[zɐˈpʲisɨvətʲ f ˈʂkolʊ]
einsehen *Fehler*	признавать	[prʲɪznɐˈvatʲ]
einsetzen, sich	выступать за	[vɨstʊˈpatʲ zə]
einsperren	запереть	[zəpʲɪˈrʲetʲ]
einspringen	заменить	[zəmʲɪˈnʲitʲ]
einstecken	всовывать	[ˈvsovɨvətʲ]
einsteigen	входить	[fxɐˈdʲitʲ]
einstellen	брать на работу	[bratʲ nə rɐˈbotʊ]
einstürzen	обваливаться	[ɐˈbvalʲɪvət͡sə]
eintauchen	погружать	[pəgrʊˈʐatʲ]
einteilen	распределять	[rəsprʲɪdʲɪˈlʲætʲ]
eintragen	вносить	[vnɐˈsʲitʲ]
eintreffen	прибывать	[prʲɪbɨˈvatʲ]

eintreten входить [fxɐˈdʲitʲ]

einwandern иммигрировать [ɪmʲɪˈgrʲirəvətʲ]

einwechseln *Spieler* заменять игрока [zəmʲɪˈnʲætʲ ɪgrɐˈka]

einweichen замачивать [zɐˈmat͡ɕɪvətʲ]

einweihen открывать [ɐtkrɨˈvatʲ]

einweisen давать инструкции [dɐˈvatʲ ɪnˈstrukt͡sɨɪ]

einwenden возражать [vəzrɐˈʐatʲ]

einwilligen соглашаться [səglɐˈʂat͡sːə]

einzahlen платить [plɐˈtʲitʲ]

eitern гноиться [gnɐˈit͡sːə]

ekeln, sich испытывать отвращение [ɪˈspɨtɨvətʲ ɐtvrɐˈɕːenʲɪje]

empfangen получать [pəlʊˈt͡ɕætʲ]

empfehlen советовать [sɐˈvʲetəvətʲ]

empfinden чувствовать [ˈt͡ɕustvəvətʲ]

enden заканчивать [zɐˈkanʲt͡ɕɪvətʲ]

entdecken обнаруживать [ɐbnɐˈruʐɨvətʲ]

entfachen раздувать [rəzdʊˈvatʲ]

entfallen забывать [zəbɨˈvatʲ]

entfernen удалять [ʊdɐˈlʲætʲ]

entführen похищать [pəxʲɪˈɕːætʲ]

entgegenbringen *Respekt* проявлять [prəɪˈvlʲætʲ]

entgegnen возражать [vəzrɐˈʐatʲ]

entgleisen сходить с рельсов [sxɐˈdʲitʲ s ˈrʲelʲsəf]

enthalten содержать [sədʲɪrˈʐatʲ]

entkommen избежать [ɪzbʲɪˈʐatʲ]

entlanggehen идти вдоль [ɪˈtʲːi vdolʲ]

entlassen увольнять [ʊvəlʲˈnʲætʲ]

entlasten разгружать [rəzgrʊˈʐatʲ]

entlaufen убегать [ʊbʲɪˈgatʲ]

entscheiden решать [rʲɪˈʂatʲ]

entschließen, sich решаться [rʲɪˈʂat͡sːə]

entschuldigen прощать [prɐˈɕːætʲ]

entsetzen приводить в ужас [prʲɪvɐˈdʲitʲ v ˈuʐəs]

entsorgen выбрасывать [vɨˈbrasɨvətʲ]

entspannen отдыхать [ɐdːɨˈxatʲ]

entsprechen соответствовать [sɐɐtˈvʲet͡stvəvətʲ]

entstehen возникать [vəzʲnʲɪˈkatʲ]

entstellen искажать [ɪskɐˈʐatʲ]

enttäuschen разочаровывать [rəzət͡ɕɪˈrovɨvətʲ]

entwaffnen разоружать [rəzɐrʊˈʐatʲ]

entweichen улетучиваться [ʊlʲɪˈtut͡ɕɪvət͡sːə]

entwerfen *Plan* составлять план [səstɐˈvlʲætʲ plan]

entwickeln развивать [rəzvʲɪˈvatʲ]

erben получить в наследство [pəlʊˈt͡ɕitʲ v nɐsˈlʲet͡stvə]

erbrechen тошнить [tɐʂˈnʲitʲ]

ereignen случаться [slʊˈt͡ɕat͡sːə]

erfahren узнавать [ʊznɐˈvatʲ]

erfinden изобретать [ɪzəbrʲɪˈtatʲ]

erforschen исследовать [ɪsːˈlʲedəvətʲ]

erfrieren замерзать [zəmʲɪrˈzatʲ]

erfrischen	освежать	[ɐsvʲɪˈzʲatʲ]
erfüllen	исполнять	[ɪspɐlˈnʲætʲ]
ergänzen	дополнять	[dəpɐlˈnʲætʲ]
ergeben, sich	сдаваться	[zdɐˈvat͡sːə]
erhalten	получать	[pəlʊˈt͡ɕætʲ]
erhoffen	ожидать	[ɐzʲɪˈdatʲ]
erhöhen	увеличивать	[ʊvʲɪˈlʲit͡ɕɪvətʲ]
erholen	отдыхать	[ɐdːɨˈxatʲ]
erinnern, sich	помнить	[ˈpomnʲɪtʲ]
erkälten, sich	простужаться	[prəstʊˈzʲat͡sːə]
erkennen	узнавать	[ʊznɐˈvatʲ]
erklären	объяснять	[ɐbjɪsʲˈnʲætʲ]
erkundigen, sich	справляться	[sprɐˈvlʲat͡sːə]
erlauben	разрешать	[rəzrʲɪˈʂatʲ]
erläutern	объяснять	[ɐbjɪsʲˈnʲætʲ]
erleben	испытывать	[ɪˈspɨtɨvətʲ]
erledigen	выполнять	[vɨpɐlˈnʲætʲ]
erleichtern	облегчать	[ɐblʲɪxˈt͡ɕætʲ]
erlösen	избавлять	[ɪzbɐˈvlʲætʲ]
ermahnen	предостерегать	[prʲɪdəsʲtʲɪrʲɪˈgatʲ]
ermitteln	выяснять	[vɨjɪsʲˈnʲætʲ]
ermöglichen	делать возможным	[dʲˈelətʲ vɐzˈmoʐnɨm]
ermorden	убивать	[ʊbʲɪˈvatʲ]
ermuntern	поощрять	[pɐɐɕːˈrʲætʲ]
ermutigen	ободрять	[ɐbɐˈdrʲætʲ]
ernähren	кормить	[kɐrˈmʲitʲ]
ernennen	назначать	[nəznɐˈt͡ɕætʲ]
erneuern	обновлять	[ɐbnɐˈvlʲætʲ]
ernten	собирать урожай	[səbʲɪˈratʲ ʊrɐˈʐaj]
eröffnen	открывать	[ɐtkrɨˈvatʲ]
erpressen	шантажировать	[ʂəntɐˈʐɨrəvətʲ]
erregen	возбуждать	[vəzbʊʐˈdatʲ]
erreichen	достигать	[dəsʲtʲɪˈgatʲ]
erscheinen	появляться	[pəɪˈvlʲat͡sːə]
erschrecken	испугать	[ɪspʊˈgatʲ]
erschüttern	потрясти	[pətrʲɪsʲˈtʲi]
erschweren	осложнять	[ɐslɐʐˈnʲætʲ]
ersetzen	заменять	[zəmʲɪˈnʲætʲ]
erstaunen	удивлять	[ʊdʲɪˈvlʲætʲ]
ersticken	задыхаться	[zədɨˈxat͡sːə]
ertappen	застигнуть	[zɐˈsʲtʲignʊtʲ]
ertragen	терпеть	[tʲɪrˈpʲetʲ]
ertrinken	тонуть	[tɐˈnutʲ]
erwähnen	упоминать	[ʊpəmʲɪˈnatʲ]
erwarten	ожидать	[ɐzʲɪˈdatʲ]
erwidern	отвечать	[ɐtvʲɪˈt͡ɕætʲ]
erwürgen	задушить	[zədʊˈʂɨtʲ]
erzählen	рассказывать	[rɐˈskazɨvətʲ]
erzeugen	производить	[prəɪzvɐˈdʲitʲ]
erziehen	воспитывать	[vɐˈspʲitɨvətʲ]
erzwingen	вынуждать	[vɨnʊʐˈdatʲ]
essen	есть	[jesʲtʲ]
existieren	существовать	[sʊɕːɪstvɐˈvatʲ]
explodieren	взрываться	[vzrɨˈvat͡sːə]

F

fahren	ехать [ˈjexətʲ]
fallen	падать [pˈadətʲ]
fälschen	подделывать [pɐˈdʲːelɨvətʲ]
falten	складывать [ˈskladɨvətʲ]
fangen	ловить [lɐˈvʲitʲ]
färben	красить [ˈkrasʲitʲ]
fassen	хватать [xvɐˈtatʲ]
fasten	соблюдать пост [səblʲʊˈdatʲ post]
faszinieren	очаровывать [ɐt͡ɕɪˈrovɨvətʲ]
faulen	гнить [gnʲitʲ]
faulenzen	лентяйничать [lʲɪnʲˈtʲæjnʲɪt͡ɕətʲ]
fechten	фехтовать [fʲɪxtɐˈvatʲ]
fegen	подметать [pədmʲɪˈtatʲ]
fehlen	не хватать [nʲɪ xvɐˈtatʲ]
feiern	праздновать [ˈpraznəvətʲ]
feilen	отшлифовать [ɐtʂlʲɪfɐˈvatʲ]
fernsehen	смотреть телевизор [smɐˈtrʲetʲ tʲɪlʲɪˈvʲizər]
fernsteuern	управлять на расстоянии [ʊprɐˈvlʲætʲ nə rəsːtɐˈjænʲɪɪ]
fertigmachen	доделать [dɐˈdʲelətʲ]
fesseln	связывать [ˈsvʲazɨvətʲ]
festhalten	удерживать [ʊdʲˈerʐɨvətʲ]
festnehmen	арестовать [ɐrʲɪstɐˈvatʲ]
feststehen	быть бесспорным [bɨtʲ bʲɪsːˈpornɨm]
feststellen	устанавливать [ʊstɐˈnavlʲɪvətʲ]
filmen	снимать [sʲnʲɪmˈatʲ]
filtern	фильтровать [fʲilʲtrɐˈvatʲ]
finanzieren	финансировать [fʲɪnɐnˈsʲirəvətʲ]
finden	находить [nəxɐˈdʲitʲ]
flehen	умолять [ʊmɐˈlʲætʲ]
flicken	латать [lɐˈtatʲ]
fliegen	летать [lʲɪˈtatʲ]
fliehen	убегать [ʊbʲɪˈgatʲ]
fließen	течь [tʲet͡ɕ]
flimmern	мерцать [mʲɪrˈt͡satʲ]
flirten	флиртовать [flʲɪrtɐˈvatʲ]
fluchen	ругаться [rʊˈgat͡sːə]
flüchten	убегать [ʊbʲɪˈgatʲ]
flüstern	говорить шёпотом [gəvɐˈrʲitʲ ˈʂopətəm]
föhnen	сушить феном [sʊˈʂɨtʲ ˈfʲenəm]
folgen	следовать [ˈslʲedəvətʲ]
folgern	делать вывод [dʲˈelətʲ ˈvɨvət]
foltern	пытать [pɨˈtatʲ]
fordern	требовать [ˈtrʲebəvətʲ]
fördern	способствовать [spɐˈsopstvəvətʲ]
formulieren	формулировать [fərmʊˈlʲirəvətʲ]
forschen	исследовать [ɪsːˈlʲedəvətʲ]
fortbilden, sich	повышать свою квалификацию [pəvɨˈʂatʲ svɐˈju kvəlʲɪfʲɪˈkat͡sɨjʊ]
fortfahren	продолжать [prədɐlˈʐatʲ]
fortsetzen	продолжать [prədɐlˈʐatʲ]
fotografieren	фотографировать [fətəgrɐˈfʲirəvətʲ]

fragen	спрашивать [sprʲˈaʂɨvətʲ]
frankieren	наклеивать почтовую марку [nɐˈklʲeɪvətʲ pɐt͡ɕˈtovʊjʊ ˈmarkʊ]
freigeben	снимать запрет [sʲnʲɪmˈatʲ zɐˈprʲet]
freihaben	быть свободным [bɨtʲ svɐˈbodnɨm]
freilassen	освобождать [ɐsvəbɐʐˈdatʲ]
freisprechen	признавать невиновным [prʲɪznɐˈvatʲ nʲɪvʲɪˈnovnɨm]
fremdgehen	изменять [ɪzmʲɪˈnʲætʲ]
fressen	жрать [ʐratʲ]
freuen, sich	радоваться [ˈradəvət͡sə]
frieren	мёрзнуть [ˈmʲɵrznʊtʲ]
frühstücken	завтракать [ˈzaftrəkətʲ]
frustrieren	расстраивать [rɐsːˈtraɪvətʲ]
fühlen	чувствовать [ˈt͡ɕustvəvətʲ]
führen	вести [vʲɪˈsʲtʲi]
füllen	наполнять [nəpɐlˈnʲætʲ]
funktionieren	функционировать [fʊnkt͡sɨɐˈnʲirəvətʲ]
fürchten, sich	бояться [bɐˈjat͡sːə]

G

gähnen	зевать [zʲɪˈvatʲ]
garantieren	гарантировать [gərɐnʲˈtʲirəvətʲ]
geben	давать [dɐˈvatʲ]
gefährden	подвергать опасности [pədvʲɪrˈgatʲ ɐˈpasnəsʲtʲɪ]
gefallen	нравиться [ˈnravʲɪt͡sə]
gehen	идти [ɪˈtʲːi]
gehorchen	слушаться [ˈsluʂət͡sə]
gehören	принадлежать [prʲɪnədlʲɪˈʐatʲ]
gelangen	достигать [dəsʲtʲɪˈgatʲ]
gelingen	удаваться [ʊdɐˈvat͡sːə]
gelten	быть действительным [bɨtʲ dʲɪjstˈvʲitʲɪlʲnɨm]
genehmigen	разрешать [rəzrʲɪˈʂatʲ]
genesen	выздоравливать [vɨzdɐˈravlʲɪvətʲ]
genieren, sich	стесняться [sʲtʲɪsʲˈnʲat͡sːə]
genießen	наслаждаться [nəslɐʐˈdat͡sːə]
genügen	быть достаточным [bɨtʲ dɐˈstatət͡ɕnɨm]
geschehen	происходить [prəɪsxɐdʲˈitʲ]
gestatten	разрешать [rəzrʲɪˈʂatʲ]
gestehen	признаваться [prʲɪznɐˈvat͡sːə]
gestikulieren	жестикулировать [ʐɨsʲtʲɪkʊˈlʲirəvətʲ]
gewinnen	выигрывать [vɨˈigrɨvətʲ]
gewittern	разразилась гроза [rəzrɐˈzʲiləsʲ grɐˈza]
gewöhnen, sich	привыкать [prʲɪvɨˈkatʲ]
***gießen** Blumen*	поливать [pəlʲɪˈvatʲ]

glänzen	блестеть [blʲɪˈʂʲtʲetʲ]
glätten	разглаживать [rəzˈglaʐɪvətʲ]
glauben	верить [ˈvʲerʲɪtʲ]
gleichen	быть похожим [bɨtʲ pɐxˈoʐɨm]
gleiten	скользить [skɐlʲˈzʲitʲ]
gliedern	разделять [rəzʲdʲɪˈlʲætʲ]
glitzern	блестеть [blʲɪˈsʲtʲetʲ]
glühen	пылать [pɨˈlatʲ]
gönnen	искренне желать [ˈiskrʲɪnʲːe ʐɨˈlatʲ]
graben	копать [kɐˈpatʲ]
gratulieren	поздравлять [pəzdrɐˈvlʲætʲ]
greifen	хватать [xvɐˈtatʲ]
grenzen	граничить [grɐˈnʲit͡ɕɪtʲ]
grillen	жарить на гриле [ˈʐarʲɪtʲ nə ˈgrʲilʲe]
grinsen	ухмыляться [ʊxmɨˈlʲat͡sːə]
grübeln	раздумывать [rɐzˈdumɨvətʲ]
gründen	основывать [ɐsˈnovɨvətʲ]
grunzen	хрюкать [ˈxrʲukətʲ]
gruseln	страшиться [strɐˈʂɨt͡sːə]
grüßen	приветствовать [prʲɪˈvʲet͡stvəvətʲ]
gucken	смотреть [smɐˈtrʲetʲ]
gurgeln	полоскать горло [pəlɐˈskatʲ ˈgorlə]
gutmachen	исправлять [ɪsprɐˈvlʲætʲ]

H

haaren	вылезать [vɨlʲɪˈzatʲ]
haben	иметь [ɪˈmʲetʲ]
hacken	колоть [kɐˈlotʲ]
hadern	роптать на [rɐpˈtatʲ nə]
hageln	идёт град [ɪˈdʲɵt grat]
häkeln	вязать крючком [vʲɪˈzatʲ krʲʉt͡ɕˈkom]
halbieren	делить пополам [dʲɪˈlʲitʲ pəpɐˈlam]
halten	держать [dʲɪrˈʐatʲ]
hämmern	забивать молотком [zəbʲɪˈvatʲ məlɐtˈkom]
handeln	действовать [dʲˈejstvəvətʲ]
handhaben	пользоваться [ˈpolʲzəvət͡sə]
hängen	висеть [vʲɪˈsʲetʲ]
harmonieren	гармонировать [gərmɐˈnʲirəvətʲ]
hassen	ненавидеть [nʲɪnɐˈvʲidʲɪtʲ]
hauen	ударять [ʊdɐˈrʲætʲ]
heben	поднимать [pədʲnʲɪˈmatʲ]
hecheln	часто дышать [ˈt͡ɕastə dɨˈʂatʲ]
heften	прикреплять [prʲɪkrʲɪˈplʲætʲ]
hegen	оберегать [ɐbʲɪrʲɪˈgatʲ]
heilen	лечить [lʲɪˈt͡ɕitʲ]
heimfahren	ехать домой [ˈjexətʲ dɐˈmoj]
heimzahlen	отомстить [ɐtɐmˈsʲtʲitʲ]
heiraten	жениться, выходить замуж [ʐɨˈnʲit͡sːə, vɨxɐˈdʲitʲ ˈzamʊʂ]
heißen	называться [nəzɨˈvat͡sːə]
heizen	топить [tɐˈpʲitʲ]

helfen	помогать [pəmɐˈgatʲ]
herausfordern	вызывать на [vɨzɨˈvatʲ nə]
herrschen	властвовать [ˈvlastvəvətʲ]
hervorrufen	вызывать [vɨzɨˈvatʲ]
hetzen	спешить [spʲɪˈʂɨtʲ]
heucheln	лицемерить [lʲɪt͡sɨˈmʲerʲitʲ]
heulen *Mensch*	рыдать [rɨˈdatʲ]
hinken	хромать [xrɐˈmatʲ]
hinrichten	казнить [kɐzʲˈnʲitʲ]
hinterfragen	задаваться вопросом [zədɐˈvat͡sːə vɐˈprosəm]
hinweisen	указывать [ʊˈkazɨvətʲ]
hinzufügen	дополнять [dəpɐlʲˈnʲætʲ]
hobeln	шинковать [ʂɨnkɐˈvatʲ]
hocken	сидеть на корточках [sʲɪˈdʲetʲ nə ˈkortət͡ɕkəx]
hoffen	надеяться [nɐˈdʲeɪt͡sə]
holen	приносить [prʲɪnɐˈsʲitʲ]
hören	слышать [ˈslɨʂətʲ]
humpeln	прихрамывать [prʲɪˈxramɨvətʲ]
hungern	голодать [gəlɐˈdatʲ]
hupen	сигналить [sʲɪgˈnalʲɪtʲ]
hüpfen	скакать [skɐˈkatʲ]
husten	кашлять [ˈkaʂlʲɪtʲ]
hüten	охранять [ɐxrɐˈnʲætʲ]
hypnotisieren	гипнотизировать [gɪpnɐtʲiˈzirəvətʲ]

I

identifizieren	идентифицировать [ɪdɨnʲtʲɪfʲɪˈt͡sɨrəvətʲ]
ignorieren	игнорировать [ɪgnɐˈrʲirəvətʲ]
impfen	делать прививку [dʲˈelətʲ prʲɪˈvʲifkʊ]
infizieren	заражать [zərɐˈʐatʲ]
informieren	информировать [ɪnfɐrˈmʲirəvətʲ]
innehaben	занимать [zənʲɪˈmatʲ]
inspirieren	вдохновлять [vdəxnɐˈvlʲætʲ]
installieren	устанавливать [ʊstɐˈnavlʲɪvətʲ]
integrieren	интегрировать [ɪntɨˈgrʲirəvətʲ]
interessieren	интересовать [ɪnʲtʲɪrʲɪsɐˈvatʲ]
interpretieren	интерпретировать [ɪntɨrprʲɪˈtʲirəvətʲ]
interviewen	брать интервью [bratʲ ɪntɨrˈvʲju]
investieren	инвестировать [ɪnvʲɪˈsʲtʲirəvətʲ]
irreführen	вводить в заблуждение [vːɐˈdʲitʲ v zəblʊʐˈdʲenʲɪje]
irren	ошибаться [ɐʂɨˈbat͡sːə]
irritieren	сбивать с толку [zbʲɪˈvatʲ s ˈtolkʊ]
isolieren	изолировать [ɪzɐˈlʲirəvətʲ]

J

jagen	охотиться [ɐˈxotʲɪtsə]
jammern	жаловаться [ˈʐaləvət͡sə]
joggen	совершать пробежку [səvʲɪrˈʂatʲ prɐˈbʲeʂkʊ]
jubeln	ликовать [lʲɪkɐˈvatʲ]
jucken	чесаться [t͡ɕɪˈsat͡sːə]

K

kämmen	причёсывать [prʲɪˈt͡ɕɵsɨvətʲ]
kämpfen	бороться [bɐˈrot͡sːə]
kapitulieren	сдаваться [zdɐˈvat͡sːə]
kaputtgehen	ломаться [lɐˈmat͡sːə]
kassieren	получать деньги [pəlʊˈt͡ɕætʲ ˈdʲenʲɡʲɪ]
kauen	жевать [ʐɨˈvatʲ]
kauern	сидеть на корточках [sʲɪˈdʲetʲ nə ˈkortət͡ɕkəx]
kaufen	покупать [pəkʊˈpatʲ]
kehren *Fußboden*	подметать [pədmʲɪˈtatʲ]
kehrtmachen	поворачивать обратно [pəvɐˈrat͡ɕɪvətʲ ɐˈbratnə]
kennen	знать [znatʲ]
kennzeichnen	отмечать [ɐtmʲɪˈt͡ɕætʲ]
keuchen	тяжело дышать [tʲɪʐɨˈlo dɨˈʂatʲ]
kichern	хихикать [xʲɪˈxʲikətʲ]
kidnappen	похищать [pəxʲɪˈɕːætʲ]
kitzeln	щекотать [ɕːɪkɐˈtatʲ]
klaffen	зиять [zʲɪˈjætʲ]
klagen	жаловаться [ˈʐaləvət͡sə]
klammern *Papier*	скреплять [skrʲɪˈplʲætʲ]
klappen	получаться [pəlʊˈt͡ɕat͡sːə]
klappern	греметь [ɡrʲɪˈmʲetʲ]
klären	выяснять [vɨjɪsˈnʲætʲ]
klargehen	быть в порядке [bɨtʲ f pɐˈrʲatkʲe]
klarkommen	справляться [sprɐˈvlʲat͡sːə]
klatschen	аплодировать [ɐplɐˈdʲirəvətʲ]
kleben	клеить [ˈklʲeɪtʲ]
kleckern	пачкать [ˈpat͡ɕkətʲ]
klettern	карабкаться [kɐˈrapkət͡sə]
klicken	щёлкнуть мышкой [ˈɕːɵlknʊtʲ ˈmɨʂkəj]
klingeln	звонить [zvɐˈnʲitʲ]
klingen	звучать [zvʊˈt͡ɕætʲ]
klopfen	стучать [stʊˈt͡ɕætʲ]
knabbern	грызть [ɡrɨsʲtʲ]
knacken	щёлкать [ˈɕːɵlkətʲ]
knallen	трещать [trʲɪˈɕːætʲ]
kneifen	щипать [ɕːɪˈpatʲ]
kneten *Teig*	месить [mʲɪˈsʲitʲ]
knicken	сгибать [zɡʲɪˈbatʲ]
knien	стоять на коленях [stɐˈjætʲ nə kɐˈlʲenʲəx]
knirschen	скрежетать [skrʲɪʐɨˈtatʲ]
knistern	шуршать [ʂʊrˈʂatʲ]
knittern	мять [mʲætʲ]
knöpfen	застёгивать на пуговицы [zɐˈsʲtʲɵɡʲɪvətʲ nə ˈpuɡəvʲɪt͡sɨ]
knurren	рычать [rɨˈt͡ɕætʲ]

kochen	готовить [gɐˈtovʲɪtʲ]
kombinieren	комбинировать [kəmbʲɪˈnʲirəvətʲ]
kommen	приходить [prʲɪxɐˈdʲitʲ]
kommentieren	комментировать [kəmʲɪnʲˈtʲirəvətʲ]
können	мочь [mot͡ɕ]
konstruieren	строить [ˈstroɪtʲ]
konsumieren	потреблять [pətrʲɪˈblʲætʲ]
kontrollieren	контролировать [kəntrɐˈlʲirəvətʲ]
konzentrieren, sich	концентрироваться [kənt͡sɨnˈtrʲirəvət͡sə]
kooperieren	сотрудничать [sɐˈtrudʲnʲɪt͡ɕɪtʲ]
koordinieren	координировать [kɐɐrdʲɪˈnʲirəvətʲ]
kopieren	копировать [kɐˈpʲirəvətʲ]
korrigieren	исправлять [ɪsprɐˈvlʲætʲ]
kosten	стоить [ˈstoɪtʲ]
krabbeln	ползать [ˈpolzətʲ]
krankmelden	брать больничный [bratʲ bɐlʲˈnʲit͡ɕnɨj]
kratzen	чесаться [t͡ɕɪˈsat͡sːə]
kraulen	гладить [ˈgladʲɪtʲ]
kräuseln	виться [ˈvʲit͡sːə]
kreisen	кружиться [krʊˈʐɨt͡sːə]
kreuzen	пересекать [pʲɪrʲɪsʲɪˈkatʲ]
kribbeln	чесаться [t͡ɕɪˈsat͡sːə]
kriechen	ползать [ˈpolzətʲ]
kriegen	получать [pəlʊˈt͡ɕætʲ]
kritisieren	критиковать [krʲɪtʲɪkɐˈvatʲ]
krümeln	крошить [krɐˈʂitʲ]
krümmen	сгибать [zgʲɪˈbatʲ]
kühlen	охлаждать [ɐxlɐʑˈdatʲ]
kümmern, sich	заботиться [zɐˈbotʲɪt͡sə]
kündigen *Vertrag*	расторгать [rəstɐrˈgatʲ]
kürzen	сокращать [səkrɐˈɕːætʲ]
kuscheln	прижимать к себе [prʲɪʐɨˈmatʲ k sʲɪˈbʲe]
küssen	целовать [t͡sɨlɐˈvatʲ]

L

lächeln	улыбаться [ʊlɨˈbat͡sːə]
lachen	смеяться [smʲɪˈjat͡sːə]
laden	грузить [grʊˈzʲitʲ]
lagern	храниться [xrɐˈnʲit͡sːə]
lähmen	парализовать [pərəlʲɪzɐˈvatʲ]
lahmlegen	останавливать [ɐstɐˈnavlʲɪvətʲ]
landen *Flugzeug*	приземляться [prʲɪzʲɪˈmlʲat͡sːə]
langweilen, sich	скучать [skʊˈt͡ɕætʲ]
lassen	оставлять [ɐstɐˈvlʲætʲ]
lästern	сплетничать [ˈsplʲetʲnʲɪt͡ɕɪtʲ]
lauern	подстерегать [pət͡sʲsʲtʲɪrʲɪˈgatʲ]
laufen	бежать [bʲɪˈʐatʲ]
läuten	звонить [zvɐˈnʲitʲ]
leben	жить [ʐɨtʲ]
lecken	лизать [lʲɪˈzatʲ]
leeren	опорожнять [ɐpərɐˈʐnʲætʲ]
legen	класть [klˈasʲtʲ]
lehnen	прислонять [prʲɪslɐˈnʲætʲ]
lehren	обучать [ɐbʊˈt͡ɕætʲ]
leiden	страдать [strɐˈdatʲ]
leihen	одалживать [ɐˈdalʐɨvətʲ]
leisten	совершать [səvʲɪrˈʂatʲ]
leiten	руководить [rʊkəvɐˈdʲitʲ]
lenken	управлять [ʊprɐˈvlʲætʲ]
lernen	учиться [ʊˈt͡ɕit͡sːə]
lesen	читать [t͡ɕɪˈtatʲ]
leugnen	отрицать [ɐtrʲɪˈt͡satʲ]
lieben	любить [lʲʉˈbʲitʲ]
liebkosen	ласкать [lɐˈskatʲ]
liefern	доставлять [dəstɐˈvlʲætʲ]
liegen	лежать [lʲɪˈʐatʲ]
lispeln	шепелявить [ʂɨpʲɪˈlʲævʲɪtʲ]
loben	хвалить [xvɐˈlʲitʲ]
locken	заманивать [zɐˈmanʲɪvətʲ]
lockern	ослаблять [ɐslɐˈblʲætʲ]
löffeln	есть ложкой [jesʲtʲ ˈloʂkəj]
lohnen, sich	стоить [ˈstoɪtʲ]
löschen	стирать [sʲtʲɪˈratʲ]
lösen *Problem*	решать [rʲɪˈʂatʲ]
losfahren	отправляться [ɐtprɐˈvlʲat͡sːə]
loswerden	отделываться [ɐˈdʲːelɨvət͡sə]
lüften	проветривать [prɐˈvʲetrʲɪvətʲ]
lügen	лгать [lgatʲ]
lutschen	сосать [sɐˈsatʲ]

M

machen	делать [dʲˈeləṭʲ]
mahnen	предупреждать [prʲɪduprʲɪẓˈdatʲ]
mailen	писать e-mail [pʲɪˈsatʲ iːmeɪl]
malen	рисовать [rʲɪsɐˈvatʲ]
manipulieren	манипулировать [mənʲɪpʊˈlʲirəvətʲ]
markieren	отмечать [ɐtmʲɪˈt͡ɕætʲ]
massieren	делать массаж [dʲˈelətʲ mɐˈsaʂ]
meditieren	медитировать [mʲɪdʲɪˈtʲirəvətʲ]
meiden	избегать [ɪzbʲɪˈgatʲ]
meinen	полагать [pəlɐˈgatʲ]
meistern	справляться [sprɐˈvlʲat͡sːə]
melden	сообщать [sɐɐpˈɕːætʲ]
merken	замечать [zəmʲɪˈt͡ɕætʲ]
messen	измерять [ɪzmʲɪˈrʲætʲ]
miauen	мяукать [mʲɪˈukətʲ]
mieten	брать напрокат [bratʲ nəprɐˈkat]
mindern	уменьшать [ʊmʲɪnʲˈʂatʲ]
mischen	смешивать [ˈsmʲeʂɨvətʲ]
missachten	игнорировать [ɪgnɐˈrʲirəvətʲ]
missbilligen	не одобрять [nʲɪ ɐdɐˈbrʲætʲ]
missbrauchen	злоупотреблять [zləʊpətrʲɪˈblʲætʲ]
missen	обходиться [ɐpxɐˈdʲit͡sːə]
missfallen	не нравиться [nʲɪ ˈnravʲɪt͡sə]
missglücken	не получаться [nʲɪ pəlʊˈt͡ɕat͡sːə]
misshandeln	жестоко обращаться [ʐɨˈstokə ɐbrɐˈɕːat͡sːə]
misslingen	не получаться [nʲɪ pəlʊˈt͡ɕat͡sːə]
misstrauen	не доверять [nʲɪ dəvʲɪˈrʲætʲ]
missverstehen	неправильно понимать [nʲɪˈpravʲɪlʲnə pənʲɪˈmatʲ]
mitbekommen	услышать [ʊsˈlɨʂətʲ]
mitfahren	ехать вместе [ˈjexətʲ ˈvmʲesʲtʲe]
mitfühlen	сочувствовать [sɐˈt͡ɕustvəvətʲ]
mitmachen	принимать участие [prʲɪnʲɪˈmatʲ ʊˈt͡ɕæsʲtʲɪje]
mitteilen	сообщать [sɐɐpˈɕːætʲ]
mixen	смешивать [ˈsmʲeʂɨvətʲ]
mögen	нравиться [ˈnravʲɪt͡sə]
morden	убивать [ʊbʲɪˈvatʲ]
motivieren	мотивировать [mətʲɪˈvʲirəvətʲ]
multiplizieren	умножать [ʊmnɐˈʐatʲ]
murmeln	бормотать [bərmɐˈtatʲ]
müssen	быть должным [bɨtʲ ˈdolʐnɨm]
mutmaßen	предполагать [prʲɪtpəlɐˈgatʲ]

N

nachahmen	подражать [pədrɐˈʐatʲ]
nachdenken	обдумывать [ɐˈbdumɨvətʲ]
nachgeben	поддаваться [pədːɐˈvat͡sːə]
nachholen	нагонять [nəgɐˈnʲætʲ]
nachkommen	приходить позднее [prʲɪxɐˈdʲitʲ pɐzʲˈnʲeje]
nachtragen	не прощать [nʲɪ prɐˈɕːætʲ]
nagen	глодать [glɐˈdatʲ]
nahekommen	сблизиться [ˈzblʲizʲɪt͡sə]
nahen	приближаться [prʲɪblʲɪˈʐat͡sːə]
nähen	шить [ʂitʲ]
nähern	приближать [prʲɪblʲɪˈʐatʲ]
nahestehen	быть в близких отношениях [bɨtʲ f ˈblʲiskʲɪx ɐtnɐˈʂɛnʲɪjəx]
naschen	лакомиться [ˈlakəmɪt͡sə]
necken	подтрунивать [pɐtːˈrunʲɪvətʲ]
nehmen	брать [bratʲ]
neiden	завидовать [zɐˈvʲidəvətʲ]
neigen	иметь склонность [ɪˈmʲetʲ ˈsklonːəsʲtʲ]
nennen	называть [nəzɨˈvatʲ]
nerven	действовать на нервы [dʲˈejstvəvətʲ nə ˈnʲervɨ]
nicken	кивать [kʲɪˈvatʲ]
niederknien	опускаться на колени [ɐpʊˈskat͡sːə nə kɐˈlʲenʲɪ]
niederlassen *Firma*	открывать филиал [ɐtkrɨˈvatʲ fʲɪlʲɪˈal]
nieseln	моросить [mərɐˈsʲitʲ]
niesen	чихать [t͡ɕɪˈxatʲ]
nörgeln	ворчать [vɐrˈt͡ɕætʲ]
nummerieren	нумеровать [nʊmʲɪrɐˈvatʲ]
nuscheln	гнусавить [gnʊˈsavʲɪtʲ]

O

öffnen	открывать [ɐtkrʲiˈvatʲ]
ölen	смазывать маслом [ˈsmazɨvətʲ ˈmasləm]
operieren	оперировать [ɐpʲɪˈrʲirəvətʲ]
opfern	жертвовать [ˈʐɛrtvəvətʲ]
ordnen	регулировать [rʲɪgʊˈlʲirəvətʲ]
organisieren	организовывать [ɐrgənʲɪˈzovɨvətʲ]
orientieren, sich	ориентироваться [ɐrʲɪjɪnʲˈtʲirəvət͡sə]

P

packen	упаковывать [ʊpɐˈkovɨvətʲ]
paddeln	грести [grʲɪˈsʲtʲi]
parken	парковаться [pərkɐˈvat͡sːə]
passen	подходить [pətxɐˈdʲitʲ]
passieren	случаться [slʊˈt͡ɕat͡sːə]
petzen	ябедничать [ˈjæbʲɪdnʲɪt͡ɕətʲ]
pfeffern	перчить [ˈpert͡ɕɪtʲ]
pfeifen	свистеть [svʲɪˈsʲtʲetʲ]
pflanzen	сажать [sɐˈʐatʲ]
pflegen	ухаживать [ʊˈxaʐɨvətʲ]
pflücken	срывать [srɨˈvatʲ]
picknicken	устраивать пикник [ʊˈstraɪvətʲ pʲɪkˈnʲik]
piepen	пищать [pʲɪˈɕːætʲ]
piepsen	пищать [pʲɪˈɕːætʲ]
plagen	терзать [tʲɪrˈzatʲ]
planen	составлять план [səstɐˈvlʲætʲ plan]
planschen	плескаться [plʲɪˈskat͡sːə]
plappern	трещать [trʲɪˈɕːætʲ]
platzen	лопнуть [ˈlopnʊtʲ]
platzieren	размещать [rəzmʲɪˈɕːætʲ]
plaudern	болтать [bɐlˈtatʲ]
pleitegehen	разориться [rəzɐˈrʲit͡sːə]
pokern	играть в покер [ɪˈgratʲ f ˈpokʲɪr]
posieren	позировать [pɐˈzʲirəvətʲ]
prägen	чеканить [t͡ɕɪˈkanʲɪtʲ]
prahlen	хвастаться [ˈxvastət͡sə]
prallen	столкнуться [stɐlkˈnut͡sːə]

präsentieren	демонстрировать [dʲɪmɐnˈstrʲirəvətʲ]
pressen	сжимать [zːɨˈmatʲ]
probieren	пробовать [ˈprobəvətʲ]
protestieren	протестовать [prətʲɪstɐˈvatʲ]
provozieren	провоцировать [prəvɐˈt͡sɨrəvətʲ]
prüfen	проверять [prəvʲɪˈrʲætʲ]
prügeln	бить [bʲitʲ]
pupsen	пукать [ˈpukətʲ]
pusten	дуть [dutʲ]
putzen	чистить [ˈt͡ɕisʲtʲɪtʲ]

Q

quaken	квакать [ˈkvakətʲ]
quälen	мучить [ˈmut͡ɕɪtʲ]
qualmen	дымить [dɨˈmʲitʲ]
quengeln	ныть [nɨtʲ]
quieken	пищать [pʲɪˈɕːætʲ]
quietschen	повизгивать [pɐˈvʲizgʲɪvətʲ]

R

rächen	мстить [msʲtʲitʲ]
radeln	ехать на велосипеде [ˈjexətʲ nə vʲɪləsʲɪˈpʲedʲe]
rascheln	шуршать [ʂʊrˈʂatʲ]
rasen	нестись [nʲɪˈsʲtʲisʲ]
rasieren	брить [brʲitʲ]
rasseln	греметь [grʲɪˈmʲetʲ]
raten	советовать [sɐˈvʲetəvətʲ]
rätseln	гадать [gɐˈdatʲ]
rattern	трещать [trʲɪˈɕːætʲ]
rauben	грабить [ˈgrabʲɪtʲ]
rauchen	курить [kʊˈrʲitʲ]
rauschen	шелестеть [ʂɨlʲɪˈsʲtʲetʲ]
räuspern	откашливаться [ɐtˈkaʂlʲɪvət͡sə]
rausschmeißen	выбрасывать [vɨˈbrasɨvətʲ]
reagieren	реагировать [rʲɪɐˈgʲirəvətʲ]
realisieren	осуществлять [ɐsʊɕːɪstˈvlʲætʲ]
rebellieren	бунтовать [bʊntɐˈvatʲ]
rechnen	считать [ɕːɪˈtatʲ]
rechtfertigen	оправдывать [ɐˈpravdɨvətʲ]
recyceln	перерабатывать [pʲɪrʲɪrɐˈbatɨvətʲ]
reden	говорить [gəvɐˈrʲitʲ]
regeln	регулировать [rʲɪgʊˈlʲirəvətʲ]
regen, sich	шевелиться [ʂɨvʲɪˈlʲit͡sːə]
regieren	править [ˈpravʲɪtʲ]
registrieren	регистрировать [rʲɪgʲɪˈstrʲirəvətʲ]
regnen	идёт дождь [ɪˈdʲɵt doʂtʲ]

reiben	тереть	[tʲɪˈrʲetʲ]
reichen	протягивать	[prɐˈtʲægʲɪvətʲ]
reimen	рифмовать	[rʲifmɐˈvatʲ]
reinigen	чистить	[ˈt͡ɕisʲtʲɪtʲ]
reinlegen	обманывать	[ɐˈbmanɨvətʲ]
reisen	путешествовать	[pʊtʲɪˈʂɛstvəvətʲ]
reißen	рвать	[rvatʲ]
reiten	ездить верхом	[ˈjezʲdʲɪtʲ vʲɪrˈxom]
reizen	прельщать	[prʲɪlʲˈɕːætʲ]
rekeln	потягиваться	[pɐˈtʲægʲɪvət͡sə]
rennen	бежать	[bʲɪˈʐatʲ]
renovieren	ремонтировать	[rʲɪmɐnʲˈtʲirəvətʲ]
reparieren	чинить	[t͡ɕɪˈnʲitʲ]
reservieren	бронировать	[brɐˈnʲirəvətʲ]
respektieren	уважать	[ʊvɐˈʐatʲ]
retten	спасать	[spɐˈsatʲ]
revanchieren, sich	отплатить	[ɐtplɐˈtʲitʲ]
richtigstellen	уточнять	[ʊtɐt͡ɕˈnʲætʲ]
riechen	пахнуть	[ˈpaxnʊtʲ]
riskieren	рисковать	[rʲɪskɐˈvatʲ]
rollen	катить	[kɐˈtʲitʲ]
röntgen	делать рентген	[dʲˈelətʲ rʲɪnˈgʲen]
rosten	ржаветь	[rʐɐˈvʲetʲ]
rubbeln	тереть	[tʲɪˈrʲetʲ]
rückerstatten	возмещать	[vəzmʲɪˈɕːætʲ]
rudern	грести	[grʲɪˈsʲtʲi]
rufen	звать	[zvatʲ]
ruhen	отдыхать	[ɐdːɨˈxatʲ]
rühren	мешать	[mʲɪˈʂatʲ]
ruinieren	разорять	[rəzɐˈrʲætʲ]
rutschen	скользить	[skɐlʲˈzʲitʲ]
rütteln	трясти	[trʲɪˈsʲtʲi]

S

sagen	говорить [gəvɐˈrʲitʲ]
sägen	пилить [pʲɪˈlʲitʲ]
salzen	солить [sɐˈlʲitʲ]
sammeln	собирать [səbʲɪˈratʲ]
säubern	чистить [ˈt͡ɕisʲtʲɪtʲ]
saugen	сосать [sɐˈsatʲ]
schaden	вредить [vrʲɪˈdʲitʲ]
schaffen	создавать [səzdɐˈvatʲ]
schälen	чистить [ˈt͡ɕisʲtʲɪtʲ]
schalten	переключать [pʲɪrʲɪklʲʉˈt͡ɕætʲ]
schämen, sich	стыдиться [stɨˈdʲit͡sːə]
schätzen	предполагать [prʲɪtpəlɐˈgatʲ]
schauen	смотреть [smɐˈtrʲetʲ]
schaufeln	копать [kɐˈpatʲ]
schaukeln	качаться [kɐˈt͡ɕat͡sːə]
schäumen	пениться [ˈpenʲɪt͡sːə]
scheinen	казаться [kɐˈzat͡sːə]
scheitern	не удаваться [nʲɪ ʊdɐˈvat͡sːə]
schenken	дарить [dɐˈrʲitʲ]
scherzen	шутить [ʂʊˈtʲitʲ]
scheuchen	спугивать [ˈspugʲɪvətʲ]
scheuen	опасаться [ɐpɐˈsat͡sːə]
schicken	отправлять [ɐtprɐvlʲˈætʲ]
schieben	толкать [tɐlˈkatʲ]
schiefgehen	сорваться [sɐrˈvat͡sːə]
schielen	косить [kɐˈsʲitʲ]
schießen	стрелять [strʲɪˈlʲætʲ]
schildern	описывать [ɐˈpʲisɨvətʲ]
schimmeln	плесневеть [plʲɪsnʲɪˈvetʲ]

schimpfen	ругать [rʊˈgatʲ]
schlafen	спать [spatʲ]
schlagen	бить [bʲitʲ]
schlecken	лакать [lɐˈkatʲ]
schleichen	красться [ˈkrast͡sə]
schleppen	тащить [tɐˈɕːitʲ]
schließen	закрывать [zəkrɨˈvatʲ]
schluchzen	всхлипывать [ˈfsxlʲipɨvətʲ]
schlucken	глотать [glɐˈtatʲ]
schlüpfen	шмыгнуть [ʂmɨgˈnutʲ]
schmarotzen	жить на чужой счёт [ʐɨtʲ nə t͡ɕʊˈʐoj ɕːɵt]
schmatzen	чавкать [ˈt͡ɕafkətʲ]
schmecken	иметь вкус [ɪˈmʲetʲ fkus]
schmeißen	кидать [kʲɪˈdatʲ]
schmelzen	таять [ˈtajɪtʲ]
schmerzen	болеть [bɐˈlʲetʲ]
schminken	делать макияж [dʲˈelətʲ məkʲɪˈjaʂ]
schmollen	дуться [ˈdut͡sːə]
schmücken	украшать [ʊkrɐˈʂatʲ]
schmunzeln	улыбаться [ʊlɨˈbat͡sːə]
schnarchen	храпеть [xrɐˈpʲetʲ]
schnauben	сопеть [sɐˈpʲetʲ]
schnaufen	тяжело дышать [tʲɪʐɨˈlo dɨˈʂatʲ]
schneiden	резать [ˈrʲezətʲ]
schneien	идёт снег [ɪˈdʲɵt sʲnʲek]
schnurren *Katze*	мурлыкать [mʊrˈlɨkətʲ]
schocken	шокировать [ʂɐˈkʲirəvətʲ]

schockieren	шокировать	[ʂɐˈkʲirəvətʲ]
schonen	щадить	[ɕːɪˈdʲitʲ]
schrauben	завинчивать	[zaˈvʲinʲt͡ɕɪvətʲ]
schreiben	писать	[pʲɪˈsatʲ]
schreien	кричать	[krʲɪˈt͡ɕætʲ]
schubsen	толкать	[tɐlˈkatʲ]
schummeln	мухлевать	[mʊxlʲɪˈvatʲ]
schütteln	трясти	[trʲɪˈsʲtʲi]
schütten	сыпать	[ˈsɨpətʲ]
schützen	защищать	[zəɕːɪˈɕːætʲ]
schwächen	ослаблять	[ɐslɐˈblʲætʲ]
schwanken	качаться	[kɐˈt͡ɕat͡sːə]
schwänzen	прогуливать	[prɐˈgulʲɪvətʲ]
schwärmen	мечтать о	[mʲɪt͡ɕˈtatʲ ə]
schwarzfahren	ездить без билета	[ˈjezʲdʲɪtʲ bʲɪs bʲɪˈlʲetə]
schweben	парить	[ˈparʲɪtʲ]
schweigen	молчать	[mɐlˈt͡ɕætʲ]
schwerfallen	даваться с трудом	[dɐˈvat͡sːə s trʊˈdom]
schwimmen	плавать	[ˈplavətʲ]
schwindeln	мошенничать	[mɐˈʂɛnʲːɪt͡ɕətʲ]
schwingen	размахивать	[rɐzˈmaxʲɪvətʲ]
schwirren	жужжать	[ʐʊˈʑːætʲ]
schwitzen	потеть	[pɐˈtʲetʲ]
schwören	клясться	[ˈklʲast͡sə]
segeln	плавать под парусом	[ˈplavətʲ pət ˈparʊsəm]
sehen	видеть	[ˈvʲidʲɪtʲ]
sehnen, sich	тосковать	[təskɐˈvatʲ]
sein	быть	[bɨtʲ]
senden	посылать	[pəsɨˈlatʲ]
senken	опускать	[ɐpʊˈskatʲ]
servieren	подавать	[pədɐˈvatʲ]
setzen, sich	садиться	[sɐˈdʲit͡sːə]
seufzen	вздыхать	[vzdɨˈxatʲ]
sichergehen	удостовериться	[ʊdəstɐˈvʲerʲɪt͡sə]
sichern	предохранять	[prʲɪdɐxrɐˈnʲætʲ]
sicherstellen	обеспечивать	[ɐbʲɪˈspʲet͡ɕɪvətʲ]
siegen	побеждать	[pəbʲɪʑˈdatʲ]
siezen	обращаться на вы	[ɐbrɐˈɕːat͡sːə nə vɨ]
simsen	отправлять смс	[ɐtprɐvlʲˈætʲ ɛs ɛm ˈɛs]
singen	петь	[pʲetʲ]
sinken	опускаться	[ɐpʊˈskat͡sːə]
sitzen	сидеть	[sʲɪˈdʲetʲ]
skaten	кататься на скейтборде	[kɐˈtat͡sːə nə skʲejdˈbordʲe]
sollen	быть должным	[bɨtʲ ˈdolʐnɨm]
sonnen, sich	загорать	[zəgɐˈratʲ]
sorgen, sich	беспокоиться	[bʲɪspɐˈkoɪt͡sə]
sortieren	сортировать	[sərtʲɪrɐˈvatʲ]
sparen	экономить	[ɨkɐˈnomʲɪtʲ]
spaßen	шутить	[ʂʊˈtʲitʲ]
spazieren	гулять	[gʊˈlʲætʲ]
speichern	сохранять	[səxrɐnʲˈætʲ]
speisen	есть	[jesʲtʲ]
spekulieren	спекулировать	[spʲɪkʊˈlʲirəvətʲ]

spenden	пожертвовать [pɐˈʐɛrtvəvətʲ]
sperren	запирать [zəpʲɪˈratʲ]
spiegeln, sich	отражаться [ɐtrɐˈʐat͡sːə]
spielen	играть [ɪˈgratʲ]
spinnen	быть не в своём уме [bɨtʲ nʲɪ f svɐˈjɵm ʊˈmʲe]
spitzen	точить [tɐˈt͡ɕitʲ]
spotten	насмехаться [nəsmʲɪˈxat͡sːə]
sprechen	говорить [gəvɐˈrʲitʲ]
spreizen	растопыривать [rəstɐˈpɨrʲɪvətʲ]
sprengen	взрывать [vzrɨˈvatʲ]
sprießen	всходить [fsxɐˈdʲitʲ]
springen	прыгать [ˈprɨgətʲ]
spritzen	делать укол [dʲelətʲ ʊˈkol]
sprudeln	бить ключом [bʲitʲ klʲʉˈt͡ɕɵm]
sprühen	брызгать [ˈbrɨzgətʲ]
spucken	плевать [plʲɪˈvatʲ]
spuken	водиться (привидения) [vɐˈdʲit͡sːə prʲɪvʲɪˈdʲenʲɪjə]
spülen	мыть посуду [mɨtʲ pɐsˈudʊ]
spüren	чувствовать [ˈt͡ɕustvəvətʲ]
stammen	происходить [prəɪsxɐdʲˈitʲ]
stapeln	складывать [ˈskladɨvətʲ]
stärken	укреплять [ʊkrʲɪˈplʲætʲ]
starren	уставиться [ʊˈstavʲɪt͡sə]
starten	стартовать [stərtɐˈvatʲ]
stattfinden	состояться [səstɐˈjat͡sːə]
staunen	удивляться [ʊdʲɪˈvlʲat͡sːə]
stechen	колоть [kɐˈlotʲ]
stecken	втыкать [ftɨˈkatʲ]
stehen	стоять [stɐˈjætʲ]
stehlen	воровать [vərɐˈvatʲ]
steigen	подниматься [pədʲnʲɪˈmat͡sːə]
steigern	увеличивать [ʊvʲɪˈlʲit͡ɕɪvətʲ]
stellen	ставить [stˈavʲɪtʲ]
sterben	умирать [ʊmʲɪˈratʲ]
steuern *Auto*	управлять [ʊprɐˈvlʲætʲ]
stieren	уставиться [ʊˈstavʲɪt͡sə]
stillen	кормить грудью [kɐrˈmʲitʲ ˈgrudʲjʊ]
stillhalten	вести себя спокойно [vʲɪˈsʲtʲi sʲɪˈbʲa spɐˈkojnə]
stillliegen	лежать спокойно [lʲɪˈʐatʲ spɐˈkojnə]
stimmen	быть верным [bɨtʲ ˈvʲernɨm]
stinken	вонять [vɐˈnʲætʲ]
stöbern	рыться [ˈrɨt͡sːə]
stocken	застревать [zəstrʲɪˈvatʲ]
stöhnen	стонать [stɐˈnatʲ]
stolpern	спотыкаться [spətɨˈkat͡sːə]
stoppen	останавливать [ɐstɐˈnavlʲɪvətʲ]
stören	мешать [mʲɪˈʂatʲ]
stoßen	толкать [tɐlˈkatʲ]
stottern	заикаться [zəɪˈkat͡sːə]
strafen	наказывать [nɐˈkazɨvətʲ]
straffen	подтягивать [pɐˈtʲːægʲɪvətʲ]
strahlen	сиять [sʲɪˈjætʲ]
strampeln	сучить ногами [sʊˈt͡ɕitʲ nɐˈgamʲɪ]
strapazieren	напрягаться [nəprʲɪˈgat͡sːə]
sträuben, sich	противиться [prɐˈtʲivʲɪt͡sə]

streben	стремиться	[strʲɪˈmʲit͡s:ə]
strecken	вытягивать	[vɨˈtʲægʲɪvətʲ]
streicheln	гладить	[ˈgladʲɪtʲ]
streichen	красить	[ˈkrasʲɪtʲ]
streifen	задевать	[zədʲɪˈvatʲ]
streiken	бастовать	[bəstɐˈvatʲ]
streiten	ссориться	[ˈs:orʲɪt͡sə]
streuen	посыпать	[pəsɨˈpatʲ]
stricken	вязать	[vʲɪˈzatʲ]
studieren	учиться	[ʊˈt͡ɕit͡s:ə]
stürmen	штормить	[ʂtərmʲitʲ]
stürzen	падать	[pˈadətʲ]
stutzen	запнуться	[zɐpˈnut͡s:ə]
stützen	поддерживать	[pɐdʲ:ˈerʐɨvətʲ]
subtrahieren	вычитать	[ˈvɨt͡ɕɪtətʲ]
suchen	искать	[ɪˈskatʲ]
summen	жужжать	[ʐʊˈʐ:ætʲ]
sündigen	грешить	[grʲɪˈʂɨtʲ]
surfen	заниматься сёрфингом	[zənʲɪˈmat͡sə sʲˈərfʲɪngəm]
süßen	подсластить	[pət͡slɐˈsʲtʲitʲ]

T

tadeln	осуждать	[ɐsʊʐˈdatʲ]
tanken	заправляться	[zəprɐˈvlʲæt͡sə]
tanzen	танцевать	[tənt͡sɨˈvatʲ]
tapezieren	клеить обои	[ˈklʲeɪtʲ ɐˈboɪ]
tappen	идти наощупь	[ɪˈtʲ:i nəˈoɕ:ʉp]
tarnen	скрывать	[skrɨˈvatʲ]
tasten	ощупывать	[ɐˈɕ:upɨvətʲ]
tauchen	нырять	[nɨˈrʲætʲ]
tauen	таять	[ˈtajɪtʲ]
taufen	крестить	[krʲɪˈsʲtʲitʲ]
taugen	годиться	[gɐˈdʲit͡s:ə]
taumeln	шататься	[ʂɐˈtat͡s:ə]
tauschen	обменивать	[ɐˈbmʲenʲɪvətʲ]
täuschen	обманывать	[ɐˈbmanɨvətʲ]
teilen	делить	[dʲɪˈlʲitʲ]
teilnehmen	участвовать	[ʊˈt͡ɕastvəvətʲ]
telefonieren	говорить по телефону	[gəvɐˈrʲitʲ pə tʲɪlʲɪˈfonʊ]
testen	испытывать	[ɪˈspɨtɨvətʲ]
ticken	тикать	[ˈtʲikətʲ]
tippen	печатать	[pʲɪˈt͡ɕatətʲ]
toben	быть в ярости	[bɨtʲ v ˈjarəsʲtʲɪ]
tolerieren	допускать	[dəpʊˈskatʲ]
töten	убивать	[ʊbʲɪˈvatʲ]
totfahren	задавить насмерть	[zədɐˈvʲitʲ ˈnasmʲɪrtʲ]
totschießen	застрелить	[zəstrʲɪˈlʲitʲ]
totschlagen	забить до смерти	[zɐˈbʲitʲ ˈdo‿smʲɪrtʲɪ]

tragen	нести [nʲɪˈsʲtʲi]
trainieren	тренироваться [trʲɪˈnʲirəvət͡sə]
trampeln	топать [ˈtopətʲ]
tränen	слезиться [slʲɪˈzʲit͡sːə]
transportieren	перевозить [pʲɪrʲɪvɐˈzʲitʲ]
trauen	доверять [dəvʲɪˈrʲætʲ]
trauern	скорбеть [skɐrˈbʲetʲ]
träumen	мечтать [mʲɪt͡ɕˈtatʲ]
treffen	встретить [ˈfstrʲetʲɪtʲ]
trennen	отделять [ɐdʲːɪˈlʲætʲ]
treten	ударять ногой [ʊdɐˈrʲætʲ nɐˈgoj]
trinken	пить [pʲitʲ]
trocknen	сушить [sʊˈʂitʲ]
trödeln	копаться [kɐˈpat͡sːə]
trommeln	барабанить [bərɐˈbanʲɪtʲ]
tröpfeln	накрапывать [nɐkrˈapɨvətʲ]
tropfen	капать [ˈkapətʲ]
trösten	утешать [ʊtʲɪˈʂatʲ]
trotzen	упрямиться [ʊˈprʲamɨt͡sə]
trügen	вводить в заблуждение [vːɐˈdʲitʲ v zəblʊʐˈdʲenʲɪje]
tun	делать [dʲˈelətʲ]
turnen	заниматься гимнастикой [zənʲɪˈmat͡sːə gʲɪˈmnasʲtʲɪkəj]
tyrannisieren	тиранить [tʲɪˈranʲɪtʲ]

U

üben	упражняться [ʊprɐʐˈnʲæt͡sːə]
überanstrengen, sich	переутомиться [pʲɪrʲɪʊtɐˈmʲit͡sːə]
überarbeiten	переделывать [pʲɪrʲɪˈdʲelɨvətʲ]
überblicken	обозревать [ɐbəzrʲɪˈvatʲ]
überbringen	доставлять [dəstɐˈvlʲætʲ]
überbrücken	восполнять [vəspɐlˈnʲætʲ]
überdenken	обдумать [ɐˈbdumətʲ]
übereinstimmen	соглашаться [səglɐˈʂat͡sːə]
überfahren	переезжать [pʲɪrʲɪɪˈʐːatʲ]
überfallen	нападать [nəpɐˈdatʲ]
überfordern	предъявлять чрезмерные требования [prʲɪdjɪˈvlʲætʲ t͡ɕrʲɪzˈmʲernɨɨ ˈtrʲebəvənʲɪjə]
übergeben	стошнить [stɐʂˈnʲitʲ]
überholen	обгонять [ɐbgɐˈnʲætʲ]
überhören	не услышать [nʲɪ ʊsˈlɨʂətʲ]
überlappen	частично покрывать [t͡ɕɪˈsʲtʲit͡ɕnə pəkrɨˈvatʲ]
überlassen	уступить [ʊstʊˈpitʲ]
überleben	выжить [ˈvɨʐɨtʲ]
überlegen	обдумывать [ɐˈbdumɨvətʲ]
überlisten	перехитрить [pʲɪrʲɪxʲɪˈtrʲitʲ]
übernachten	переночевать [pʲɪrʲɪnət͡ɕɪˈvatʲ]
übernehmen	брать на себя [bratʲ nə sʲɪˈbʲa]
überprüfen	проверять [prəvʲɪˈrʲætʲ]
überqueren	пересекать [pʲɪrʲɪsʲɪˈkatʲ]
überraschen	удивлять [ʊdʲɪˈvlʲætʲ]

überreden	уговаривать	[ʊgɐˈvarʲɪvətʲ]
überreichen	передавать	[pʲɪrʲɪdɐˈvatʲ]
überschatten	бросать тень	[brɐsˈatʲ tʲen]
überschätzen	переоценивать	[pʲɪrʲɪɐˈt͡sɛnʲɪvətʲ]
überschlagen, sich	переворачиваться	[pʲɪrʲɪvɐˈrat͡ɕɪvət͡sə]
überschnappen	спятить	[ˈspʲætʲɪtʲ]
überschneiden, sich	пересекаться	[pʲɪrʲɪsʲɪˈkat͡sːə]
überschütten	засыпать	[zɐˈsɨpətʲ]
überschwemmen	затоплять	[zətɐˈplʲætʲ]
übersehen	не замечать	[nʲɪ zəmʲɪˈt͡ɕætʲ]
übersetzen	переводить	[pʲɪrʲɪvɐˈdʲitʲ]
überspielen	скрывать	[skrɨˈvatʲ]
übersteigen	превышать	[prʲɪvɨˈʂatʲ]
überstrapazieren	изматывать	[ɪzˈmatɨvətʲ]
überstürzen	торопить	[tərɐˈpʲitʲ]
übertragen	переносить	[pʲɪrʲɪnɐˈsʲitʲ]
übertreffen	превосходить	[prʲɪvəsxɐˈdʲitʲ]
übertreiben	преувеличивать	[prʲɪʊvʲɪˈlʲit͡ɕɪvətʲ]
überwachen	наблюдать	[nəblʲʊˈdatʲ]
überwältigen	одолевать	[ɐdəlʲɪˈvatʲ]
überweisen	переводить	[pʲɪrʲɪvɐˈdʲitʲ]
überwiegen	преобладать	[prʲɪəblɐˈdatʲ]
überwinden	преодолевать	[prʲɪədəlʲɪˈvatʲ]
überzeugen	убеждать	[ʊbʲɪʐˈdatʲ]
überziehen	покрывать	[pəkrɨˈvatʲ]
umarmen	обнимать	[ɐbnʲɪˈmatʲ]
umbauen	перестраивать	[pʲɪrʲɪˈstraɪvətʲ]
umbenennen	переименовывать	[pʲɪrʲɪɪmʲɪˈnovɨvətʲ]
umblättern	перелистывать	[pʲɪrʲɪˈlʲistɨvətʲ]
umbringen	убивать	[ʊbʲɪˈvatʲ]
umdrehen, sich	оборачиваться	[ɐbɐˈrat͡ɕɪvət͡sə]
umfallen	падать	[pˈadətʲ]
umfassen	содержать	[sədʲɪrˈʐatʲ]
umgehen	обходить	[ɐpxɐˈdʲitʲ]
umhängen	накинуть	[nɐˈkʲinʊtʲ]
umkehren	поворачивать назад	[pəvɐˈrat͡ɕɪvətʲ nɐˈzat]
umkippen	опрокидывать	[ɐprɐˈkʲidɨvətʲ]
umklammern	обхватывать	[ɐpxˈvatɨvətʲ]
umkommen	погибнуть	[pɐˈgʲibnʊtʲ]
umleiten	направлять в объезд	[nəpelˈnʲætʲ v ɐbˈjezd]
umräumen	переставлять	[pʲɪrʲɪstɐˈvlʲætʲ]
umreißen	обрисовывать	[ɐbrʲɪˈsovɨvətʲ]
umrühren	мешать	[mʲɪˈʂatʲ]
umschalten	переключать	[pʲɪrʲɪklʲʉˈt͡ɕætʲ]
umsehen	осматриваться	[ɐsˈmatrʲɪvət͡sə]
umsetzen	осуществлять	[ɐsʊɕːɪstˈvlʲætʲ]
umsteigen	пересаживаться	[pʲɪrʲɪˈsaʐɨvət͡sə]
umstimmen	переубеждать	[pʲɪrʲɪʊbʲɪʐˈdatʲ]

umstürzen	опрокидывать [ɐprɐˈkʲidɨvətʲ]
umtauschen	обменивать [ɐˈbmʲenʲɪvətʲ]
umwerfen	опрокидывать [ɐprɐˈkʲidɨvətʲ]
umziehen	переезжать [pʲɪrʲɪɪˈzʲːatʲ]
unterbrechen	прерывать [prʲɪrɨˈvatʲ]
unterdrücken	подавлять [pədɐˈvlʲætʲ]
untergehen	тонуть [tɐˈnutʲ]
unterhalten, sich	беседовать [bʲɪˈsʲedəvətʲ]
unterlassen	не делать [nʲɪ ˈdʲelətʲ]
unternehmen	предпринимать [prʲɪtprʲɪnʲɪˈmatʲ]
unterrichten	преподавать [prʲɪpədɐˈvatʲ]
untersagen	запрещать [zəprʲɪˈɕːætʲ]
unterschätzen	недооценивать [nʲɪdɐɐˈt͡sɛnʲɪvətʲ]
unterscheiden	различать [rəzlʲɪˈt͡ɕætʲ]
unterschreiben	подписывать [pɐtˈpʲisɨvətʲ]
unterstellen	обвинять [ɐbvʲɪˈnʲætʲ]
unterstreichen	подчёркивать [pɐˈt͡ɕːɵrkʲɪvətʲ]
unterstützen	поддерживать [pɐdʲːˈerʐɨvətʲ]
untersuchen	исследовать [ɪsːˈlʲedəvətʲ]
untertauchen	скрываться [skrɨˈvat͡sːə]
unterteilen	делить [dʲɪˈlʲitʲ]
urteilen	судить [sʊˈdʲitʲ]

V

verabreden	договариваться [dəgɐˈvarʲɪvət͡sə]
verabschieden, sich	прощаться [prɐˈɕːæt͡sə]
verachten	презирать [prʲɪzʲɪˈratʲ]
verallgemeinern	обобщать [ɐbɐˈpɕːætʲ]
verändern	изменять [ɪzmʲɪˈnʲætʲ]
verängstigen	запугивать [zɐˈpugʲɪvətʲ]
verantworten	отвечать за [ɐtvʲɪˈt͡ɕætʲ zə]
verarbeiten	обрабатывать [ɐbrɐˈbatɨvətʲ]
verärgern	разозлить [rəzɐzˈlʲitʲ]
verarzten	лечить [lʲɪˈt͡ɕitʲ]
verbergen	скрывать [skrɨˈvatʲ]
verbessern	улучшать [ʊlʊt͡ʂˈʂatʲ]
verbeugen	кланяться [ˈklanʲɪt͡sə]
verbiegen	изгибать [ɪzgʲɪˈbatʲ]
verbieten	запрещать [zəprʲɪˈɕːætʲ]
verbinden	соединять [səjɪdʲɪˈnʲætʲ]
verbleiben	пребывать [prʲɪbɨˈvatʲ]
verbluten	истекать кровью [ɪsʲtʲɪˈkatʲ ˈkrovʲjʊ]
verbrauchen	потреблять [pətrʲɪˈblʲætʲ]
verbreiten	распространять [rəsprəstrɐˈnʲætʲ]
verbrennen	сжигать [ʐːɨˈgatʲ]
verbringen	проводить [prəvɐˈdʲitʲ]
verdächtigen	подозревать [pədəzrʲɪˈvatʲ]
verdanken	быть обязанным [bɨtʲ ɐˈbʲazənːɨm]
verdauen	переваривать [pʲɪrʲɪˈvarʲɪvətʲ]

verdecken	скрывать [skrɨˈvatʲ]
verderben	портить [ˈportʲɪtʲ]
verdeutlichen	пояснить [pəjɪsʲˈnʲitʲ]
verdienen	зарабатывать [zərɐˈbatɨvətʲ]
verdoppeln	удваивать [ʊdˈvaɪvətʲ]
verdrängen	вытеснять [vɨtʲɪsʲˈnʲætʲ]
verdursten	умирать от жажды [ʊmʲɪˈratʲ ɐt ˈʐaʐdɨ]
verehren	уважать [ʊvɐˈʐatʲ]
vereinbaren	договориться о [dəgəvɐˈrʲit͡sːə ə]
vereinen	объединять [ɐbjɪdʲɪˈnʲætʲ]
vereinfachen	упрощать [ʊprɐˈɕːætʲ]
vereinheitlichen	стандартизировать [stəndərtʲɪˈzʲirəvətʲ]
vereinigen	объединять [ɐbjɪdʲɪˈnʲætʲ]
verfallen	разрушаться [rəzrʊˈʂat͡sːə]
verfälschen	фальсифицировать [fəlʲsʲɪfʲɪˈt͡sirəvətʲ]
verfassen	сочинять [sət͡ɕɪˈnʲætʲ]
verfaulen	гнить [gnʲitʲ]
verfehlen	промахнуться [prəmɐxˈnut͡sːə]
verfeinern	совершенствовать [səvʲɪrˈʂɛnstvəvətʲ]
verfluchen	проклинать [prəklʲɪˈnatʲ]
verfolgen	преследовать [prʲɪsˈlʲedəvətʲ]
verfügen	распоряжаться [rəspərʲɪˈʐat͡sːə]
verführen	соблазнять [səblɐzʲˈnʲætʲ]
vergehen	проходить [prəxɐˈdʲitʲ]
vergelten	отплатить [ɐtplɐˈtʲitʲ]

vergessen	забывать [zəbɨˈvatʲ]
vergeuden	попусту тратить [ˈpopʊstʊ ˈtratʲɪtʲ]
vergewaltigen	изнасиловать [ɪznɐˈsʲiləvətʲ]
vergewissern, sich	убедиться [ʊbʲɪˈdʲit͡sːə]
vergiften	отравить [ɐtrɐˈvʲitʲ]
vergleichen	сравнивать [ˈsravnʲɪvətʲ]
vergnügen, sich	развлекаться [rəzvlʲɪˈkat͡sːə]
vergraben	закапывать [zɐˈkapɨvətʲ]
vergrößern	увеличивать [ʊvʲɪˈlʲit͡ɕɪvətʲ]
verhaften	арестовать [ɐrʲɪstɐˈvatʲ]
verhalten, sich	вести себя [vʲɪˈsʲtʲi sʲɪˈbʲa]
verhandeln	вести переговоры [vʲɪˈsʲtʲi pʲɪrʲɪgɐˈvorɨ]
verhängen *Strafe*	назначать [nəznɐˈt͡ɕætʲ]
verharmlosen	преуменьшать серьёзность [prʲɪʊmʲɪnʲˈʂatʲ sʲɪˈrʲjøznəsʲtʲ]
verharren	оставаться [ɐstɐˈvat͡sːə]
verheilen	заживать [zəʐɨˈvatʲ]
verheimlichen	скрывать [skrɨˈvatʲ]
verherrlichen	прославлять [prəslɐˈvlʲætʲ]
verhexen	околдовать [ɐkəldɐˈvatʲ]
verhindern	предотвратить [prʲɪdətvrɐˈtʲitʲ]
verhören	допрашивать [dɐˈpraʂɨvətʲ]
verhüllen	окутывать [ɐˈkutɨvətʲ]
verhungern	умирать с голоду [ʊmʲɪˈratʲ s ˈgolədʊ]
verhüten	предохранять [prʲɪdəxrɐˈnʲætʲ]
verirren, sich	заблудиться [zəblʊˈdʲit͡sːə]

verjagen	прогонять	[prəgɐˈnʲætʲ]
verkaufen	продавать	[prədɐˈvatʲ]
verklagen	предъявлять иск	[prʲɪdjɪˈvlʲætʲ isk]
verkleiden, sich	переодеваться	[pʲɪrʲɪədʲɪˈvat͡sːə]
verkleinern	уменьшать	[ʊmʲɪnʲˈʂatʲ]
verknoten	связывать узлом	[ˈsvʲazɨvətʲ ʊzˈlom]
verknüpfen	связывать	[ˈsvʲazɨvətʲ]
verkommen	приходить в упадок	[prʲɪxɐˈdʲitʲ v ʊˈpadək]
verkörpern	воплощать	[vəplɐˈɕːætʲ]
verkraften	выдержать	[ˈvɨdʲɪrʐətʲ]
verkrampfen	судорожно сжиматься	[ˈsudərəʐnə ʐːɨˈmat͡sːə]
verkümmern	оскудевать	[ɐskʊdʲɪˈvatʲ]
verkürzen	сокращать	[səkrɐˈɕːætʲ]
verlangen	требовать	[trʲˈebəvətʲ]
verlängern	продлевать	[prədlʲɪˈvatʲ]
verlangsamen	замедлять	[zəmʲɪdˈlʲætʲ]
verlassen	оставлять	[ɐstɐˈvlʲætʲ]
verlaufen, sich	заблудиться	[zəblʊˈdʲit͡sːə]
verleihen	одолжить	[ɐdɐlˈʐɨtʲ]
verlernen	разучиться	[rəzʊˈt͡ɕit͡sːə]
verletzen	поранить	[pɐˈranʲɪtʲ]
verleugnen	отрекаться	[ɐtrʲɪˈkat͡sːə]
verleumden	дискредитировать	[dʲɪskrʲɪdʲɪˈtʲirəvətʲ]
verlieben, sich	влюбляться	[vlʲʊˈblʲat͡sːə]
verlieren	терять	[tʲɪˈrʲætʲ]
verloben	обручиться	[ɐbrʊˈt͡ɕit͡sːə]
vermehren, sich	размножаться	[rəzmnɐˈʐat͡sːə]
vermeiden	избегать	[ɪzbʲɪˈgatʲ]
vermieten	сдавать в аренду	[zdɐˈvatʲ v ɐˈrʲendʊ]
vermischen	смешивать	[ˈsmʲeʂɨvətʲ]
vermissen	скучать	[skʊˈt͡ɕætʲ]
vermitteln	способствовать	[spɐˈsopstvəvətʲ]
vermuten	предполагать	[prʲɪtpəlɐˈgatʲ]
vernachlässigen	пренебрегать	[prʲɪnʲɪbrʲɪˈgatʲ]
vernehmen	допрашивать	[dɐˈpraʂɨvətʲ]
verneigen, sich	кланяться	[ˈklanʲɪt͡sə]
verneinen	отрицать	[ɐtrʲɪˈt͡satʲ]
vernichten	уничтожать	[ʊnʲɪt͡ɕtɐˈʐatʲ]
veröffentlichen	опубликовать	[ɐpʊblʲɪkɐˈvatʲ]
verordnen	постановить	[pəstənɐˈvʲitʲ]
verpacken	упаковывать	[ʊpɐˈkovɨvətʲ]
verpassen	упускать	[ʊpʊˈskatʲ]
verpflichten	обязывать	[ɐˈbʲazɨvətʲ]
verprügeln	избить	[ɪzˈbʲitʲ]
verraten	предавать	[prʲɪdɐˈvatʲ]
verrechnen, sich	обсчитаться	[ɐt͡ɕɕːɪˈtat͡sːə]
verreisen	уезжать	[ʊjɪʑːˈatʲ]
verrenken	вывихнуть	[ˈvɨvʲɪxnʊtʲ]
verriegeln	запирать	[zəpʲɪˈratʲ]
verringern	сокращать	[səkrɐˈɕːætʲ]
versagen	не справляться	[nʲɪ sprɐˈvlʲat͡sːə]

versammeln	собирать [səbʲɪˈratʲ]
versäumen	пропускать [prəpʊˈskatʲ]
verschenken	дарить [dɐˈrʲitʲ]
verschicken	отправлять [ɐtprɐvlʲˈætʲ]
verschieben	передвигать [pʲɪrʲɪdvʲɪˈgatʲ]
verschimmeln	плесневеть [plʲɪsnʲɪˈvetʲ]
verschlafen	проспать [prɐˈspatʲ]
verschlechtern	ухудшать [ʊxʊt͡ʂˈʂatʲ]
verschließen	запирать [zəpʲɪˈratʲ]
verschlimmern	ухудшать [ʊxʊt͡ʂˈʂatʲ]
verschlucken, sich	поперхнуться [pəpʲɪrxˈnut͡sːə]
verschmutzen	загрязнять [zəgrʲɪzʲˈnʲætʲ]
verschonen	щадить [ɕːɪˈdʲitʲ]
verschönern	украшать [ʊkrɐˈʂatʲ]
verschütten	просыпать [prɐˈsɨpətʲ]
verschweigen	умалчивать [ʊˈmalt͡ɕɪvətʲ]
verschwenden	тратить зря [ˈtratʲɪtʲ zrʲa]
verschwimmen	расплываться [rəsplɨˈvat͡sːə]
verschwinden	исчезать [ɪɕːɪˈzatʲ]
verschwören, sich	составлять заговор [səstɐˈvlʲætʲ ˈzagəvər]
versenden	отправлять [ɐtprɐvlʲˈætʲ]
versetzen	перемещать [pʲɪrʲɪmʲɪˈɕːætʲ]
verseuchen	заражать [zərɐˈʐatʲ]
versichern	уверять [ʊvʲɪˈrʲætʲ]
versickern	просачиваться [prɐˈsat͡ɕɪvət͡sə]
versinken	тонуть [tɐˈnutʲ]
versöhnen, sich	помириться [pəmʲɪˈrʲit͡sːə]
versorgen	обеспечивать [ɐbʲɪˈspʲet͡ɕɪvətʲ]
verspäten, sich	опаздывать [ɐˈpazdɨvətʲ]
versperren	преграждать [prʲɪgrɐʑˈdatʲ]
verspotten	высмеивать [vɨsˈmʲeɪvətʲ]
versprechen	обещать [ɐbʲɪˈɕːætʲ]
verspüren	чувствовать [ˈt͡ɕustvəvətʲ]
verständigen, sich	объясняться [ɐbjɪsʲˈnʲat͡sːə]
verstärken	усиливать [ʊˈsʲilʲɪvətʲ]
verstauben	пылиться [pɨˈlʲit͡sːə]
verstauchen *Fuß*	растянуть [rəsʲtʲɪˈnutʲ]
verstecken	прятать [ˈprʲatətʲ]
verstehen	понимать [pənʲɪˈmatʲ]
versteigern	продавать на аукционе [prədɐˈvatʲ nə ɐʊkt͡sɨˈonʲe]
verstellen	переставлять [pʲɪrʲɪstɐˈvlʲætʲ]
verstopfen	засорять [zəsɐˈrʲætʲ]
verstoßen	нарушать [nərʊˈʂatʲ]
verstreichen	размазывать [rɐzˈmazɨvətʲ]
verstummen	умолкнуть [ʊˈmolknʊtʲ]
versuchen	пробовать [ˈprobəvətʲ]
versüßen	подсластить [pət͡slɐˈsʲtʲitʲ]
vertagen	откладывать [ɐtˈkladɨvətʲ]
vertauschen	перепутать [pʲɪrʲɪˈputətʲ]
verteidigen	защищать [zəɕːɪˈɕːætʲ]
verteilen	распределять [rəsprʲɪdʲɪˈlʲætʲ]
vertiefen	углублять [ʊglʊˈblʲætʲ]
vertragen	переносить [pʲɪrʲɪnɐˈsʲitʲ]
vertrauen	доверять [dəvʲɪˈrʲætʲ]

vertreiben	прогонять [prəgɐˈnʲætʲ]
vertreten	замещать [zəmʲɪˈɕːætʲ]
vertrocknen	высыхать [vɨsɨˈxatʲ]
vertrödeln	тратить попусту время [ˈtratʲɪtʲ ˈpopʊstʊ ˈvrʲemʲə]
vertrösten	переносить на более позднее время [pʲɪrʲɪnɐˈsʲitʲ nə ˈbolʲɪje pezʲˈnʲeje ˈvrʲemʲə]
vertuschen	замять [zɐˈmʲætʲ]
verübeln	обижаться [ɐbʲɪˈʐat͡sːə]
verüben	совершать [səvʲɪrˈʂatʲ]
verunglücken	попасть в аварию [pɐˈpasʲtʲ v ɐˈvarʲɪjʊ]
verunsichern	вселять неуверенность [fsʲɪˈlʲætʲ nʲɪʊˈvʲerʲɪnːəsʲtʲ]
verunstalten	изуродовать [ɪzʊˈrodəvətʲ]
verursachen	причинять [prʲɪt͡ɕɪˈnʲætʲ]
verurteilen	осуждать [ɐsʊʐˈdatʲ]
verwechseln	спутать [ˈsputətʲ]
verweigern	отказывать [ɐtˈkazɨvətʲ]
verwelken	вянуть [ˈvʲanʊtʲ]
verwenden	использовать [ɪˈspolʲzəvətʲ]
verwirklichen	осуществлять [ɐsʊɕːɪstˈvlʲætʲ]
verwirren	запутывать [zɐˈputɨvətʲ]
verwischen	стирать [sʲtʲɪˈratʲ]
verwöhnen	баловать [bəlɐˈvatʲ]
verwunden	ранить [ˈranʲɪtʲ]
verzaubern	заколдовать [zəkəldɐˈvatʲ]
verzehren	съедать [sjɪˈdatʲ]
verzeichnen	отмечать [ɐtmʲɪˈt͡ɕætʲ]
verzeihen	прощать [prɐˈɕːætʲ]

verzerren	искажать [ɪskɐˈʐatʲ]
verzichten	отказываться [ɐtˈkazɨvət͡sə]
verzieren	украшать [ʊkrɐˈʂatʲ]
verzögern, sich	задерживаться [zɐˈdʲerʐɨvət͡sə]
verzweifeln	отчаиваться [ɐˈt͡ɕːaɪvət͡sə]
voraussagen	предсказывать [prʲɪt͡sˈkazɨvətʲ]
vorbeifahren	проезжать мимо [prəjɪˈʐːatʲ ˈmʲimə]
vorbereiten	готовить [gɐˈtovʲɪtʲ]
vorbeugen	предотвращать [prʲɪdətvrɐˈɕːætʲ]
vordrängeln	лезть без очереди [lʲesʲtʲ bʲɪz ˈot͡ɕɪrʲɪdʲɪ]
vorenthalten	не давать [nʲɪ dɐˈvatʲ]
vorfallen	случаться [slʊˈt͡ɕat͡sːə]
vorfinden	обнаруживать [ɐbnɐˈruʐɨvətʲ]
vorgeben	притворяться [prʲɪtvɐˈrʲat͡sːə]
vorhaben	намереваться [nəmʲɪrʲɪˈvat͡sːə]
vorhersehen	предвидеть [prʲɪˈdvʲidʲɪtʲ]
vorkommen	случаться [slʊˈt͡ɕat͡sːə]
vorlesen	читать вслух [t͡ɕɪˈtatʲ fslux]
vormachen	показывать [pɐˈkazɨvətʲ]
vornehmen, sich	намереваться [nəmʲɪrʲɪˈvat͡sːə]
vorschlagen	предлагать [prʲɪdlɐˈgatʲ]
vorschreiben	предписывать [prʲɪtˈpʲisɨvətʲ]
vorsorgen	позаботиться заранее [pəzɐˈbotʲɪt͡sə zɐˈranʲɪje]

vorstellen	представить себе [prʲɪˈt͡stavʲɪtʲ sʲɪˈbʲe]
vortäuschen	симулировать [sʲɪmʊˈlʲirəvətʲ]
vortragen	докладывать [dɐˈkladɨvətʲ]
vorübergehen	проходить [prəxɐˈdʲitʲ]
vorweisen	предъявлять [prʲɪdjɪˈvlʲætʲ]
vorwerfen	упрекать [ʊprʲɪˈkatʲ]
vorzeigen	показывать [pɐkˈazɪvətʲ]
vorziehen	предпочитать [prʲɪtpət͡ɕɪˈtatʲ]

W

wachsen	расти [rɐˈsʲtʲi]
wackeln	шататься [ʂɐˈtat͡sːə]
wagen	решаться [rʲɪˈʂat͡sːə]
wählen	выбирать [vɨbʲɪˈratʲ]
wahrnehmen	воспринимать [vəsprʲɪnʲɪˈmatʲ]
wandern	ходить в поход [xɐdʲˈitʲ f pɐxˈot]
warnen	предупреждать [prʲɪdʊprʲɪʐˈdatʲ]
warten	ждать [ʐdatʲ]
waschen	мыть [mɨtʲ]
wechseln	менять [mʲɪˈnʲætʲ]
wecken	будить [bʊˈdʲitʲ]
wegfahren	уезжать [ʊjɪʐːˈatʲ]
wegfallen	отпадать [ɐtpɐˈdatʲ]
weggehen	уходить [ʊxɐˈdʲitʲ]
weglassen	опускать [ɐpʊˈskatʲ]
wegnehmen	отнимать [ɐtʲnʲɪˈmatʲ]
wegrennen	убегать [ʊbʲɪˈgatʲ]
wegschicken	отсылать [ɐt͡ssɨˈlatʲ]
wegschmeißen	выбрасывать [vɨˈbrasɨvətʲ]
wehren, sich	защищаться [zəɕːɪˈɕːat͡sːə]
weigern, sich	отказываться [ɐtˈkazɨvət͡sə]
weinen	плакать [ˈplakətʲ]
welken	вянуть [ˈvʲanʊtʲ]
wellen	коробиться [kɐˈrobʲɪt͡sə]
wenden *Auto*	поворачивать [pəvɐˈrat͡ɕɪvətʲ]
werden	становиться [stənɐˈvʲit͡sːə]

werfen	бросать [brɐsˈatʲ]
wetten	держать пари [dʲɪrˈʐatʲ pɐˈrʲi]
wickeln *Kind*	пеленать [pɪlʲɪˈnatʲ]
widerlegen	опровергать [ɐprəvʲɪrˈgatʲ]
widersetzen	сопротивляться [səprətʲɪˈvlʲat͡sːə]
widerspiegeln	отражать [ɐtrɐˈʐatʲ]
widerstehen	противостоять [prətʲɪvəstɐˈjætʲ]
widmen	посвящать [pəsvʲɪˈɕːætʲ]
wiedergeben	возвращать [vəzvrɐˈɕːætʲ]
wiederholen	повторять [pəftɐrʲˈætʲ]
wiederkehren	возвращаться [vəzvrɐˈɕːat͡sːə]
wiederkommen	возвращаться [vəzvrɐˈɕːat͡sːə]
wiedersehen	увидеть снова [ʊˈvʲidʲɪtʲ ˈsnovə]
wiegen	взвешивать [ˈvzvʲeʂɨvətʲ]
wiehern	ржать [rʐatʲ]
wimmeln	кишеть [kʲɪˈʂɛtʲ]
wimmern	хныкать [ˈxnɨkətʲ]
winden	мотать [mɐˈtatʲ]
winken	махать [mɐxˈatʲ]
winseln	скулить [skʊˈlʲitʲ]
wippen	раскачиваться [rɐˈskat͡ɕɪvət͡sə]
wirken	производить впечатление [prəɪzvɐˈdʲitʲ fpʲɪt͡ɕɪtˈlʲenʲɪje]
wischen	вытирать [vɪtʲɪrˈatʲ]
wispern	шептать [ʂɨpˈtatʲ]
wissen	знать [znatʲ]
wohnen	жить [ʐɨtʲ]
wollen	хотеть [xɐtʲˈetʲ]
wundern	удивлять [ʊdʲɪˈvlʲætʲ]
wünschen	желать [ʐɨˈlatʲ]
würdigen	ценить [t͡sɨˈnʲitʲ]
würfeln	играть в кости [ɪˈgratʲ f ˈkosʲtʲɪ]
würgen	душить [dʊˈʂɨtʲ]
würzen	приправлять [prʲɪpravˈlʲætʲ]

Z

zahlen	платить [plɐˈtʲitʲ]
zählen	считать [ɕːɪtˈatʲ]
zähmen	приручать [prʲɪrʊˈt͡ɕætʲ]
zanken, sich	ссориться [ˈsːorʲɪt͡sə]
zappeln	дёргаться [ˈdʲorgət͡sə]
zaubern	показывать фокусы [pɐkˈazɨvətʲ ˈfokʊsɨ]
zeichnen	рисовать [rʲɪsɐˈvatʲ]
zeigen	показывать [pɐkˈazɨvətʲ]
zelten	ночевать в палатке [nət͡ɕɪvˈatʲ f‿pɐlˈatkʲɪ]
zerbrechen	ломать [lɐˈmatʲ]
zerdrücken	раздавить [rəzdɐˈvʲitʲ]
zerfallen	рушиться [ˈruʂɨt͡sə]
zerkleinern	измельчать [ɪzmʲɪlʲˈt͡ɕætʲ]
zerknüllen	скомкать [ˈskomkətʲ]
zerkratzen	расцарапать [rəst͡sɐˈrapətʲ]
zerkrümeln	крошить [krɐˈʂitʲ]
zerreißen	разорвать [rəzɐrˈvatʲ]
zerren	дёргать [ˈdʲorgətʲ]
zerschlagen	разбивать [rəzbʲɪˈvatʲ]
zerspringen	трескаться [ˈtrʲeskət͡sə]
zerstören	разбиваться [rəzbʲɪˈvat͡sːə]
zertreten	растоптать [rəstɐpˈtatʲ]
zertrümmern	разрушать [rəzrʊˈʂatʲ]
ziehen	тянуть [tʲɪnˈutʲ]
zielen	целиться [ˈt͡sɛlʲɪt͡sə]
zieren	украшать [ʊkrɐˈʂatʲ]
zischen	шипеть [ʂɨˈpʲetʲ]
zittern	дрожать [drɐˈʐatʲ]
zögern	медлить [ˈmʲedlʲɪtʲ]
zoomen	увеличить изображение [ʊvʲɪˈlʲit͡ɕɪtʲ ɪzəbrɐˈʐɛnʲɪje]
zubeißen	укусить [ʊkʊˈsʲitʲ]
zubereiten	приготовлять [prʲɪgətɐˈvlʲætʲ]
zubinden	завязывать [zɐˈvʲazɨvətʲ]
zublinzeln	подмигивать [pɐdˈmʲigʲɪvətʲ]
zucken	дёргаться [ˈdʲorgət͡sə]
zücken	выхватить [ˈvɨxvətʲɪtʲ]
zudecken	закрывать [zəkrɨˈvatʲ]
zudrehen	завинчивать [zaˈvʲint͡ɕɪvətʲ]
zufrieden-geben, sich	удовлетвориться [ʊdəvlʲɪtvɐˈrʲit͡sːə]
zufriedenlassen	оставлять в покое [ɐstɐˈvlʲætʲ f pɐˈkoje]
zufügen	причинять [prʲɪt͡ɕɪˈnʲætʲ]
zugeben	признаваться [prʲɪznɐˈvat͡sːə]
zugreifen	хватать [xvɐˈtatʲ]
zugucken	смотреть [smɐˈtrʲetʲ]
zuhören	слушать [ˈsluʂətʲ]
zujubeln	приветствовать возгласами ликования [prʲɪˈvʲetstvəvətʲ ˈvozgləsəmʲɪ lʲɪkɐˈvanʲɪjə]
zuknöpfen	застёгивать [zɐˈsʲtʲogʲɪvətʲ]
zulächeln	улыбаться [ʊlɨˈbat͡sːə]
zulassen	допускать [dəpʊˈskatʲ]
zumachen	закрывать [zəkrɨˈvatʲ]
zumuten	требовать [trʲˈebəvətʲ]
zünden	зажигать [zəʐɨˈgatʲ]
zunehmen *Gewicht*	полнеть [pɐlnʲˈetʲ]

zunichtemachen Hoffnung	разбивать [rəzbʲɪˈvatʲ]
zunicken	кивнуть [kʲɪvˈnutʲ]
zuordnen	приписывать [prʲɪˈpʲisɨvətʲ]
zupacken	ухватиться [ʊxvɐˈtʲit͡sːə]
zupfen	дёргать [ˈdʲɵrgətʲ]
zurechtfinden, sich	разбираться [rəzbʲɪˈrat͡sːə]
zurücknehmen	брать обратно [bratʲ ɐˈbratnə]
zurufen	крикнуть [ˈkrʲiknʊtʲ]
zusagen	соглашаться [səglɐˈʂat͡sːə]
zusammenhängen	находиться в связи [nəxɐˈdʲit͡sːə f ˈsvʲæzʲɪ]
zusammenprallen	столкнуться [stɐlkˈnut͡sːə]
zusammenschreiben	писать слитно [pʲɪˈsatʲ ˈslʲitnə]
zuschicken	присылать [prʲɪsɨˈlatʲ]
zuschlagen	захлопывать [zɐˈxlopɨvətʲ]
zuschließen	закрывать [zəkrɨˈvatʲ]
zuschrauben	завинчивать [zaˈvʲinʲt͡ɕɪvətʲ]
zusehen	смотреть [smɐˈtrʲetʲ]
zusichern	гарантировать [gərɐnʲˈtʲirəvətʲ]
zuspielen	пасовать [pəsɐˈvatʲ]
zuspitzen, sich	обостряться [ɐbɐˈstrʲat͡sːə]
zustimmen	соглашаться [səglɐˈʂat͡sːə]
zustoßen	случаться [slʊˈt͡ɕat͡sːə]
zutrauen	считать способным [ɕːɪtˈatʲ spɐˈsobnɨm]
zutreffen	оказаться правильным [ɐkɐˈzat͡sːə ˈpravʲɪlʲnɨm]
zuvorkommen	опережать [ɐpʲɪrʲɪˈʐatʲ]
zuwenden, sich	повернуться [pəvʲɪrˈnut͡sːə]
zuziehen	затягивать [zɐˈtʲægʲɪvətʲ]
zwängen, sich	втискиваться [ˈftʲiskʲɪvət͡sə]
zweifeln	сомневаться [səmnʲɪˈvat͡sːə]
zwicken	щипать [ɕːɪˈpatʲ]
zwingen	заставлять [zəstɐˈvlʲætʲ]
zwinkern	подмигивать [pɐdˈmʲigʲɪvətʲ]

INDEX DEUTSCH – АЛФАВИТНЫЙ УКАЗАТЕЛЬ: НЕМЕЦКИЙ

INDEX RUSSISCH – АЛФАВИТНЫЙ УКАЗАТЕЛЬ: РУССКИЙ

INDEX DEUTSCH – АЛФАВИТНЫЙ УКАЗАТЕЛЬ: НЕМЕЦКИЙ

C

F

G

H

I

L

M

N

Q

R

INDEX RUSSISCH – АЛФАВИТНЫЙ УКАЗАТЕЛЬ: РУССКИЙ

В

Г

Д

Е/Ё

Ж

З

И

Л

М

Н

О

У

Ф

Х

Ц

Ч

Ш

Щ

Э

Ю

Я

BILDNACHWEIS

* - © Fotolia.com

14 */Csaba Peterdi, **16** */Alexander Raths, **16** */Jeanette Dietl, **16** */Forgiss, **16** */paulmz, **16** */fotodesign-jegg.de, **16** */mimage-photos, **16** */Syda Productions, **16** */iko, **16** */Jeanette Dietl, **16** */drubig-photo, **16** */oocoskun, **17** */damato, **17** */vbaleha, **17** */Rido, **17** */Ljupco Smokovski, **17** */Jeanette Dietl, **17** */Janina Dierks, **17** */Valua Vitaly, **17** */Rido, **17** */Andres Rodriguez, **17** */Syda Productions, **17** */Valua Vitaly, **18** */Dmitry Lobanov, **18** */Samuel Borges, **18** */DenisNata, **18** */Pavel Losevsky, **18** */Gabriel Blaj, **18** */WONG SZE FEI, **18** */vgstudio, **18** */Picture-Factory, **18** */Ariwasabi, **19** */endostock, **19** */mma23, **19** */Jasmin Merdan, **19** */Tom Wang, **19** */Michael Gray, **19** */JanMika, **19** */BeTa-Artworks, **19** */michaeljung, **19** */Savannah1969, **19** */patpitchaya, **19** */Sabphoto, **19** */Cello Armstrong, **19** */eyetronic, **20** */Danilo Rizzuti, **20** */Ruth Black, **20** */Smileus, **20** */chesterF, **20** iStockphoto/Catherine Yeulet, **20** */DenisNata, **20** */Melinda Nagy, **20** */Kaarsten, **20** */MISHELA, **20** */Eray, **20** */Unclesam, **20** */satin_111, **20** */Michael Fritzen, **21** */yanlev, **21** */BeTa-Artworks, **21** */Margit Power, **21** */Brenda Carson, **21** */Africa Studio, **21** */Piotr Marcinski, **21** */Fotowerk, **21** */AVRORA, **21** */stockyimages, **21** */Tyler Olson, **21** */ExQuisine, **21** */Glenda Powers, **21** Thinkstock/iStockphoto, **22** */Valua Vitaly, **22** */codiarts, **23** */Jaimie Duplass, **23** */krimar, **23** */magann, **23** */Stefan Balk, **23** */Kaponia Aliaksei, **23** */koji6aca, **23** */yuriyzhuravov, **23** */yuriyzhuravov, **23** */Ermolaev Alexandr, **23** */V.R.Murralinath, **23** */badmanproduction, **23** */Anton Zabielskyi, **23** */auremar, **23** */koji6aca, **24** */mimagephotos, **24** */Tiler84, **24** */velazquez, **24** */giorgiomtb, **24** */apops, **24** */dusk, **24** */Knut Wiarda, **24** */stokkete, **24** */Taiga, **24** */Taiga, **24** */Taiga, **24** */Taiga, **25** */Karramba Production, **25** */Robert Kneschke, **25** */cantor pannatto, **25** */Garrincha, **25** */Picture-Factory, **25** */bevangoldswain, **25** */WavebreakMediaMicro, **25** */Rido, **25** */Minerva Studio, **25** */cantor pannatto, **25** */Fotowerk, **25** */Fotowerk, **26** */Gelpi, **26** */stockyimages, **26** */WavebreakmediaMicro, **26** */pathdoc, **26** */Ilike, **26** */pathdoc, **26** */Andres Rodriguez, **26** */Garrincha, **26** */cantor pannatto, **26** */pressmaster, **26** */vladimirfloyd, **26** */Elnur, **26** */Klaus Eppele, **27** */boumenjapet, **27** */Vera Anistratenko, **27** */carol_anne, **27** */Andrey Armyagov, **27** Thinkstock/NikolayK, **27** */srdjan111, **27** */Zbyszek Nowak, **27** */Pamela Uyttendaele, **27** */Michaela Pucher, **27** */Katrina Brown, **28** */ghoststone, **28** */nito, **28** */zhekos, **28** */chiyacat, **28** */Alexandra Karamyshev, **28** */BEAUTYofLIFE, **28** */Lucky Dragon, **29** */Karramba Production, **29** */BEAUTYofLIFE, **29** */Khvost, **29** */Khvost, **29** */Elnur, **29** */Popova Olga, **29** */Artem Gorohov, **29** */Elnur, **29** */Ruslan Kudrin, **29** */Gordana Sermek, **29** */Alexandra Karamyshev, **30** */alaterphotog, **30** */Elnur, **30** */Elnur, **30** */Ruslan Kudrin, **30** */Alexandra Karamyshev, **30** */Alexandra Karamyshev, **30** */Oliver Preißner, **30** */Robert Lehmann, **30** */Alexandra Karamyshev, **31** */mimagephotos, **31** */Alexandra Karamyshev, **31** */Alexandra Karamyshev, **31** */ludmilafoto, **31** */okinawakasawa, **31** Thinkstock/Alexandru Chiriac, **31** */cedrov, **31** */Khvost, **31** */hifashion, **31** */Alexandra Karamyshev, **31** */Alexandra Karamyshev, **32** */Little_wine_fly, **32** */Jiri Hera, **32** */rangizzz, **32** */Jiri Hera, **32** */Andrew Buckin, **32** Thinkstock/Danny Chan, **32** */Artem Merzlenko, **32** */Cobalt, **32** */fotomatrix, **32** */Rozaliya, **32** */adisa, **32** */Kira Nova, **32** */Shariff Che'Lah, **32** */venusangel, **32** */Unclesam, **32** */srki66, **33** */adisa, **33** */adisa, **33** */lalouetto, **33** */PRILL Mediendesign, **33** */Africa Studio, **33** */adisa, **33** */Andrey Bandurenko, **33** */Nadinelle, **33** */design56, **33** */Sergey Rusakov, **33** */Jiri Hera, **33** */gemenacom, **33** */Andre Plath, **33** */Alexander Raths, **33** */Liaurinko, **33** */thaikrit, **33** */humbak, **34** */wiedzma, **34** */kontur-vid, **34** */Tharakorn, **34** */picsfive, **34** */pattarastock, **34** */NilsZ, **34** */picsfive, **34** */picsfive, **34** */ksena32, **34** */cristi180884, **34** */bpstocks, **34** */nito, **34** */Tarzhanova, **34** */bpstocks, **34** */terex, **34** */ibphoto, **35** */Gennadiy Poznyakov, **36** */stockone, **38** */JSB, **38** */stocker1970, **38** */photo 5000, **38** */Tiberius Gracchus, **38** */Ralf Gosch, **38** */visivasnc, **38** */Lasse Kristensen, **38** */Speedfighter, **38** */Bokicbo, **38** */typomaniac, **38** */O.M., **38** */designsstock, **38** */Tatty, **39** */Kurhan, **39** */selensergen, **39** */Brilliant Eagle, **39** */Iriana Shiyan, **39** */terex, **39** */Sashkin, **39** */bcdesign, **39** */pyzata, **39** */Thomas Aumann, **39** */Tiberius Gracchus, **39** */Igor Kovalchuk, **39** */Maksym Yemelyanov, **39** */pabijan, **40** */Magda Fischer, **41** */Kasia Bialasiewicz, **41** */bennnn, **41** */Bert Folsom, **41** */Aleksandar Jocic, **41** */yevgenromanenko, **41** */Aleksandr Ugorenkov, **42** */Iriana Shiyan, **42** */luchshen, **42** */sokrub, **42** */sokrub, **42** */okinawakasawa, **43** */pics721, **43** */Delphimages, **43** */arteferretto, **43** */Kitch Bain, **43** */Chris Brignell, **44** */stock_for_free, **44** */kornienko, **45** */mrgarry, **45** */mariocigic, **45** Thinkstock/Hemera, **45** */Alexander Morozov, **45** */Denis Gladkiy, **45** */Sergii Moscaliuk, **45** */sutsaiy, **45** */sutsaiy, **45** */okinawakasawa, **45** */Alexander Morozov, **45** */venusangel, **45** */bergamont, **45** */Alexander Morozov, **45** */sutsaiy, **45** */manipulateur, **45** */kmiragaya, **46** */fotyma, **46** */Denisa V, **46** */jonnysek, **46** */Kitch Bain, **46** */pholien, **46** */Alona Dudaieva, **46** */M.R. Swadzba, **46** Thinkstock/iStockphoto, **46** */bennyartist, **46** */Nikola Bilic, **46** */cretolamna, **46** */Igor Syrbu, **46** */Piotr Pawinski, **47** */cretolamna, **47** */Harald Biebel, **47** */gavran333, **47** */M.R. Swadzba, **47** */IrisArt, **47** */Diana Taliun, **47** */cretolamna, **47** */M S, **47** */nito, **47** */Bombaert Patrick, **47** */scol22, **47** */cretolamna, **47** */picsfive, **48** */Sunshine Pics, **48** */VRD, **48** */petrsalinger, **48** */cretolamna, **48** */gavran333, **48** */Uwe Landgraf, **48** */nito, **48** */Schwoab, **48** */cretolamna, **48** */Stefan Balk, **48** */karandaev, **48** */Lucky Dragon, **48** */PhotoSG, **49** */2mmedia, **50** */Andres Rodriguez, **50** */simmittorok, **50** */Liliia Rudchenko, **50** */venusangel, **50** */Ljupco Smokovski, **50** */Maksim Kostenko, **50** Thinkstock/Stockbyte, **50** */Xuejun li, **50** */Ljupco Smokovski, **50** */Coprid, **50** */Yingko, **51** */poligonchik, **52** */arsdigital, **53** */adpePhoto, **53** */Africa Studio, **53** */Tiler84, **53** */NilsZ, **53** */Africa Studio, **53** */Coprid, **54** */magraphics.eu, **54** */sommersby, **54** */ermess, **54** */AndG, **55** */ILYA AKINSHIN, **55** */Lusoimages, **55** */HamsterMan, **55** */jlcst, **55** */Foto-Ruhrgebiet, **55** */Dmytro Akulov, **55** */picsfive, **55** */ibphoto, **55** */Jonathan Stutz, **55** */Jackin, **55** */ganko, **55** */artmim, **55** */Klaus Eppele, **56** */Sashkin, **56** */Creatix, **56** */Andreja Donko, **56** */Katrina Brown, **56** */Ljupco Smokovski, **57** */Okea, **58** */kmit, **58** */luckylight, **58** */tuja66, **58** */tuja66, **58** */corund, **58** */tuja66, **58** */Rynio Productions, **58** */mick20, **58** */Denis Dryashkin, **58** */tuja66, **58** */claudio, **58** */CE Photography, **58** */tuja66, **58** */Бурдюков Андрей, **58** */vav63, **59** */Rynio Productions, **59** */Rynio Productions, **59** */Rynio Productions, **59** */PRILL Mediendesign, **59** */fefufoto, **59** */antonsov85, **60** */andersphoto, **60** */scis65, **60** */venusangel, **60** */Coprid, **60** */f9photos, **60** */tuja66, **60** */Konovalov Pavel, **60** */Freer, **60** */Nik, **60** */chungking, **60** */mariusz szczygieł, **61** */auremar, **61** */Africa Studio, **61** */ankiro, **61** */Ionescu Bogdan, **61** */piai, **61** */Denys Rudyi, **62** */Nomad_Soul, **62** */gradt, **62** */twister025, **62** */egorovvasily, **62** */womue, **62** Thinkstock/

iStockphoto, **62** Thinkstock/iStockphoto, **62** */cherezoff, **62** */by-studio, **63** */coco, **63** */D. Ott, **63** */D. Ott, **63** */federicofoto, **63** */babsi_w, **63** */Stibat Studio, **63** */Kara, **63** */Jeanette Dietl, **63** */sonne fleckl, **63** */keller, **63** */miket, **63** */WoGi, **63** */M. Schuppich , **63** */Marco Becker , **63** */kobra78 , **63** */Kalle Kolodziej, **64** */mallivan, **64** */Zbyszek Nowak, **64** */opasstudio, **64** */hsagencia, **64** */photka , **64** */photka , **64** */photka , **64** */photka , **64** */Gerald Bernard , **64** */Jaimie Duplass , **64** */steamroller , **64** */tompet80 , **64** */schankz, **64** */keerati, **65** */hopfi23, **65** */Alex Petelin, **65** */Patryssia, **65** */D. Ott, **65** */Horticulture, **65** */Kasia Bialasiewicz, **65** */mopsgrafik, **65** */B. Wylezich, **65** */fotoschab, **65** */Miredi, **65** */udra11, **65** */NinaMalyna, **65** */rupbilder, **66** */mates, **68** */unpict, **68** */Teamarbeit, **68** */Christian Jung, **68** Dreamstime/Christianjung, **68** */HLPhoto, **68** */ExQuisine , **68** */rdnzl, **68** */uckyo, **68** */ExQuisine, **68** */lefebvre_jonathan, **68** */Cornerman, **68** */Mara Zemgaliete, **68** iStockphoto/Vasko, **68** */Diana Taliun, **68** Thinkstock/Alena Dvorakova, **68** Shutterstock/marco mayer, **69** */ExQuisine, **69** */ExQuisine, **69** */fotomaster, **69** */Eric Isselée, **69** */boguslaw, **69** */Eric Isselée, **69** */nito, **69** */Irina Khomenko, **69** */Viktor, **69** */Oran Tantapakul, **69** */lightpoet, **70** */Rémy MASSEGLIA, **70** */Natalia Merzlyakova, **70** Dreamstime/Witoldkr1, **70** */Picture Partners, **70** */antonio scarpi, **70** */Gaetan Soupa, **70** */o.meerson, **70** */ExQuisine, **70** Dreamstime/Pipa 100, **70** */lunamarina, **70** */HelleM, **70** */Dalmatin.o , **70** */Witold Krasowski, **70** */Andrei Nekrassov, **70** */Dionisvera, **70** */Dionisvera, **71** */angorius, **71** */Dani Vincek, **71** */felinda, **71** */Andrey Starostin, **71** */pedrolieb, **71** */ExQuisine, **71** Dreamstime/Onepony, **71** */dulsita, **71** */Giuseppe Lancia, **71** */margo555, **71** */BSANI , **71** */womue, **71** */Jiri Hera, **72** */ExQuisine, **72** Dreamstime/Sethislav, **72** */volff , **73** */dimakp, **73** Shutterstock/Multiart, **73** Shutterstock/Krzysztof Slusarczyk, **73** */Daddy Cool, **73** */Brad Pict, **73** Dreamstime/Jack14, **73** */cynoclub, **73** */Picture Partners, **73** */Lsantilli , **73** */Coprid, **73** */Fotofermer, **73** */Brad Pict, **73** */Mara Zemgaliete, **74** */Dani Vincek , **74** */Natika, **74** */Luis Carlos Jiménez, **74** */angorius, **74** */marrfa, **74** */Natika, **74** */fotogal, **74** */Shawn Hempel, **74** */Jessmine, **74** */Daorson, **74** */Jérôme Rommé, **74** */gcpics, **74** */Picture Partners, **75** */valeriy555, **75** */valeriy555, **75** */Barbara Pheby, **75** */volga1971, **75** Dreamstime/Robynmac, **75** */Anna Kucherova, **76** */jerome signoret, **76** */boguslaw, **76** */fotomatrix, **76** */World travel images, **76** */margo555 , **76** */margo555 , **76** */margo555 , **76** */margo555 , **76** */Wolfgang Jargstorff, **77** */valeriy555, **77** */silencefoto, **77** */valeriy555, **77** */valeriy555, **77** */silencefoto, **77** */valeriy555, **77** */photocrew, **77** */valeriy555, **77** */Anna Kucherova, **77** */valeriy555, **77** */Malyshchyts Viktar, **77** */charlottelake, **77** */valeriy555, **78** */tycoon101, **78** */Zbyszek Nowak, **78** */M.R. Swadzba, **78** */Schlierner, **78** */Ekaterina Lin, **78** */Andrey Starostin, **79** */azureus70, **79** */azureus70, **79** */valeriy555, **79** */Dionisvera, **79** Thinkstock/anna1311, **79** */valeriy555, **79** */Andrea Wilhelm, **79** */valeriy555, **79** */valeriy555, **79** */valeriy555, **79** */valeriy555, **79** */valeriy555, **79** */valeriy555, **79** */Anna Kucherova, **80** */Malyshchyts Viktar, **80** */Malyshchyts Viktar, **80** */Malyshchyts Viktar, **80** */Malyshchyts Viktar, **80** */Malyshchyts Viktar, **80** */Malyshchyts Viktar, **80** */Malyshchyts Viktar, **80** */Malyshchyts Viktar, **80** */Malyshchyts Viktar, **80** */Malyshchyts Viktar, **80** */Natika, **80** */Malyshchyts Viktar, **80** */Malyshchyts Viktar, f9photos, **80** */Malyshchyts Viktar, **80** */Oleksiy Ilyashenko, **80** */Tim UR, **80** */valeriy555, **80** */valeriy555, **80** */Natika, **80** */valeriy555, **81** Dreamstime/Skyper1975, **81** */Werner Fellner, **81** */marilyn barbone, **81** */nblxer, **81** */goodween123, **82** */Popova Olga, **82** */Popova Olga, **82** */mates, **82** */Popova Olga, **82** */Popova Olga, **82** */Popova Olga, **82** */Popova Olga, **82** */Popova Olga, **82** */pimponaco, **82** */Schlierner, **82** */svl861, **82** */svl861, **82** Dreamstime/Margouillat, **83** */Team 5, **83** MDB/seli8, **83** */unpict, **83** */Tomboy2290, **83** */nbriam, **83** */Vera Kuttelvaserova, **83** */Vesna Cvorovic, **83** */Maceo, **83** */scis65, **84** Thinkstock/iStockphoto, **84** Thinkstock/iStockphoto, **84** Thinkstock/iStockphoto, **84** Thinkstock/iStockphoto, **84** Thinkstock/iStockphoto, **84** Thinkstock/iStockphoto, **84** Thinkstock/iStockphoto, **84** Thinkstock/iStockphoto, **84** */Popova Olga, **84** Thinkstock/iStockphoto, **84** Thinkstock/iStockphoto, **84** Thinkstock/iStockphoto, **84** Thinkstock/iStockphoto, **84** Thinkstock/iStockphoto, **84** Thinkstock/iStockphoto, **84** Thinkstock/iStockphoto, **85** Dreamstime/Sergioz, **85** */Africa Studio, **85** */Orlando Bellini, **85** */Inga Nielsen, **85** */Inga Nielsen, **85** */Inga Nielsen, **85** */Boris Ryzhkov, **86** */Popova Olga, **86** */Popova Olga, **86** */Popova Olga, **86** */Popova Olga, **86** */Popova Olga, **86** */Popova Olga, **86** */Popova Olga, **86** */Popova Olga, **86** */Popova Olga, **86** */Popova Olga, **86** */Popova Olga, **86** */Popova Olga, **86** */Popova Olga, **86** */Popova Olga, **86** */Elena Schweitzer, **86** */Picturefoods.com, **87** Dreamstime/Jirkaejc, **87** Dreamstime/Glasscuter, **87** */Andrzej Tokarski, **87** Dreamstime/Pryzmat, **87** */Stefano Neri , **87** */Roxana, **87** */enzo4, **87** */Stefano Neri, **87** */akulamatiau, **87** */zorandim75, **87** */marilyn barbone, **88** */pico, **88** */Sergejs Rahunoks, **88** Dreamstime/Givaga, **88** */Piovanello, **88** */Piovanello, **88** */the_pixel, **88** */Liaurinko, **88** */nemez210769, **88** */midosemsem, **88** */Jiri Hera, **88** */juri semjonow, **88** */Brad Pict, **88** Dreamstime/Travelling-light, **88** Dreamstime/Synchronista, **88** */Julian Weber, **88** */IrisArt , **89** */BeTa-Artworks, **89** */Sergii Moscaliuk, **89** */Diana Taliun, **89** */Daniel Wiedemann, **89** Dreamstime/Nagme, **89** */lantapix, **89** */Olegich, **89** */scis65, **89** */Vidady, **89** */komar.maria, **90** */Petrov Vadim, **90** */unpict, **90** */Smart7, **90** */tycoon101, **90** */M. Schuppich, **90** */digifood, **90** */Schwoab, **90** */photocrew, **90** */chrisdorney, **90** */anakondasp, **90** */unpict, **90** */sorcerer11, **90** */Lucky Dragon, **91** */MarFot, **91** */ppi09, **91** */Kesu, **91** */Andrea Wilhelm, **91** */kehr design, **91** */gtranquillity, **91** */Corinna Gissemann, **91** */Lucky Dragon, **91** */Jiri Hera, **91** */sergojpg, **91** */Daryl Musser, **91** */robysaba, **91** */unpict, **92** */Jiri Hera, **92** */Nitr, **92** */Nitr, **92** */ExQuisine, **92** */Natika , **92** */Inga Nielsen, **92** */Nitr, **92** */Nitr, **92** */Taffi, **92** */karandaev, **92** */unpict, **92** */baibaz, **92** */Africa Studio, **93** */pabijan, **93** */amenic181, **93** */Viktor, **93** */blende40, **93** */Fotofermer, **93** */Rob Stark, **93** */gtranquillity, **93** */gtranquillity, **93** */gtranquillity, **93** */gtranquillity, **93** */gtranquillity, **93** */Inga Nielsen, **94** Thinkstock/puchkovo48, **94** */neirfy, **94** */Nitr, **94** */Nitr, **94** */Nitr, **94** */Taffi, **94** */Taffi, **94** */Taffi, **94** */Taffi, **94** */karandaev, **94** */karandaev, **94** */karandaev, **95** */Hemeroskopion, **95** */Hemeroskopion, **95** */Hemeroskopion, **95** */Hemeroskopion, **95** */Hemeroskopion, **95** */Hemeroskopion, **95** */Hemeroskopion, **95** */Hemeroskopion, **95** */Hemeroskopion, **95** */Hemeroskopion, **95** */Hemeroskopion, **95** */Hemeroskopion, **95** */Hemeroskopion, **96** */kab-vision, **96** Shutterstock/Multiart - Shutterstock.com, **96** */Volodymyr Shevchuk, **96** */Sergejs Rahunoks, **96** */sspice, **96** */Corinna Gisseman, **96** */azureus70, **96** */Popova Olga, **96** */baibaz, **97** */Whitebox Media, **97** */angorius, **97** */Andrea Wilhelm, **97** Dreamstime/Margouillat, **97** */Viktor, **97** */Kesu, **97** */Peredniankina, **97** */margo555, **97** */Aleksandar Jocic, **98** */Jiri Hera, **98** */victoria p., **98** */djama, **98** */vagabondo, **98** */Jiri Hera, **98** */scis65, **98** */blende40, **98** */MUNCH!, **98** */Africa Studio, **98** */arinahabich, **98** */Marius Graf, **98** */Marius Graf, **98** */Marius Graf, **98** */Liaurinko, **98** */Brad Pict, **98** */juniart, **99** */Dmytro Sukharevskyy, **99** */Dmytro Sukharevskyy, **99** */Dmytro Sukharevskyy, **99** */Sergejs Rahunoks, **99** */canoncam, **99** */uckyo, **99** */torsakarin, **99** */Thibault Renard, **99** */eyewave, **99** */Orlando Bellini, **99** */Blue Wren, **99** */Dmytro Sukharevskyy, **99** */Dmytro Sukharevskyy, **100** */Jacek

Chabraszewski, **100** */Inga Nielsen, **100** */dusk, **100** */Road King, **100** */Jack Jelly, **100** Dreamstime/Tomislav Pinter, **100** */Jacek Chabraszewski, **100** */ExQuisine, **100** */aktifreklam, **100** */zhekos , **100** */Jess Yu, **100** */illustrez-vous, **100** */Andrea Wilhelm, **101** */Minerva Studio, **101** */Boris Ryzhkov, **101** */Nitr, **101** */unpict, **101** */Jacek Chabraszewski, **101** */photocrew, **101** */Viktor, **101** */eyewave, **101** Dreamstime/Lightzoom, **101** iStockphoto/Gordana Sermek, **102** */Africa Studio, **102** */Vitaly Korovin, **102** */Coprid, **102** */Schlierner, **102** */Fotofermer, **103** */ashka2000, **103** */womue, **103** */EM Art, **103** */ExQuisine, **103** */photocrew, **103** */jeehyun, **103** */reineg, **103** */reineg, **103** */reineg, **103** */reineg, **103** */Subbotina Anna, **103** */rangizzz, **103** */sjhuls, **104** */Fotofermer, **106** Thinkstock/Keith Levit Photography, **106** Thinkstock/iStockphoto, **106** Thinkstock/iStockphoto, **106** Thinkstock/iStockphoto, **106** Thinkstock/iStockphoto, **106** Thinkstock/iStockphoto, **106** Thinkstock/iStockphoto, **106** Thinkstock/iStockphoto, **106** Thinkstock/Fuse, **107** Thinkstock/Fuse, **107** Thinkstock/iStockphoto, **107** Thinkstock/iStockphoto, **107** Thinkstock/iStockphoto, **107** Thinkstock/Comstock, **107** */Alexandra Gl, **108** */leremy, **108** */leremy, **108** */leremy, **108** */leremy, **108** */leremy, **108** */leremy, **108** */mrtimmi, **108** */mrtimmi, **108** */mrtimmi, **108** */mrtimmi, **108** */mrtimmi, **108** */mrtimmi, **108** */Bobo, **108** */leremy, **108** */leremy, **108** */FelixCHH, **109** Thinkstock/iStockphoto, **109** */Eisenhans, **109** Thinkstock/iStockphoto, **109** Thinkstock/iStockphoto, **109** Thinkstock/Hemera, **109** Thinkstock/Hemera, **109** Thinkstock/Hemera, **109** */Bombaert Patrick, **109** */algre, **109** Thinkstock/Hemera, **109** Thinkstock/iStockphoto, **109** Thinkstock/Hemera, **110** */Vladimir Kramin, **110** */algre, **111** */algre, **111** */apttone, **112** Thinkstock/iStockphoto, **112** */Jenny Thompson, **112** */Aaron Amat, **112** */overthehill, **112** */eldadcarin, **112** */Michael Seidel, **113** Thinkstock/iStockphoto, **113** */gradt, **113** */Lasse Kristensen, **113** */Željko Radojko, **113** */golandr, **114** Thinkstock/iStockphoto, **114** Thinkstock/Stockbyte, **115** Thinkstock/iStockphoto, **115** Thinkstock/Hemera, **115** Thinkstock/iStockphoto, **115** Thinkstock/iStockphoto, **115** Thinkstock/iStockphoto, **115** */Bikeworldtravel, **116** */Idelfoto, **116** Thinkstock/iStockphoto, **116** Thinkstock/Hemera, **116** Thinkstock/Hemera, **116** Thinkstock/Hemera, **117** Thinkstock/iStockphoto, **117** Thinkstock/iStockphoto, **117** Thinkstock/iStockphoto, **118** Thinkstock/iStockphoto, **119** Thinkstock/Hemera, **119** Thinkstock/iStockphoto, **119** Thinkstock/iStockphoto, **119** Thinkstock/iStockphoto, **119** Thinkstock/iStockphoto, **119** Thinkstock/iStockphoto, **119** Thinkstock/iStockphoto, **119** Thinkstock/iStockphoto, **119** Thinkstock/iStockphoto, **119** Thinkstock/iStockphoto, **119** Thinkstock/iStockphoto, **119** Thinkstock/iStockphoto, **119** Thinkstock/iStockphoto, **119** Thinkstock/iStockphoto, **119** Thinkstock/Hemera, **119** Thinkstock/iStockphoto, **120** Thinkstock/iStockphoto, **120** Thinkstock/Hemera, **120** Thinkstock/Photos.com, **120** Thinkstock/iStockphoto, **120** */photo 5000, **120** Thinkstock/iStockphoto, **120** Thinkstock/iStockphoto, **120** Thinkstock/Hemera, **120** Thinkstock/Hemera, **121** */Eisenhans, **121** Thinkstock/iStockphoto, **121** Thinkstock/iStockphoto, **121** Thinkstock/Stockbyte, **121** Thinkstock/Hemera, **121** Thinkstock/iStockphoto, **121** Thinkstock/Julio de la Higuera Rodrigo, **121** */DeVIce, **121** */Artem Gorohov, **121** */Lukas Sembera, **121** Thinkstock/iStockphoto, **121** Thinkstock/iStockphoto, **121** */Eisenhans, **121** Thinkstock/iStockphoto, **121** Thinkstock/iStockphoto, **121** */auremar, **122** */laurenthuet, **122** */Nikolai Sorokin, **122** */Dmitry Vereshchagin, **122** */Ettore, **122** */tr3gi, **122** */12ee12, **122** Thinkstock/Vladimir Arndt, **123** */Fotito, **123** */mschick, **123** */BlueSkyImages, **123** */contrastwerkstatt, **123** Thinkstock/iStockphoto, **123** Thinkstock/Hemera Technologies, **124** */Okea, **124** */Marcus Lindström - iStockphoto.com, **125** */CandyBox Images, **125** */TMAX, **125** */michaeljung, **125** */Maygutyak, **125** */Steve Mann, **125** */nui7711, **125** */Jörg Hackemann, **126** */Sashkin, **126** */virtabo, **126** Thinkstock/iStockphoto, **126** */Ben Chams, **126** */Ben Chams, **126** */Ben Chams, **126** */mindscanner , **126** */swx, **126** */michaeljung, **126** */alexmillos, **126** Thinkstock/iStockphoto, **126** */Bergringfoto, **126** Thinkstock/iStockphoto, **126** */chalabala, **126** */Ben Burger, **127** */Tupungato, **127** */Pink Badger, **127** */HappyAlex, **127** */monticellllo, **127** */monticellllo, **127** */monticellllo, **128** */Masyanya, **128** */Dmitry Vereshchagin, **128** */Dmitry Vereshchagin, **128** */Dmitry Vereshchagin, **128** */Photobank kiev, **129** */vichie81, **129** */Uschi Hering, **129** */skampixelle, **129** */DOC RABE Media, **129** */Nadine Klabunde, **129** */AndreasJ. **130** */Farinoza, **132** */Marco2811, **132** */phant, **132** */Crobard, **132** */A.Karnholz, **132** */ermess, **133** */sborisov, **133** */XtravaganT, **133** */Mihai-Bogdan Lazar, **133** */jacek_kadaj, **133** */ArTo, **133** */hansenn, **133** */Marcel Schauer, **133** Thinkstock/iStockphoto, **133** */Jörg Lantelme, **133** */vaitekune, **133** */apops, **133** */motivation1965, **133** */steschum, **133** Thinkstock/iStockphoto, **133** Thinkstock/iStockphoto, **133** */HaywireMedia, **134** */Scanrail, **134** */anshar73, **134** */XtravaganT, **134** Thinkstock/iStockphoto, **134** Thinkstock/iStockphoto, **134** */A_Lein, **134** Thinkstock/iStockphoto, **134** */jovannig, **134** */Patryk Kosmider, **134** */Max, **134** Thinkstock/Getty Images, **134** */miket, **134** */Ciaobucarest, **134** */Paul Liu, **134** Thinkstock/iStockphoto, **134** */Adrian v. Allenstein, **135** */Pabkov, **135** Thinkstock/iStockphoto, **135** Thinkstock/iStockphoto, **135** Thinkstock/photodisc/David De Lossy, **135** */Anchels, **135** Thinkstock/Ingram Publishing, **135** */Ichbins11, **135** */MIMOHE, **135** */blas, **135** */Franz Pfluegl, **135** */Petra Beerhalter, **135** */davidundderriese, **136** */contrastwerkstatt, **136** */Berni, **136** */Berni, **136** */Berni, **136** */slava296, **136** */Berni, **136** */Berni, **136** */xy, **136** */lunamarina, **136** */Berni, **137** Thinkstock/Hemera, **137** */oranhall, **137** */Kzenon, **137** Thinkstock/iStockphoto, **137** */Margo Harrison, **137** Thinkstock/iStockphoto, **137** Thinkstock/iStockphoto, **137** */JackF, **137** */Africa Studio, **137** */Hirurg, **137** */stockyimages, **138** */qech, **138** */contrastwerkstatt, **138** Thinkstock/iStockphoto, **138** Thinkstock/iStockphoto, **138** Thinkstock/photodisc/Keith Brofsky, **138** */LVDESIGN, **138** */Santiago Cornejo, **139** */eyewave, **139** */jogyx, **139** */Joop Hoek, **139** */T. Michel, **139** Thinkstock/iStockphoto, **139** */dextroza, **139** Thinkstock/iStockphoto, **139** */lowtech24, **139** Thinkstock/iStockphoto, **139** Thinkstock/iStockphoto, **139** Thinkstock/Comstock, **139** */Picture-Factory, **139** Thinkstock/iStockphoto, **140** Thinkstock/iStockphoto, **140** Thinkstock/iStockphoto, **140** */zhu difeng, **140** */Gina Sanders, **140** */Bauer Alex, **140** */Andres Rodriguez, **140** */Kzenon, **140** */Alex Tihonov, **140** */Alex Tihonov, **140** */Christophe Fouquin, **140** */Sven Weber, **140** */mediagram, **140** */bradleyhebdon, **140** */Africa Studio, **140** */paul prescott, **140** */Tyler Olson, **141** */shotsstudio, **141** */luanateutzi, **141** */adisa, **141** */scaliger, **141** Thinkstock/Fuse, **141** Thinkstock/Andrey Burmakin, **141** Thinkstock/Digital Vision/RL Productions, **141** */Pumba, **141** */lightpoet, **141** Thinkstock/Fuse, **141** Thinkstock/iStockphoto, **141** */chamillew, **141** */gemenacom, **141** */mangostock, **141** */Tyler Olson, **141** */Kzenon, **142** */photocreo, **142** Thinkstock/photodisc/Siri Stafford, **142** */T. Michel, **142** */filtv, **142** */apops, **142** */Monkey Business, **143** */JJAVA, **143** */JJAVA, **143** */JackF, **143** */Pavel Losevsky, **143** */Pavel Losevsky, **143** */erwinova, **143** */JJAVA, **143** */Art Allianz, **143** */Sam Spiro, **143** */adisa, **143** */JackF, **143** */JackF, **143** */rufeh, **143** Thinkstock/Hemera, **143** */M. studio, **143** Thinkstock/iStockphoto, **144** */Minerva Studio, **144** */eyetronic, **144** */paul prescott, **144** */corepics, **144** */AlienCat, **144** */Thomas Francois, **144** */ag visuell, **144** */Minerva Studio, **144** */contrastwerkstatt, **145** */Art Allianz, **145** */adisa, **145** */Pumba, **145** */adisa, **145** */Vitaly Maksimchuk, **145** Thinkstock/iStockphoto, **145** */amlet, **145** Thinkstock/Brand X Pictures, **145** */

Joshhh, **145** */karandaev, **145** */808isgreat, **145** Thinkstock/iStockphoto, **145** */Andres Rodriguez, **146** */ruigsantos, **146** */Pixel & Création, **146** Thinkstock/iStockphoto, **146** */robert, **146** Thinkstock/Ingram Publishing, **146** */by-studio, **146** Thinkstock/Digital Vision, **146** */viperagp, **146** */OlegDoroshin, **146** */Pixelwolf2, **146** */VL@D, **146** */rekemp, **146** */Natalia Merzlyakova, **146** */spaxiax, **146** */Sunshine Pics, **146** */eyewave, **147** */nicknick_ko, **147** Thinkstock/iStockphoto, **147** Thinkstock/iStockphoto, **147** */Mingis, **147** */nyul, **147** Thinkstock/iStockphoto, **147** */Africa Studio, **147** */Minerva Studio, **147** Thinkstock/iStockphoto, **147** */fottoo, **147** */Africa Studio, **147** Thinkstock/iStockphoto, **147** */Digitalpress, **148** Thinkstock/Hemera, **148** Thinkstock/iStockphoto, **148** */cottonfioc, **148** */goodluz, **148** */Alen Ajan, **148** */Artur Bogacki, **148** */leungchopan, **148** */Paul Vinten, **148** Thinkstock/Jupiterimages, **148** */amarok17wolf, **148** */Scott Griessel, **148** */fxegs, **148** */terex, **149** */kameraauge, **149** */LianeM, **149** */XtravaganT, **149** */vom, **149** */dbvirago, **149** */Stuart Monk, **149** */legeartispics, **149** */phant, **149** */ArTo, **149** */Sorry, **149** */bbourdages, **149** */Furan, **149** */bluclementine, **150** Thinkstock/iStockphoto, **150** */AV, **150** Thinkstock/Mikhail Markovskiy, **150** */DragonImages, **150** */piccaya, **150** */Leonid Tit, **150** */ArtHdesign, **150** */womue, **150** */Maurizio Malangone, **151** */alex200464, **151** Thinkstock/iStockphoto, **151** */Arkady Chubykin, **151** Thinkstock/iStockphoto, **151** */djama, **151** */Schulz-Design, **151** */Martinan, **151** */Ammentorp, **151** */Gerhard Seybert, **151** Thinkstock/Digital Vision, **151** */travis manley, **152** */Nika Novak, **154** */Gennadiy Poznyakov, **154** */sdenness, **154** */contrastwerkstatt, **154** */Monkey Business, **154** */Robert Kneschke, **154** */shock, **154** */Monkey Business, **154** Thinkstock/iStockphoto, **154** */Cozyta, **154** Thinkstock/Comstock, **154** */tiero, **154** */contrastwerkstatt, **154** */hues, **155** */Gennadiy Poznyakov, **155** */kritchanut, **156** */luminastock, **156** */robert, **156** */yeyen, **156** */auremar, **156** */Javier Castro, **156** */peshkova, **156** */Gennadiy Poznyakov, **156** */Kzenon, **156** */sunabesyou, **156** */gemenacom, **156** */shock, **156** */Jürgen Fälchle, **156** */Nosvos, **156** */luminastock, **156** */kartos, **156** */peshkova, **157** */Olga Galushko, **157** */AVAVA, **157** */Tyler Olson, **157** */Sven Bähren, **157** */alco81, **157** */paylessimages, **157** */Robert Kneschke, **157** */auremar, **157** */ayutaroupapa, **157** */Aiwendyl, **157** */kmiragaya, **157** */contrastwerkstatt, **157** */Tomasz Trojanowski, **158** Thinkstock/iStockphoto, **158** */Africa Studio, **158** */Zerbor, **158** */dkimages, **158** */babimu, **158** */phloxii, **158** */Africa Studio, **158** */Vlad Ivantcov, **158** */Vladyslav Danilin, **159** */ThorstenSchmitt, **159** Thinkstock/PhotoObjects.net, **159** */lily, **160** Thinkstock/iStockphoto, **160** */leszekglasner, **160** */Mat Hayward, **160** */Konstantin L, **160** */josje71, **160** */xy, **160** */Creativa, **160** */Monkey Business, **160** */Monkey Business, **160** */aidaricci, **161** Thinkstock/iStockphoto, **161** */Marius Graf, **161** */muro, **161** */BEAUTYofLIFE, **161** */ia_64, **161** */lu-photo, **162** */Jörg Lantelme, **162** */Berni, **162** */Jeanette Dietl, **162** Thinkstock/Brand X Pictures, **162** */Randall Reed, **162** */Minerva Studio, **162** */trotzolga, **162** */johannesspreter, **162** */Africa Studio, **162** */Alexander Raths, **162** */contrastwerkstatt, **162** */agenturfotografin, **162** */lightpoet, **163** Thinkstock/James Woodson, **163** */CandyBox Images, **163** */Igor Mojzes, **163** */WavebreakmediaMicro, **163** */Africa Studio, **163** */Andres Rodriguez, **163** */xy, **163** */apops, **163** */pearl, **163** */Robert Kneschke, **163** */Markus Haack, **163** */lightpoet, **164** */Minerva Studio, **164** */WavebreakmediaMicro, **164** */goodluz, **164** */lightpoet, **164** */goodluz, **164** */Kzenon, **164** */CandyBox Images, **164** */Fuse, **164** */goodluz, **164** */pearl, **164** */mangostock, **164** Thinkstock/iStockphoto, **164** Thinkstock/Digital Vision, **165** */contrastwerkstatt, **165** */A_Bruno, **165** */WavebreakmediaMicro, **165** */Geo Martinez, **165** */Geo Martinez, **165** */endostock, **166** */Minerva Studio, **166** */apops, **166** */bevangoldswain, **166** */Adam Gregor, **166** */Kzenon, **166** */Kzenon, **166** */michaeljung, **166** */ontrastwerkstatt, **166** */Tyler Olson, **166** */Valentina R., **166** */contrastwerkstatt, **166** */Iurii Sokolov, **166** */Kzenon, **166** */Picture-Factory, **166** */Rido, **166** */nyul, **167** */goodluz, **167** */Kadmy, **167** */Peter Atkins, **167** */jörn buchheim, **167** */Kadmy, **167** */Kurhan, **167** */krizz7, **167** */Kadmy, **167** */ikonoklast_hh, **167** */Marén Wischnewski, **167** */apops, **167** */goodluz, **167** */Cyril Comtat, **167** Thinkstock/Andriy Fomenko, **167** */manu, **167** */petert2, **168** */Monika Wisniewska, **168** Thinkstock/iStockphoto, **168** */goodluz, **168** */Minerva Studio, **168** */Kzenon, **168** */Kzenon, **168** Thinkstock/Photodisc, **168** */Kzenon, **168** */Claudia Nagel, **168** */Minerva Studio, **168** */Kzenon, **168** */contrastwerkstatt, **168** */CandyBox Images, **168** */Kzenon, **168** */Kzenon, **168** */Kurhan, **169** */goodluz, **169** */contrastwerkstatt, **169** */Igor Mojzes, **169** */mezzotint, **169** */claudiaveja, **169** */Andrey Kiselev, **169** */WavebreakmediaMicro, **169** */Elnur, **169** */diego cervo, **169** */Africa Studio, **169** */Africa Studio, **169** */berc, **169** */Natali_ua, **169** Thinkstock/Fuse, **169** */lightpoet, **169** */contrastwerkstatt, **172** */terex, **172** Thinkstock/iStockphoto, **172** */nikkytok, **172** */marcoprati, **172** */eyewave, **172** */Africa Studio, **173** */Africa Studio, **173** */Diana Taliun, **173** */Rulan, **173** */interklicks, **173** Thinkstock/iStockphoto, **173** Thinkstock/iStockphoto, **173** */Corwin, **173** */rangizzz, **173** */monstersparrow, **174** */Picture-Factory, **174** */Carlos Caetano, **174** */vda_82, **174** */vetkit, **174** */Jacek Fulawka, **174** */masterzphotofo, **175** */Viorel Sima, **175** */Mi.Ti., **175** */Brian Jackson, **175** */juniart, **175** */Oksana Kuzmina, **175** */Marcin Sadlowski, **176** */Gelpi, **178** */TAlex, **178** */karandaev, **179** */Maksym Yemelyanov, **179** */Vitas, **179** */romantiche, **179** */rawcaptured, **179** */AVD, **179** */Sergey Dashkevich, **179** Thinkstock/iStockphoto, **179** */Artur Synenko, **179** */dimakp, **179** */heigri, **179** */Lusoimages, **179** */Apart Foto, **179** */sonne fleckl, **179** */Manuela Fiebig, **179** */Klaus Eppele, **179** */Artur Synenko, **180** */Gina Sanders, **180** */snyfer, **180** */snyfer, **180** */Iurii Timashov, **180** */Iurii Timashov, **180** */Iurii Timashov, **180** */Iurii Timashov, **180** */Iurii Timashov, **180** */Iurii Timashov, **180** */WonderfulPixel, **180** */Iurii Timashov, **180** */Iurii Timashov, **180** */Iurii Timashov, **181** */WonderfulPixel, **181** */WonderfulPixel, **181** */WonderfulPixel, **181** */WonderfulPixel, **181** */WonderfulPixel, **181** */vasabii, **181** */grgroup, **181** */Skipio, **181** */vector_master, **181** */Scanrail, **181** */Vectorhouses, **181** */Vectorhouses, **181** */Vectorhouses, **182** */Metin Tolun, **182** */inal09, **182** */electriceye, **182** */Do Ra, **182** */Do Ra, **182** */Do Ra, **182** */Do Ra, **182** */Do Ra, **182** */Do Ra, **182** */Do Ra, **182** */Palsur, **182** */marog-pixcells, **182** */Palsur, **183** */mtkang, **183** */Taffi, **183** */pizuttipics, **183** */by-studio, **183** */Scanrail, **183** */RTimages, **183** */Aleksandr Bryliaev, **183** */JcJg Photography, **183** */Coprid, **183** */tanatat, **183** */Palsur, **183** */Andrew Barker, **184** */ashumskiy, **184** */Gewoldi, **184** */Vitas, **184** */singkham, **185** */Sebalos, **185** */tomispin, **185** */manaemedia, **185** */Niceregionpics, **185** */thanomphong, **185** */Lusoimages, **186** Thinkstock/Alexander Podshivalov, **186** */wellphoto, **186** */Stefan Körber, **186** */Pavel Losevsky, **187** */TrudiDesign, **187** */WavebreakmediaMicro, **187** */ArtHdesign, **187** */valdis torms, **187** */cirquedesprit, **187** */Alexandra Gl, **187** */Sergey Nivens, **187** */imkenneth, **187** */WavebreakMediaMicro, **188** */jfv, **188** */pressmaster, **188** */jminso679, **188** */Marco2811, **188** */Johanna Mühlbauer, **188** */A_Bruno, **189** */pedrosala, **189** */fotomatrix, **189** */Uwe Bumann, **189** */robert, **189** */Milan Surkala, **189** */the_builder, **189** */reich, **190** */Scanrail, **190** */Dron, **190** */drubig-photo, **190** */mirabella, **190** */gradt, **191** */gradt, **191** Thinkstock/iStockphoto, **191** */JiSIGN, **191** */JiSIGN, **191** */JiSIGN, **191** */Rido, **191** */auremar, **192** */Elenathewise, **194** */mirpic, **194** */KB3, **194** Thinkstock/Stockbyte, **195** */lesniewski, **195** */Lario Tus, **195** */Melinda Nagy, **195** */kostasaletras, **195** */contrastwerkstatt, **195** */

beachboyx10, **196** Thinkstock/iStockphoto, **196** */Val Thoermer, **197** Thinkstock/Dorling Kindersley RF, **197** */snaptitude, **198** */Pavel Losevsky, **198** */.shock, **198** */Nicholas Piccillo, **198** Thinkstock/Photodisc, **198** Thinkstock/Photodisc, **198** Thinkstock/Photoobjects.net, **198** */.shock, **198** */micromonkey, **199** */kromkrathog, **199** Thinkstock/Fuse, **199** */Stian Iversen, **200** */Tan Kian Khoon, **200** */modestil, **200** */Igor Sokolov, **200** */piai, **200** */Will Hughes, **200** */Actionpics, **200** */Kelpfish, **200** */Africa Studio, **200** */Brocreative, **200** */karaboux, **200** */Lance Bellers, **200** */Sean Gladwell, **200** */by-studio, **201** */kanate, **201** */by-studio, **201** */Michael Pettigrew, **201** Thinkstock/Ingram Publishing, **202** */Katya Constantine, **202** */Nicholas Piccillo, **203** */Dmitry Vereshchagin, **203** */PinkBlue, **203** */PinkBlue, **203** */PinkBlue, **204** */Kris Strach, **204** */Kzenon, **204** */Kzenon, **205** */Quasarphoto, **205** */sumnersgraphicsinc, **205** */sumnersgraphicsinc, **205** */Veniamin Kraskov, **205** */Apart Foto, **205** */RTimages, **206** */zozulinskyi, **206** */Stefan Schurr, **206** */berc, **206** */mezzotint, **206** */ekarin, **206** Thinkstock/Digital Vision, **207** */Sportlibrary, **207** */lilufoto, **207** */roibu, **207** Thinkstock/TongRo Images, **207** */lilufoto, **207** Thinkstock/iStockphoto, **207** Thinkstock/iStockphoto, **207** */Michael Rosskothen, **207** */Oscar Brunet, **207** */Oscar Brunet, **207** Thinkstock/Comstock/JupiterImages, **208** */alessandro0770, **208** */Stefan Schurr, **208** */Maridav, **208** Thinkstock/moodboard, **208** */endostock, **208** */lightpoet, **208** */yanlev, **208** Thinkstock/Fuse, **208** */Wong Hock Weng, **209** */Andres Rodriguez, **209** */goldenangel, **209** */wellphoto, **209** Thinkstock/Digitial Vision, **209** */wellphoto, **209** */Cpro, **209** */Cpro, **209** */Birgit Reitz-Hofmann, **209** */Kitch Bain, **209** */Tony Taylor Stock, **209** */xy, **210** */marsyk, **210** */Sportlibrary, **210** */agentur2728.de, **210** Thinkstock/Hemera @ Getty Images, **211** Thinkstock/iStockphoto, **211** Thinkstock/iStockphoto, **211** Thinkstock/Comstock, **212** Thinkstock/iStockphoto, **212** */dima266f, **212** */Maridav, **212** */Anion, **212** */beatrice prève, **212** Thinkstock/Hemera, **212** */EpicStockMedia, **212** Thinkstock/iStockphoto, **212** Thinkstock/iStockphoto, **212** Thinkstock/Monkey Business, **213** Thinkstock/Fuse, **213** Thinkstock/iStockphoto, **213** Thinkstock/Pixland, **213** */attltibi, **213** */attltibi, **213** */belinka, **213** */Andrey Kiselev, **213** */auremar, **213** */tunedin, **213** Thinkstock/Hemera, **213** */Dmitry Vereshchagin, **213** */Elnur, **214** */Kseniya Abramova, **215** */Thierry RYO, **215** */Kseniya Abramova, **215** */Kseniya Abramova, **215** Thinkstock/Thomas Northcut @ Getty Images, **215** */Margo Harrison, **215** */fifranck, **215** */hosphotos, **215** */Heike und Hardy, **215** Thinkstock/iStockphoto, **215** */PackShot, **215** */auremar, **216** */Ljupco Smokovski, **216** */SS1001, **216** */Vadim Bukharin, **216** */Dmitry DG, **217** */ftlaudgirl, **217** */U. Woell, **217** */Anton Gvozdikov, **217** */project1photography, **217** */Volker Skibbe, **217** */Marcelo Dufflocq, **217** Thinkstock/iStockphoto, **217** */roblan, **217** */andreshka, **217** */stoonn, **217** */daseaford, **217** */sablin, **217** */garry_images, **218** */dell, **218** */Silvano Rebai, **218** */dell, **218** */victor zastol'skiy, **218** */mradlgruber, **218** Thinkstock/iStockphoto, **218** */© Olympixel, **218** */Val Thoermer, **218** */terranova_17, **219** Thinkstock/iStockphoto, **219** Thinkstock/moodboard, **219** */Galina Barskaya, **219** Thinkstock/Hemera, **219** */Dreef, **219** */Steeve ROCHE, **219** Thinkstock/iStockphoto, **219** Thinkstock/Photodisc/Ryan McVay, **219** */corepics, **219** */Lsantilli, **220** Thinkstock/iStockphoto, **220** */Netzer Johannes, **220** */Stefan Schurr, **220** */inigocia, **220** */Netzer Johannes, **220** */Jan Kranendonk, **220** */monster85, **220** */Avantgarde, **220** */photomag, **220** */storm, **220** */Fotoimpressionen, **220** */Marco2811, **220** */yanlev, **220** */lassedesignen, **220** */Stefan Schurr, **220** */Grigorenko, **221** */lilufoto, **221** */3dmentat, **221** */maxoidos, **221** */Bergringfoto, **221** */Marin Conic, **221** */Dimitar Marinov, **221** */just2shutter, **221** Thinkstock/iStockphoto, **221** */Shmel, **221** */olly, **221** Thinkstock/iStockphoto, **221** Thinkstock/Cameron Spencer @ Getty Images, **221** */ChantalS, **221** */Felix Mizioznikov, **221** Thinkstock/Digital Vision, **221** */artjazz, **222** Thinkstock/iStockphoto, **222** */okinawakasawa, **222** */VIPDesign, **222** */okinawakasawa, **222** */starush, **222** */Hetizia, **223** Thinkstock/Wavebreak Media, **223** */Lerche & Johnson, **223** */Lerche & Johnson, **223** */Lerche & Johnson, **223** */Lerche & Johnson, **223** Thinkstock/iStockphoto, **223** Thinkstock/iStockphoto, **223** */Lerche & Johnson, **223** */Wisky, **223** */nito, **223** */Kzenon, **224** */Africa Studio, **226** Thinkstock/iStockphoto, **226** Thinkstock/Digital Vision, **226** Thinkstock/iStockphoto, **226** Thinkstock/Purestock, **226** Thinkstock/iStockphoto, **226** */Andrey Burmakin, **226** */Andrey Burmakin, **226** */Nejron Photo, **226** Thinkstock/JupiterImages © Getty Images, **227** Thinkstock/Digital Vision, **227** Thinkstock/Digital Vision, **227** Thinkstock/Digital Vision, **228** Thinkstock/iStockphoto, **228** */Africa Studio, **228** */Kalim, **228** Thinkstock/iStockphoto, **228** */ysbrandcosijn, **229** */Klaus Eppele, **229** */scalaphotography, **229** */cynoclub, **229** */Brian Jackson, **229** */mekcar, **229** */by-studio, **229** */Henry Schmitt, **229** */Henry Schmitt, **229** */alephcomo1, **229** */Henry Schmitt, **229** */deusexlupus, **229** */apops, **229** */MUE, **229** */MUE, **229** */MUE, **229** thinkstock/Hemera (Cagri Oner), **230** */ReMuS, **230** */soerenkuhrt, **230** */Maruba, **230** */cjansuebsri, **230** Thinkstock/iStockphoto, **230** */Constantinos, **230** */ILYA AKINSHIN, **230** */dvs71, **230** */Jürgen Fälchle, **230** */Uros Petrovic, **230** */Distrikt3, **230** */Lucky Dragon USA, **230** */Denis Ivatin, **230** */photlook, **230** */Klaus Eppele, **230** */venusangel, **231** Thinkstock/iStockphoto, **231** */visivasnc, **231** */sumnersgraphicsinc, **231** */ArtFamily, **231** Thinkstock/iStockphoto, **231** */ysbrandcosijn, **231** */jehafo, **232** */Andrey Armyagov, **232** Thinkstock/iStockphoto, **232** */G.Light, **232** Thinkstock/Digital Vision/A J James, **232** Thinkstock/iStockphoto, **232** */bizoo_n, **233** */Bombaert Patrick, **233** */tuja66, **233** */Giuseppe Porzani, **233** */ILYA AKINSHIN, **233** */jiggo, **234** */starman963, **234** */Kirill Zdorov, **234** */tobago77, **234** */Steve Mann, **234** */Michael Flippo, **234** Thinkstock/iStockphoto, **234** */Martina Berg, **234** */st-fotograf, **234** */imagika, **234** Thinkstock/iStockphoto, **234** */WavebreakMediaMicro, **234** */jillchen, **234** */Alexander Raths, **235** */Warren Millar, **235** Thinkstock/Stockbyte, **235** Thinkstock/iStockphoto, **235** Thinkstock/iStockphoto, **235** Thinkstock/iStockphoto, **235** Thinkstock/iStockphoto, **235** */ksena32, **235** Thinkstock/iStockphoto, **235** */AllebaziB, **235** */Barbara Pheby, **235** Thinkstock/Hemera, **235** */womue, **235** */Liliia Rudchenko, **235** Thinkstock/iStockphoto, **235** */jogyx, **235** */Marius Graf, **236** */Regina Jersova, **236** */bittedankeschön, **236** Thinkstock/iStockphoto, **236** */franzgustincich, **236** */openlens, **236** */bruniewska, **236** */Amid, **236** Thinkstock/iStockphoto, **236** */Gino Santa Maria , **236** Thinkstock/iStockphoto, **236** */krimzoya46, **236** */sandis94, **236** */tsaplia, **236** */tigger11th, **236** */neirfy, **236** */bahrialtay, **237** */akekoksom, **238** Thinkstock/iStockphoto, **238** Thinkstock/iStockphoto, **238** */Sergiogen, **238** Thinkstock/iStockphoto, **238** */babimu, **239** */uckyo, **239** */RTimages, **239** */Africa Studio, **239** */Africa Studio, **239** */luiscarceller, **239** */Neyro, **239** */kornienko, **239** Thinkstock/thinstock Ablestock.com @ Getty Images, **239** */Mushy, **239** */maestria_diz, **239** Thinkstock/iStockphoto, **239** */U. Hardberck, **239** */Andreja Donko, **239** */koosen, **239** Thinkstock/iStockphoto, **239** Thinkstock/Hemera @ Getty Images, **240** */Printemps, **240** */Africa Studio, **240** Thinkstock/iStockphoto, **240** */shooarts, **240** */Vyacheslav Plyasenko, **240** */Artranq, **240** Thinkstock/JupiterImages © Getty Images, **240** */Firma V, **240** */ronstik, **240** */lunamarina, **240** */iampuay, **240** */Kuzmick, **240** */marysa03, **241** Thinkstock/Fuse, **241** Thinkstock/Creatas Images, **241** Thinkstock/Fuse, **241** */Kzenon, **241** */nyul, **241** */

Sergey Nivens, **241** */Nejron Photo, **242** */Robert Neumann, **242** */ratana_k, **242** */Marius Graf, **242** Thinkstock/iStockphoto, **242** */Unclesam, **242** */Indigolotos, **242** */Birgit Reitz-Hofmann, **242** */fotomanu21, **242** */Hamik, **243** */Lichtmaler, **243** */Cmon, **243** Thinkstock/iStockphoto, **243** */DoraZett, **243** */NoName, **243** */RTimages, **243** */avtor_ep, **243** Thinkstock/Comstock, **243** */Dan Race, **243** Thinkstock/Digital Vision/Ryan McVay, **243** Thinkstock/Ingram Publishing, **243** Thinkstock/iStockphoto, **243** */seen, **244** Thinkstock/Zoonar, **244** */donfiore, **244** Thinkstock/iStockphoto, **244** */eldadcarin, **244** */eldadcarin, **244** */Anja Roesnick, **244** */Anja Roesnick, **244** */Anja Roesnick, **244** */Africa Studio, **244** */Foto-Ruhrgebiet, **244** Thinkstock/Zoonar, **244** */eldadcarin, **244** */STUDIO12, **245** Thinkstock/iStockphoto, **245** */sergign, **245** */schoki_01, **245** */aleciccotelli, **245** */Fyle, **245** */frank peters, **245** */Christer Tvedt, **246** */benjaminnolte, **246** Thinkstock/iStockphoto, **246** Thinkstock/Digital Vision/Alexander Hassenstein, **246** */Aleksandar Todorovic, **247** Thinkstock/iStockphoto, **247** */f9photos, **247** Thinkstock/iStockphoto, **247** */photocrew, **247** Thinkstock/iStockphoto, **247** */Aleksandar Todorovic, **247** */mikesch112, **247** */rangizzz, **247** */chulja, **247** Thinkstock/iStockphoto, **247** */pressmaster, **247** Thinkstock/iStockphoto, **247** */arnau2098, **248** */B. Wylezich, **248** */philipus, **248** */Angus , **248** */od - pictureworks, **248** */bergamont , **248** */risto0, **248** */full image, **248** */Coprid, **248** */f9photos, **248** */sss78, **248** */federicofoto, **249** */Africa Studio, **249** */Ljupco Smokovski, **249** */Danicek, **249** Thinkstock/iStockphoto, **249** */Alexey Potapov, **249** */scphoto48 , **249** */tolism, **250** */babimu, **252** */CLIPAREA.com, **252** */CLIPAREA.com, **253** */CLIPAREA.com, **253** */CLIPAREA.com, **254** Thinkstock/Zoonar, **254** Thinkstock/Hemera @ Getty Images, **254** Thinkstock/iStockphoto, **255** */mrgarry, **255** */turhanerbas, **256** */adimas, **257** */adimas, **258** */pixelcaos, **259** */3drenderings, **259** */3drenderings, **259** */3drenderings, **259** */3drenderings, **259** */3drenderings, **259** */3drenderings, **259** */arsdigital, **259** */pixelcaos, **260** */pixelcaos, **261** */pixelcaos, **261** */Diana Taliun, **262** */vectorus, **262** */Lsantilli, **262** */Sven Bähren, **262** */Tyler Olson, **262** */GordonGrand, **262** */iStockphoto, **263** */reflektastudios, **263** Thinkstock/oksun70, **263** */Robert Angermayr, **263** */silverrobert, **263** */Popova Olga, **263** */gradt, **264** */Alexander Raths, **264** */fhmedien_de, **264** */Creativa, **264** */ISO K° - photography, **264** */Sashkin, **264** */Africa Studio, **265** */Monkey Business, **265** */dalaprod, **265** */drubig-photo, **265** */drubig-photo, **265** */vladimirfloyd, **266** */Africa Studio, **266** */iko, **266** */DoraZett, **266** */Creativa, **266** */Gina Sanders, **266** */Subbotina Anna, **266** */drubig-photo, **266** */Ocskay Bence, **266** */detailblick, **266** */Kurhan, **267** */Creativa, **267** */underdogstudios, **267** */Dmitry Lobanov, **267** */rangizzz, **267** */Dan Race, **267** */Eisenhans, **267** */smikeymikey1, **268** Thinkstock/iStockphoto, **268** */Guido Grochowski, **268** */Dmitry Vereshchagin, **268** */HBK, **268** */treetstreet, **268** */Peter Atkins, **268** */Bandika, **268** */wckiw, **269** */ksena32, **269** */Igor Mojzes, **269** */st-fotograf, **269** */Vidady, **269** */Maridav, **269** Thinkstock/iStockphoto, **269** Thinkstock/iStockphoto, **269** */Kondor83, **269** */Gelpi, **269** */Volker Witt, **269** */apops, **269** */juefraphoto , **269** */Joss, **270** */CandyBox Images, **270** */alswart, **270** */hitdelight, **270** */unclepodger, **271** */Igor Zakowski, **271** */Rade Lukovic, **271** */draw05, **271** */blende40, **271** */Kurhan, **271** */Jessmine, **271** */contrastwerkstatt, **271** */apops, **272** */Alexandr Mitiuc, **272** Thinkstock/iStockphoto, **272** */Tyler Olson, **272** */Africa Studio, **273** */malajscy, **273** */Gerhard Brée, **273** */ep stock, **273** */ksl, **274** */Gennadiy Poznyakov, **274** */Tobilander, **274** */malajscy, **274** */starman963, **274** */Jim Vallee, **275** */danutelu, **275** */spotmatikphoto, **275** */Robert Kneschke, **275** */Dmitry Vereshchagin, **275** */itsmejust, **275** */Robert Kneschke, **275** */WONG SZE FEI, **276** */Africa Studio, **276** */Africa Studio, **276** */contrastwerkstatt, **276** */khuntapol, **276** */Coprid, **276** */Anatoly Repin, **276** */adisa, **276** */Borys Shevchuk, **276** */Manuel Schäfer, **276** */Nataraj, **277** */Gordon Saunders, **277** */seen, **277** */only4denn, **277** Thinkstock/Hemera, **277** */Coprid, **277** */blondina93, **277** */by-studio, **277** */Jiri Hera, **277** */Johanna Goodyear, **277** */Nazzu, **277** */Tharakorn, **277** */Tarzhanova, **277** */terex, **278** */Tatjana Balzer, **278** */Tyler Olson, **278** */Schlierner, **278** */Kzenon, **278** */modul_a, **278** */Nikki Zalewski, **278** */Khorzhevska, **278** */bertys30, **278** */Tran-Photography, **278** */Zdenka Darula, **278** */WONG SZE FEI, **278** */pearl, **278** */Taffi, **279** */Gennadiy Poznyakov, **279** */ecobo, **279** */pukall-fotografie, **279** */goodluz, **279** Thinkstock/Dorling Kindersley RF, **279** Thinkstock/iStockphoto, **279** */Artem Merzlenko, **280** */Han van Vonno, **282** */CandyBox Images, **282** */Roman Milert, **282** */Volker Witt, **282** */AK-DigiArt, **282** */Dario Lo Presti, **282** */benjaminnolte, **283** */Michael Schütze, **283** */brozova, **283** */Rodja, **283** Thinkstock/iStockphoto, **283** */cristi180884, **283** */Lisa F. Young, **284** Thinkstock/iStockphoto, **284** Thinkstock/Photodisc, **284** */VRD, **284** */Andre Bonn, **284** */shutswis, **285** */Lukas Sembera, **285** Thinkstock/liquidlibrary, **285** */marog-pixcells, **285** Thinkstock/iStockphoto, **285** */koszivu, **285** */Photographee.eu, **285** Thinkstock/iStockphoto, **285** */Monkey Business, **285** */Photographee.eu, **285** */Gerhard Seybert, **285** */Artem Furman, **286** */PictureArt, **286** */Pavel Losevsky, **286** */davis, **286** */Arcady, **286** */playstuff, **286** */beermedia, **286** */Lucky Dragon USA, **286** */Igor Kovalchuk, **287** */Christa Eder, **287** */Svetlana Gryankina, **287** */creAtive, **287** */Berry, **287** */Maygutyak, **287** */WoGi, **287** */Tobboo, **287** */jogyx, **287** */rouakcz, **287** */Silvano Rebai, **288** */Fiedels, **288** */nupsik284, **288** */Birgit Reitz-Hofmann, **288** */Claudio Divizia, **288** */GP, **288** */S.Kobold, **288** */amorfati.art, **288** */CPJ Photography, **288** */Zacarias da Mata, **288** */Hugh McKean, **288** */aquapix, **288** */Eric Gevaert, **289** */andrewburgess, **289** Thinkstock/iStockphoto, **289** */lassedesignen, **289** */Heinz Waldukat, **289** */Sergey Kamshylin, **289** */Nazzalbe, **289** */Kalle Kolodziej, **289** */Roy Pedersen, **289** */MacX, **289** */reeel, **289** */marqs, **289** */william87, **290** */Igor Kovalchuk, **292** Thinkstock/iStockphoto, **292** */Artenauta, **293** */fergregory, **294** */Jürgen Fälchle, **294** */peresanz, **294** */magann, **294** */vencav, **294** */virtua73, **294** */Kovalenko Inna, **294** */creatifixus, **294** */cbpix, **294** */Florent DIE, **294** */ping han, **294** */peresanz, **294** */kevron2001, **294** */peresanz, **295** */jeremyculpdesign, **297** */Arid Ocean, **298** */artalis, **299** */jokatoons, **299** */Thomas Röske, **299** */jokatoons, **299** */jokatoons, **299** */jokatoons, **299** */jokatoons, **299** */jokatoons, **299** */jokatoons, **299** */jokatoons, **299** */jokatoons, **299** */jokatoons, **299** */jokatoons, **299** */jokatoons, **299** */jokatoons, **299** */jokatoons, **299** */jokatoons, **300** */jokatoons, **300** */jokatoons, **300** */jokatoons, **300** */jokatoons, **300** */jokatoons, **300** */jokatoons, **300** */jokatoons, **300** */jokatoons, **300** */jokatoons, **300** */jokatoons, **300** */jokatoons, **300** */jokatoons, **300** */jokatoons, **300** */jokatoons, **300** */jokatoons, **301** */jokatoons, **301** */jokatoons, **301** */Thomas Röske, **301** */jokatoons, **301** */jokatoons, **301** */Pekchar, **301** */jokatoons, **301** */jokatoons, **301** */jokatoons, **301** */jokatoons, **301** */jokatoons, **301** */jokatoons, **301** */jokatoons, **302** Thinkstock/Hemera, **302** Thinkstock/Hemera, **302** Thinkstock/Hemera, **302** Thinkstock/Hemera, **302** Thinkstock/Hemera, **302** Thinkstock/Hemera, **302** Thinkstock/Hemera, **302** Thinkstock/Hemera, **302** Thinkstock/Hemera, **302** Thinkstock/Hemera, **302** Thinkstock/Hemera, **302** Thinkstock/Hemera, **302** Thinkstock/Hemera, **302** */Route66, **302** Thinkstock/Hemera, **302** Thinkstock/Hemera, **303** Thinkstock/Hemera, **303** Thinkstock/Hemera, **303** Thinkstock/Hemera, **303** Thinkstock/Hemera, **303**

Thinkstock/Hemera, **303** Thinkstock/Hemera, **303** Thinkstock/Hemera, **303** Thinkstock/iStockphoto, **303** Thinkstock/iStockphoto, **303** Thinkstock/iStockphoto, **303** Thinkstock/iStockphoto, **303** Thinkstock/iStockphoto, **303** Thinkstock/iStockphoto, **303** Thinkstock/iStockphoto, **303** Thinkstock/iStockphoto, **304** Thinkstock/iStockphoto, **304** Thinkstock/iStockphoto, **304** Thinkstock/iStockphoto, **304** Thinkstock/iStockphoto, **304** */romantiche, **304** */romantiche, **304** */romantiche, **304** */romantiche, **304** */romantiche, **304** */romantiche, **304** */romantiche, **304** */romantiche, **304** */romantiche, **304** */romantiche, **304** */romantiche, **304** */romantiche, **305** */romantiche, **305** */romantiche, **305** */romantiche, **305** */romantiche, **305** */romantiche, **305** */romantiche, **305** */romantiche, **305** */romantiche, **305** */romantiche, **305** */romantiche, **305** */romantiche, **305** */romantiche, **305** */romantiche, **305** */romantiche, **305** */romantiche, **305** */romantiche, **306** */romantiche, **306** */romantiche, **306** */romantiche, **306** */romantiche, **306** */romantiche, **306** */romantiche, **306** */romantiche, **306** */romantiche, **306** */romantiche, **306** */romantiche, **306** */romantiche, **306** */romantiche, **306** */romantiche, **306** */romantiche, **306** */romantiche, **306** */romantiche, **307** */romantiche, **307** */romantiche, **307** */romantiche, **307** */romantiche, **307** */romantiche, **307** */romantiche, **307** */romantiche, **307** */romantiche, **307** */romantiche, **307** */romantiche, **307** */petra b., **307** */petra b., **307** */petra b., **307** */petra b., **308** */petra b., **308** */petra b., **308** */petra b., **308** */petra b., **308** */petra b., **308** */petra b., **308** */petra b., **308** */petra b., **308** */petra b., **308** */petra b., **308** */petra b., **308** */petra b., **308** */petra b., **308** */petra b., **308** */petra b., **308** */petra b., **309** */petra b., **309** */petra b., **309** */petra b., **309** */petra b., **309** */petra b., **309** */petra b., **309** */petra b., **309** */Yotama, **309** */petra b., **309** */petra b., **309** */petra b., **309** */petra b., **309** */petra b., **309** */petra b., **309** */petra b., **309** */petra b., **310** */petra b., **310** */petra b., **310** */petra b., **310** */petra b., **310** */petra b., **310** */petra b., **310** */petra b., **310** */petra b., **310** */Pekchar, **310** */megastocker, **310** Thinkstock/iStockphoto, **310** */Thomas Röske, **310** Thinkstock/iStockphoto, **310** Thinkstock/iStockphoto, **310** Thinkstock/iStockphoto, **310** Thinkstock/iStockphoto, **311** Thinkstock/iStockphoto, **311** */Thomas Röske, **311** Thinkstock/iStockphoto, **311** Thinkstock/iStockphoto, **311** Thinkstock/iStockphoto, **311** Thinkstock/iStockphoto, **311** Thinkstock/iStockphoto, **311** */jokatoons, **311** */yannik LABBE, **311** */Dream Cursor, **311** */sunt, **311** Thinkstock/iStockphoto, **311** */Andreas Meyer, **311** */DomLortha, **312** */Elena Petrova, **312** */Christian Pedant, **312** */Tomas Sereda, **312** Thinkstock/Fuse, **312** */Masson, **312** */Alliance, **312** */marog-pixcells, **312** */byheaven, **312** */joda, **312** */Miredi, **312** */momanuma, **312** */pictureguy32, **312** */bugphai, **313** */Nathan Jaskowiak, **313** */Vera Kuttelvaserova, **313** */rangizzz, **313** Thinkstock/Image Source, **313** */Leonid Tit, **313** */hjschneider, **313** */tiplyashina, **313** */Serg Zastavkin, **313** */Vera Kuttelvaserova, **313** */Vera Kuttelvaserova, **313** */RyszardStelmachowicz, **313** */Hamik, **313** */rangizzz, **314** */Sunny Forest, **314** Thinkstock/iStockphoto, **314** */Minerva Studio, **314** Thinkstock/iStockphoto, **314** */steffendia, **314** */FrankBirds, **314** */Sunshine Pics, **314** */Christophe Fouquin, **314** Thinkstock/iStockphoto, **314** */lassedesignen, **314** Thinkstock/iStockphoto, **314** Thinkstock/iStockphoto, **314** */Maygutyak, **314** */mario beauregard, **314** */victor zastol'skiy, **314** */macky_ch, **315** */scattomatto74, **315** */Sabine Kipus, **315** */Cmon, **315** */Dario Bajurin, **315** */jacare35, **315** */kohy, **316** */nni94, **316** Thinkstock/Ingram Publishing, **316** */ollirg, **316** */Martin M303, **316** */mrks_v, **316** */doris oberfrank-list, **316** Thinkstock/iStockphoto, **316** */steffus, **316** */smereka, **316** */Ben Burger, **316** */kentauros, **316** */Bernd S., **316** */Dario Bajurin, **316** */acceleratorhams, **316** */Fyle, **316** */Alena Stalmashonak, **317** */siimsepp, **317** */siimsepp, **317** */siimsepp, **317** */siimsepp, **317** */siimsepp, **317** */Tyler Boyes, **317** */siimsepp, **317** */Tyler Boyes, **317** */vvoe, **317** */wlad074, **317** */Tyler Boyes, **317** */iraries, **317** */Ekaterina Fribus, **317** */Ekaterina Fribus, **317** */marcel, **317** */siimsepp, **318** */boykung, **318** */Alexander Hoffmann, **318** */Alexander Hoffmann, **318** */Atiketta Sangasaeng, **318** */byjeng, **318** */Alexander Hoffmann, **318** */Alexander Hoffmann, **318** */apttone, **318** */Alexander Hoffmann, **318** */bigjo, **318** */Rozaliya, **318** */VL@D, **318** */Alexander Hoffmann, **318** */Alex Shadrin, **318** */Alexander Hoffmann, **318** */Alexander Hoffmann, **318** */Digipic, **318** */volff, **318** */Alexander Hoffmann, **318** */Alexander Hoffmann, **319** */Alexander Potapov, **319** */Tiler84, **319** */Tiler84, **319** */Tiler84, **319** */Tiler84, **319** */lamax, **320** */vladimirkim3722, **320** */k_kron, **320** Thinkstock/iStockphoto, **320** */iko, **320** */ürgen Fälchle, **320** */ondrej83, **320** */Heinz Waldukat, **320** */termis1983, **320** */Tom, **320** */mubus, **320** */veneratio, **320** */Roman Pyshchyk, **320** */Picture-Factory, **320** */Omika, **320** */funnycreature, **320** */Almgren, **321** */Nik, **321** */Tonanakan, **321** */motorlka, **321** */Pavlo Vakhrushev, **321** */Miroslawa Drozdowski, **321** */pia-pictures, **322** */Gang, **322** */Africa Studio, **322** */felinda, **322** */sergio37_120, **322** */eyetronic, **322** */sergio37_120, **322** */VICUSCHKA, **322** */tr3gi, **322** */Tim UR, **322** */alfastudiofoto, **322** */sergio37_120, **322** */lenkusa, **322** */sergio37_120, **322** */Friedberg, **322** */Africa Studio, **322** */Roxana, **323** */anankkml , **323** */Daniel Strauch, **323** */Stefan Körber, **323** */hans klein, **323** */juiceteam2013, **323** */audioscience, **323** */keller , **323** */flucas , **323** */ijacky , **323** */Tomashko , **323** */Serghei Velusceac , **323** */Andrea Wilhelm, **323** */tab62, **323** */Ichbins11, **323** */Studio Barcelona, **323** */volkerr, **324** */Farinoza, **324** */Eric Isselée, **324** */jagodka, **324** */Azaliya Elya Vatel, **324** */Eric Isselée, **324** */Uros Petrovic, **324** */Katrina Brown, **324** */eastmanphoto, **324** */nn-fotografie, **324** */cynoclub, **324** */biglama, **324** */Eric Isselée, **324** */grafikplusfoto, **325** Thinkstock/iStockphoto, **325** */Eric Isselée, **325** */JackF, **325** */Eric Isselée, **325** */Eric Isselée, **325** */Aaron Amat, **325** */Eric Isselée, **325** */Eric Isselée, **325** */anekoho, **325** */Christian Musat, **325** */Eric Isselée, **325** */Eric Isselée, **325** */Christian Musat, **325** */ILYA AKINSHIN, **325** */Eric Isselée, **325** */Eric Isselée, **326** */Eric Isselée, **326** */StarJumper, **326** */Eric Isselée, **326** */Anatolii, **326** */Vera Kuttelvaserova, **326** */Eric Isselée, **326** */Coprid, **326** */Eric Isselée, **326** */JackF, **326** */nexusseven, **326** */EwaStudio, **326** */cynoclub, **326** */anankkml, **326** */tiero, **326** */Taalvi, **326** */Eric Isselée, **327** */Alexander Potapov, **327** */Eric Isselée, **327** */Eric Isselée, **327** */Eric Isselée, **327** Thinkstock/iStockphoto, **327** Thinkstock/iStockphoto, **327** */Mike Price, **327** */Roman Samokhin, **327** */Eric Isselée, **327** */Eric Isselée, **327** Thinkstock/iStockphoto, **327** */maz12, **327** */Eric Isselée, **327** */Smileus, **327** */XK, **327** */anankkml, **328** */Eric Isselée, **328** */Steve Byland, **328** */Eric Isselée, **328** */Eric Isselée, **328** */Eric Isselée, **328** */Eric Isselée, **328** */Eric Isselée, **328** */fotomaster, **328** */jakgree, **328** */Farinoza, **328** */Farinoza, **328** Thinkstock/iStockphoto, **328** */Eric Isselée, **329** */Uryadnikov Sergey, **329** */phant, **329** */Eric Isselée, **329** */Eric Isselée, **329** */ILYA AKINSHIN, **329** */Janis Smits, **329** */Aaron Amat, **329** */ILYA AKINSHIN, **329** */Eric Isselée, **329** */fotomaster, **329** */Roman Samokhin, **329** */shishiga, **329** */Nicolette Wollentin, **329** */sval7, **329** */Eric Isselée, **329** */Eric Isselée, **330** */eastmanphoto, **330** */eastmanphoto, **330** */Smileus, **330** */Daniel Nimmervoll, **330** */kurapy, **330** */Eric Isselée, **330** */jagodka, **330** */Richard Carey, **330** */Anatolii, **330** */antpkr, **330** Thinkstock/iStockphoto, **330** */Eric Isselée, **330** */eastmanphoto, **331** */Irochka, **331** */Giuseppe Porzani, **331** */eyeblink, **331** */manuart, **331** */Eric Isselée, **331** */lunamarina, **331** */pistol7, **331** */Richard Carey, **331** */Witold Krasowski, **331** Thinkstock/Hemera, **331** Thinkstock/

iStockphoto, **331** */Coprid, **331** */tongdang, **332** */Oliver Klimek, **332** */Valeriy Kirsanov, **332** */defun, **332** */Alekss, **332** */JPS, **332** */Gewoldi, **332** */Henrik Larsson, **332** */vnlit, **332** */Klaus Eppele, **332** */xiaoliangge, **332** */VRD, **332** */Alekss, **332** */Marco Uliana, **332** */morelia1983, **332** */Zbyszek Nowak, **332** */npps48, **333** Thinkstock/iStockphoto, **333** */defun, **333** */Cosmin Manci, **333** Thinkstock/Hemear, **333** */fancyfocus, **333** */gertrudda, **333** */xjbxjhxm, **333** Thinkstock/iStockphoto, **333** */defun, **333** */emer, **333** */chungking, **333** */Coprid, **333** Thinkstock/iStockphoto, **333** */eastmanphoto, **333** */Carola Schubbel, **333** */natara, **334** */tescha555, **336** */DDRockstar, **336** */Denys Prykhodov, **336** */Denys Prykhodov, **336** */Denys Prykhodov, **336** */Denys Prykhodov, **336** */Denys Prykhodov, **336** */Denys Prykhodov, **336** */Africa Studio, **336** */Africa Studio, **336** */Africa Studio, **336** */DB, **339** */robert, **340** */magann, **340** */magann, **340** */magann, **340** */magann, **340** */magann, **340** */magann, **340** */magann, **340** */magann, **340** */magann, **340** */magann, **340** */magann, **340** */magann, **340** */magann, **341** */magann, **341** */magann, **341** */magann, **341** */magann, **341** */magann, **341** */magann, **341** */magann, **341** */magann, **341** */magann, **341** */magann, **341** */magann, **341** */vvoe, **341** */Lucky Dragon, **342** */tomreichner, **342** */Marco2811, **342** */merydolla, **342** */in-foto-backgrounds, **342** */Reicher, **342** */ARochau, **342** */Yahya Idiz, **342** */motorradcbr, **342** */Beboy, **342** */Dmytro Smaglov, **342** */Anton Gvozdikov, **342** */sborisov, **342** */Netzer Johannes, **343** */Maria Vazquez, **344** */Juulijs, **344** */m.u.ozmen, **344** */lucato, **344** */www.strubhamburg.de, **344** */guynamedjames, **344** */Jörg Hackemann, **344** */MaxWo, **345** */Al, **345** */hayo, **345** */ufotopixl10, **345** */vector icon, **345** */vector icon, **345** */vector icon, **345** */vector icon

Schnell nachschlagen und Bescheid wissen!

- Einfache Erklärungen und zahlreiche Beispiele mit Übersetzung beantworten Ihre Fragen sofort.
- Mit dem ausführlichen Stichwortregister im Anhang gelangen Sie schnell zum gewünschten Thema.
- Trainieren Sie Ihre Grammatikkenntnisse mit den Online-Übungen und festigen Sie Ihren Lernerfolg.

ISBN: 978-3-12-562665-2
[D] 9,99 € **[A]** 10,30 €

Niveau A1 – B2

Für Anfänger (A1) und Fortgeschrittene (B2)

PONS

www.pons.de

PONS

Bildwörterbuch Russisch – Deutsch

Mit Premium-App

Bearbeitet von: Anette Dralle, Katja Wall

Entwickelt auf der Basis des PONS Bildwörterbuchs Russisch
ISBN: 978-3-12-517968-4

Bearbeitet von: Dr. Alexandra Berlina, Anette Dralle, Alina Khaitlina, Georgina Moore, Gregor Vetter, Dr. Christiane Wirth

1. Auflage 2017 (1,01 – 2017)

www.pons.de
E-Mail: info@pons.de

Projektleitung: Christiane Mackenzie, Helen Schmidt
Gestaltung: Petra Michel, Essen
Umschlaggestaltung: Ilham Widmann, Stuttgart
Satz: Satzkasten, Stuttgart
Umschlagfotos von links nach rechts: shutterstock/Kletr; shutterstock/Danny Smythe; shutterstock/Bennyartist
Logoentwurf: Erwin Poell, Heidelberg
Logoüberarbeitung: Sabine Redlin, Ludwigsburg
Druck: L.E.G.O. S.p.A., Lavis (TN)
Printed in Europe

ISBN: 978-3-12-516096-5